일본 군국주의를 벗긴다

(原題 : 日本の戰爭責任)

와카쓰키 야스오〔若槻泰雄〕 지음
김광식(金光植) 옮김

화산문화

머리말

나는 쇼와 시대 전쟁과 동란의 한구석에서 성장하고 살아왔다. 만주사변이 시작된 1931년 소학교에 입학한 후로 차차 긴박해져가고 있던 내외 정세 속에서 해마다 강화되어가는 황국사상과 군국주의 교육을 받고, 그 허구와 굴욕과 포학의 일단(一端)을 체험하였으며, 마지막 1년간은 현역병으로 징집되었다. 또 많은 선인과 친구들이 헛되게 젊은 생명을 전장에서 잃어가는 것을 보아왔다.

이 책은 전시로부터 반세기 이상에 걸쳐 본인이 생각해온 것을 자료에 의해 뒷받침한 것이다.

이 책을 끝내고 난 지금 나는 다시금 분노와 슬픔이 복받쳐올라옴을 어찌할 수가 없다. 전장에서 쓰러져간 사람들에게는 ─ 진부하고 듣기 거창한 말이지만 ─ '살아남은 자의 의무'를, 다음 세대의 사람들에게는 '우리 세대의 의무'를, 그리고 일본의 침략전쟁으로 희생된 아시아인들에게는 '내가 할 수 있는 속죄'를 다한 것 같은 엄숙한 감회에 사로잡혀 있다.

이 책의 출판을 쾌히 승낙해주신 출판사 하라쇼보(原書房)의 나루세 교(成瀬恭) 사장을 비롯하여 출판에 있어 적지 않은 도움을 주신 나라하라 마키오 상무, 편집부장 나루세 마사토 씨에게 깊은 감사의 뜻을 표하는 바이다.

1995년 4월

와카쓰키 야스오(若槻泰雄)

한국어판에 부쳐

　제2차 세계대전이 끝나고 이미 반세기 이상 지났는데도 일본은 여전히 일본의 침략전쟁 피해국으로부터 무슨 일이 있을 때마다 사죄와 보상을 요구받고 있다. 일본보다 더한 압제와 잔학행위를 저지른 독일이 그 피해국과의 우호와 신뢰를 회복하고 있는 데 비하면 이점 큰 차이가 있다. 그 이유는 매우 간단하다. 일본이 스스로의 전쟁 책임을 명확히 하고 있지 않기 때문이다.

　일본이 전쟁 책임을 애매한 채로 두고 있는 것은 단지 외국에 대해서만이 아니다. 일본 국민들 사이에서도 이를 규명하는 것은 일종의 금기로까지 되어 있는 것이다. 일본에서의 최대의 금기가 천황제에 대한 비판이라는 것을 생각한다면 일본의 전쟁 책임이 어디에 있는지 저절로 분명해질 것이다.

　일본의 전쟁목적도, 각국을 점령지배한 것도, 군대가 포학한 행위를 한 것도, 그리고 일본 국민을 전쟁에 내몰아 세운 원인과 수단도 — 그 밖의 여러 가지 원인이 겹쳐 있는 것은 물론이지만 — 모두 일본 국민이 반대나 비판을 절대로 할 수 없었던 이 '신성한 천황제'에 유래한다는 것은 일본의 현대사, 전쟁사를 펼쳐보면 곧 알 수 있는 일이고, 그 시대를 살아온 사람에게는 상식이었다고까지 할 수 있는 것이다.

　다만 일본에 있어서의 천황제의 전쟁 책임을 추궁해온 사람은 그 수가 적을 뿐 아니라 그 대부분이 공산주의자 또는 그들의 동조자들이었다. 그 때문에 많은 일본 국민은 마음속으로 천황제의 책임을 인식하면서도 공산주의자에 동조하는 결과가 되는 것이 싫어서 그 추궁을 삼가온 것으로 여겨진다.

이 책은 마르크스주의 신앙이나 천황제 숭배와 같은 편견이나 미신과는 관계없이 어디까지나 합리적 사고의 바탕 위에 자료를 분석하여 제2차 세계대전에 있어서의 일본의 전쟁 책임을 물은 것이며, 한국의 독자의 이해를 얻을 수 있다면 다행으로 생각한다. 그리고 이 저서가 한·일 양 국민 사이에 참된 우호관계 확립을 위한 큰 초석의 하나가 되어주길 마음으로부터 기원한다.

끝으로 이 책의 한국어판 발간에 즈음하여 번역에 많은 노고를 기울이신 김광식 선생님과 화산문화사 관계자 여러분에게 깊은 감사를 드리는 바입니다.

1996년 8월

와카쓰키 야스오〔若槻泰雄〕

추천의 말

　일본인 와카쓰키 야스오〔若槻泰雄〕의 저서인 《일본 군국주의를 벗긴다〔原題 : 日本の戰爭責任〕》는 본인에게 일본 군국주의와 전쟁에 대한 남다른 감회를 느끼게 하였다. 일본의 침략문제를 논할 때 기존에 있어서 1945년 일본 패전 이전의 책들은 주로 일본 군국주의를 옹호하는 것이었는 데 비해 일본 패망 이후에는 일본 군국주의를 비판하는 책들이 많이 간행되었다. 일본 천황제와 천황에 대한 책도 아울러 나왔으나 아직 자유롭게 비판하는 단계에는 이르지 못하였다. 그런데 이 책에서는 도쿠가와 바쿠후〔德川幕府〕를 타도하고 메이지〔明治〕 정부를 수립하여 아시아에서 가장 먼저 근대화를 추진한 일본이 아시아의 전 민족을 상대로 한 침략전쟁을 전개하고 나아가 미국을 위시한 연합국을 상대로 태평양전쟁을 수행하다가 결국 패전하기까지의 일본의 행위와 그후의 태도에 대해 신랄하게 비판하고 논리적으로 책임을 추궁하고 있으므로 주목하지 않을 수 없다.

　이 책의 저자인 와카쓰키 야스오〔若槻泰雄〕는 당시 일본의 세력범위에 들어 있었던 중국의 칭다오〔青島〕에서 1924년에 출생하였다. 그는 철저한 황국사상〔皇國思想〕과 군국주의〔軍國主義〕의 교육을 받았고, 종전되기 약 1년 전인, 즉 일본의 패전기색이 짙던 1944년 9월에 일본군근위보병 제8연대에 사병으로 입대하였다. 여기에서 그는 일본인이면서도 일본군이 대륙침략전쟁에서 이웃 아시아인에게 저지른

죄악상을 속죄하고 일본이라는 나라가 장차 이렇게 되어서는 안 되겠다는 우려에서 이 책을 집필하였던 것으로 보여진다. 또한 저자는 패전 이후부터 전쟁에 관한 참고 자료로써 전사(戰史), 군사사(軍事史), 전쟁체험기, 사상, 교육, 언론, 근현대사, 천황제(天皇制) 전쟁문학, 기타 잡지 등을 방대하게 수집하고 섭렵하여 깊이 있는 연구를 통해 이 책을 썼다는 사실에 더욱 놀라지 않을 수 없다.

일제가 침략전쟁으로 인하여 타국민의 인명을 살상한 대표적인 예는 남경대학살로, 여기에서 30만의 인명이 희생되었다. 침략전쟁에서 소위 삼광작전(三光作戰)이라는 천인공로할 살상, 약탈, 소각 등의 잔인무도한 만행을 서슴지 않았던 것이다. 이러한 전쟁은 타국인은 물론이고 자국민, 즉 일본 국민까지 강제로 동원하여 수백만 명의 인명을 희생시킨 것으로 그 주범은 일황을 위시한 제국주의와 군국주의자들이었다. 이러한 의미에서 보면 일본의 일반국민들도 그들 군국주의자에 의한 전쟁 피해자인 것이다.

독일의 경우 침략받았던 국가와의 전후(戰後)관계에서 역사의 진실을 바탕으로 상호 이해를 증진시켰고 정치, 경제, 문화면에서도 상호간 우호와 신뢰를 회복하였다. 그러나 일본의 경우 연합국은 일본의 전범자 처벌을 철저히 처리하지 못하였고 일부 식민지에서도 반민족행위자를 철저하게 처단하지 못하였다. 오늘날 프랑스 ·

독일 등에서는 그들 범죄자들은 반인륜적 행위자로서 철저히 처벌하였으며 지금까지도 시효없이 고발하고 적발하여 처단하고 있다. 이로써 반인륜적 행위 또 반민족적인 행위를 할 경우 반드시 역사의 심판을 받는다는 역사 의식을 갖게 하였다.

그런데 일본은 우익진영의 일부 잘못된 논리로 지난 역사에 대한 반성을 기피하고 있다. 종전 이후 일본은 침략전쟁에 대한, 특히 아시아 민족에 대한 반성은커녕, 이로 인해 과거 유럽 제국의 식민지였던 아시아의 제 국가가 신생독립국가로 될 수 있었고, 일본의 식민지 역시 근대화가 가능했던 것이라는 억지 주장으로 일관하면서 악랄한 식민지 수탈과 포악하고 잔인한 만행에 대해 반성하지 않고 있다.

또한 당시 전쟁에 앞장선 관료나 적극 협력자는 일본 천황에 대한 신봉자들이었으며 아울러 천황을 중심으로 전쟁이 수행되었으므로 전쟁의 모든 책임은 궁극적으로 천황에게 있었다. 그리고 현재 일본 국민들이 자유롭게 의사를 표현하고 있지는 않으나 천황제를 부인하고 민주공화정체를 원하고 있으며, 또한 일본의 장래는 반드시 민주공화제로 진행될 것이라고 저자가 자신의 소신을 밝힌 것은 침략전쟁에 대한 깊은 연구를 통하여 얻어진 것으로 보여진다.

저자는 일본의 양심적 지식인이며 역사의식을 통해 일본의 장래를 진정으로 걱정하는 사람이며 그는 또한 아시아의 제 민족에게 과거의 침략전쟁을 진심으로 사과하는 평화애호가이다. 그런 면에서 이 책은 일본 또는 일본 국민에게 뿐만 아니라 전 아시아 국민과 우리나라 국민에게도 크게 도움이 되리라고 생각한다. 무엇보다도 실제 사료에 입각하여 침략전쟁을 폭로하고 일본의 전쟁 책임을 상세히 밝힌 것은 전쟁에 대한 반성과 상호 이해를 촉진하는 데도 크게 기여할 것으로 기대된다.

이번에 이 책이 한국어판으로 간행된 것을 더욱 뜻깊게 생각하면서 특히 젊은 세대와 그리고 많은 국민들에게 한번 읽어 보기를 권하는 바이다.

1996년 8월 13일

박 영 석(朴永錫)

(건국대학교 사학과 교수)

차   례

머리 말◑3
한국어판에 부쳐◑4
추천의 말◑6

제1장   어떻게 일본군은 총검으로 탱크를 이길 수 있다고 믿었는가?

일본 육군의 장비는? 17 / 역부족(力不足)을 자인하며 19 / 해군의 경우 22 / 낡은 무기로 세계를 상대하여 23 / 노몬한의 전투 24 / 져보지 않고는 모른다 26 / 무능한 지휘관들 29 / 해군도 비슷해 32 / 해군의 어리석은 장군들 35 / 석유도 없고 알루미늄도 없고 쌀도 없고 37 / 승산 제로의 싸움 39 / 정신력만 있으면 43 / 절망을 돌파하는 길 46 / 죽창전법(竹槍戰法) 48 / 존엄한 국체 팔굉위우(八紘爲宇) 50 / 신국(神國) 신앙의 결과 52

제2장   어떻게 일본 군대는 용전분투할 수 있었는가?

비참한 강병 59 / 일본인의 성격 62 / 강요된 사회 환경 64 / 군기(軍紀)를 유지하는 폭력 67 / 이상한 집단 72 / 진공지대 75 / 비자발적(非自發的) 군대 79 / 상관의 명은 짐의 명령 81 / 명령대로 움직이는 동물 85 / 인간도 없고 양심도 없다 86 / 사상도 없고 신념도 없다 89 / 시대를 역행하여 92 / 죽음, 그것은 누구를 위한 것인가 95 / 내 나라를 위해 99 / 급조 폭탄을 끌어안고 101

제3장 어째서 일본 군대는 잔학행위를 했는가?

원인은 구명되어야 107 / 일본군으로서는 당연한 일이 110 / 끝없는 싸움 112 / 적에게 곡식을 구하며 114 / 국제법을 경시하는 자세 117 / 국제법 경시의 뿌리 121 / 일본 군대에 인도(人道)는 존재하지 않는다 122

제4장 대체 이 일본군의 통솔자는 누구였는가?

통수권의 독립 129 / 천황이 있기에 133 / 업고 업힌 천황 139 / 군대 내는 천황투성이 141 / 천황은 육해군 대원수 143 / 칙명만 내리면 145 / 일본군은 천황의 군대 147 / 천황기관설 문제 150 / 군과 천황기관설 153 / 국체명징 성명 154 / 신권정치(神權政治)로의 복귀 157 / 메이지 초기의 바른소리 161 / 우매한 국민이 전제 165 / 국민이 몰랐던 천황 170 / 신흥종교 천황신앙 174

제5장 대체 일본 군국주의의 전쟁목적은 무엇이었는가?

포악한 중국을 응징한다(暴支膺懲) 181 / 동아 신질서 건설 183 / 대동아 공영권(大東亞共榮圈) 185 / 신들림 188 / 성전(聖戰) 191 / 팔굉일우 등등 194 / 구름을 잡는 듯 문자만 늘어놓고 196 / 전쟁 목적은 군인과 무관하다 199 / 문명과 야만의 싸움 200 / 명분 없는 싸움 207 / 싸움에 쓰러진 병사들, 청춘을 바친 가엾은 청년들 210

제6장 어째서 당시의 매스컴은 전쟁에 반대하지 못했는가?

신문이 반대하면 216 / 시대와 더불어 강화되는 통제 217 / 신문은 검열받아야 220 / 지도(指導)라는 통제 223 / 잡지 등 편집에 대한 지도 225 / 신문인들의 저항 228 / 출판을 하면 발매금지와 삭제 231 / 허가 없이 간행물을 발행하면 237 / 영화를 만들면 238

제7장 일본 국민은 왜 전쟁에 반대하지 못했나?

조직단체를 만들면 245 / 집회를 가지면 249 / 가두에서 연설을 하거나 전단을 나누어주면 251 / 사적인 대화나 서신도 254 / 몇 년이라도 경찰 유치장에 259 / 미쳐 날뛰는 치안유지법 261 / 구금은 사상을 바꿀 때까지 266 / 분서갱유(焚書坑儒) 269 / 국민을 교화시켜 271 / 소학교 국정교과서의 사상교육 276 / 국가의 병영화(兵營化) 279 / 다이쇼(大正) 말기의 국민교화 283 / 국체의 본의 285 / 차마 읽을 수 없는 문장 286 / 국민정신총동원 289 / 생명과 지위를 걸지 않으면 292

제8장 군에 아첨하는 정당, 부패한 정치가, 무능한 관료

초토(焦土) 외교 299 / 도고(東鄕) 외상의 변명 301 / 단말마의 패자가 어의(御意)와 인자(仁慈)를 강조 306 / 알고 보니 용렬한 인물 310 / 외교관의 수준 312 / 정치가의 부패와 저항 313 / 군에 아첨하는 정당, 대신 316 / 박력 없는 문관 320 / 테러의 위협 323 / 여기에도 천황제(天皇制)의 그림자 327 / 이단 심문소 이상의 공포 330

제9장 지조 없는 학자, 평론가

광기 어린 이상한 짓 335 / 머리가 이상해진 사람들 338 / 일본 역사의 대가가? 340 / 교육 분야—황국(皇國)의 길 344 / 교육 분야—황국부익(皇國扶翼) 346 / 교육 분야—중세로의 복귀 348 / 법학자는—신 그대로의 길 352 / 법학자—일본 법리(法理)의 확립 355 / 이것이 제1급 정치학자 359 / 신진 경제학자의 기막히는 주장 362 / 사회주의 경제학자의 말 365 / 진리의 탐구자, 철학자들① 367 / 진리의 탐구자, 철학자들② 370 / 일본 이외에 참된 국가는 없다 375 / 전후 좌익의 투사들은? 377 / 다이쇼익찬회의 전사(戰士)들 384 / 문단의 대가① 390 / 문단의 대가② 394 / 종교가 398 / 언론의 책임 402 / 모멸과 분노 406

제10장 책임의 종착점

전쟁 책임의 추궁 413 / 너무나 당연한 일 417 / 소리 없는 부르짖음 420 / 근본적인 이유 423 / 일본의 재생 425 / 잃은 것은 아무 것도 없다 429 / 국민 속에 적지 않은 폐지론자 433 / 명예로운 일본국의 재건 437

역 자 후 기 ◑441

제1장

어떻게 일본군은
총검으로 탱크를
이길 수 있다고 믿었는가?

1

만주사변 이래 중일전쟁 그리고 태평양전쟁으로 가는 길은 일본 육군이 주도했다는 데 이론의 여지가 없다고 할 것이나, 먼저 일본의 전쟁능력에 관하여 검토해 보기로 한다.

일본 육군의 장비는?

1904~05년의 러일전쟁에서 일본군은 세계 일류의 러시아군과 거의 대등한 장비로 싸워 일단 승리를 거둘 수 있었다. 그것은 통상 알려져 있는 것처럼 정신력에 의한 것이 아니라 당시 세계적으로 앞선 군대의 편성, 장비, 전법에 의했던 것으로, 예를 들어 개전 초기의 압록강 도하작전을 보면 기관총 수가 러시아군에 비해 일본군이 우세했고, 일본군의 야전중거리포도 러시아군을 압도했다. 러일전쟁의 전 기간을 통하여 기관총을 포함한 종합 화력에서 일본군은 러시아군에 앞서 있었다고 할 수 있다. 영·미 양국의 자금력과 유럽 제국의 공업력에 의해 일본은 병기 생산의 후진성을 제약

받지 않고 대국 러시아와 싸울 수가 있었던 것이다.

일본 육군이 단기간에 장비에서나 전투력에서 뒤떨어지게 된 것은 제1차 세계대전의 결과였다. 대전에 참가한 유럽 각국 및 미국은 4년이 넘는 — 미국은 1년 7개월 — 총력전을 전개하는 동안 장비면에서 현저히 발전하였다. 탱크 및 독가스, 비행기가 이 전쟁에 처음으로 등장한 것은 주지의 사실이다. 종래의 병기수도 개전에서 휴전에 이르는 동안 기관총은 약 10배, 화포는 약 4배로 늘고 개전 초기에는 거의 볼 수 없었던 고사포·박격포 등의 장비도 상당수 갖추게 되었다.

탄약의 소비량도 단기간에 급격히 늘어났다. 그 당시까지는 세계 최대의 전쟁이었던 11전 년의 중국 봉천(奉天)[1] 전투에서 일본군이 쏜 포탄의 100배를, 프랑스군은 개전에서 2년이 지난 1916년 7월에 시작한 솜[2] 전투에서 소비하고 있다. 이와 같은 신병기의 발달, 탄약소비량의 급격한 증대를 뒷받침할 공업생산력에 있어서 각국은 비약적으로 발전했음은 말할 것도 없다.

이 전쟁에 극히 부분적으로 참전한 일본은 각국이 전쟁에 전 국력을 투입하고 있는 동안 호경기를 구가하였지만 다른 한편 군사력면에서는 결정적으로 뒤처져버렸다.

일본군도 유럽 전쟁이 러일전쟁과는 현저하게 다른 양상을 보여주고 있음을 알았다. 제1차 세계대전이 시작된 다음해 1915년에 소장 이하 41명의 군사조정위원을 임명해서 이 대전의 실태를 분석했다. 이 위원들은 3년 걸려 근대전의 추이와 양상을 빠짐없이 조

---
1) 지금의 선양[瀋陽]. 1905년 러일전쟁의 격전지.
2) 제1차 세계대전의 격전지.

사하여 상세한 보고서를 제출했다고 한다. 그 후에도 육군은 장비나 편성뿐만 아니라 제1차 세계대전을 계기로 바뀐 군수 공업의 동원 등에 관하여도 연구를 진행시켰다.

그럼에도 불구하고 제1차 세계대전 후에는 전 세계에 밀어닥친 평화적 무드와 일본 경제의 불황에 의한 재정 핍박 때문에 일본군도 병력의 감축을 단행하지 않으면 안 되었다. 공산주의 혁명의 혼란에 의해 러시아의 위협이 적어진 것이라든가, 미국과의 전쟁을 예상한 해군의 확장에 군사예산의 중점이 주어진 것도 육군장비의 보강을 지연시킨 결과가 되었다.

일본 육군의 장비, 군수생산은 제1차 세계대전의 총력전을 겪어온 유럽 제국과는 비교가 안 될 정도로 빈약했다. 다이쇼[大正 : 1912~26] 연대 후반으로부터 쇼와[昭和 : 1926~89] 연대 초기에 걸쳐 소련 주재 육군무관들은 매년 경이적인 속도로 강화되고 있는 소련군을 눈앞에 보고, 이대로는 일본군은 멀지 않아 크게 뒤떨어지고 말 것이라는 심각한 보고를 도쿄에 보냈었다.

역부족(力不足)을 자인하며

태평양전쟁이 가까워질 무렵 일본군이 각국과 비교하여 스스로의 전력을 어떻게 생각했는지 판단하는 데 중요한 자료가 있다. 진주만 공격 2년 전인 1939년에 발간된 《세계국방의 현황》이라는 이 책은 현역의 육·해군 영관급이 집필을 담당하고 육·해군 중장들이 감수했으며, 육·해군 대신이 발간사를 쓰고 있다. 육군성 정보부, 해군성 군사보급부, 그 밖에 헌병사령부의 '검열필'이란 도장이 찍혀 있어 말하자면 육·해군 공인의 권위 있는 간행물이라 할 수 있다.

이 책은 당시 각국의 군비강화 내용을 잘 소개하고 있는데, 특히 일본 육군의 가상적국은 말할 것도 없이 소련인데 항공기는 소련의 5.5분의 1, 고사포·전차는 수십분의 일인 것이다.

또 하나 중요한 점은 자동소총에 관한 것이다. 자동소총은 방아쇠만 당기면 통상 30발 정도 발사되는 데 대해, 보통의 소총은 한 발 한발 장전하지 않으면 다음 발사가 불가능하고, 탄창에 5발마다 보충하지 않으면 안 된다. 따라서 자동소총의 효율은 적어도 소총의 10배 이상이 되며, 무게도 자동소총이 가벼워 휴대도 편리하다.

제2차 세계대전에서 미국이나 유럽 각국의 보병은 거의 다 자동소총을 장비하고 있었다. 일본 육군은 자국과 같은 빈약한 나라에서는 자동소총을 만들기보다 단발소총을 한 자루라도 더 만드는 편이 좋다는 결론을 내리고 연구 자체를 중지했었다.

또 1933년 당시에는 세계적 수준에서 보면 열세였던 미국 육군도 대일본전, 대독일전을 예상하고 1935~38년에 단발식 소총을 전면적으로 반자동소총으로 바꾸고 보병을 모두 자동화했으며 사단에 중포와 중경포, 탱크를 배속시켰다.

당시 일본군 대본영의 육군 참모였던 이모토 구마오(井本熊男)는 전쟁이 끝나고 일본 육군에 관하여 "용병규모, 기동력 등이 대체적으로 보아 반세기 늦었고"라고 쓰고 있는데 처음부터 이번 대전중 일본 육군의 주력인 보병 훈련의 최대 중점은 사격, 총검술, 행군의 세 가지였다. 사격은 38식 소총을 '팡팡' 쏘는 정도이고, 총검술은 그나마 소총은 발사하지 않고 소총 끝에 꽂힌 작은 대검으로 적을 찌르는 백병전(白兵戰)을 위한 것이며, 행군은 문자 그대로 그저 걷는 것이다. 러일전쟁은 고사하고 19세기 이전의 군대와 기본적으로 바뀐 것이 없는 것이다.

중국전선에서나 남방전선에서의 전쟁체험기를 읽으면 걷는 것이 싸우는 것보다 10배 내지 20배가 나온다는 사실을 발견할 수 있다.

일본 군대에서는 차량으로 편성된 부대가 얼마 없었기 때문에 대부분 병사는 열차에 타는 일은 있어도 트럭으로 이동하는 것은 제한되어 있었다. 탄약이나 식량은 부대보다 트럭 수송이 많았지만, 말로 운반하거나 인간이 등에 지고 나르는 것도 드물지 않았다. 대포마저 견인차로 끄는 기계화 포병은 극히 적고, 말로 끌거나 분해하여 말에 싣기도 하고, 때로는 병사가 등에 지고 운반하기도 했다. 아마도 제2차 세계대전에서 많은 참전국 중 보병이나 포병의 이동, 탄약이나 식량의 운반에 주로 말의 힘이나 인력에 의지한 것은 일본군과 중국군뿐이었을 것이다. 그 중국군도 전쟁 말기에는 미국식 장비로 꽤 근대화되어 있었다.

《세계국방의 현황》은 마지막으로 다음과 같이 결론 짓고 있다.

> 과학시대인 현재에서는 오늘의 정예가 내일은 구식이 되는 급격한 변화의 시대에 있어서는, 이런 일본의 불퇴전의 의지와 무기체계가 일치하느냐의 문제에 일말의 불안감이 가시지 않는 것은 심히 유감된 일이다.

어디 일말의 유감뿐인가. 이 일본 육군 자체의 자료는 일본 육군이 근대전에 대해 전혀 대응능력이 없다는 것을 보여준다고 결론지어도 좋을 것 같다. 교육총감부 본부장 등 군의 교육기관을 역임한 가와나베 쇼조(川邊正三) 육군대장은 다음과 같이 말하고 있다.

제1차 세계대전을 보고 '현대의 물질위력 앞에 일본혼(日本魂)은 아무것도 아니다'라고 말하는 자도 있었다. 아무리 노력해도 미국이나 유럽 군사 가상적국의 수준은 도저히 따라갈 수 없었다.

나는 전쟁이 끝나고 얼마 안 되어 친구와 잡담을 나눌 때 반농담 반진담으로 다음과 같이 말한 일이 있다 — 그 때 나는 간부 후보생 신참 병장으로 최하급 하사관이었다.

나는 수백 명, 수천 명을 지휘하는 대대장, 연대장은 못해도 육군대신이나 참모총장은 할 수 있어.
'전쟁을 안해' 또는 '전쟁은 할 수 없어'라는 말 한마디만 하면 되니까.

이것은 아마도 당연한 결론일 것이다.

해군의 경우

《세계국방의 현황》은 해군에 관해서도 기술하고 있다. 워싱턴 조약에 의거하여 일본 해군의 주력함은 5 : 5 : 3(영국 : 미국 : 일본)의 비율로 제한되어 있어 일본이 열세인 것은 분명하다. 일본 해군은 이를 잠수함과 항공기로 보충하려 했다. 그러나 일본 해군이 자랑스러워하고 있던 이 분야에 관해 이 자료는 다음과 같은 비관적인 견해를 기술하고 있다.

전시에 일본의 해상교통은 적의 잠수함에 의해 차단당함을 피할 수 없다. 한편 적의 교통로에 대해 일본 잠수함을 사용 불가능하기 때문에 잠수함은 적에게만 유리하고 우리에게는 불리하다.

항공기에 관해서도 같다. 미국이나 유럽과 교전하여 적의 본토를 공격하는 것은 절대로 불가능하지만 적이 일본의 주요 도시를 폭격하는 것은 극히 쉬운 일로 항공기도 잠수함과 같이 적에게만 유리하다.

지형으로 말하면 일본의 본토방공은 어렵고 일본의 요충지역의 방어는 실로 한심스럽기만 한 상황이다.

공군의 소모는 크고 빨리 진행된다. 이를 급속하게 확장하는 것은 극히 어렵다. 파일럿은 적어도 5년 이상의 훈련을 거치지 않으면 도움이 안 되며, 속성훈련으로 보충된 공군은 전력면에서 현저하게 질이 낮다.

제2차 세계대전의 결과를 훌륭하게 예측하고 있었던 것은 매우 감탄할 만하지만, 그렇게도 뚜렷이 알고 있었던, 패배가 명백한전쟁을 시작한 인간들의 어리석음, 책임과 그 이유를 철저하게 추궁하지 않으면 안 될 것이다.

낡은 무기로 세계를 상대하여

일본이 본격적으로 대륙침략에 나선 1931년 가을 만주사변에서는 상대가 지방군벌의 군대, 말하자면 오합지졸이었기 때문에 정규군인 일본군이 이기는 것은 당연했다.

1937년에 시작된 중일전쟁에서도 상해에서 3개월에 걸쳐 고전을 강요당하고 때로는 중국군의 끈질긴 저항과 반격을 만나 각지에서 게릴라에 괴롭힘을 당했지만 전반적으로 일본군은 거의 연전연승했다. 이유는 간단하다. 중국군의 장비가 일본군보다 못했기 때문이다. 일본군은 이기고 있었다고는 하지만 8년간의 중일전쟁 기간중 단 한번도 중국군에 괴멸적인 타격을 준 일이 없다. 병력 특히 화력과 기동력 부족 때문이었다.

일본 육군이 처음으로 근대전을 한 것은 1938년 여름 소만(蘇滿) 국경의 최남단 장고봉(張鼓峰)에서의 소련군과의 전투였다. 마침 이때부터 중국에서는 한커우[漢口]에 대한 공격작전을 준비중이었기 때문에, 일본군은 소련군에 대해 적극적으로 공격하지 않아 분쟁을 국지적으로 단시일 안에 끝낼 수 있었다.

그러나 단기간이지만 이 전투에서 일본군은 일찍이 경험해 보지 못한 보병, 포병, 탱크가 통합된 놀랄 만한 화력의 세례를 받아 근대전이 무엇인지 체험하게 된 것이다. 10여일 동안의 전투에서 참가부대 7,000명 중 사상률이 22.3%에 달했고, 정면을 지킨 보병 제75연대는 51.3%의 사상률을 냈다. 그러나 일본 육군은 이 전투에서 아무런 교훈도 얻지 못했고, 관동군(關東軍) 작전참모들의 관심은 오로지 국경선을 탈환하는 데만 초점이 맞추어져 있었다. 이 무반성(無反省)이 다음해 소만 국경의 노몬한 사건의 참패로 이어진다.

무반성은 관동군만이 아니다. 장비면에서 명백한 일본 육군의 취약성에도 불구하고 참모본부가 작성한 '쇼와 13년도 육군 작전계획'에는 중일전쟁 기간중 소련·미국·영국의 3개국 또는 2개국이 일본에 대해 참전하는 것을 예상하고 있다. 이 작전계획 내용은 알 수 없지만 그 일본은 중고 병기로 중국군 이외에 2개국 내지 3개국의 현대화된 군대를 상대로 어떻게 싸울 생각이었는지 상상도 할 수 없는 일이다.

노몬한의 전투

1939년 5월부터 9월초까지 계속된 만주와 외몽골의 국경분쟁 —

노몬한 사건은 일본군의 패배로 끝났다는 것은 잘 알려져 있는 사실이다. 이 사건에서 일본군의 주력으로 싸운 제23사단은 참모장과 수색연대장, 3명의 보병연대장 가운데 1명이 전사하고 2명은 자결하는 참담한 패전을 맛보았으며, 전사상·행방불명자는 70.3%에 달하고, 여기에 전병사(戰病死)를 넣으면 79.0%의 엄청난 손실을 당했다. 통상 30%의 사상률이 나면 그 부대는 일시적으로 전투불능이 되고, 50%의 손실은 괴멸적 타격으로 본다.

이러한 큰 피해는 소련군의 압도적 화력과 다량의 전차 투입에 의한 것으로 병력, 장비 등 모든 면에서 상대가 되지 아니하였다.

또 하나의 약점은 일본군의 후방의 수송력이 빈약하기 때문에 탄약의 수송량에 큰 차가 있는 것이다. 일본 포병이 한 발 쏘면 그 몇 배가 되돌아오기 때문에 보병은 포병에게 사격을 하지 말라고 부탁한 적도 있었다고 한다. 방위청 전사실 편찬의 노몬한 사건의 기술을 보면 "피차의 병력 특히 화력의 차이는 현저하여 적의 공격상은 바로 압도라는 표현이 어울릴 것이다"라고 씌어 있고, "당시의 일본포병은 대포병전에서 거의 문제가 되지 않았다"라는 기록도 있다.

소련군의 장비와 이러한 큰 격차가 있음에도 불구하고, 만주 방위와 대소 진격의 주역인 관동군이 중앙정부의 승인을 얻어 결정한 '만소국경처리요강'에는 다음과 같은 용감한 자구가 널려 있다.

> 적의 불법행위에 대해서는 단호하고 철저하게 응징할 것이며, … 적어도 싸운다면 병력의 다과나 옳고 그름에 관계없이 필승을 기할 것이며, … 일시적으로 소련 영내에 진입할 수도 있으며, … 만일 분쟁을 야기시키면 … 단호하게 적극 과감히 행동하여 ….

'장님, 뱀 무서운 줄 모른다'라는 말이 있지만 이 말이 꼭 들어맞는 말이라고 할 수 있을 것이다.

미군이 일본에 진주한 당시 미군총사령부의 병기부장대리 케이프 대령은 일본 육군의 병기를 상세히 조사했다. 그는, 일본이 그러한 빈약한 병기준비(제조시설 포함)를 가지고 개전을 결의했고 또한 4년에 걸친 작전을 계속해온 것에 대해 경탄해 마지 않았다.

또 기술본부의 연구소장 등을 역임한 육군중장 나가사와 주고〔長澤重五〕가 쓴 바에 의하면, 육군 상층부의 사람들은 대학교수나 연구소 연구원과, 시중의 사기적 또는 광적 발명가의 제안을 기술적으로 비교하는 것조차 할 수 없었고, 도조 히데키〔東條英機〕 수상은 석유가 들지 않는 비행기를 만들라고 자주 되풀이해서 지시하였다고 한다. 나가사와는 '불행히 이 사람들은 과학기술에 관한 지식이 너무나 낮았다'고 한탄하고 있지만 이들이 부족한 것은 과학기술의 지식만은 아닐 것이다.

져보지 않고는 모른다

노몬한에서의 참패로 육군중앙본부에도 정말로 사태의 중대성을 알아차리고, 늦었지만 일본군의 전력, 전투장비 전반에 걸친 개선자료를 얻기 위해 연구위원회를 만들었다.

앞으로는 이번 기회에 얻은 화력에 대한 정당한 인식에 입각하여 편제, 장비, 보급, 기술, 교육훈련 등 모든 부문에 대하여 비약적 진전을 기하지 않으면 안 된다.

이런 당연한 것을 이제야 새삼스레 강조하고 있으니 참모본부와 관동군의 대소련 정보 담당과는 지금까지 무엇을 하고 있었는지 의심스러워진다.

오늘까지 오랫동안 화력의 필요성이 강조되면서도 반대로 그 실현을 기할 수 없었던 것은 궁극적으로 제1차 세계대전을 경험하지 않고 단지 문헌에 의해서만 연구한 인식부족이 부지불식간에 실행을 불철저하게 하였기 때문이다.

요컨대 현실적으로 패전의 아픈 경험을 하지 않고서는 일본군의 허약상을 통감할 수 없다고 말하고 있는 것으로서 한마디로 말하면 '져보지 않고는 모른다' 라는 것이다.

어떻든 보고서는 일단 화력의 증대 등 육군의 전 분야에 걸쳐 비약적 개선을 결론 짓고 있지만, 중국에서의 전쟁에 70만 명 이상의 병력을 투입하고 있던 육군으로서는 그에 상응하게 할당할 예산이 한정되어 있었다. 이 보고서에 의해 실시한 것이 있다면 이미 확정되어 있던 1940년부터의 5개년 군비강화계획을 어느 정도 수정한 것에 불과했다.

그럼에도 불구하고 일본 육군은 노몬한 사건 당시의 장비가 변변히 개선되지도 않은 1941년 6월에 독소 개전에 편승하여 소련 침공을 계획한 것은 주지의 사실이다.

일반적으로 이 때의 관동군은 전비(戰備)가 보강되어 있었던 것 같이 생각되고 있지만 사실은 이와 반대다.

관동군의 장비가 얼마나 허술한 것인가를 가르쳐주는 하나의 일화가 있다. 전후 방위청의 요직을 역임한 가이하라(海原治)는 당시 경리하사관으로서 만주에 주둔하고 있던 제11사단에 소속해 있었는데, 대소전 준비의 동원에 즈음하여 조선에 출장명령을 받았다. 발동기가 달린 범선 6척과 위장망, 그 밖의 작전 자재를 조달해 오라는 명령이었다. 그는 다음과 같이 쓰고 있다.

학교를 막 졸업한 경리하사관이 혼자서 조선까지 나가지 않으면 인간과 말, 대포와 차량용의 위장망을 갖출 수 없었던 것이다.

제11사단은 전 육군 가운데 가장 장비가 충실한 부대로 대소 작전의 선봉역을 맡을 사단이었던 것이다.

이런 자질구레한 이야기가 아닌 대단히 중대한 문제도 있다. 대소 진공작전 준비발령(관동군 특별대연습) 11일 전인 1941년 6월 26일, 참모본부 제4과(방위·방공 담당)는 — 연해주를 기지로 하는 소련 폭격기가 본토에 내습한다면 — 야간이면 10여 대, 주간이면 이삼십 대의 폭격 몇 번이면 도쿄는 잿더미가 된다고 판단하고 있었다. 스스로 그렇게 인정하고 있는데, 대소전을 이러쿵저러쿵하면서 계획하거나 의논하는 것 자체가 전적으로 난센스라 할 수 있다.

일본 육군은 적국과의 전력분석 결과로 나오는 실력차를 무시하고 노몬한의 대패에도 전혀 정신을 차리지 못하고, 동으로 서로 또는 남으로 전선을 확대했으며 1945년 원자폭탄이 투하된 마당에도 아직 "본토결전!"을 외쳐대고 있었다. 이를 '무능한 집단'이라 부르지 않고 달리 무엇이라 할 것인가? 오히려 무능 위에 '현저한' 또는 '믿을 수 없을 정도의'라는 수식어를 붙여도 좋을 것이다.

무능한 지휘관들

1940년 봄 서부전선에서 독일군이 이른바 전격작전으로 영·프군에 대승한 후, 일본 육군은 그 실태를 조사하기 위해 야마시타 도모부미〔山下奉文〕중장을 단장으로 하는 군사시찰단을 파견했다. 반년에 걸친 조사를 끝낸 당시 일본 육군의 가장 우수한 장군인 야마시타 중장 일행은 독·소 개전 직전에 독일을 출발하여 1941년 7월 7일 귀국했다. 그 날은 묘하게도 대소련전 준비를 위한 이른바 관동군 특별대연습의 동원이 발령된 날이다.

다음날인 7월 8일 야마시타 중장은 신속히 육군 수뇌부에 시찰보고를 했다. 그 보고의 상세한 내용은 모르지만, 다네무라 스케타카〔種村佐孝〕의 대본영 기밀 전쟁일지에는 다음과 같이 씌어 있다.

1. 육·해군의 일원화,
2. 정치력의 강화,
3. 소련 공격의 단안을 내릴 것.

대담 솔직한 장군의 보고에 가슴이 후련해지는 느낌이었다.

'3. 소련공격의 단안'이란, 소련군의 붕괴가 얼마 남지 않았으니 독일군에 호응하여 신속하게 소련을 배후에서 칠 것을 결정해야 한다는 의미인 것 같다.

반년이란 시간을 들여 상세하게 현장을 시찰한 야마시타 중장 일행은, 독일군은 차치하고 크게 패한 영·프군도 일본군과는 단위가 다른 근대장비를 갖추고 있음을 보고 왔을 터였다. 전투의 양상이 일본군의 대중국 전쟁과는 완전히 다르다는 것을 뼈저리게 느끼고 왔을 것이 아닌가.

일본 육군이 현시점에서 하지 않으면 안 되는 것은 장비편성의 근대화이며, 그렇기 때문에 당분간 ― 10년 또는 20년은 일본 육군으로서는 도저히 제대로 전쟁을 치를 상태에 있지 않음을 확인하는 일이었을 것이다. 그럼에도 불구하고 대소 공격을 즉시 결행하라고 건의하다니, 야마시타는 노몬한 사건에 관해서나 유럽 전쟁에 관해서나 이를 분석·평가하는 능력을 전혀 갖고 있지 않았다고밖에 생각할 수 없는 일이다.

그는 단지 전장의 지휘관으로서의 능력을 인정받았을 뿐 아니라 육군사관학교를 수석으로 졸업하고, 육군대학교의 우등생(56명 중 6명), 그리고 육군대학의 교관, 그 밖에 육군성의 군무국 군사과장과 군사조사부장 등 중앙의 요직을 두루 거친 육군의 엘리트 중의 엘리트이다. 그 야마시타 조사단은 육군 내의 모든 인재를 총망라하였다고 한다. 그 조사단의 이 무능함에는 기가 찬다기보다 이상하다고까지 할 수 있을 것이다.

노몬한의 무모한 전투를 개시하고 지휘하여 대패를 초래한 당시의 관동군 참모장 이소타니〔磯谷〕 중장도 육군의 최고 엘리트로서 참모본부 제2부장(정보) 등 최고 요직을 지내온 자이다. 그리고 그 밑에서 작전을 직접 담당한 핫도리 다쿠시로〔服部卓四郎〕는 육군대학의 우등생이었을 뿐만 아니라, 태평양전쟁 1년 전인 1940년 10월에서 종전의 해 2월까지 대부분의 기간을 대본영의 작전과장으로서 제2차 세계대전의 작전의 중추에 재직한 전 육군의 에이스라고 할 수 있는 인물이었다.

그리고 핫도리 밑에서 그 '장님, 뱀 무서운 줄 모른다'는 소만 국경처리요강을 기안하여 노몬한 사건에서는 현장에서 직접 작전을 지도한 쓰지 마사노부 참모는 전후에는 국회의원이 되기도 했지만 육군 굴지의 수재라는 정평이 있었다.

지장(智將)으로서 유명한 이시하라 간지〔石原莞爾〕 육군중장은, 그는 세상에서 일반적으로 말하고 있는 것만큼 우수하거나 유능하다고 생각되지는 않지만, 다음과 같이 말한다.

> 군에는 용병술에 대한 연구가 없다. 상급자는 무능하다. 참모총장도 육
> 군대장도 새로운 전술을 모른다.

맥아더는, "일본 군인의 진급은 전쟁과 별로 관계가 없고 규칙에 의해 이루어지는 봉건적인 형태의 것이다. 따라서 일본군은 강하지만 일본 군중앙부는 반드시 두려워할 필요가 없다"고 말했다.

노몬한에서 일본군과 싸운 소련 제1집단군사령관 주코 원수도 스탈린의 질문에, 일본군의 하사관·병사는 완강하고 용감하며 청년장교는 광신적일 정도로 완강하게 싸우지만 고급장교는 무능하다고 보고하였다.

이 '일본 육군의 하사관·병사는 우수하지만 장교는 보통이고 특히 위로 갈수록 우둔하다'는 것은 일본군과 직접 싸운 경험이 있는 미군, 영군 또는 소련군 장군들 거의가 일치한 의견인 듯하다. 일본의 고급장교들은 전장에서의 지휘능력 이전의 문제로서 전쟁을 하기 위해서는 절대로 필요한 조건인 적국과 자국의 전력 비교를 고찰하는 능력이 결정적으로 결여되어 있다고 결론 지을 수밖에 없다.

해군도 비슷해

군함이라는 물체를 타고 싸우지 않으면 안 되는 해군은 총검 한 자루로 전쟁 흉내를 낼 수 있는 육군과는 달라 역시 상식에 어긋나게 군비와 자원은 절대 무시할 수 없었다. 그 점 해군의 복장이 육군보다 스마트한 것과 같이 그 정신구조도 조금은 근대적이었다고 말할 수 있다. 그러나 그 우둔함과 무책임함은 육군과 크게 다를 바 없다.

해군은 육군과 마찬가지로 러일전쟁의 승리에 취해 동해 해전의 재등장을 꿈꾸며 미드웨이 해전에서 궤멸적 타격을 받을 때까지 '대함거포주의(大艦巨砲主義)'를 버리지 못했다. 남방의 석유 획득을 전쟁 계속의 명분으로 하면서도 해상선 확보의 노력을 게을리하고, 해상호위 총사령부라는 기구가 편성된 것은 개전 2년 후인 1943년 11월로 전쟁개시 때 소유 선박의 50%에 가까운 260여만t이 침몰된 뒤의 일이다.

공격면에서도 적의 후방을 공격하는 중요성을 무시하고, 일본 해군의 항공기와 잠수함은 최후까지 적의 주력함 공격에만 시종하다가 실패하여 스스로 적에게 수송선을 차단당했다. 우회, 포위, 돌격 그리고 백병전을 유일한 작전으로 하나만 알고 같은 짓만 반복하여 ─ 중국군과 태평양전쟁 초기의 식민지군을 상대로 한 시기를 별도로 하면 ─ 단 한번도 성공하지 못한 육군과 다를 게 없다.

나폴레옹은, "10년마다 전술을 바꾸지 않으면 그 군대는 양질이라고 할 수 없다"고 했지만, 일본 해군은 40년 동안 기본적으로 전법을 바꾸려 하지 않았다.

이런 전술적인 것은 차치하고라도 1941년의 시점에서 해군이 대미 개전을 결단한 결정적인 이유는, 석유 금수에 의해서 유류의 비축이 자꾸 줄어가는 것과 미국의 군비증강계획이 현저하게 진전되고 있다는 데 있었다. 전쟁을 하지 않는 상태가 계속된다면 1941년의 시점에서 미·일의 병력비교는 100 대 75지만 1943년에 이르면 100대 50이 되고 1944년에는 100 대 30 정도까지 내려가 도저히 승산이 없다고 추정되었다. 그래서 조속히 개전해야 한다고 생각하였다는 것이다.

1941년 12월 개전 때 미·일 양국의 소유 및 건조중인 군함수는 〈 표 1 〉과 같다.

<표 1> 개전시의 미·일 군함수

(톤수는 어림수임. 단위 : 1,000t)

		일 본 척 수 (톤 수)		미 국 척 수 (톤 수)		비 고
전 함 {	보 유 건조중	11 3	(336)	17 15	(534)	
항공모함 {	보 유 건조중	9 1	(149)	7 12	(155)	6
순 양 함 {	보 유 건조중	35 6	(240)	37 54	(330)	
구 축 함 {	보 유 건조중	112 22	(116)	180 197	(247)	167
잠 수 함 {	보 유 건조중	65 25	(99)	109 74	(111)	112
계		232 57	(940)	350 352	(1377)	339

※ 출전 : 전사총서《해군군전비(海軍軍戰備)》.
　　　미국의 '건조중'과 비고란의 '보유'수는《세계연감》소재의 "The New York Times Magazine"에서 인용.

종전 당시 군령부 제1부장(작전)으로 스스로 해군대학교 수석졸업이라고 저서의 경력에 자랑 삼아 쓰고 있는 해군소장 도미오카 사다토시(富岡定俊)는 다음과 같이 말하고 있다.

태평양전쟁의 전력예측을 하면서 개전 2년 이후의 것을 전망하지 못한 것을 나는 지금도 깊이 후회하고 있으며 지금 다시 되돌아보고 적을 아는 것이 얼마나 어려운가를 생각해보고 싶다. 손자(孫子)는, "적을 알고 자신을 알면 백 번을 싸워도 백 번 다 이길 수 있다"고 말하고 있지만 이것처럼 실제로 해보면 어려운 것은 없다.

그러나 앞에 든 통계 숫자를 잠깐 보면 적인 미해군을 아는 것은 너무나 쉬운 일이었다.

해군은 중일전쟁이 시작되자 해남도(海南島)의 점령을 주장, 육군을 끌어들여 1939년 2월에 이를 실현하였다. 그리고 대륙으로부터의 철수에 완강히 반대한 육군과 마찬가지로 결코 여기서 손을 떼려고 하지 않았다. 이 섬에 농업이민을 보낸 것도 육군의 만주정책 영구 주류를 의도한 것으로 상상된다.

국민정부의 장개석 주석은 해남도 점령을 '태평양의 봉천사건(만주사변)'이라고 불렀지만, 결국 이곳을 기지로 하여 해군의 남진정책 — 대미영 충돌이 시작된 것이다.

앞의 육군참모 이모도(井本熊男)는 전후 다음과 같이 쓰고 있다.

정치 관여는 육군 쪽이 컸던 것은 사실이다. 해군은 이 시기에 있어서는 정치에 관여하는 일이 비교적 적은 것처럼 보였지만, 육군의 시책에 의해 얻은 것과 똑같은 성과를 해군도 획득했었다.

　미국과의 우호관계를 잃으면 석유가 들어오지 않게 되고 미국이 진정 군비확장에 힘쓰면 빈약한 일본의 공업력과 조함(造艦)능력으로는 어찌 해볼 도리가 없다는 것은 이때 새삼 판명된 것이 아니고, 옛날부터 훤히 아는 일이었을 것이다.
　영·미·일의 주력함의 비율을 5：5：3으로 정한 워싱턴 군축조약과 보조함을 제한한 런던 조약은 일본으로서는 대단히 고마운 결정이었던 것이다. 그럼에도 이것을 조인한 정부를 '통수권침범'이니 하며 소란을 피워 기한만료와 동시에 각국에 앞서서 이 조약을 파기한 것은, 공업력이 가장 빈약하고 조함 경쟁의 재정지출을 감내할 수 없는 빈곤한 나라 일본의 해군이었다.
　더 시대를 거슬러올라가서 메이지 말년 러일전쟁에 이겨 동아시아에 우선 적이 없게 되자 해군은 미국을 가상적국으로 정하고 방대한 함대건조계획에 착수한 것 자체가 이상한 일이었다.
　처음으로 주력함 건조가 가능하게 된 정도의 일본이 미국을 주적으로 삼으려고 했다는 것은, 자신을 몰라도 유분수라 할 것이다.

해군의 어리석은 장군들

　제2차 세계대전에 있어서의 일본 해군에 대해 말할 때, 개전 결정의 경위에 관하여 반드시 언급할 필요가 있다. 해군은 육군과 달리 동원 준비에 시간이 걸리기 때문에 개전에 앞서 1940년 8월 출전준비대책을 협의했을 때, 해군은 미영으로부터 물자가 들어오지 않으면 꼼짝할 수 없다고 강조하였다. 마지막으로 요시다〔吉田〕 해군대신은, "일본 해군은 미국과 1년밖에 싸울 수 없다. 미국은 지구전으로 나갈 것이다. … 1년간의 지구전으로 전쟁에 뛰어드는 것은 호랑이에게 대드는 것이나 다름없는 무모한 짓이다"하고 결론 지었다.

요시다 대장뿐만 아니라 해군의 중추부에서는 미일전쟁에 대하여 적극론보다는 전도에 대한 비관론, 전쟁불가론이 많았던 것은 이미 주지의 사실이다. 그럼에도 불구하고 해군의 책임자가 공식적으로 전쟁에 반대한 것은 마지막까지 없었다.

제3차 고노에〔近衛〕 내각에 의한 미일교섭이 막바지에 이른 1941년 가을 오이카와〔及川〕 해군대신은, 비공식으로 가끔 "이길 자신이 없다"고 언명하고 있고, 도조〔東條〕 육군대신에게도 직접 그렇게 말 한 적이 있다. 그러나 이 이야기는 "이 장소에서만 있었던 것으로 해주시오"하고 입막음을 시키고 화·전(和戰)을 협의하는 공식 장소에서는 오로지 수상에게 일임한다고만 계속 말했다.

해군측의 진의를 충분히 알면서 아무것도 하지 못한 고노에 수상의 무능, 무책임함은 새삼 지적할 필요도 없다. 그러나 해군의 입장이나 체면에 사로잡혀 주장해야 할 것을 주장하지 않은 오이카와 해군대신의 책임의 중대성은 더 비난받아 마땅하다.

그의 취임 자체가 문자 그대로 최대의 오점이라고 할 수 있다. 오랫동안 무적 해군이라고 과장해온 권위가 국민 앞에서 무너지는 것이 두려워 '그 따위 별볼일 없는 해군이라면 예산을 삭감하라'는 말을 듣기가 걱정이 되었던지, 아니면 우익 테러에 위협을 느꼈던지, 국가 민족의 운명과 관계되는 큰일을 앞두고 주전론 앞에 몸을 숙여 진실을 말할 용기마저 없는 '이런 인간이 해군대신이야!' 라고 마음에서 분노와 경멸이 끓어오르는 것을 참을 수가 없다. 그리고 이런 인물이 해군대장이 되고 해군대신이 되는 일본 해군을 속물(俗物) 집단이라고 인정하는 수밖에 없는 것이다.

좀더 해군과 개전에 관하여 기술한다면 오이카와의 후임으로 태평양전쟁에 돌입했을 때의 해군대신인 시마다 시게타로(嶋田繁太郎) 대장은, 도조의 뜻대로 움직여 도조의 부관이라 불릴 정도로 천하에 악평을 들었고, 오이카와의 전임자 요시다 대장은 삼국 동맹체결이 미일전쟁으로 이어지는 것을 두려워하면서도 — 사실 그러했다 — 육군을 저쪽으로 돌려서 큰 싸움을 벌이지 않으면 안된다는 부하의 말에 '야단났구나' 하면서 머리를 감싸쥐고 엎어졌다고 한다. 그날 밤 요시다 대신은 고민한 나머지 쓰러져 입원했다.

일본 해군은 — 적어도 그 상층부는 좋게 말해서 여성적, 나쁘게 말하면 썩어 있었다고 해도 과언이 아닐 것이다. 요직에 있는 자는 일상적 업무를 결재하는 일은 부차적이고, 큰일에 임하여 한몸을 걸고 자기 주장을 지키는 것이 없어서는 아니될 조건일 것이다.

석유도 없고 알루미늄도 없고 쌀도 없고

원료를 수입하지 않으면 생존할 수 없는 것이 예나 지금이나 다를 바 없는 일본 경제의 현실이다. 하물며 자원을 급속히 다량으로 소비하는 전쟁에 있어서는 더욱 그러하다.

태평양전쟁의 개전을 결의할 즈음, 자원 특히 석유의 저장과 소비 그리고 획득의 가능성이 최대의 핵심이었음은 주지의 사실이다. 1941년 8월 19일로 전쟁 개시 4개월 전 미·영·네덜란드의 대일 경제 동결, 이미 이들 나라로부터는 일체의 물자가 수입되지 못하고 있었다.

당시 주요 전략물자의 재고량은 다음과 같다.

1. 니켈 및 니켈광 — 약 2개월   2. 망간 광 — 약 4개월

3. 비치코크스 — 약 4개월   4. 마닐라 삼(麻) — 약 1개월

5. 제1종 원유 — 약 4개월   6. 제2종 원유 — 약 6개월

7. 항공기 휘발유 — 약 15개월   8. 보통 휘발유 — 약 2개월 반

9. 중유 — 약 1개월 반   10. 보통 기계유 — 약 2개월 반

11. 경유 — 약 3분의 1개월   12. 등유 — 약 1개월

13. 반고체 기계유 — 약 3개월   14. 피마자유 — 약 6개월

해군의 자료에 의하면 미국이 대일 석유수출을 금지한 8월 1일 현재, 석유 저장량은 940만kl, 소비량의 21개월분이었다.

대미전쟁을 결정한 1941년 12월 5일의 어전회의에서 스즈키 사다이치(鈴木貞一) 기획원 총재의 설명에는 방대한 자료가 첨부되어 있었다고 하는데, 그 결론은 현재 보유하고 있는 재고량으로 동남 아시아 지역을 최단기간에 점령하고 그 자원을 개발하여 이용하면 전쟁을 어떻게든지 계속할 수 있다는 것이다.

이를 위해 작전이 매우 신속히 이루어지지 않으면 안 되고, 점령지의 설비는 파괴되어서는 안 되며, 한편 조선(造船)사업은 순조롭게 진행되어야 하는, 어느 것도 잘 이루어지지 않으면 안 되는 전제가 붙어 있다. 만일 천재지변 등 생각지 못했던 일이라도 발생하면 더욱 어려워진다는 것을 인정하고 있지만, 천재가 아닌 전쟁에 반드시 일어나는 예상치 못한 일에 대해서는 전혀 언급이 없다.

군수용 자원만이 아니라 국민의 식량 자체도 위험한 상태에 놓여

있었다. 전쟁 전의 일본의 미곡수급은 조선과 대만이라는 두 식민지에서 가져와 겨우 국내 소비를 충당하는 체제가 되어 있었다. 그런데 중일전쟁이 한창 진행중이던 1939년 조선쌀의 흉작을 계기로, 일본의 주식은 동남아로부터의 수입에 의존하게 되었다. 군수공업 강화에 수반된 비료의 부족, 병무 소집과 공업 고용증대에 의한 농촌 노동력의 고갈, 군용 말의 징용 등에 의하여 전쟁에 돌입하기 전인 1940년 이미 주식(主食)의 공급이 부족상태가 되어 있었다. 쌀뿐만 아니라 그해 4월에는 된장, 간장, 소금, 목탄, 설탕 등 생활 필수품의 배급도 시작되었다. 개전하던 해 10월의 물가는 중일전쟁이 시작된 전년에 비교하면 80%나 올랐고 국민생활은 빈궁의 도를 더해 가고 있었던 것이다.

승산 제로의 싸움

러일전쟁 때까지만 해도 평시에 비축해 둔 군수품이나 외국에서 수입해 온 물자로 전쟁을 치렀는데, 제1차 세계대전 후에는 국력과 국력의 싸움이 되며, 무엇보다 공업력이 결정적으로 지배한다는 것을 일본 육군도 잘 알고 있었다.

1941년 4월 영국 총리 처칠은 성심성의와 선의를 가지고 — 일본 국민에게 — 우의적 메시지를 보낸다면서, "일본제국정부와 국민이 주의할 만하다고 생각되는 약간의 질문을 감히 시사하고 싶다"고 소련을 방문중이던 마쓰오카(松岡) 외무대신에게 주소련 대사를 통해 서한을 수교했다. 그 중 공업생산에 관한 부분은 다음과 같다.

1941년중 미국의 철강생산고는 7,500만t, 영국은 1,250만t, 합계 약 9,000만t이다. 일본의 철강생산량 700만t은 단독으로 전쟁을 하기에 불충분한 것이 아닐까.

<표 2> 미·일의 경제지표 비교

[쇼와 16년판 일본국세도회(日本國勢圖會)]

항 목	일 본	미 국	일본을 1로 하였을 때의 미국의 비율
국가예산 (1939) (억 엔)	48	350	7.3
라디오 (1939) { 국 (局) 수	35	749	21.4
청취자 (천 명)	3,983	28,000	7.0
인구 천 명에 대한 청취자	56	216	3.9
전화기 1개당 (1939) (천 명)	55	8	6.9
자동차 생산고 (1936) (천 대)	5	4,454	891
자동차 수 (1938) { 승용차 (천 대)	60.5	25,151	416
버 스 (천 대)	24.2	132	5.5
트 럭 (천 대)	47.2	4,202	89
계 (천 대)	137.8[1]	29,486	214
국민소득 { 미국 1935 } 총액 (백만 엔)	165	1,474	8.9
일본 1930 } 1인당 (엔)	10,636	187,465	17.6
참 고 영국 { 총액	67,011		6.3
1인당	1,429		8.7
소련 { 총액	161,150		15.2
1인당	959		5.8

1) 만주국을 포함.

참으로 처칠다운 일본을 꿰뚫어본 서한인데 대본영 육군부의 기밀전쟁일지는 '내용이 지극히 불손하여 분개하지 않을 수 없다'라고 화를 내고 있다. 화내는 것은 지당하지만, 처칠이 지적하고 있는 것은 그야말로 지당하다 할 것이다. 당시 미국과 일본의 경제지표 (〈표 2〉)를 비교해보면 더욱 명약하다.

일본의 또 하나의 주요 가상적국 소련도 급속히 국력을 강화하고 있다는 것은 일본 육군도 충분히 알고 있을 것이었다. 공산주의 국가의 일이기 때문에 상세한 것은 모르지만 만주철도 조사부가 1940년에 발간한 《세계경제의 현황》에 의하면, 두 번의 5개년계획에 의해 1928~37년에 소련의 공업생산력은 세계의 주요국에서 차지하는 비율이 3.1%에서 13.7%로 4배 이상 증대하였다.

미국 공군의 중폭격기 B29의 폭격효과를 조사하기 위해서 전후 일본에 온 전략폭격조사단은 국방부에 상세한 보고서를 제출하였다. 그 결론에서 다음과 같이 말하고 있다.

요컨대 일본이라는 나라는 본질적으로 소국이며, 수입원료에 의존하는 산업구조를 가진 빈약한 나라로서 모든 형태의 근대적 공격에 무방비 상태였다. 손에서 입으로의 완전한 하루살이 일본 경제에는 여력이라는 것이 없고 긴급사태에 대처하는 기술적 능력이 따로 없었다. 원시적인 구조의 목조도시에 밀집해 있던 일본 사람들은 집이 파괴되었을 때 살 집이 없었다.

일본의 경제적 전쟁능력은 한정된 범위에서 단기전을 지탱할 수 있는 데 지나지 않았다. 축적된 무기나 석유, 선박을 투입하여 아직도 동원이 완료되지 않은 적에 타격을 가하는 것은 가능하다. 단지 그것은 1회에 한해서 가능했던 것이다. 이 유일한 공격이 평화를 가져올 수 없을 때 일본의 운명은 이미 결정되어 있었다. 그 경제는 합중국의 반가량의 경제력을 가진 적과의 장기전도 지탱할 수 없었던 것이다.

1936년에 발간된 《When Japan Goes To War(일본이 전쟁에 돌입할 때)》라는 영문 저서에는, 일본의 군사력·경제력을 매우 상세하게 분석하여 일본의 패전은 피할 수 없다고 보고, 다만 다액의 차관을 얻으면 간신히 2년전쟁을 계속할 수 있다고 결론 짓고 있다. 일본이 세계를 상대로 전쟁을 한다는 것은 상상 밖의 일로서 소련한 나라만으로도 일본은 확실히 패전한다고 대단한 설득력을 갖고 기술하고 있다.

이런 저서는 아마 외국어로는 여러 가지가 발간되어 있었겠지만, 이 책은 관동군 참모부에 의해서 일본어로 번역된 것이 특징이다. 모처럼 번역된 것을 참모들은 읽지 않았을까?

이 때부터 꼭 5년 후 미·일 교섭이 난항하고 있던 1941년 8월 29일자 《기밀 대본영일지》에도 다음과 같이 적혀 있다.

　　일본제국이 힘도 없이 대동아 신질서 건설에 착수한 것이 애당초 잘
　못되지 않았을까.

깨달은 것이 상당히 늦었지만 옳은 말이다. 그리고 깨달은 후에도 단숨에 파국의 길을 달려 내려간 것이다.

참고로 일본의 군수품 생산력이 최고에 달한 1944년의 미·일 생산량을 비교하면 다음과 같다.

<표 3> 미·일 군수품 생산지수 비교 (1944)

구 분	일본	미국	구 분	일본	미국
항공기	1	3.4	강 재	1	39.0
알루미늄	1	5.4	전차(대)	1	100.0
조 선	1	10.9	석 유	1	209.1

※ 출전 : 《제국육해군사전(帝國陸海軍事典)》.

정신력만 있으면

전쟁은 인간이 하는 것이기 때문에 기술과 물질적 장비와 더불어 '정신적 요소'가 중요한 역할을 하는 것은 말할 필요도 없다. 정신력은 전시하의 내핍생활과 생산에 힘쓰지 않으면 안 되는 일반 국민에게도 중요하지만, 하물며 생사를 오가는 전장에서는 특히 그것이 강조되는 것은 전쟁 역사가 시작된 이래의 원칙이다. 크라우제비츠도 그의 유명한 《전쟁론》에서 특히 한 장(章)을 할애하여 이를 논하고 있다.

그러나 일본 육군의 정신력의 강조는 분명히 도를 넘고 있었다. 다음에 일본 육군의 용병상의 기본을 보이고 있다고 할 《통수강령(統帥綱領)》(1928)을 살펴보자. 《통수강령》 중 '통수의 요령'의 1에는, 전쟁은 나라의 총력을 기울여 싸우지 않으면 안 된다고 말한후, " … 고로 제국은 초동단계에서 국력의 위력을 극대화하여 신속하게 전쟁의 목적을 관철함이 특히 긴요하다…"라고 국력의 부족을 자인하고 속전속결을 주창한 후, 그 4에는 다음과 같이 쓰고 있다.

> 통수의 본뜻은 항상 전력을 충실히 하여 교묘하게 이를 적군에게 향해 그 실세, 무엇보다도 그 무형적 위력을 최고도로 발휘하는 데 있다. … 승패의 주요인은 여전히 정신적 요소에 있음은 고래로 변함이 없다. 항차 제국군에 있어서는 과소한 병력과 부족한 자재를 가지고 위의 각 사항의 요구를 충족해야 하는 경우가 결코 적지 않음에 있어서랴. 즉 전투는 전장병이 일치하여 충군(忠君)의 지성(至誠), 살신의 절의(節義)를 다하고…

최근에 와서 물질적 발전도 현저하지만, 역시 승패의 기초가 정신력에 있는 것은 변함이 없다. 그 정신력이란 장병의 단결, 내 몸을 돌보지 않는 충성심이라고 주장하고 있는 것이다.

　이 《통수강령》을 이어받아 말하자면 일반 장병의 교과서요 그들이 언제나 휴대하는 《작전요무령(作戰要務令)》(1938)이 있다. 이 요무령의 강령 2에도 다음과 같이 공격정신이 물질적 위력을 초월한다는 것이 강조되어 있다.

　　전승의 요체는 유형무형의 각종 전투요소를 종합하여 적을 능가하는
　　위력을 요점에 집중 발휘시키는 데 있다. 훈련을 철저하게 하여 필승의
　　신념을 굳히고, 군기를 지엄하게 하여 공격정신이 살아 넘치는 군대는
　　능히 물질적 위력을 능가하여 전승을 이루어낼 수 있는 것이다.

　열악한 장비를 가진 중국군을 상대할 때는 일본군의 정신주의가 승리를 거둔 것처럼 보였지만 일본군은 노몬한 사건에서 아무리 공격정신이 왕성하더라도 백병돌격으로 전차를 이길 수 없다는 것을 뼈저리게 맛보았다. 사정거리가 짧은, 더욱이 적은 수의 대포로써 사정이 길고 수가 많은 적의 대포와 대결하면 지는 수밖에 없었던 것이다.

　그러나 앞에서 말한 전후의 노몬한 전투 조사위원회 보고서 총괄 부분에는 '국군의 전통인 정신위력을 점점 더 확충할 것'이라고 되어 있고, 다시 '우세한 적군(赤軍)의 화력에 대하여 승리를 차지하는 요소는 한 마디로 급습전법에 있다'고 단정하고 있다. 급습전법이란 백병으로 돌격하는 것으로 참패한 노몬한 전투 직후에조차 정신주의의 미신에서 탈출하지 못하고 있는 것이다.

노몬한에서도 그 후의 태평양전쟁에서도 이 급습전법이 성공한 예가 단 한번도 없다는 것은 이미 말했다.

물질을 경시하는 정신주의는 단순히 병기뿐만 아니라 탄약이나 식량의 보급조차 무시하게 된다. 남방전선에서 전몰한 130여만 명 중 아마 반가량은 굶어 죽었거나 기아에서 생긴 질병 또는 의약품 부족에서 온 병사였을 것이다.

극단적인 예로 중부 태평양의 메레욘 섬에서는 총인원 3,404명 중 70.6%가 전몰하였는데, 전사자는 겨우 132명으로 전몰자 총수 2,403명의 5.5%에 지나지 않았다. 나머지는 전병사로 그 전병사 중 영양실조에 의한 사망은 74.4%에 달한다. 영양실조에 의한 사망이란 결국 기아사라는 것이고, 영양실조가 아닌 다른 병에 의한 사망도 대부분은 영양불량으로 병발된 것이리라.

이러한 비참하다기보다는 형편없는 엉터리 전쟁을 제일선에 강요하면서, 육군의 지도자들은 굶어 죽을 때까지 버티는 정신력을 오히려 자랑하고 있었던 것처럼 보인다. 1945년 1월 31일 육군성 병무국장 나스 요시오[那須義雄] 소장은 제국의회에서 다음과 같이 말하였다.

　　실제로 제일선인 버마와 그 밖의 전선에서는 풀을 먹으면서 하는 것을 평소부터 준비하여, 양식을 후방에서 보급하지 않더라도 풀을 먹고 전쟁하고 있는 부대도 있으며, 뉴기니 등에서도 그러한 상황에 처해 있다.

무능하다 ── 무능하다는 형용사를 육군 지도자들에게 붙여준다면 원래의 무능한 사람이 오히려 화를 낼 것이다. 무능이란 뜻을 한 단계 더 넘어서는 이와 같은 상식 밖의 장군의 명령대로 싸우고 그 생명을 잃은 병사들의 운명은 이 얼마나 불쌍한가.

절망을 돌파하는 길

1945년 6월 8일 종전 2개월 전, 어전회의(천황이 출석하는 국가의 최고회의)에서 '향후 채택할 전쟁지도(戰爭指導) 기본대강'이 결정되었다. 이 대강이 결정될 때 보고된 일본의 국력 현황 요점을 열거하면 다음과 같다.

민심의 동향

국민은 가슴 깊이 충성심을 가지고 있지만, 군부 및 정부에 대한 비판이 활발해지고 신뢰감이 동요되고 있음. 국민도의는 퇴폐의 조짐이 있음. 서민층은 체념, 자포자기적 풍조가 있고 지식층은 화평을 희구하고 있음.

인적 자원

물적 자원에 비하면 아직 여유가 있음.

수송력 및 통신

해상수송은 계획적 운항은 기대할 수 없으며, 선박 적재량은 거의 무(無)에 이름. 철도 수송도 일관성을 잃고 국지 수송만 가능함. 각종 통신은 금년 중기 이후는 매우 어렵게 됨.

물적 자원

철강생산은 4분의 1로 감소하고, 강철선의 건조는 금년 중기 이후 전혀 기대할 수 없음. 소금 부족 때문에 화학공업은 가속도로 저하하고 화약의 확보도 곤란해질 것임. 액체 연료는 중기 이후 전쟁 수행에 중대한 영향을 미칠 정세임. 항공기, 기타 근대 병기의 생산은 멀지 않아 곤란하게 됨.

국민 생활

식량의 핍박은 심각해지고 있으며, 단경기(端境期)에는 개전 이래 최대의 위기로 곡식과 생리적으로 필요한 최소한의 소금밖에 얻을 수 없음을 각오해야 함. 물가등귀가 심하여 암거래 횡행, 경제도의의 타락 등에 의해 전시경제의 조직적 운영이 불가능하게 될 우려 있음.

어전회의이기 때문에 상당히 온건한 표현을 썼다고 상상되나 그래도 보고의 내용은 처절하여 전쟁을 하는 것이 문제가 아니라 국민을 아사로부터 어떻게 구출할 것인가가 최대의 긴급 문제가 되어야 할 법한데, 최후의 총괄적 결론이라고 할 부분에는 다음과 같이 기술되어 있다.

국력의 현상이 이상과 같고, 게다가 적의 공습이 격화됨에 따라 물적 국력의 충실이 지극히 곤란한 상황에 있다고는 하나, 가장 큰 애로는 생산의욕, 감투정신의 부족과 국력의 전력화에 관한 구체적 시책이 철저하지 못한 데 있다.

지금의 곤란이 국민의 생산의욕, 감투정신의 부족, 그리고 구체적 시책의 불철저에 있다는 것이다. 어느 것이나 물적인 것이 아니고 인간의 정신 문제, 연구의 문제 때문이므로 ─ 이것도 넓은 의미로 정신 속에 들어가겠지만 ─ 분발시키면 활로는 열린다는 것이다.

위 문장에 계속되는 마지막에는 다음과 같이 맺고 있다.

이를 위해 국민의 전의 특히 황국신민의 전통적 충성심을 유감없이 발휘하게 함과 동시에, 전쟁수행에 필요한 최소한의 전력 유지가 가능하게끔 8, 9월까지 완료하는 것을 목표로 하여 강력한 각종 구체적 시책을 강구할 필요가 있다.

물적인 전력은 최소한으로 하고, 나머지는 '황국신민의 전통적 충성심'으로 싸우려는 것이다.

이러한 절망적 상태에서 다시 2개월 후, 원자폭탄이 히로시마, 나가사키에 투하되고 소련군이 만주, 조선, 사할린, 쿠릴〔千島〕 열도에 침공을 개시한 후까지도 육군은 전쟁계속을 완강히 주장하고 있었음을 생각하면, 후세 역사가 중에 일본 육군이라는 것은 숫자도 이론도 상식도, 어쩌면 일본어조차도 통하지 않은 집단이 아니었을까 하고 생각하는 사람이 나오더라도 조금도 이상하지 않을 것이다.

죽창전법(竹槍戰法)

이보다 앞서 1944년 8월 4일 각의는 국민 총무장을 결정했다. 총무장이라고 해도 잇따라 동원된 군대에도 병기가 부족하여 허리에 대나무 수통을 찬 병사까지 나타나는 정도라 일반국민에게 건네줄 병기가 있을 리 없었다. 여기서 '죽창 훈련'이 시작된 것이다.

죽창은 14, 5세기의 전국시대에 오다와라〔小田原〕의 호조〔北條〕씨 등이 농민을 징집하여 이것으로 무장시킨 예는 있지만 주로 도쿠가와〔德川〕 시대의 농민이 민란을 일으킬 때 사용한 정도이다. 어떻든간에 적의 전차와 자동소총에 죽창으로 대항하겠다는 것이니 물질무시, 정신 지상주의도 극에 달했다고 해야 할 것이다.

육군성은 일본 본토결전을 앞두고 1945년 4월 8일 아나미〔阿南〕

육군대신의 이름으로 '결전훈(決戰訓)'이라는 것을 전군에 시달하였다. 그 첫째 항은 다음과 같다.

> 황군(皇軍 : 천황의 군대, 즉 일본군)은 신칙(神勅 : 일본의 개국신 천조대신(天照大神) 이래 대대로 천황에게 물려 내려온 어명)을 받들어 성유(聖諭 : 천황의 유시와 명령)의 준수에 매진하라. 성유의 준수는 황국 군인의 생명이다. 신주(神州 : 옛날 일본땅을 일컬음) 불멸의 신념에 투철하여 낮과 밤으로 성유를 외우며, 이것의 수행에 정신과 혼백을 다 바쳐라. 필승의 바탕이 여기에 있다.

신칙이란 《고사기(古事記)》와 《일본서기(日本書紀)》의 신화에 나오는 것으로, 천황가의 시조라는 천조대신이 일본은 대대로 자기의 자손이 다스리는 나라라면서 이는 영원히 계속될 것이라고 한 이야기이다. 성유라는 것은 메이지(明治) 천황이 군인에게 내린 어명으로 일본 군대는 천황이 통솔하는 것임을 강조한 것이다.

적군의 일본 본토 상륙을 맞아 싸움에 있어, '사랑하는 처자, 양친을 위하여 싸우라', '너를 낳아 길러준 선조 전래의 사랑하는 국토를 지키라'라고 격려한다면 ─ 누가 일으킨 전쟁인가 하는 이번 대전의 본질론은 별도로 치고 ─ 이 말에 분연히 일어날 사람들이 적지 않을 것이지만, 그렇지 않고 높으신 신이 일본은 대대로 자기의 자손이 지배하는 나라이니 받들라는 것이다. 또한 그 신은, 자기의 자손은 영원히 번영하니, 그 말을 믿으면 일본은 전쟁에 절대로 지지 않는다는 것이다.

이런 영문을 모르는 주장을 듣고 있으면 쇼와 시대의 육군군인의 엘리트는 바쿠후(幕府) 말기의 근왕지사(勤王志士 : 천황을 옹립하려던 지사), 그 중에서도 특히 광신적인 존황양이파(尊皇攘夷派 : 천황을 받들고 바쿠후의 개방정책을 배척하려던 일파)보다도 지능 정도가 오히려 떨어진다. 근왕지사 가운데 제일 순진한 복고주의자 의 한 사람으로 알려진 마키 이즈미(眞木和泉)는, 신관(神官)의 아 들로 과격한 테러 등으로 몇 번이나 붙잡혔지만 그는 양이에 대하 여 다음과 같이 죽창전법을 주장하고 있다.

　자, 외국이 공격해올 때 우리는 사람 수가 많지 않고, 무기는 부족하더 라도 적이 많건 적건 간에 천황이 용감히 한 발을 내디뎌 주시어 비단 어기(御旗)를 흔들면서 "너 얄미운 짐승들아! 한 사람도 놓치지 않으리 라"하고 전진하신다면, "우리 군에 식량도 없고 군용품도 없고 군함도 없고 대포도 없으니 방어전은 무리다"하면서 제멋대로 지껄이던 자도 일단 천황이 스스로 싸움에 나오신 이상, 대포다 총이다 하고 있을 때가 아니다. 맨 몸으로라도 선두에 서서 '천황의 방패가 된다면' 하고 진지하 게 막을 것이다.

　이와 같이 전군의 사기가 일단 올라가 죽음을 두려워하지 않고 싸우 고 있노라면, 지혜를 가진 자가 나타나 여러 가지 책략을 펼쳐서 의외로 적을 막을 수 있을 것이다.

존엄한 국체 팔굉위우(八紘爲宇)

이 특이한 정신주의는 전쟁 말기의 단말마로 몰렸을 때 '신(神) 에 의지함'뿐 아니라 전쟁 개시 때 이미 그러했다.

1941년 12월 8일 진주만 공격의 날 아침, 도조(東條) 수상은 '선 전의 칙어를 받들어'라는 제목으로 전 국민에게 라디오 연설을 하였다.

> …대저 승리의 비결은 '필승의 신념'을 견지하는 것입니다. 건국 2600
> 년, 우리들은 일찍이 싸워 패한 적이 없습니다. 이 역사적 과거의 회고야
> 말로….
> …팔굉(八紘 : 우주를 가리킴)을 일우(一宇 : 한 집)[1]하는 황모(皇謨)[2]
> 밑에서 진충보국(盡忠報國)의 큰 정신이 있는 한 영·미라고 하여 아무
> 것도 두려울 것이 없는 것입니다. …

말할 필요도 없이 '건국 2600년'이나 '패한 일이 없다'고 말하는
것은 사실(史實)에 어긋난다. 그것은 차치하고 '팔굉일우'라고 하
는 것은 초대의 천황, 신무(神武) 천황의 말이란 신화에 불과하지
만, 총리대신은 '천황 밑에서 세계를 통일하다'는 이 신화를 믿고,
일본 국민이 천황에게 충절을 다하면 강대한 국력, 근대적 장비를
자랑하는 미·영에 승리를 거둘 수 있다고, 개전에 즈음하여 천명
하고 있는 것이다.

앞서도 쓴 바와 같이 전쟁에 정신적 요소가 큰 힘을 갖는다는 데
는 아무도 이론이 없을 것이다. 일본 군인도 미국 병사의 양키 정
신을 인정하고 있고, 중공군이 반일과 공산주의를 위해 집요하게
그리고 강인하게 항전한 것은 많은 일본 군인들이 체험하였다.

그러나 그러한 정신이 일본 군대의 천황에 대한 충성심과 같은
종류 또는 같은 정도의 것이라면, 일본 군대의 정신주의도 다른 나

---

1)《일본서기》에서 인용. 팔굉위우와 같은 말. 팔굉이란 '팔방의 먼 땅', 우는 '집', '처마
밑'을 의미한다.
2) 천황의 치세의 길.

라와 동격이 되어 전쟁의 승패는 물적 장비에 크게 의존하게 된다. 일본이 적의 압도적 장비나 국력을 능가하여 이기기 위해서는 그 정신적인 것이 외국의 그것보다 결정적으로 뛰어나지 않으면 안 된다는 것이다. 즉 일본은 '특별한 나라'여야 하는 것이다.

천황에게 봉사하려고 하는 일본인의 충성심은 공산주의 사회를 세우려고 하는 이상보다도, 자유주의, 민주주의를 지키려는 사명감보다도, 처자, 부모, 국토의 태평을 바라는 애정보다도, 외국인의 어떠한 신앙, 신념, 주의, 애국심보다도 우월해야 하는 것이다. 더구나 그것은 장비나 국력의 격차를 보충하고도 남을 정도로 절대적 차이가 있지 않으면 안 된다.

바꾸어 말하면, 일본인의 충절의 대상인 '만세일계(萬世一系)의 천황'은 흔히 있는 황제나 왕, 원수와는 종류가 다른, 인류사상 달리 있을 수 없는 특별한 존재가 아니면 안 되는 것이다.

여기까지 따져보면 천황은 살아 있는 신(現人神)이며, 일본은 신의 나라(神國)라고 전쟁중 내내 외쳐서 이유가 명확해질 것이다.

신국(神國) 신앙의 결과

제2차 세계대전 개전 뉴스를 듣고 도쿄제대 교수(전후에 총장) 난바라 시게루(南原繁)는 다음과 같은 시를 남겼다.

인간의 상식을 넘어 모든 지식을 넘어서 전쟁이 일어나다
일본이 세계와 싸우다

— 《쇼와 만엽집(萬葉集)》 중에서 —

이 노래는 난바라의 경악을 잘 표현하고 있는데, 교양 있는 정치

학자를 기다릴 것도 없이 일개 병사나 중학생, 아니 소학교 어린이마저 의문스럽게 생각한 것을 그들 군인은 어째서 몰랐다는 말인가.

전후 군인 출신들이 쓴 것에는 역시 일본군과 적과의 압도적 전력의 차를 인정하고, '왜 이런 커다란 판단의 오류를 거듭했나 하는 것은 큰 문제이다' 라는 반성을 많이 볼 수 있다. 그러나 반성은 거기서 끝나고 그 이상의 추궁은 보이지 않는다. 원래 육군사관학교는 해군병학교와 같이 구(舊)제도의 중학교의 상위 성적이 아니면 입학할 수 없었다. 육군의 엘리트 장교의 대부분은 육군유년학교(육군사관학교의 전 단계로서 중학교 1, 2학년부터 응시할 수 있었다)의 출신이며, 육군유년학교에 입학하려면 중학교에서는 우등생이었다.

그러한 그들이 어째서 그렇게도 무지하고 교양이 없었을까? 그러나 지금까지의 사실에 비추어 보면 이 표현은 결코 과격한 것이 아니라고 생각한다. 천한 말은 쓰고 싶지 않지만, 이 외에 다른 적당한 말은 생각나지 않는다.

도대체 어떻게 하여 우수한 두뇌를 가진 그들이 그렇게 되어버린 것일까? 그 의문에는 이하 여러 장에서 해답을 찾겠지만 간단히 결론만 말하면 다음과 같은 이유인 것이 틀림없다.

그 군인들은 사춘기 때부터 매일같이 '황공스러운 만방무비(萬邦無比)의 우리 국체', '팔굉일우의 조국(肇國 : 건국) 정신', '건국 이래의 찬란히 빛나는 불패의 전통', '황공한 현인신'이라는 것을 수없이 반복하여 주입되고, 그후에도 줄곧 그러한 말을 하고, 그러한 훈시를 듣고, 그 때마다 똑바로 서는 직립식 부동의 자세를 취하였다. 더구나 일찍이 그것을 비판한 일이 없고 비판이나 의문의 말조차 들은 적이 없으며, 몇십 년간을 지나는 동안에 정말로 그러한 기분, 요컨대 무지하고 교양 없고 편견으로 굳어지게 된 모양이다.

'이길 수 없다', '질지도 모른다'는 말을 입 밖에 낸다는 것은 황공스럽게도 천황폐하의 존엄을 모독하는 용서받지 못할 행위가 되는 것으로 아무도 말할 수 없었다. 얼마 전에 나는 진다는 것을 알면서 그것을 공석에서 주장하지 않은 해군의 수뇌부를 격렬하게 비난하였다. 그들을 동정적으로 해석한다면 '황공스러운 천황폐하의 군대'로서 그러한 것을 공식적으로는 말할 수 없었다는 것인가.

전술한 미국 전략폭격조사단의 보고서에는, 일본이 미국에 전쟁을 시작한 데 대하여 다음과 같이 결론을 내리고 있다.

> 일본의 전쟁능력을 한번 보면, 일본이 미국과의 전쟁을 결의한 것은 제정신으로 한 짓인가 하는 의문이 간다.

공문서에 '제정신으로 한 짓인가'고 한 것은 대단히 과감한 서술이지만, 조사단의 미국인 장교들도 그 밖에 다른 표현이 없었던 것 같다.

비슷한 이야기는 그 밖에도 있다. 대전중 불굴의 자세를 견지한 평론가요 외교사가인 기요자와 키요시〔淸澤洌〕의 일기 속에 다음과 같은 문장이 남아 있다.

> H.G. 웰스는 중일전쟁, 미일전쟁으로 일본은 망국이 된다고 예언하고 있으며, 그리고 "장래의 역사가는 일본 당국자의 두뇌가 인새니티

(insanity)가 아니었는지를 의심할 것이다"라고 쓰고 있다.

　인새니티(insanity)란 '광기', '발광', '정신이상', 요컨대 미치광이라는 것이 된다. 전 수상 와카쓰키 레이지로〔若槻禮次郎〕는, 종전할 때의 육군은 '반광란(半狂亂)'이었다고 쓰고 있지만, 이는 종전 때 한하지 않고 육군은 — 그리고 해군도 — 언제나 반광란은커녕 전광란(全狂亂) 즉 정상이 아니었던 것이다. 이렇게 생각하는 수밖에, 이 구식 무기밖에 갖고 있지 않은, 자원도 별로 없는 빈약한 공업국이 세계를 상대로 전쟁을 일으키는 따위의 있을 수 없는 현상을 설명할 도리가 없을 것같이 여겨진다. 그리고 제정신이 아닌 내용 즉 '천황은 신이고 일본은 신국이다. 보통의 나라와는 근본적으로 다른 것이고, 전쟁에 진다는 것은 있을 수 없다'는 신념, 신앙은 한 마디로 미신(迷信)이다.

제2장

어떻게 일본 군대는

용전분투할 수

있었는가?

2

비참한 강병

대전중 일본군이 얼마나 용감하고, 얼마나 정예의 군대였는가 하는 것은 자주 들을 수 있었지만 생명을 걸고 싸우는 전장에서는 정도의 차는 약간 있다손 치더라도 어느 나라 병사들도 용감한 데는 큰 차가 없을 것이다.

따라서 "내 나라만은 특별하다"는 과신은 피하지 않으면 안 된다. 다른 나라들과 비교해보면, 일본 군대의 용전감투의 모습은 상위에 속한다고 해도 거의 틀림이 없다. 그것은 앞장에서 말한 바와 같이 ― 그 무모하고 무지에 대한 비판은 별도로 하고 뒤떨어진 공업력과 중고 병기를 가지고 세계의 열강을 상대로 4년간이나 싸웠다는 사실만으로도 입증된다고 할 수 있다.

일본 육군은 전투에 임해서는 공격을 원칙으로 했다. 그리고 공격의 꽃인 최후의 단계는 돌격이다. 적이 기관총, 소총과 각종 화포로 사격해오는 바로 정면에서 소총 끝에 30cm의 단검을 꽂고, 함성을 지르면서 적진에 돌격하는 것이다. 이것이 이른바 '백병전(白兵

戰)'이라는 것으로 일본 육군의 장기 중의 장기였다. 근대의 육전에서는 '포병이 지원하고 보병이 점령한다'는 것이 원칙으로 되어 있었으나 대포도 탄약도 부족한 일본군으로서는 이 백병전에 의지하는 수밖에 없었다.

빗발치는 탄환 속을 돌격하는 것이니까 당연히 그 손실은 크다. 그러나 도중에 적의 화력에 질려 멈칫거리면 피해는 많아지기 때문에 죽자살자 밀고 나가지 안으면 안 된다. 사기 왕성하고 군기가 엄정한 군대가 아니면 할 수 없는 일이다.

러일전쟁에서 여순(旅順)항의 견고한 진지에 대한 반복된 돌격은 주지의 일이다. 콘크리트로 공고하게 만든 영구 요새에 육탄으로 부딪친 제3군의 장병은, 산에 오르면 한눈으로 볼 수 있는 정도의 작은 면적에 당초의 총병력 5만 명이 넘는 6만여 명의 전사상자를 내고 드디어 여순요새를 점령하였다.

제2차 세계대전에서도 전세의 불리를 무릅쓰고 각지에서 돌격을 감행했으며, 전쟁 후반에는 "만세! 돌격!"이 일본군의 최후를 알리는 조종(弔鐘)이 되기도 했다.

일본군은 방어면에서도 완강함를 보였다. 그것은 명령이 없는 한 퇴각이 인정되지 않았기 때문이다. 방어는 언제나 '사수(死守)'—죽을 때까지 수비를 계속하지 않으면 안 되는 것을 의미했다. 사실, 상급 사령부의 명령에 '사수하라'고 명시된 예도 적지 않다.

그 때문에 각지의 전장에서 옥쇄(玉碎)가 속출하였다. 옥쇄라고는 하나 실제로는 부상하여 의식불명에 빠져서 적에게 수용된 자를 포함하여 야간의 포로는 존재하였지만, 일본군은 어쨌든 옥쇄라는 이름을 걸고 절망적인 상황 아래에서도 싸움을 계속한 것은 사실이다. 중국·버마(지금의 미얀마) 국경 수비진지에서의 일본군의 옥쇄에, 장개석(蔣介石) 주석은 버마 주둔 중국군에 격려의 전보를 보내, "… 우리 장교 이하는 일본군의 수비대가 고군분투, 최후의 한 명에 이르기까지 명령을 완수하는 것을 본받으라"고 하면서 일본군을 칭찬하고 있다.

중국군으로서는 기나긴 패전의 연속에서 앞날에 밝은 전망이 나와서 여유가 생겨 그랬는지는 모르지만 총지휘관이 자국 군대에 적군인 일본군을 본받으라고까지 격찬한 것은, 역시 일본군의 이상하리만큼 용감한 모습을 말해 주는 것이라고 해도 될 것이다.

군대의 정예 여부는 전투에서 질 때 분명히 나타난다. 이기는 싸움에서는 어떤 군대도 힘이 넘쳐 능력 이상의 힘을 발휘하는 것이 보통이기 때문이다. 그런 의미에서 진주만 공격 이후 최초의 반년을 제외하고 지는 싸움을 3년 동안이나 계속하여 집요하게 싸워온 일본군은 정예 군대라고 부를 만하다.

소위 특공대(特攻隊) ― 특별공격대는 어형(魚形) 수뢰를 고정시킨 비행기나 쾌속정을 적함에 부딪치는 것으로, 결사대 또는 결사의 각오와는 차원이 다른 완전한 자살공격대이다. 특공대도 후반에는 지원이라기보다 할당 지명이 많아졌지만, 세계적으로 '가미카제〔神風 : 귀신같이 바람을 몰아간다는 뜻〕'라는 이름이 반은 기이한 감(感)으로 일종의 외경의 염(念)으로 알려지게 되기도 하였다.

특공 공격의 전술적 효과 또는 인도적 견지에서 본 비판은 여기서는 논하지 않기로 하나, 어쨌든 용감한 군대가 아니고서는 절대로 쓸 수 없는 전법인 것만은 틀림없다고 하겠다.

과달카날 해협전투에서 일본군과 싸운 미국군 장교 아서 대령은 다음과 같이 말했다.

Japs are good fighters, but poor soldiers.

(일본 군대는 용감한 투사들이다. 그러나 불쌍한 병사들이다.)

일본인의 성격

일본 군대의 세계 수준 이상으로 여겨지는 정예함은 어디서 왔을
까? 어릴 때부터의 군국주의 교육을 그대로 믿고 용감하게 전장에
나간 젊은이도 드물지 않았겠지만, 군대는 그 나라 국민과 닮는다
고 하듯이 일본인 자체의 자질에서 오는 것으로 생각된다. 메이지
시대(1868~1912) 이래의 급속한 발전, 전후 일본 경제의 부흥을 떠
받쳤다는 조직과 직무에 대한 충실, 근면, 단결심, 책임감과 같은 일
본 국민의 소질은, 그대로 우수한 군대를 양성하기 위한 조건에 해
당 된다.

일본의 문화가 갖는 한 측면을 수치의 문화로서 파악하는 사고가
있는데 많은 전쟁 체험기에는 비겁한 행동으로 '전우의 비웃음을
사지 말자', '추태를 드러내지 않겠다고 마음에 맹세하자'라는 표
현이 잘 나온다. 계급별 전사자의 비율은 일반적으로 하급장교가
가장 높다고 한다. 이것은 병사를 직접 지휘하는 하급장교는 언제
나 최전선에 서지 않으면 안 된다는 이유도 있지만, 적탄이 작렬하
기 시작하면, 또는 격전이 되면 병사들은 반드시 지휘관의 얼굴을
보기 마련이므로, 지휘관은 부하 앞에서 용감하게 행동하지 않을
수 없기 때문이라고 군인이 저술한 책에 씌어 있다.

일본인은 죽은 자와 강한 연대의식으로 인하여 서구문화권 사람

들보다 생사의 경계를 상대적으로 용이하게 넘을 수 있다는 생각도 있다. 확실히 전쟁 체험기에는, "많은 전우를 잃고 나 혼자 염치없이 살아서 돌아올 수 없다", "전우를 애도하기 위해 그들을 따라 죽는다"고 한 기술이 적지 않다. 특히 사망자가 많이 나오게 된 전쟁 말기에는 그런 경향이 강해서 일종의 '죽음의 도취', '죽음의 미학'이 그들로 하여금 죽음을 두려워하지 않는 용감한 전사로 만들고 있는 것같이 보인다.

무사도(武士道)를 어떻게 정의할 것인가, 무사도라는 것이 어느 정도 일본 국민 속에 침투하고 있었는지, 저자는 이를 기술할 만한 지식은 없지만, 전쟁 전의 일본에서는 무사도 정신이 고취되고 있었던 것은 사실이며 그러한 것이 청년들에게 어떤 영향을 주지 않았을 리 없다. 고전 속에서의 죽음을 남자의 숙원이라고 느끼고, '순결한 죽음'을 바란 사람이 있다 하더라도 이상하지 않았을 것이다. 또는 '군주를 향한 일방적인 몰아(沒我)의 충절'이라는 것도 무사도 안에는 있는지 모른다.

다른 한편으로는 미국에 있는 일본인 2세들이 유럽 전장에서 분전한 모습도 전쟁을 대하는 일본인의 자질을 느낄 수 있게 한다. 각자의 가정에서 또는 사막의 강제수용소에서 자원하여 싸움터로 향한 그들은, 미국에 충성의 증거를 보여줌으로써 그 차별적 지위를 극복하려 한 것이라고 한다.

그것은 그랬다지만 그들은 미군으로서는 유례가 없는 착검 돌격을 감행하여 연합군이 고전하던 독일군 진지를 격파하고, 1인 평균 3회나 사상당할 때까지 역전 감투했다.

이 사실은 인종적 편견에 굳어 있는 미국인들을 감동시켜 루스벨

트 대통령은 특히 성명을 내고 그들의 무용을 찬양하기에 이르렀다. 그런 의미에서 일본인들의 전투에 임하는 자세, 성격이라는 것에도 주목하지 않으면 안 될 것 같은 생각이 든다.

강요된 사회 환경

병사의 한 사람 한 사람을 둘러싸고 있는 사회환경이 그들을 강병(强兵)으로 만드는 요인이 되고 있는 것이다. 평시에도 군대생활을 마치고 귀향한 병사들이 일등병으로 제대했느냐, 상등병까지 진급하고 제대했느냐는 것이 큰 문제였다. 그것은 그가 결혼할 때 관계가 있었고 그 후 마을 안에서의 평가나 사회적 지위에까지 영향을 미쳤다. 1936년 2·26반란사건에서 하사관이나 병사 중 수형(受刑)한 사람은 그후 오랫동안 그 오명은 씻어지지 않고 있다고 한다. 더구나 군대생활을 참지 못하고 탈주하면 본인은 물론이고 그의 부모 형제도 마을에서 살 수 없게 되고, 전장에서의 비겁한 행동은 더욱 그렇다. 러일전쟁에서 포로가 된 일본 병사 중에는 전후에 고향에서 살기가 어렵게 되어 하와이로 이민한 사람도 있다고 한다.

일본 육군은 원칙적으로 각 지방 출신별로 편성되어 있었다. 소위 '향토부대'라는 것으로 군대 내에서의 병사들의 행동은 같은 부대에 들어가 있는 같은 고향 출신들에 의해서 고향 사람들에게 전해졌다. 그는 자기의 명예뿐 아니라 가족과 향토의 명예를 위해서도 분투 노력하지 않으면 안 되었던 것이다.

사쿠다 게이이치[作田啓一]는 《수치의 문화 재고(再考)》에 다음과 같이 쓰고 있다.

일본 사회에서는 개인은 집단을, 집단은 더 큰 집단을 대표하는 구조로 되어 있다. 크게는 올림픽에서 작게는 고교야구에 이르기까지 국가를 위해, 모교와 향토의 영예를 위해 어떻게든 이기지 않으면 안 된다. 우리들은 언제나 가족과 직장, 조합의 대표자로서의 책임을 무겁게 짊어지고 비틀거리고 있다.

태평양전쟁 후반에는 대량 동원 때문에 정연한 징집이 곤란하게 되어 각 지방 출신자를 모은 혼합부대가 많아졌다. 일본 육군으로서는 '향토부대' 또는 '건제부대'(建制部隊 : 원래의 부대편성을 유지하고 있는 기존 부대)는 강하고, '혼합부대'는 약하다는 정평이 있었다. 혼합부대는 단결력도 향토에 대하는 배려도 그만큼 박약해지기 때문일 것이다.

농촌출신 부대와 도시출신 부대의 강약에 관해서도 정평이 있었다. 간단히 도호쿠〔東北〕, 규슈〔九州〕의 부대는 강하고, 오사카〔大阪〕의 부대는 약하다는 평이다. 농노적 종속이 몸에 배어 있는 지방 출신자와, 봉건적 중앙 권력의 밖에서 독자적인 생활을 해온 오사카 상인의 차이로 인한 것이라고도 하지만 향리의 결속이 강한 지방과 그것이 약한 도시와의 차이라고 할 수 있을 것이다.

병역 기피나 전장에서의 비겁한 행동이 형무소로 가는 고역을 가져올 뿐 아니라 고향의 가정을 파괴하는 것을 보여 주는 시마자키 도손〔島崎藤村〕의 《농부》라는 시집에 다음과 같은 시가 있다.

어머니의 말

그만두어라 그렇게도 고집하며

전장에 나가기를 싫어한다면
그 어느 날에 어떻게 되겠느냐
생각하기도 괴로운 죄인이라는
이름으로 불리어 아침저녁에
어두운 감방의 창에 기대어
별이 빛나는 바깥을 내다보랴
너를 따라다닐 그림자도 없으리
보라, 꽃이 만발한 냇가에서
흐뭇하게 즐기던 마음마저
거치른 폭풍이 불어 올 때면
가정의 친목도 즐거움도
하룻밤 사이에 흩어지리라

사람은 이 세상에 태어나서
가서는 안 될 길을 걸어가며는
참으로 온갖 산하를
넘어야 하는 떠돌이 신세가 되는 것을

　　같은 무렵에 만들어진 평론가 기노시타 나오에(木下尙江)의 《전
쟁의 노래》에는 더 단적으로 세상의 의리 때문에 죽음을 각오한 소
집병의 기분이 나타나 있다.

소 집 병

고향의 처자와 백발이 다 된 부모의
내일을 생각하면

마음이 찢어지는 것 같구나

명예 명예 하고 너무 소란 떨지 말라

나라를 위한다는 세간의 의리 때문에

아무 말 못하고 눈을 감은 채

눈물을 감추고

죽음으로 향한다

이것들은 러일전쟁을 배경으로 지은 것이지만, 제2차 세계대전에서는 이런 시는 보이지 않는다. 언론의 규제가 심해져서 그러한 것을 발표하지 못하게 되었기 때문이다. 그러나 많은 병사는 이와 같은 시에 나타난 기분으로 싸움터로 나갔을 것이다.

군기(軍紀)를 유지하는 폭력

군대의 강함은, 기율(紀律)이 엄하고 병사들이 명령 하나에 사지에도 뛰어드는 기백이 가득 차 있느냐 없느냐에 달려 있다. 이 점 일본군의 규율은 엄하였다고 할 수 있지만, 문제는 무엇으로 그 군대의 규율이 유지되었느냐에 있다. 일본군은 그것을 폭력이라는 수단에 호소했다.

폭력은 일본 군대생활의 모든 면에서 잘 나타나 있었다. 예를 들면, "모자 쓰는 법이 삐딱하다", "단추 하나 끼는 것을 잊었다"와 같은 복장에서, "병기의 손질이 소홀하다", "방의 청소 상태가 나쁘다", "규정집을 암기하지 않았다", "정렬이 느리다", "대답이 느리다", "소리가 작다", "동작이 둔하다", "태도가 건방지다"는 것에 이르기까지 모두 폭력의 대상이 된다.

폭력을 휘두르려고 들면 이유야 부족할 리가 없다. 청소한 직후에도 허술한 막사 한 구석에서 한 조각의 쓰레기 정도는 찾아내기 쉽다. 아무리 큰 소리로 대답해도 "아직 작아!" 하면 그만이다. "태도가 건방져!"라는 주관적 판단은 언제나 누구에게나 가능하다.

폭력은 군대용어로는 '사적 제재'라고 하며 가장 흔한 것이 따귀를 때리는 것인데, 그것은 맨손바닥이 아니라 주먹이 사용되었다. 때리는 쪽은 허리를 낮추고 팔을 크게 뒤로 돌리어 가속을 가하기 때문에 맞는 사람은 쓰러지는 경우가 많다. 그 때는 곧 일어나 다음 따귀를 맞을 자세를 갖추어야 한다. 좌우를 번갈아 때릴 때는 오른쪽으로 왼쪽으로 몸이 크게 흔들리게 된다. 서툴게 피하기라도 하면 그 제재는 몇 배로 불어나게 된다.

따귀때리기에는 주먹뿐만 아니라 혁대갈기기, 슬리퍼 갈기기라는 것도 있고, 전우끼리 서로 때리게 하는 경우도 있다. 친구라고 적당히 때리면 "따귀는 이렇게 때리는 법이다" 하면서 하사관들이 시범을 보이기 위해 전우를 평소보다 더 세게 때려 피해가 더 커지기 때문에 친구끼리도 힘껏 때리지 않으면 안 된다.

따귀 이외에 참나무곤봉으로 엉덩이를 때리는 것도 있었다. 해군에서는 '정신막대'라고 하여 이것이 가장 많이 쓰였는데 맞는 사람은 다리 가랑이를 벌리고 양손으로 발목을 잡아 엉덩이를 내미는 자세를 취한다. 때리는 쪽은 숨을 씩씩거리며 야구방망이를 휘두르듯 전력으로 후려갈기기 때문에, 아무리 대비해도 맞는 순간 앞으로 쓰러진다. 그러나 곧 처음 자세로 돌아가 다음 일타에 대비하지 않으면 안 된다. 따귀의 경우와 같이 그것은 3, 4회, 때로는 10회나 15회가 계속되기도 했다.

따귀를 2, 30회 얻어맞으면 볼은 퉁퉁 부어 며칠 동안 먹을 것을 씹기도 어렵게 되고, 곤봉으로 맞으면 엉덩이는 내출혈로 새파랗게 되어 4, 5일 동안은 절룩거리고 발을 질질 끌지 않으면 걸을 수 없다. 물론 기절하는 사람도 있고, 코피가 터지는 것은 약과다.

그 밖에 명치를 위로 쳐올리는 것이 있는가 하면 훈련중에 엎드려 있는 머리를 냅다 걷어차기도 한다. 위와 같은 것은 일상 다반사이고 본격적으로 제재를 가하기로 하면, 몇 사람이 한꺼번에 덤벼 손과 발을 다 써가며 문자 그대로 뭇매를 때리는 것이다.

나는 현재 내 나이 이상으로 귀가 어둡다. 특히 왼쪽 귀는 젊을 때부터 듣기가 힘들다. 반년 가까이 내출혈 때문에 눈이 새빨갛게 되어 있을 정도로 매일이다시피 맞았기 때문이다. 이러한 것은 정도의 차이는 있어도 많은 군대 경험자가 겪은 일이다.

직접적인 폭력 이외에도 사적 제재의 방식은 여러 가지가 있다. 예를 들면, 총의 손질이 나쁘면 약 4kg의 소총을 '받들어 총'의 자세로 몇십 분을 서 있게 하고, 구두의 손질이 나쁘기라도 하면 그 구두의 밑바닥을 핥게 하기도 하고 구두끈을 입에 물고 구두를 매단 채 엉금엉금 기어다니게 하기도 한다.

사적 제재에는 구보나 포복 또는 총검술을 몇 시간이나 계속 시키는 방법도 있었고, 겨울에는 특히 추운 야간에 팬츠 바람으로 방수통에 들어가게 하기도 한다. 기상에서 취침까지 변소에서 볼일을 보고 있을 때를 제외하고는 생쥐처럼 돌아다니고 쫓기고 하여 병사는 1분간이라도 더 자고 싶을텐데 이런 때는 밤새 한잠도 잘 수 없는 것은 말할 것도 없다. 빨리 못하면 또 따귀를 맞는다. 이렇게 해서 병영 내는 고함소리, 욕지거리, 게다가 구타소리가 난무하고, 무저항의 노예들이 공포에 부들부들 떨면서 우왕좌왕하는 수라장과 같이 되는 것이다.

싸움터에 나가면 군대 내부의 생활규범, 즉 사적 제재도 어느 정도 풀어지기 때문에 신병 중에는 작전에 나가는 것을 좋아하는 경우조차 볼 수 있었다. 목숨이 위험에 직면하는 전장보다 병영 내의 생활이 더 참기 어렵다. 다음과 같은 수기도 있다.

> 초년병, 그에게는 적과의 싸움이 아니었다. 그것은 일본병에 대한 싸움
> 이다. … 초년병의 적은 자기들 전방에 있는 외국 군사가 아니라 자기들
> 의 곁에 있는 4,5년 된 고참병, 하사관, 장교였다.

군대교육의 본부인 교육총감부나 각 연대장들도 사적 제재의 금지를 때때로 시달했지만, 그것은 1945년 일본 육군이 소멸하는 날까지 계속되었다. 해군도 거의 이와 비슷했던 것 같다.

직접 신병에게 폭력을 가하는 것은 하사관이나 고참병이지만 장교는 하사관 이하의 폭행을 전혀 금지하지 않았고, 때로는 "기합을 넣어라" 하고 교사하는 일도 있었다. 장교 자신이 폭력을 휘두르는 것도 드물지 않았다. 폭력은 일본군의 체질이며, 사적 제재는 고난을 견디는 강한 군대를 만들기 위해서는 필수의 수단이라는 사고방식이 군대 내에서 강했다. 사적 제재를 참고 견디지 못하는 군대는 고난의 연속인 전장에서 별볼일 없다는 것이다.

이런 처절한 군대생활은 어렴풋이나마 일반사회에서도 알려져 있었다. 그리고 그것이 청년들의 징병 기피의 큰 이유였다. 쇼와 초기까지 고된 노동과 보잘것없는 식생활을 해온 일본의 하층 농민들에게 군대의 훈련 자체는 그다지 힘들지 않았다는 경우도 드물지 않았지만 병영 내에서의 폭력과 사적 제재는 말만 들어도 그들

을 떨게 만들었다.

도망, 실종 이외에 자기 몸에 스스로 상처를 입히거나 일부러 병이 나게 하는 자도 있다. 구체적 방법으로는 시력·청력의 장해를 사칭하거나 손가락을 자르거나 안구를 푹 찌르는 난폭한 방법, 징병검사 직전에 간장을 마시고 가서 일시적인 심장 고장을 일으키게 하는 방법, 설사약이나 감식으로 체중을 현저하게 떨어뜨려 병자를 가장하는 방법도 쓰여 있다. 공사 현장의 인부용 막사에는 100명 중 5, 6명은 징병 기피자였다고 한다. 이런 곳에서는 경력이나 호적을 캐지 않기 때문이다. 일부러 죄를 범하고 징역살이를 함으로써 징병을 모면하려고 한 사람도 있다고 한다. 입영 후 '나쁜 짓을 하고 감옥에나 가둘 것을…'하고 후회하는 사람도 있었다.

당나라 때 중국에서는 잇따른 대외정벌에 지친 농민들이 징병을 모면하기 위해 자신의 손발에 상처를 입혔는데 이를 '복수복족(福手福足)'이라고 불렀다. 궁지에 몰린 서민들이 생각하는 것은 동서고금을 막론하고 공통점이 있는 것 같다.

해외 이민과 유학생들 가운데도 이 목적으로 출국한 사람들이 결코 적지 않았다. 나 자신 그런 사람을 몇 사람 직접 알고 있다. 군대를 경험하고 나서 외국 이민을 결행한 사람도 있었다. 일본의 야만적인 군대조직의 경험으로 반인도주의적인 일본을 완전히 혐오하게 되었기 때문이라고 한다.

'징병(徵兵)과 징역(徵役)은 글자 한 자 차이'라는 말이 있듯이, 군대는 형무소와 비슷한 것이었다. 중국 전선에 5년간 종군한 모리가네 센슈〔森金千秋〕가 썼듯이, "병영은 형무소와 지옥 사이에 있고 오히려 지옥에 더 가까웠다"고 하는 것이 옳을 것이다.

이상한 집단

폭력은 육체뿐만이 아니라 정신면에도 사정없이 가해졌다. 자질 구레한 것부터 이야기하면, '군인에게 내리신 칙유(勅諭)'는 물론이고 '작전 요무령(要務令)'도 '보병 조전(操典)'도 한 자, 한 구절을 그대로 암기하지 않으면 안 된다. 적당히 요약하거나 다른 말로 바꾸어 말하면, 시험의 경우라면 0점감으로, 어디까지나 기계적 암기를 강요당한다.

1945년 4월 특공대원으로 오키나와 해상에서 전사한 메이지 학원 학생 하세가와 신(長谷川信)은 일기에 다음과 같은 글을 남겼다.

> 실로 어리석다. 근대 문명의 정수를 다 동원하여 전쟁에 대처하는 군대에서 문자가 한 자, 한 구 틀려도 안 된다니, 원시적인, 비능률적인 국민학교(소학교) 수준의 것이 존재하다니 그저 아연해질 뿐이다.

이런 것은 군대를 지배하는 형식주의, 명분주의에서 오고 있는 것이리라. 내가 입영하고 얼마 안 되었을 때, 영내에 전염병이 발생하여 생수를 마시지 말라는 금지령이 내렸다. 그러나 대신 오차를 끓여서 식힌 물이 있을 리 없다. 힘든 노동을 하는 군대가 수분을 취하지 않고 견딜 수는 없기 때문에 아무래도 수돗물을 마시게 된다. 발견되면 따귀를 맞지만 그럴 때마다 얼굴을 씻는 시늉을 하면서 마시면 꾸중 듣는 일은 없다. 물을 마시지 말라는 명령은 확실히 내려져 있고, 그 위반은 강력하게 단속되고 있기 때문에 아무 문제도 존재하지 않는다는 것이다.

아침 점호에서 "몸이 아픈 자는 말하라"는 말을 듣는 수가 있다. 몇 번이나 반복하기 때문에 그만 진담으로 알고 "여기가 아프다"고 신청하면 "뭐야, 이 정도를 가지고! 정신상태가 해이돼 있어"라고 얻어맞는다. 그러나 아무 것도 말하지 않고 있다가 뒤에 정말로 아프게 되면 "몸이 아픈 자는 말하라"고 그만큼 말하지 않았느냐며 열이 나서 뜨거운 볼을 또 얻어맞게 된다. 원칙적으로 상관은 부하의 건강에 주의하지 않으면 안 되게 되어 있으나, 실제로 부하는 버릇없이 그런 것을 이용하면 안 되는 것이다.

상관으로부터 질문을 받으면 다 아는 것, 또는 동료가 방금 대답한 것을 마치 처음 대답하는 것처럼 유치원생과 같이 큰 소리로 반복해야 한다. 그것이 열 번째건 스무 번째건 마찬가지다. 옳은 대답은 하나밖에 없다는 원칙 때문이다.

이러한 사고 방식은 일단 형식만 갖추어져 있으면, 외관만 문제 없으면 실질이나 내용은 묻지 않는다는 것이 된다. 군대에서는, 적어도 육군에서는 들키지만 않으면 대개의 경우 나쁜 짓을 해도 좋은 것같이 생각되었다. 그것은 엄연한 불문율이라고 해도 좋을 정도이다. 특히 절도는 하사관으로부터 묵시의 권유마저 받았다. 주어진 관급품의 정수가 부족할 때는 다른 중대에 가서 숫자를 채워오라는 말을 들었고, 우물쭈물 그런 것을 할 수 없는 병사는 "고문관", "멍청이"라며 얻어맞았다. 반대로 민첩하게 적당히 숫자를 채워 전우에게도 나눠주는 병사는 재주 있고 똑똑한 자로 인정되었다. '군인 칙유'에는 "군인은 충절을 다함을 본분으로 삼는다"고 되어 있지만, 군대 내에서는 이것을 비꼬아 "군인은 요령을 본분으로 삼는다"고 말하곤 했다.

형식주의, 명분(원칙)주의는 권위주의로 통한다. 계급이 하나만 높아도 하급자에 대해 절대적인 권위로 군림한다. 화가 나면 대단한 이유가 없어도 마구 때리고, 자기의 더러워진 팬츠를 빨게 할 수도 있다. 상관을 부를 때 해군에서는 관직명만 불렀지만, 육군에서는 평소는 물론 총탄이 비오듯 하는 전장에서조차 하급자는 '소대장님', '분대장님', 'ㅇㅇ상등병님'으로 부르지 않으면 안 되었다. 이것은 군대 내무령에 정해져 있다.

같은 계급의 경우도 조금 일찍 입대하였으면 거의 같은 실정이다. 이러한 것은 군인의 성전이라고 할 '군인 칙유'에 명시되어 있다. 형무소의 죄수 사이에도 입소가 하루라도 빠르면 신입자는 선입자에게 복종해야 한다.

"ㅇㅇ에 씌어 있다", "△△가 이와 같이 말했다"면 그것이 권위 있는 문서이고, '높은 사람'이면 잘못되어 있거나 불합리해도 그것에 절대로 복종하지 않으면 안 된다. 일체의 비판과 질문은 허용되지 않는다. 이것도 군대 내무령의 강령 제11에, "명령은 겸손하게 지키고 실행할 것. 결코 당부당(當不當)을 논하거나 그 원인, 이유 등을 질문하는 것을 불허한다"고 명기되어 있다. 명령이 아닌 경우도 질문은 꺼리게 된다. 맥 빠진 질문이면 상관없으나 과녁을 찌른 질문이면 건방진 놈으로 주목받고 후일 언젠가 앙갚음을 당하는 결과를 가져온다.

그와 같은 절대적 권위가 횡행하는 상황에서는 상사에 대한 부하의 갖은 아첨이 그대로 통하게 마련이다. 상관의 어떤 보잘것없는 훈시에도 눈을 반짝이며 듣지 않으면 안 되고, 어떤 시시한 농담도 표정을 구겨서 웃어 주지 않으면 안 된다. 상관의 세탁물을 동배들이 서로 빼앗듯이 하여 세탁하고, 훈련이 끝나면 하사관 발 밑에는 신병들이 강아지 떼처럼 달라붙는다. 그의 각반을 풀어주기 위해서다.

행군에서도 무거운 것은 하급 병사가 메지 않으면 안 되고, 식량의 수집도 병사의 일이다. 그리고 병사들은 기아에 직면해도 장교와 하사관에게는 충분한 식사를 제공하지 않으면 안 된다는 것은 물론이다. 태평양의 고도 메레온 섬에서는 보급이 끊기고 자활이 거의 불가능한 토양 때문에 병사(病死)라는 이름의 아사자가 속출했는데 아사자는 계급에 비례하고 있다. 이것이 생사고락을 함께한다고 자칭 또는 아름답게 칭한 일본 군대의 전장의 실상인 것이다.

진공지대

절대적 권력이 군림하고 비판이 일체 허용되지 않는 곳에서 상급자가 부패하는 것은 당연한 결과일 것이다. 군대 내의 뇌물은 드문 일이 아니었고, 전장에서 또는 점령지에서, 즉 일반사회의 감시의 눈이 없고, 오로지 복종할 수밖에 없는 부하와 생사여탈(生死與奪)권이 쥐어져 마음대로 할 수 있는 주민밖에 없는 곳에서는 많은 고급 장교들이 얼마나 주지육림(酒池肉林)에 빠져 있었는지는 수많은 전장 체험기가 증언하고 있다.

군대에서 병사는 한 사람의 인간(人間)으로서의 권리가 전혀 없는 상태에 놓여 있으며, 성인(成人)으로 인정되지 않기 때문에 젓가락의 사용에도 주의나 꾸중을 듣고, 편지는 전부 검열되어 적당하지 않다고 인정되면 수정당하고, 불온한 것이 씌어 있으면 예의 사적 제재를 받는다. 여자 이름의 편지가 오면 사람들 앞에서 소리 높여 읽게 하고 놀림감이 된다. 사물 검사라는 것이 때때로 돌연 행해져서 모든 관급품과 개인 소유물을 발칵 뒤집어 놓고 바람직 하지 않은 것이 나오면 이 또한 그냥 넘어가지 않는다. 일기 같은 것은 주목을 받는다. 약간이라도 본심이 씌어 있으면 틀림없이 따귀를 맞게 된다. 특히 반전(反戰), 반군(反軍)주의자라고 생각되면 큰일이 벌어진다.

남태평양의 한 섬에서 전사한 와세다(早稻田) 대학생 후쿠나카 고로(福中五郞)는 친구 앞으로 보낸 편지에서, "이런 편지를 쓴 것이 2년병에게 발견되면, 아마 죽일 것이다"라고 쓰고 있다(2년병이란 신병보다 1년 일찍 입대한 병사).

근위보병 제4연대에서 변소 내의 낙서가 발견되었을 때 병사가 혐의를 받은 이유는, "일지 및 소감의 기술이 대체로 간단하고, 궁성 위병근무의 소감에 황실의 존엄이나 고마움 등의 감상이 없음" 이라는 것이었다. 궁성의 위병으로 나간 날의 일지에 "참으로 황공하다", "진심으로 감격하였다" 등등의 기술이 적어 수상하다는 것이다. 즉 마음에 없는 것이라도 명분상의 말을 쓰고 이야기하지 않으면 위험한 것이다.

군대 내무령의 강령 제12에, "군인은 오직 한마음으로 상관의 교훈을 따르고, 사상온순하며 그 본분을 자각하여 명령 규칙을 엄수하며 군무에 열심히 하여…"라고 되어 있다. '사상온순'이라는 것은 사회주의나 자유주의를 갖지 않음은 물론, 객관적 판단력과 비판적 정신이 조금도 없으며, 군이 하는 것은 모두 옳은 일이라고 인정하는 사상, 즉 충군 애국에 딱 굳어 있는 것을 의미한다. 아무

것도 말하지 않고 아무것도 쓰지 않으면 일이 끝나 손쉬운 것이 아니라, 항상 그들의 마음에 들도록 발언하고 기술하고 행동하지 않으면 안 되는 것이다.

지금 말한 바와 같이 원래 군인은 인격이 인정되지 않고 유아처럼 취급되기 때문에 군대 내무령에는 다음과 같이 규정되어 있다.

> 병영은 군의 본의(本義)에 바탕을 두고 생사고락을 같이하는 군인의
> 가정이며…. (강령 제3)

폭력과 욕설이 밤낮 미쳐 날뛰는 병영이 가정이라는 데는 고소와 냉소가 아니라 분노가 복받쳐 오르지만, 군대에서는 당시 중대장은 아버지로, 반장(하사관)은 어머니라고 불렀다. 즉 아이들은 양친의 훈육과 질책을 받지 않으면 안 된다는 것이다. 국민을 천황폐하의 갓난아기(赤子)라 부르고, 나라는 천황을 가장으로 하는 가족에 견주어 그 지배를 정당화하려고 한 '가족국가관'의 군대판이라고 하겠다.

군대라는 곳은 폭력 이상으로 훈시가 많은 곳이다. 예의 메이지 천황이 '군인에게 내리신 칙유'는 결국 군인에 대한 훈시로 아침저녁으로 외우게 했다. 도조 육군대신은 '전진훈(戰陣訓)'이라는 것을 지어 수백만 군인에게 나누어 주었고, 사단과 연대는 다시 이것을 흉내내어 "거짓말을 말라", "성실하게 살라" 등의 소학생에 대하는 것 같은 사단장훈, 연대장훈을 만든 부대도 있었다고 한다.

연대장도, 대대장도, 중대장도, 주번사관도, 주번하사관도, 경우에 따라서는 병장도, 상등병도 기회 있을 때마다 부하에게 훈시한다.

앞에서 말한 사적 제재의 전후에, "너희들은 얼마나 절도가 없는 군대냐, 황군의 빛나는 전통을 더럽히는 용서할 수 없는 놈들이다"라는 취지의 훈시가 지루하게 계속되는 것이 보통이다.

1887년 감군부(監軍部 : 후의 교육총감부)가 창설되어 군기(軍紀)의 중요성이 처음으로 명문으로 거론되었는데 후지와라 아키라(藤原彰)에 의하면 그 중에는, "병졸의 신체상에 대한 끊임없는 오랜 감시는 결국 복종과 순종으로써 습관화된 군기가 병졸의 제2의 천성이 될 것임"이라고 씌어 있다. 다시 징벌과 군기는 형체와 그림자 같은 것이라고도 기술되어 있어서, 폭력과 훈시의 과다는 일본 군대의 전통이자 정수인 것이다.

전쟁 종료 3개월 전 버마에서 전사한 규슈(九州)대학 학생 다케이 스케(武井俺)는 다음과 같은 메모를 남기고 있다.

소위 상관이라는 자의 공허함이여. '광태(狂態)', 이 말을 보내고 싶다.
병영에 역사는 없고 오직 신화만 있다.

요는 앞 장에서도 쓴 바와 같이 '빛나는 2600년의 만방무비의 우리 국체', '팔굉일우의 조국(肇國) 정신', '대일본제국의 성전(聖戰)은 반드시 이긴다'는 신념을 주입하고 있다. '정신교육'이라는 훈시에는 반드시 천황이 등장하는데, 거기에는 많은 경우 '황공스럽기 그지없는' 또는 '황송하게도'라는 수식구가 붙는 것이 보통이고 또는 이것이 겹쳐서 쓰이기도 한다. 훈시에 조금이라도 천황에 관한 것이 나오면 서 있을 때는 그 순간 발뒤꿈치를 합치고 얼굴을 긴장시켜 차려 자세를 취하지 않으면 안 되고, 앉아 있을 때도 마찬가지로 자세를 바로잡지 않으면 안 된다. 그 말을 할 때는 훈시하고 있는 상관 자신이 차려 자세가 되니까 곧 알게 된다. 그리고 "열중 쉬어" 하는 상관의 호령에 따라 원래의 자세로 되돌아간다.

만약 냉정한 제3자가 보고 있다면 우스꽝스럽기 짝이 없는 광경이겠지만, 동작하고 있는 본인들은 아주 진지하다. 적어도 진지하게 보이도록 열심히 노력하고 있다. 조금이라도 불경한 행위라고 인정하면 뭇매를 맞기가 쉽기 때문이다. 앞서의 다케이는 다음과 같이 쓰고 있다.

> 나는 생각하지 않는다.
> 생각할 수 있기 때문에 아직 살아 있는 것이다.
> 이렇게 바보 취급당하면서.
> 바보 취급을 하는 자를 경멸하는 자조차도 스스로 바보 취급을 하면서.
> 그러나 어떻게 하여 우리는 바보가 되면 좋을까. 바보가 될 수 있을까.

노마 히로시(野間宏)는 군대생활을 그린 역작에 《진공지대》라는 제목을 붙였다. 군대생활을 가장 간명하게 표현한 명구(名句)라 해야 할 것이다. 군대는 일반 사회의 교양과 상식은 물론, 인간으로서 최저의 증거도 통용되지 않는, 사회와는 완전히 단절된 특이한 공간이다. 그 곳은 인간은커녕 동물조차 살 수 없는 진공지대인 것이다. 살고 있는 것은 '군인'이라는 이름의 노예로 만들어진 인간의 한 변종(變種)만 있을 뿐이다.

비자발적(非自發的) 군대

일본의 군대는 특별히 지독한 예라고 하더라도 군대생활이란 크건 작건 고통이 따르는 것이 보통이며, 전쟁이 일어나면 생명의 위험에 직면하게 된다. 따라서 군인들을 어떻게 모집하고, 어떻게 훈련할 것인가는 국가의 중요한 과제이다.

세계의 군대 역사상 프랑스 혁명에서의 국민병의 출현은 획기적인 것이라고 한다. 그 때까지 중세적 가신(家臣) 그룹 또는 용병으로 조직되어 있던 군대에 대하여 프랑스는 자발적 지원제에 의한 국민병으로 싸웠다. 국민병은 당연히 훈련이 부족하고 통제도 불충분하지만, 훈련이 잘 되어 있던 프로이센을 비롯하여 각국의 용병군을 격파하였다.

이들 국민병은 구정치 체제를 타파하고, 신분제의 철폐, 사유재산제의 확립, 토지개혁의 수행, 그리고 민주주의에 의해 시민의 권리를 확보한 조국 프랑스를 지키기 위해 전투 정신이 넘치는 국민의 군대를 조직한 것이다.

계속해서 아메리카 대륙의 영국 식민지인들도 열등 장비의 지원병으로 영국 본국의 정규군에 대항하여 승리를 거두어 자기들의 자유와 이익을 확립했다.

유럽의 국민병 전통은 멀리 고대로 거슬러올라가며, 그리스의 도시국가와 로마의 초기 군대는 시민 가운데서 지원한 사람들에 의해 편성되었다. 미국도 영국도 그 자유주의 전통으로 제1차 및 제2차 세계대전중의 단기간을 제외하고 지원제를 원칙으로 하고 있다. 프랑스에서 혁명을 쟁취한 국민병은 전 국민의 남자 징병제로 발전하였고, 많은 유럽 제국이 이를 본받았다. 서로 국토를 접하고 있기 때문에 대규모의 군대를 유지할 필요가 있었다.

청년을 엄하게 훈련시키고 헌신적 노력을 요구하는 군대는 사람을 이해시킬 목적이 없으면 안 된다. 소수의 직업군대라면 그 필요성은 별로 크지 않을지도 모르지만, 수많은 국민을 동원하기 위해서는 그것은 필수의 조건이다. 세계의 많은 나라에서는 통상 그것은 조국의 방위이고 자유주의국가에서는 자유주의, 민주주의 옹호가 덧붙여지고 공산주의 국가에서는 세계 공산주의 혁명의 이상이 내걸린다.

그러나 일본의 경우, 군대가 창설되어 징병제가 시행된 메이지 초년에는 후쿠자와 유키치(福澤諭吉)가 말한 대로 '번(藩 : 바쿠후 시대의 영지와 주인, 즉 지방통치기구의 통칭)은 있어도 나라 있음을 모르는' 상황이었기 때문에 국가·민족의 방위를 위해 청년들을 분발시킬 단계에는 오지 않았다. 징병제는 국민이 하나로 통합되고, 국가 방위의 관념이 국민 전체에 널리 퍼져 있는 조건 아래서 비로소 가능한 것이다.

징병령이 제정된 1873년부터 4년에 걸쳐 징병에 반대하는 소위 민란이 일본 서부 일대에 빈발했다. 이 민란은 징병제도뿐만 아니라 도쿠가와 바쿠후를 넘어뜨린 신정부의 여러 가지 시책에 대한 반대운동이었다.

일본의 징병제도는 1세기 전의 프랑스와 같이 애국의 정열에 불타서 스스로 모여든 국민병의 전통에 입각하는 것이 아니라 봉건제도의 부역의 성격을 갖고 있으며, 사실 일반에서는 '병부(兵賦 : 賦＝공물)'라고 불린 적도 있었다.

상관의 명은 짐의 명령
자발적이 아니고 징병제도로써 억지로 소집된 병사들을 정예강병으로 만들기 위해서는 엄격한 군기가 필요하다. 메이지 시대 건군 당시 육군 최대의 고민은 징병(徵兵)[1]과 장병(壯兵)[2] 사이가 원활하지 않고, 구(舊)무사 계급과 신(新)군인 계급이 일치하지 않으며, 번벌(藩閥)로부터 오는 대립, 즉 내부 통제와 군기의 숙정(肅正)이었다고 한다. 앞에서 인용한 군대 내무령의 강령 제5에는, "군기는 군대의 명맥이다. 고로 군대는 항상 군기를 진작할 필요가 있다. 때와 곳을 막론하고… "라고 나와 있으며, 강령 속에는 '군기에 숙달시킴', '군인정신', '군국에 몸바쳐 물불을 사양하지 않고', '사기를 진흥', '일의전심(一意專心)' 등 비슷한 말이 지루할 정도로 나온다.

이렇게 같은 말을 반복하는 것은, 병사들이 여기서 말하고 있는 것의 반대 상태에 있는 것 또는 반대 상태가 될 수 있는 것이 극도로 우려되었기 때문일 것이다.

자유주의국가에서 목숨을 바쳐 지켜야 할 대상인 자유주의, 민주주의는 일본에는 존재하지 않는다. 오히려 그것들은 탄압의 대상이었고, 일본은 실제의 생활과 이익이라는 점에서도 국민이 전력을 경주하여 지킬 값어치 있는 나라가 아니었다.

메이지 초기 일본 농민이 부담하여야 할 토지세는 도쿠가와[德川] 시대와 실질적으로 변하지 않았고, 특히 소작인은 1년 수확고의 반 가까운 소작료에 시달리고 있었다. 메이지 시대에 들어와서 10년간에 농민이 일으킨 민란수는 연평균 도쿠가와 시대 260여 년의 4.1배에 달한다. 농촌에서 넘친 사람들은 도시 공장생활에서 비

---

1) 주로 농민 출신으로 구성된 병대.
2) 기존의 하층 무사계급 출신의 병대.

참하게 허덕이고 있었다. 또는 남자는 최저 미숙련 노동자로서, 여자는 창녀로서 해외 각지를 유랑하였다. 그들은 피를 흘려서까지 지켜야 할 생활이나 사랑하는 조국을 가지고 있지 않았던 것이다. 여기에 일본 군대가 무턱대고 병사들에게 군기를 강요한 이유가 있다. 군인에게 자발적 의욕이 있는 경우는 물론, 일본 군대의 목적이 설명하여 이해할 수 있는 내용이라면 조용히 이야기하면 될 것이지만, 그 양쪽 모두가 빠져 없을 때는 폭력을 휘둘러서라도 강제적으로 가르치는 수밖에 방법이 없었던 것이다.

그러나 아무리 일본 군대라는 폭력기구라도 폭력을 정당화하는 비단 깃발이 없으면 조직으로 영속할 수 없다. 또 하나의 조직, 단체에는 그 존재의 목적이 없으면 단결은 기대할 수 없고, 드디어는 무너질 수밖에 없을 것이다. 이들 둘은 결국 하나를 말하고 있는데 지나지 않지만 이 역할을 다한 것이 천황제(天皇制)인 것이다.

군인정신의 근간을 가리키는 것으로서 군인이 아침저녁으로 읊고 암기한 '군인에게 내리신 칙유'에는 " … 하급자는 상관의 명령에 승복할 것, 실은 직접 짐이 명하는 것과 같이 알라"는 문구가 있다. 이 구절은 상관에게 대한 절대 복종을 요구하는 의미로 해석되고 있으며, 상급자가 하급자에게 무리한 명령을 내려 폭력을 휘두를 때 자주 인용되었다. "내가 말하는 것은 천황폐하의 명령과 같다. 천황폐하의 명령을 어기는가"라고, 바보가 한 가지 얻어 배운 것을 시도 때도 없이 써먹는 것처럼 고함치고 따귀를 때리므로 천황폐하의 명령이라면 누구도 절대로 따르는 것 이외에 방법이 없고, 반대와 비판은 결코 용납되지 않는다.

천황폐하와 군대의 관계는 군대조직의 기본을 정한 군대 내무령

강령 제1 및 제2에 다음과 같이 규정되어 있다.

　　1. 군은 천황 친솔(親率)하에 황기(皇基 : 천황이 나라를 다스리는 기
초)를 넓히고 국위를 선양하는 것을 본의로 한다.
　　2. 군대 통솔의 본뜻은 장병(장교, 병사)의 마음을 하나로 귀일시키고,
일치단결로써 군의 본의에 매진시키는 데 있다.

　그러나 천황이라는 한 사람의 인간이 나라를 다스리는 기초를 튼
튼히 하기 위해서 장병이 정성을 다하여 일치 단결하라는 따위는
열번 백번 설명을 들어도 이해할 수 없는 것이 보통일 것이다.　하
물며 죽음을 걸 만한 정열이 생겨날 리가 없다.
　일본 군대에 폭력이 일상적으로 횡행하는 동시에 훈시가 너무도
많은 것은 바로 여기에서 연유한다고 생각된다. 뭐가 뭔지 알 수
없는, 의미가 불명한 것을 — 아마도 훈시하는 쪽도 듣는 사람과
마찬가지로 이해하기 어렵겠지만 — 가르쳐주고 주입하려면 몇 번
이라도 같은 것을 반복하는 수밖에 다른 방법이 없다. 일본 군대에
서의 정신교육은 앞에서 말한 바와 같이 비판은 일체 허용되지 않
았고, 질문조차 할 수 없는 이유를 잘 알게 된다. 즉 이런 뭐가 뭔
지 알 수 없는 이야기를 가지고 비판과 질문에 대답할 수 있을 리
가 없기 때문이다.
　또한 일본의 군대에서 명분과 현실이 이렇게 유리되어 있는 것도
같은 이유일 것이다. 설명이 불가능하고 이해도 불가능한 황기(皇
基)니 황공스런 천황이니 본의(本義)니 하는 것을 어디까지나 명분
으로 받들고, 필요한 공식의 경우 이외는 일체 언급하지 않은 채
두고 현실의 세계에서 살아가는 것이 병사들, 나아가서는 일본 군

대 자체의 실태였을 것이다.

명령대로 움직이는 동물

그런데 거짓말로 굳어진 이 명분도 일단 천황제에 그 역할이 주어지면 그 곳은 무조건 한없이 존귀한 것이 되지 않으면 안 된다. 천황의 존엄이 침범되면 즉, 그 허구의 구조가 밝혀지게 되면 군기는 이완되어 일본군은 내부적으로 붕괴하기 때문이다. 따라서 군대는 천황 신성의 신화를 높이 떠받들어 신화는 신화를 낳고 일본 군대는 천황교를 믿는 이상한 집단, 정확히 말하면 천황교의 광신도 집단이라고 하여야 할 것이다.

그리고 군기를 유지하기 위한 폭력의 기반인 천황제는 그 정통성·합리성을 논리적으로 설명할 수 없기 때문에 재차 폭력에 의지하게 되어, 흉폭한 폭력과 뭐가 뭔지 알아들을 수 없는 훈시가 상승작용을 일으켜 병영 내를 미쳐 날뛰고 병사를 명령대로 움직이는 동물화하는 목적을 달성하게 된다. 이렇게 일본 군대는 어떠한 명령에도 복종하여 묵묵히 사지에 뛰어드는 정예가 되는 것이다.

어떤 군대 경험자는 다음과 같이 쓰고 있다.

> ● 생활의 모든 것 위에 강철 같은 규율이 있었다. 폭력이 있었다. 그 뒤에는 복종이 있고 거짓이 있었다.
> ● 욕지거리와 구타와 복종과 노예적인 무저항.
> ● 부들부들 떨리는 생각과 불안들, 길들여진 동물 같은 얼굴들.
> ● 모두 사람이 아니고 물건처럼 취급하는 조건들 뿐.
> ● 그때 그때의 식사와 배설만을 반복하는 마치 돼지 우리같이 단조

로운 생활의 연속뿐이다.

과다한 훈시와 폭력에 의존하는 구조는 공산주의 국가의 군대를 보면 잘 이해할 수 있을 것 같다. 소련과 중국 공산군에는 지켜야 할 풍부한 생활이 있을 수 없기 때문에 자국의 빈궁을 국민에게 숨기기 위해서 외국과의 접촉을 끊고, 얼마나 자국을 찬미하는 선전을 계속 흘려왔는지 새삼스럽게 설명할 필요도 없다.

그리고 단지 세계 공산화라는 장래의 이상이 존재할 뿐이기 때문에 형체 없는 것을 병사들에게 납득시키는 것은 대단히 어렵다. 그 때문에 이들 나라의 군대는 각 부대마다 군령 계통의 지휘관 이상의 권력을 가진 정치부 공안 장교가 배속되어 아침저녁으로 학습이 행해지는 것은 주지의 사실이다. 일본 군대에서의 정신 교육과 같은 것이다.

군대 내에서의 폭력적 억압은 일본군과는 비교가 안 될 정도로 적었던 것 같지만, 소련의 경우, 수용죄수의 수가 3,000만 명에 이른다는 '강제노동수용소 송치'의 공포는 일본 군대의 사적 제재와 동등 이상의 기능을 발휘했을 것이다. 중공군의 경우도 건국이 달성되기까지 이상에 불타던 시대는 학습만으로 군기가 유지될 수 있었겠지만 혁명 달성 후에는 그 '문화대혁명'의 위협이 소련의 강제수용소의 역할을 했다고 할 수 있을는지 모른다.

인간도 없고 양심도 없다

일본 군대가 이렇게 육체적·정신적 양면에서 노예 상태와 같이 있으면서도 용전분투하여 최후까지 군기를 유지하고 정연히 사회에 복귀한 것은 이상할 정도이다. 일본 군대 내의 반란사건으로서는 근위포병 삼백 수십 명이 참가한 1878년의 다케바시〔竹僑〕소동 (사형 55명)과 쇼와 시대의 2·26사건[1] 정도이며, 그 밖에는 육해 군을 통하여 80년에 가까운 역사에서 반란, 소란 사건은 그다지 일 어나지 않았다. 1937년의 중일전쟁 발발 이후에는 군기가 이완되어 항명죄, 상관모욕죄 등이 증가한 경향은 보였지만 큰 사건이 된 것 은 없었다.

그 이유 중의 하나로 위의 명령대로 순순히 따라온 일본인의 오 랜 습성에 의한 것도 크겠지만, 이것을 좀더 고찰하면 다음과 같이 될 것이다. 대부분의 일본인은 근대적인 의미에서 자아가 확립되지 않아 무사상·무신념의 인간 집단이다. 원래 일본에 존재하는 유일 한 사상인 국학(國學)이라는 것 자체가 사상이라고할 수 없는 심정 적인 것에 지나지 않는 것이며, 일본인의 무사상성은 굳이 전전이 나 전쟁중으로 거슬러올라갈 것도 없이 오늘에 있어서도 마찬가지 일 것이다. 그들은 아이가 태어나면 신사(神社)에 7·5·3 참배 (어린이가 7·5·3세가 되면 참배, 공을 드리는 것)를 가고, 부모가 죽으면 절에 가서 불공을 드려 계명(戒名)을 받고 장례식을 올린 다. 평소에도 신사 사찰 또는 이와 비슷한 건조물 앞에서 그 내용 도 확인하지 않고 머리 숙여 무엇인가 기원하기도 한다.

단지 어느 가문에 태어났다는 이유로 또는 며느리로 들어갔다는 이유로, 별로 인격적으로 훌륭하지도 않고 사회적 공헌이나 업적을 올린 것도 없는 시시한 인간에 대하여 모두 머리를 숙이는 것을 보고 따라 하는 데 아무런 의문이나 굴욕감을 느끼지 않는다. 불합

---

1) 1936년 2월 26일 육군 청년장교 일부가 1,400명 병력으로 수상관저 등을 습격, 당시의 현직 각료 2명과 육군 교육총감 등을 살해한 반란사건.

리한 것, 옳지 않은 것이라도 모두가 하고 있으면 따라 하고, 모두가 입을 다물고 있으면 굳이 대드는 용기도 양심도 없다. 정계뿐만 아니라 일본 사회의 모든 부문에 부정(不正)과 불합리가 소용돌이치고 있어도 언제까지나 고쳐지지 않는 것은 일본인의 이와 같은 자질에서 오고 있음이 틀림없다.

아이들의 사회를 보더라도 이것을 잘 알 수 있다. '이지메(いじめ : 남을 괴롭힘)'는 최근 큰 사회문제가 되어 있고, 그 때마다 교육관계자는 여러 가지 그럴 듯한 말을 하고 있지만, 설명은 대단히 간단하다. 아이들 사회 내에 정의와 양심을 지키는 기풍이 전혀 없다는 것, 교사가 그러한 것을 가르치지 않고 있다는 점에 집약된다. 한 사람의 연약한 아이를 많은 아이들이 괴롭히는 것은 용서할 수 없는 잘못임은 너무나도 분명하다. 이에 눈을 감는 것은 양심의 치욕임은 말할 필요도 없다. 만약 아이들 사회에 그것들을 지키는 기개가 있다면, 폭력을 가하는 아이 쪽이 다른 다수의 아이로부터 몰매를 맞거나, 적어도 집단과 집단의 난투가 벌어지거나, 최악의 경우 교사에게 급히 알리는 형태로 사태는 끝날 것이다. 그 중 어디에도 해당되지 않는다는 것, 이지메가 연연히 계속되고 있다는 것은 분명히 아이들 사회의 타락, 교사들의 타락을 보여주는 것이다. 아이들의 이지메는 일본 사회의 축소판에 지나지 않는다.

진리, 정의, 인간성, 합리성 등과 같은 인간 — 적어도 근대인에게 기본적인 것을 지키는 용기도 양심도 없는 무사상·무신념의 기반 위에 "황공스러운 만방무비의 우리 국체", "만세일계의 천황폐하의 말씀…" 하고 날마다 반복하여 듣게 되면, 더구나 때리고 차는 폭력이 수반되면 그것이 아무리 비합리적인 것, 바보 같은 것이라도 그것을 믿어버리게 된다는 것은 충분히 상상이 되는 일일 것이다. 무엇인가를 믿고 있는 자에게 또는 믿을 수 있는 것은 이 세상에 존재하지 않는다고 확신하고 있는 사람에게 가르치고 주입시키는 것보다, 믿는 것이 아무것도 없는 자에게 무엇인가를 믿게 하는 것은 훨씬 수월하기 때문이다.

일본에서의 양심적 징병 기피자는 기독교 신자 중에 많았고, 끝까지 '천황 신성'이라는 허구의 전설에 반대한 것도 기독교도와 마르크스 주의자가 대부분이었다는 것은 역사적 사실이다. 그들은 적어도 '천황 신앙'보다는 합리적인 것, 인간적인 것을 믿고 있었기 때문일 것이다.

앞서의 사쿠다 게이이치[作田啓一]는, "집단적 우매야말로 일본인의 원죄(原罪)인지도 모른다"라고 쓰고 있지만 정곡을 찌른 말이라고 생각된다.

사상도 없고 신념도 없다

일본인, 나아가 일본 군인이라는 것이 얼마나 신념이 없는 인간의 무리에 지나지 않는가를 명시하는 사실이 있다. 그것은 종전 직후에서 4년간, 일부는 11년간 소련에 의해 시베리아에 억류되었던 관동군 60만 명의 행동이다.

강제노동수용소에서는 기아, 중노동, 추위의 삼중고에다가 민주운동이라는 이름의 정신적 폭력이 미쳐 날뛰었다. 민주운동이란 초보적인 마르크스주의 교조를 외게 하고, 최고의 형용사로 소비에트 동맹을 찬미하게 하고, 스탈린 원수 만세를 외치게 하는 것이다. 게다가 '노동자의 조국 소비에트 동맹'의 부흥을 위해 주야를 가리지 않고 일을 시키고, 소비에트 동맹의 적인 반동을 적발하기 위해서 연일 그야말로 강렬한 '이지메'와 고문이 강행되었다. 더구나 이들은 소련 수용소 당국의 위력을 배경으로 일본인이 일본인을 상대로 한 것이다.

이 끔찍한 고문은 수용소에서 소련 감옥으로 옮겨진 사람이 "한숨 돌렸다"라고 술회할 정도로 참지 못하고, 겨우 50명을 제외한 60만 명 일본병이 전부 '민주화' 되었던 것이다.

민주화되었다는 것이 단순히 '소련 만세', '스탈린 만세'를 외치기만 하면 되는 쉬운 일이 아니다. 민주화했다는 실증으로 반동을 적발하여 자기가 참으로 민주화한 것을 보일 필요가 있다. 그 때문에 어제까지의 친구의 전력을 폭로해야 하고, 때로는 거짓말을 늘어놓더라도 소련 당국의 마음에 들지 않으면 안 된다. 그렇지 않으면 귀국이 늦춰지거나 아니면 영구히 시베리아 동토에서 인생을 마치게 될지도 모른다고 협박당하였기 때문이다.

같은 조건 아래에 있던 독일과 이탈리아인의 포로수용소에서는 겨우 몇 명이 민주화된 것을 볼 수 있을 정도로, 대부분은 의연하게 민족의 긍지를 견지하여 일본인 포로처럼 소련측의 마음에 들려고 노동가를 불러대거나 노동에 광분하거나 동료를 거꾸로 매다는 광태를 부린 수용소는 단 한 군데도 없었다. 이들 포로와 같은 수용소에 있으면서 일상 그들의 언동을 볼 기회가 있던 사람이나 임무상 접촉한 일본군 포로는 모두 그들의 당당한 태도에 감탄하여 스스로를 포함한 일본인의 비굴함과 뼈대 없는 행동을 한탄하였다.

더구나 이 광태를 보인 것은 일반 병사뿐만 아니라 군인정신에 굳어 있을 육군사관학교 출신의 정규 육군장교도 결코 예외가 아니었다. 장교들은 "일본제국주의 타도", "천황제 타도"를 외치고, 천황가의 국화 문장을 구두로 짓밟아 반(反)천황의 자세가 진실함을 입증하려고 애썼다.

일본인은 끈질기게 가르치고 협박하면 스탈린교건 천황교건, 그 밖에 사이비 종교건 간에 어떤 사상이라도 믿고 — 믿은 것처럼 되는 한심한 민족인 것이다.

그리고 독일병은 포로가 되어도 적개심이 강하여 미군들이 애먹었지만, 많은 일본 군인은 한번 포로가 되면 대단히 유순해져서 적극적으로 미군에 영합·협력한 자가 적지 않은 것도 알려진 사실이다.

그리고 일본인 본질의 반성을 위해 이 예를 든 것이지만 특히 일본 국민을 포함하여 3, 4천만의 인간을 수용소에 가두어 강제노동에 종사시킨 전근대적 암흑정치의 나라를 평화와 자유의 보루라고 극구 찬양하고, "소련이 무서웠기 때문에 칭찬하였다"(淸水幾太郞의 《내 인생의 단편》 중에서)는 소위 진보적 문화인이라는 자들은 일본인 중에서도 가장 무지하고 비열한 부류에 속할 것이다.

앞에 든 육사를 졸업한 육군대위 사사키 하루다카(佐佐木春隆)는 25세 나이에 대륙의 전장에서 일본인 항복 정보를 접했는데, 그 때 일을 그는 다음과 같이 쓰고 있다.

> 이렇게 된 이상 당면 문제는 어떻게 처신할 것인가 하는 것이다. 나라가 망할 때 순국함이 당연하다. 육사에서 사는 것보다는 죽는 것을 배웠다. 그러므로 인생 반액(半額)이라는 말도 있고, 25세까지 살았으면 행복한 줄 알라는 가르침도 들었다. 필시 많은 선배들이나 동기가 순국할 것

이다. … 책임을 지지 않으면 안 될 사람은 태산만큼 있다. 총사령관, 주둔군사령관, 군사령관은 확실히 순국할 것이다. 그러나 사단장, 연대장은 어떨까? …

그러나 육·해군 대학교를 졸업한 고급장교 중에서 패전으로 자결한 사람은 육군이 겨우 14명, 해군은 4명뿐이다. 그들이 전부터 굳게 믿고 있는 것처럼 보였던 것, 또는 매일 훈시한 말을 참작하면 적어도 전체의 반이나 3분의 1은 자결하여야 했을 것이다.

이 또한 그들의 신념이라는 것이 신념이나 사상의 이름을 붙일 자격도 없는 구두선에 지나지 않았다는 것을 보여준다고 해도 과언이 아니다. 조금 가혹한 말인지는 모르지만, 그들의 시시한 신념에 강제당하여 죽어간 청년들을 생각하면 결코 지나친 말이 될 수 없다.

시대를 역행하여

1872년 징병에 관한 칙서에 발표된 내용에 다음과 같은 구절이 있다.

… 국가에 재해가 발생하면 사람들은 그 재해의 일부를 입지 않을 수 없다. 이런 고로 사람들이 몸과 마음을 다하여 국가의 재해를 막는 것은, 즉 자기의 재해를 막는 기본임을 알아야 한다.

여기에는 군대의 의의를 국민 각자의 생활을 지키기 위한 것이라는 근대 국가에서 통용되는 상식적인 정의가 나와 있다.

그로부터 69년 후인 1941년 육군성이 전군에 시달한 '전진훈(戰

陣訓)'에는 싸움의 목적을, "널리 황도(皇道)를 선포하여 적으로 하여금 우러러 천황의 존엄을 감명시키게 하는 것"이라 하고, 군대라는 것을, "… 천황의 통수 아래 신무(神武)의 정신을 구현하여, 이로써 황국의 위덕(威德)을 선양하고 천황의 운세를 더욱 부익(扶翼)토록 한다. 항상 천황의 어의를 받들어…"라고 하며 천황이 자주 등장한다.

메이지 초기 건군시대에 볼 수 있었던 국민의 군대의 모습은 쇼와 시대 일본군에서는 흔적도 없어져서 천황의 사병(私兵) — 옛날 시대의 군대로 되돌아가 있었던 것이다.

러일전쟁에서 포로가 된 자는 전후에 한 사람씩 모두 포로가 되었을 때의 경위를 심사받고, 그 임무를 수행하지 않고 적에 굴복했다고 인정된 소수의 장교는 육군 및 해군형법에 의해 행정 처분을 받았지만 다른 자는 별로 벌도 받지 않았고, 그 중에는 훈장을 받은 자도 있다. 그러나 제2차 세계대전에서 "살아서 포로되는 욕을 당하지 말고, 죽어서 죄과의 오명을 남기지 말라"〔전진훈(戰陣訓)〕는, 즉 절대로 투항을 인정하지 않은 것과는 큰 차가 있다.

1878년 육군경(卿) 야마가타 아리토모〔山縣有朋〕가 육군 전반에 반포한 '군인훈계'라는 군대의 내부 규율을 정한 훈시집에는, 상관에게 비리나 옳지 않은 것이 있고 상관에 대하여 진정할 일이 있을 때는 그 상관의 상관에게 고할 수 있게 하였고, 그 방법을 자세하게 정해 놓았다. 그러나 상관의 명령은 짐의 명령이라며 비판은 물론 질문조차 허용하지 않은 쇼와 시대 군대에서는 상상도 할 수 없는 일이다.

다이쇼〔大正〕 시대의 육군은 당시의 사회 현상에 상당히 주의하여 군대교육령을 개정하고, 중요하지 않은 구속사항을 되도록 감소하며 장교 이하로 하여금 소집기간 중 즐거운 감을 갖고 군무에 복무하도록 하는 등의 방침을 추진하였고, 병사는 농촌출신이 많기 때문에 영내에 수목이나 화초를 심고 차밭을 마련하는 등의 사업도 실시하였다.

그러나 이런 자질구레한 것이 아니라 근본적으로는 병사에 대한 교육방법을 바꾸는 정도가 아니고, 군대의 성격 자체를 종래의 '옛날의 노예 군대'에서 '문명의 군대'로 바꾸지 않으면 안 된다는 것이다. 그러나 군대의 성격을 바꾼다는 것, 즉 국가의 구조 자체를 바꾸는 일은 천황제를 유지하고자 하는 한 불가능한 일이었다. 여기에 한때 합리화·근대화의 징조를 보이던 일본 군대가 만주사변 이후에는 메이지 초창기보다도 오히려 반동화한 이유가 있는 것이다.

조금만 생각해 보더라도, '황도(皇道)의 선포', '천황의 위세의 존엄', '신무(神武) 정신의 구현', '큰 어의를 받들어' 등 뭔지 알 수도 없는 단어의 나열이 상식 있는 성인들의 이해와 공감을 얻을 수 있을 리 없다. 국민의 지식 수준은 높아지고 있는데 이러한 신화를 계속 신봉시키려면, 그 논리는 독단과 혼미에 빠질 수밖에 없고 그 교육방법은 점점 더 압제적이 되고, 그 군대의 군기 유지 수단은 광폭화할 것이다. 군대의 노예화 — 육체뿐만 아니라 정신 상태의 최후의 한 조각마저 빼앗아 병사를 명령대로 움직이는 동물화하려 한 것이다.

죽음, 그것은 누구를 위한 것인가

전쟁 종말이 가까워진 1945년 4월, 오키나와에서 전사한 우에무라(上村元太)는 일기에 다음과 같이 기술해 놓았다.

"전쟁!" 괴테의 파우스트는 "아, 또 전쟁이냐? 이는 지식인들이 듣기 싫어하는 말이다"라고 했지만 우리들에게는 듣기 싫다고 해서 끝날 일이 아니라 육체만을 무료로 제공하는 데 그치지 않고, 인간 그 자체를 잘라 주는 일이다. 더욱이 우리들의 생명이 있는 동안 이 싸움이 끝날 것 같지 않다.

옛날 같으면 산에 들어가 숨거나 중이 되어 버릴 수도 있었을 것이다. 아니 지금 그렇게 할 수 있다면, 온 일본의 산사(山寺)는 초만원이 되어 수습할 수 없게 되어 큰일이 날 뻔했다.

그러나 현실은 청년들이 군대라는 이상한 사회에 던져져 생사의 사이를 방황하게 하고 있는 것이다. 그들에게는 거기에서 탈출할 길이 없다. 그들은 거기서 어떻게 살아 있었을까.

대학에서 철학을 전공하고 27세부터 5년간 중국전선에 종군한 시노다 쇼조(信太正三)의 《나의 전쟁 체험사》는 수많은 전쟁 경험 저서 중에서 뛰어나다고 생각되는 저서이다. 그는 도처에서 반군과 염전(厭戰)적인 내용과 함께 비통함과 허무함을 다음과 같이 그리고 있다.

… 그러나 지금은 "무엇보다도 우선 전쟁을 그만두라!" 이미 저 모순의 극점에 서 있는 한 소집 병사인 나에게는 분노의 외침 한 마디밖에 대답이 나오지 않았다. 그러나 여전히 싸움터에서는 용감히 싸우는 수밖

에 사는 것도 죽는 것도 할 수 없었다. 나는 이 모순을 사상적인 결론으로서가 아니라 이빨로라도 비장하게 물어서 끊지 않으면 안 되었다. 그러지 않고는 전장의 삶을 참고 견딜 수가 없었다. …

전투에서는 될 수 있는 대로 용감하려고, 모든 것을 포기하려고 생각해 왔다. 그렇게 하는 것이 지금의 나로서는 생(生)을 부지하는 방법이었던 것이다. …

전쟁을 기피하면서도 혼자만 그것으로부터 도망치려고는 조금도 생각지 않게 되어 있었다. …

이 산야를 살아 있는 한 죽음을 동무삼아 동분서주할 수밖에 없었던 것이다. 그 곳밖에는 우리의 자유가 없었다. 할 수 없이 결단한 방자한 데가 우리에게 있었다. 그렇게라도 하지 않으면 긴 전장생활의 나날의 허무함을 참고 견디지 못했을 것이다. …

전쟁이라는 국가 권력간의 정치폭력적 링 위에 투기자(闘技者)로서 밀려 올라간 사람들에게는 그 링 안에서 때리고 얻어맞는 하나하나의 싸움이 그나마도 생의 보람일 수 있었다. 전쟁을 미워하면서, 그러나 싸우지 않으면 안 되었다. 아니 전쟁의 긴장을 좋아하며 기대하기까지 했다. 모순일까?

자기의 의지가 아닌 죽음의 자루 속에 처넣어진 가엾은 동물들이, 하다 못해 자기만 최후까지 살아 남으려고 서로 물어뜯고 끝까지 발버둥치고 또 발버둥치며 죽어가는 것을 누가 나무랄 수 있겠는가. 나무라는 자는 그 자루 속에 들어 있지 않는 자들뿐이다. 그래서 그런 말을 할 수 있는 것이다.

발버둥치다 죽는 전쟁을 당당하게 죽을 때까지 싸우는 것을 후회하지 않는 것이 최전선에서 세월을 보내온 장병들의 하나의 깨달음 같은 것이었다.

대부분의 전장의 병사들은 무엇을 생각하고 무엇을 바라든 어쩔 수도 없는 '발버둥치다 죽는 전쟁' 속에서 깊은 체념을 삼키는 수밖에 없었지만, 그 마음의 심층에는 자기가 무엇 때문에 싸우는가, 누구를 위해 죽는가, 그리고 자기의 죽음이 어떠한 의미를 갖는 것인가라는 질문에 언제나 괴로워하고 있었을 것이다. 특공 출격이라는 100%의 죽음을 앞둔 특공대원의 경우에는 그것이 선명히 나타난다. 그들의 수기에는 용감한 자구와 함께 자기를 납득시키려고 열심히 노력한 흔적이 엿보인다.

　오키나와로 편도 연료만 가지고 특공 출격하는 출격 전야의 이야기를, 기적적으로 살아 남은 학생출신인 요시다 미쓰루(吉田滿) 소위는 그의 명저 《전함 야마토(大和)의 최후》에 다음과 같이 쓰고 있다.

　　내일로 다가온 출격을 앞두고 사관실에서는 생과 사에 관한 진지한 토론이 벌어졌다. 해군병학교 출신의 순수 군인들은 입을 모아 같은 말을 하였다.
　　"나라를 위해, 자네를 위해 죽는다, 그래서 좋은 것 아닌가. 그 이상 무엇이 필요하단 말인가. 이로써 눈을 감으면 되는 것이 아닌가."
　　학생 출신의 사관들은 안색을 바꾸어 반문하였다. 이와 같이 본심으로 토론할 수 있었던 것은, 눈앞의 명확해진 죽음을 앞두고 군대적 수사와 허식, 그리고 군대 내의 서열이 퇴색했기 때문일 것이다.
　　"군국(君國)을 위해 산화(散華)한다. 그것까지는 알 수 있다. 그러나 그것은 대체 무엇으로 이어진단 말인가? 나의 생명, 나의 죽음, 또 일본의 패배, 그것을 다시 일반적이고 보편적인 어떤 가치와 결부시키고 싶은 것이다. 이런 것들은 모두 무엇 때문에 있는 것인가?"

해군병학교 출신자도 이에 반격했다.

"천황폐하만세! 하고 죽을 수 있다면 기쁘지 않은가. 그것만으로 충분하지 않은가. 무엇이 더 필요한가?"

이렇게 해서 마침내 주먹 싸움이 벌어지고, 난투의 수라장이 되었다고 한다.

해군병학교 출신의 젊은 사관으로서는 늘 배워 온 바와 같이 천황폐하를 위해 죽는다는 것은 명예로운 것이고 만족하여야 할 일이었을 것이다. 이에 대하여 전시라고는 해도 일단 보편적인 학문, 인류 공통의 교양을 받아온 학병 출신자로서는 '군국을 위해, 천황폐하를 위해'라는 이유로 죽음의 심연에 뛰어드는 것을 아무리 해도 정당하거나 납득할 수 없었던 것이다. 무엇인가 이치가 통하는 이념, 훌륭한 이상, 그런 가치 있는 것을 위해 몸을 던지는 것이라고 생각하고 싶었던 것이 틀림없다. 말하자면, '자유를 획득하기 위해서', '민주주의를 지키기 위해서'와 같은 것이리라.

그들은 '천황을 위해서' 따위와 같은 비합리적인 신들린 공식적인 교의(敎義)는 믿을 수 없고, 지금 자기가 싸우고 있는 전쟁에 성전(聖戰) 등의 이름을 붙일 수도 없으며 대의도 정의도 발견할 수 없다. 그들은 어떻게든 그것을 찾아내려고 자기의 죽음을 자신이 납득하려고 발버둥치며 괴로워한 것이다.

전쟁 종결을 눈앞에 둔 8월 9일 가지마(鹿島) 앞바다에서 특공대원으로 전사한 하야시 겐쇼(林憲正)는 다음과 같은 일기를 남겼다.

마지막에는 나의 프라이드를 위해서 살고 그리고 죽는 것이다.

그에게는 그렇게라도 생각하는 수밖에 없었던 것이다.

내 나라를 위해

일본 군대의 죽음에 대한 유일한 공적 정의가 천황폐하를 위해서인 것은 이미 몇 번이나 말해 왔다. 그러나 그 정도로 연일 연야 주입시키고 강제하여 왔음에도 불구하고 그것은 최후까지 병사들에게 철저히 이해되지 않았다. 6년간을 전장에서 싸운 이토 게이이치〔伊藤桂一〕는 이에 관하여 다음과 같이 말하고 있다.

> 천황을 위해서라는 그럴 듯한 억지 수식어를 병사들은 좋아하지 않았다. 참고 듣고 흘려버리거나 출세를 위한 수단으로서 동조한 것이다. 그렇다고 '민족을 위해'라는 과장된 표현도 낯설다.
> 병사들은 항상 '내 나라를 위해서'라는 말을 신조로 조리에 맞지 않는 군대 내무반 생활에 견디고 또 가혹한 전장에서 살고 또 싸운 것이다. … '내 나라를 위해서'라는 말에는 각오와 체념이 동시에 존재하고, 또 이 말 뒤에는 '어머니를 위해', '좋아하는 여자를 위해'와 같은 병사 각자의 해석에 의한 나름대로의 생각이 숨겨져 있었다.

누구나 자기 나라에 대한 소박한 애국심을 가지고 있다. 사랑하는 처자와 부모형제, 친구 그리고 자기를 길러준 그리운 국토를 외적으로부터 지키고 싶다는 정열은 대개의 사람들의 마음속에 숨어 있다. 나라를 위해서도 아니고 국가를 위해서도 아니고 더구나 천황폐하를 위해서도 아니고, '내 나라를 위해서'라고 하는 함축과 뉘앙스에 찬 말이야말로 이상하게 병사들을 도취시킨다고 한다.

전쟁중의 신문과 잡지에는 용감한 장병이 그 삶이 끝날 때 "천황폐하 만세"라고 외쳤다는 기사가 잘 보도되고 있다. 이러한 보도는 멀리 청일, 러일전쟁으로 거슬러올라간다. 그러나 이것은 사실이 아닌 것 같다.

러일전쟁의 역전의 중대장 사이토(齊藤恒)(후에 중장이 됨)는, "전사자가 만세를 불렀다는 사실을 한번도 본 적이 없었다"고 단언하고, 전사자의 최후를 장식하여 유족에게 통보할 목적으로 자기들이 창작한 것이라고 사실을 분명히 밝히고 있다.

제2차 세계대전에서도 젊은 병사 중에는 공식대로 소리를 지르고 전사한 사람도 있다지만, 많은 전장 체험자는 "어머니" 하고 죽는 사람은 있어도 "천황폐하 만세"라고 부르는 소리는 좀처럼 들은 바가 없다고들 쓰고 있고, 4년간 위생병으로서 전장 근무중 그와 같은 장면을 본 적은 한번도 없다고 증언한 사람도 있다. 대부분의 병사는 "어머니!" 하고 말할 틈도 없이 "아! 맞았다"라고 외치거나 한 마디 말도 없이 "으윽!" 하는 비명만으로 숨이 끊어졌다고 한다.

전후 자바에서 있은 전범재판에서 사형을 선고받은 어떤 청년은 처형 전야에 "천황폐하 만세를 외치고 싶지는 않지만, 하지 않으면 남은 가족이 고생할 테니 가족을 위해 만세라고 외쳐 줄까" 하고 같은 감방사람에게 쓸쓸하게 말했다고 한다. 전후 일본의 사회변동을 모르는 데서 온 발상으로 전쟁중에 만세를 외치고 숨진 사람들 속에도 같은 생각으로 그런 소리를 낸 사람이 적지 않았을 것이다.

'천황폐하 만세', '천황폐하를 위해서'와 같은 말이 단순히 명분에 지나지 않는 것을 가리키는 예를 또 하나 덧붙여 보자.

전선의 부대 또는 장병이 분전 역투한 것을 표창할 때 상급 지휘관은 표창장이라는 것을 주었다. 그 최상급의 표창에는 '황공하게도 상문(上聞)에 달하여'라는 문구가 있었다. '상문'을 '천청(天聽)'이라고 할 때도 있으며 상문, 천청은 둘다 천황의 귀에 들어가는 것을 의미한다. "너희들의 분전하는 모습을 천황폐하께 보고하였다"며 이것을 칭찬하고 격려하는 것이다. 상문에 도달하는 것은 개인 또는 부대에 있어서 최고의 명예이고, 장병을 더욱더 분발시키는 것으로 생각되었다.

한편 이것은, 일본 군인들이 언제나 — 생사의 기로에 서서까지 진실이 아닌 명분만의 발언과 행동을 할 수밖에 없었던 애처로운 존재인 것을 보여주고 있다. "천황폐하 만세"라고 외치고 죽어간 또는 죽어가야 했던 병사들은 이 얼마나 가엾은가.

급조 폭탄을 끌어안고

필자인 나는 당시 눈코 뜰 사이 없이 쫓겨 다니던 신병으로서 삶과 죽음에 대해서 생각할 만큼 고급스러운 여유는 전혀 없었다.

다만 이런 일이 있었다.

어느 날 밤 간부 후보생 교육 때 교관이 전차와 대포보다 백병전이 우월하다는 것, 물질에 대한 정신의 우월성을 너무나 강조하기에 그만 "백병전의 총검도 물질이 아닙니까?"라고 질문해 보았다. 어두운 전등 밑에서 질문하는 내 목소리가 귀에 들어오기 시작하자 나는 '아차! 괜한 짓을 했구나' 하고 생각했지만 때는 이미 늦었다. 교관은 육군사관학교 출신이 아니고 보통의 대학졸업 간부후보생 출신이었는데 그의 안색이 순식간에 변하여 "야! 네놈 같은 놈이 있으니까…(일본군은 지는 거다!)"라고 큰 소리로 외치면서 일어나 내 앞으로 다가오더니 나의 뺨을 주먹으로 서너 번 갈겼다.

내가 얻어맞을 것이 뻔한 이런 바보 같은 질문을 한 것은 — 병영 밖에서는 정상이지만 — 그 나름의 이유가 있었다. 우리들은 매일같이 급조폭탄을 안고 적의 전차에 뛰어드는 훈련을 하고 있었다. 그리고 그것이 곧 현실이 될 것이라는 것도 막연하게 각오하고 있었다. 나는 일본군을 진심으로 미워하고 경멸하고 있었고, 천황을 위해 죽는다는 것은 꿈에도 생각하지 않았다. 그러나 일본 국토를 지키기 위해서 용감히 싸울 작정으로는 있었다.

지금 생각해 보면 많은 병사들이 품고 있던 '나라를 위해서'라는 것과 같은 개념이다. 나는 본토 방위부대였기 때문에 그 점은 단순하게 생각하기 쉬웠을 것이다. 가령 이 전쟁을 일본이 시작한 것이라고 해도, 중국에서 직접 견문한 그 패전의 비참한 굴욕을 동포에게 맛보이지 않게 하기 위해 내가 희생이 되는 것을 피할 생각은 없었다. 일본이라는 나라는 싫은 나라지만, 그 개혁은 개혁으로서 살아 남은 사람이나 다음 시대 사람이 전쟁이 끝난 뒤에 해줄 것으로 하고, 우선 여기서 적을 막는 것이 우리들에게 주어진 사명이고 부득이한 숙명이라고 생각하고 있었다.

이러한 기분은 나의 교양 부족이나 사색의 불철저에서 오는 것이라 치더라도, 당시로서는 그것이 내가 생각할 수 있었던 최선의 결론이었다. 그러기에 교관으로부터 '일본에는 비행기도 없다, 전차도 없다, 대포도 없다, 적의 전차에 대항하기 위해서는 이 급조폭탄밖에 없다. 여러분, 어떻게든지 이것으로 임무를 완수해 다오'라는 취지의 따뜻한 말을 듣고 싶었던 것이다. 참으로 안이한 생각이었지만 그날 밤에는 드물게 인간다운 감정이 되살아나 가슴에 무엇인가 뜨거운 것이 복받쳐서 상대가 간부후보생 출신 장교니까 조금은 본심을 내뱉어 줄지도 모른다는 희미한 기대와, 다른 한편으로는 이것과 정반대로 정신력만 있으면 총검으로 전차를 이길 수 있다는 명분론을 자못 진지한 얼굴로 이야기하는 그 장교에 대해 입을 다물고 있을 수 없었던 것이다.

제3장

어째서 일본 군대는 잔학행위를 했는가?

3

원인은 구명되어야

1937년 12월 중국의 수도 남경 공략 때, 일본군이 중국인을 몇십만 명을 죽였느니 죽이지 않았다느니 하는 것이 지금도 때때로 화제가 되고 있다. 그것이 설령 5만 명이건 50만 명이건 큰 의미가 없다고 생각한다.

중일전쟁에서 일본군은 전시 국제법을 유린하여 포로의 학대, 민중의 학살, 폭행, 강탈, 방화, 강제노동, 부녀폭행 등 수많은 잔학행위를 한 것은 의심할 수 없는 사실이다. 일본군에게 피해를 입은 국가는 통계가 정비되어 있지 않은 경우가 많아 정확한 숫자를 파악하기는 어렵지만, 비무장 민간인의 살육이 아마도 1,000만 명은 넘을 것으로 추정되고 있다.

이것은 같이 종군을 한 수백만 명에 달하는 모든 사람들에게 새삼스럽게 설명할 필요가 없겠지만, 위는 일본군 대장(大將)에서 병사에 이르기까지 "태워버리고, 짓밟고, 빼앗고, 죽였다"는 것을 입증하는 전쟁 체험기는 너무도 많다. 나 자신도 직접 여러 번 현장에서 보고 들었다.

물론 일본군 중에는 잔학행위와 전혀 관계가 없는 부대와 개인도 많이 존재하였고, 가장 잔학행위가 많았다는 중국에서도 일부 주둔지에서 철퇴할 때 (중국)성정부가 이별의 연회를 베풀어주기도 하고 감사장을 증정하기도 하고 민중이 아쉬움을 보여준 부대도 결코 예외는 아니었고, 영구 주둔을 바란 부대조차 있었다.

국제법 위반과 잔학행위는 일본군 말고도 독일군은 물론 연합군측에도 있었던 일이며, 특히 소련군은 전쟁이 끝난 후에도 그 점령지에서, 전쟁중의 일본군이나 독일군에 필적할 정도의 끔찍한 포학성을 감행했다는 사실도 지적해 두지 않을 수 없다.

그러나 그것은 일본군의 비인도적인 행위를 허용하는 이유가 될 수 없음은 말할 필요도 없고, 우리는 일본 군대가 범한 범죄행위에서 눈을 돌리지 말고 이를 직시할 필요가 있을 것이다. 그 실정에 관해서는 수많은 기록이 발간되어 있고, 지금도 매스컴이 새로운 사실을 보도하는 것도 드문 일은 아니다. 그러나 왜 일본군은 그와 같은 만행을 저질렀는지에 대한 설명은 별로 볼 수 없다. 반성이나 사죄라는 어구는 자주 들을 수 있지만 그 원인 규명은 더욱 중요한 것이다.

러일전쟁 및 제1차 세계대전의 칭다오〔靑島〕공략전에서 일본군은 전시 국제법을 수호하는 우등생이었다고 한다. 국제법학자 시노부 준페이〔信夫淳平〕에 의하면, 일본군은 청일, 러일의 양 전쟁에 국제법학자를 종군시켰으며, 각국은 "일본의 이 선례를 배워야 한다"고 칭찬하였고, 특히 "포로를 인도적으로 취급하는 태도는 미국이나 유럽 제국이 경탄하였으며, 서양 국제법학자는 거의 다 국제법을 충실히 준수하는 점에서 일본이 세계에 으뜸이라고 칭찬했다"고 한다. 1900년 의화단 운동 때 유럽 제국 군대의 행패가 심한 데 반하여, 일본군의 행동은 세계적인 칭찬을 받은 것은 사실이다.

러일전쟁에서의 러시아군 포로는 8만 명에 이르렀는데, 수용시설을 개설함에 있어서는 감독과 경비에 편할 뿐 아니라 환경 좋은 곳을 골랐고, 시설은 사원(寺院) 외에 개인의 별장까지 동원되었다. 제1차 세계대전중 독일군 포로 5,000여 명에 대해서도, "다른 예를 볼 수 없을 것"이라고 자찬할 정도로 좋게 대우했다.

하세가와 신(長谷川伸)의 《일본 포로지(捕虜志)》라는 저서에는 많은 구체적인 예를 들고 있는데, 러시아군 포로에 대한 대우는 도가 지나치다고 생각될 정도여서 세계의 신문잡지는 일본을 "무사도의 나라, 무사의 나라, 예의 나라"라고 칭찬하였다고 한다. 러일전쟁시대의 오야먀(大山), 고타마(兒玉), 구로키(黑木) 등 대장을 알고 있는 미국의 어느 장군은, "태평양전쟁 때의 일본군 대장과 비교하여 인종(人種)이 다른 것처럼 느꼈다"고 말했다고 한다.

포로 대우뿐만 아니라 메이지 시대의 일본 군대는 점령지 주민에 대해서도 충분한 배려를 해주었다. 예를 들면 봉천(지금의 선양)회전 승리 후, 만주군 총사령부는 봉천 시내에 무장한 일본군 부대의 주둔을 허용하지 않았다. 만일의 불상사를 생각한 나머지 취한 조치다. 산과 들에서만 싸우고 지내는 군대에 도시가 얼마나 매력적인가 하는 데는 많은 설명을 요하지 않는다. 더구나 계절은 3월 중순, 만주는 아직 추운 동절기다.

제2차 세계대전에서 일본군이 한 행동과 비교하면 그 차이가 너무 커서 새삼스러운 말 같지만 놀라게 된다. 불과 수십 년 사이에 일본 군대는 어째서 이렇게도 타락해 버렸을까?

그 원인은 철저히 규명되지 않으면 안 된다고 생각한다.

일본군으로서는 당연한 일이

제2차 세계대전에서 일본군이 적의 포로와 주민에게 한 만행에 관해서 나는 몇 가지를 생각해보았다. 중요한 것부터 들어보기로 한다.

우선 일본군으로서는 특별히 나쁜 짓을 하고 있다는 의식이 전혀 없는 것이다.

미군 포로 급식에 우엉을 지급한 것이 포로 학대가 되어 전후 B, C급 전범(위법 행위를 명한 자, 실행한 자)으로 체포되었다는 것을 전후에 들은 적이 있다. 일본군 측으로서는 보통 먹을 것을 제공했다고 생각하고 있었는데, 우엉을 먹는 습관이 없는 미국인으로서는 나무뿌리, 풀뿌리를 급식한 것이 학대라는 것이리라.

이런 이야기는 이번 집필 과정에서 확인할 수 없었기 때문에 진부는 모르지만, 이와 비슷한 상황은 포로나 주민 사이에 틀림없이 많이 있었을 것이다. 하급자가 느릿느릿 행동하면 구타하는 것은 일본군으로서는 극히 당연한 일이다. 따라서 승리자의 처지에서 일본군은 포로와 원주민을 하급자로 보고 그런 행동으로 나온 것은 하등 이상할 것이 없다.

제2장에서 기술한 바와 같이, 일본 군대에 자유나 권리 등은 한 조각도 존재하지 않는다. 따라서 자유의 나라, 민주주의 나라의 포로가 일본군의 관리 아래 가시철망 속에 갇힌다면 그들에게는 생활 전부가 인도를 무시한 학대행위처럼 느껴졌을 것이 틀림없다.

일본군의 관할 아래 놓였던 점령지 주민에 관해서도 비슷한 말을 할 수 있다. 전쟁중 군인은 일반 국민을 얕보고 횡폭한 행동을 일삼으며, 일본 국내에서도 헌병은 민간인을 마구 체포하고 경우에 따라서는 고문을 가했다. 하물며 점령지에서는 제멋대로 마음내키는 대로 행동하고, 가혹한 탄압정책을 쓰는 데 그다지 신경도 쓰지 않았을 것이다.

다음 사실도 일본군으로서는 당연한 것이 범죄가 된 예이다.

1942년 봄 필리핀 공략전 때, 바타안 반도에 집결한 일부 민간인을 포함한 미국-필리핀군 약 8만 명이 항복했다. 일본군은 그들을 보급기지 산 페르난도까지 60km를 걸렸는데 도중에 피로, 식량부족, 말라리아 등으로 많은 사망자가 났다. 이것이 '바타안(반도) 죽음의 행진'이라는 것으로, 당시 필리핀 주둔군 사령관 혼마 마사하루[本間雅晴] 중장은 전후 그 책임을 물어 마닐라에서 총살형에 처해졌다.

나는 물론 이를 변호할 생각은 없지만, 자기들도 변변히 먹지 못하고 전투한 일본군이 갑자기 그 통제 아래에 들어온 포로 8만 명에게 충분한 급식을 할 수 있는 식량의 여유가 있을 리 없었다. 더구나 이런 인원을 신속히 나를 트럭과 가솔린을 가지고 있었을 리가 없었다. 원래부터 먹는 둥 마는 둥 그 지방의 것을 약탈하여 굶주림을 참아가며, 주로 걷는 것이 이기고 있을 때나 지고 있을 때나 일본군의 모습인 것이다.

행군 도중에 낙오하여 죽은 일본군은 태평양전쟁 전 기간 동안 아마 만 단위가 아니라 10만 명이 넘는 것이 확실하지 않을까 생각한다.

개인으로서의 일본 군인을 위한 변명을 한다면, 이런 종류의 잔학행위는 일본 군대와 선진국 군대와의 상식의 차이, 문명의 정도 차이라고 할 수 있을지 모른다.

이 문명의 차이란 러일전쟁, 독일(獨日)전쟁 당시도 마찬가지만, 일본 스스로가 서구 제국보다 야만의 나라라고 자인하여, 포로를 자국 군대 이상으로 좋게 대우한 것이다. 그러던 것이 제2차 세계대전에서는 일본이 만방무비(萬邦無比), 즉 세계에서 제일 뛰어난 민족이라고 광신한 것이 결정적으로 다르다.

끝없는 싸움

전쟁의 장기화도 일본군의 무법 행위를 속출시킨 한 이유라고 할 수 있다. 1937년 7월 중일 전면전쟁에서 태평양전쟁 종료까지의 기간은 8년 1개월이 된다. 이것을 과거의 외국 출병과 비교하면, 그 기간을 잘 알 수 있다. 제2차 세계대전은 일본 역사상 최장의 외국 출병이다. 임진왜란·정유재란시 도요토미 히데요시(豊臣秀吉)의 조선 출병이 2년간의 휴전을 포함하여 6년 9개월이었다.

대전 말기는 별도로 하고 고급 장교들은 싸움터에 기껏 1년 또는 1년 반밖에 있지 않았고 적당히 교체하여 휴양을 취했지만, 현역 하사관과 하급 예비장교는 한번 출정하면 그대로 계속해서 전장에서 복무했다. 일반 병사는 현역 근무가 끝나면 그대로 이어서 소집되어 현역에서 예비역으로 신분이 바뀔 뿐 주어진 조건은 같았다. 수년 지나면 소집이 해제되지만, 젊은 병사는 1, 2년 안에 다시 재소집되는 일이 보통이었다.

전망이 없는 수렁 같은 전장을 정신 없이 동으로 서로 계속 싸우며 세월을 보내고 있으면, 점차 보통의 시민 감각을 잃고 자포자기적인 심리 상태가 되는 것은 상상할 수 없는 일이 아니다.

중국 전선에 5년간 종군한 어느 소집 장교는 이렇게 쓰고 있다.

> 전장에서 음란하거나 외설적 행위는 오로지 하나의 인간적 자유의 생명을 통하게 하고 있는 것 같다. 기만에 찬 관념적 확증으로 '군인 칙유'나 '전진훈' 등 크고 작은 것을 합쳐 많이 뒹굴고 있지만, 우리들 속에서 꿈틀거리는 성적 충동과 발산만이 살아 있다는 유일한 확증인지도 모른다. 그것이 동물로서의 확증이라고 한다면, 전쟁이야말로 동물로서의 가장 큰 확증이 아닐까?

어떤 소집 하사관은 태우고 범하고 죽이는 것이, "규칙의 굴레에 묶인 군대 임무 속에서 개인의 단독 행동이 허용된 귀중한 자유 시간이었다고 할 수 있을지도 모른다"고 쓰고 있다. 군대에서 병사 위에 군림하는 하사관이 그러할진대, 억압받고 혹사당하는 병사들은, 일단 승자로서 적이나 주민을 대할 때 평소의 굴절된 감정이 한꺼번에 폭발하여 잔인한 행동으로 나간다는 것은 충분히 생각할 수 있는 일이다.

일본군, 특히 중국에 파견된 일본군은 치안 유지의 목적을 위해 고도로 분산 배치되어 있었던 것도 군기를 이완시킨 하나의 이유라고 생각된다. 광대한 중국 대륙 대부분의 지역에서 중대(200여 명), 소대(수십 명)별로 주둔하고 있었기 때문에 교육 훈련도 할 수 없고, 감독도 소홀해진 것은 당연하다고 할 것이다.

세번째로 일본군은 많은 경우, 초기 남방지구의 경우를 제외하고 주민과의 관계가 해방군으로서가 아니라 침략군이었던 것도 일본

군의 불법행위를 유발한 결과가 되었다. 주민들의 적의에 둘러싸인 군대의 대주민 경계심은 강해지고, 점령지의 주민대책은 엄격해진다. 주민의 점령군에 대한 감정과 군대의 자세는 서로 인과관계가 되어 가혹한 점령정책의 길을 걷게 한다. 일본군의 잔학행위가 지독했던 것은 일반적으로 주민의 반일감정이 강한 지역에 많았던 것으로 생각된다(중국, 싱가포르, 필리핀).

특히 대중공군과 같은 게릴라를 상대로 싸우는 곳에서 그러했을 것이다. 게릴라 지구에서는 주민 전부가 적이기 때문에 남녀노소의 구분 없이 잡아서 고문하고, 적 무장병력의 동정 등을 발설케 하고, 게릴라 부대의 보급을 끊기 위해 식량을 모두 빼앗고 촌락을 불태워버리는 것이 작전상 필요해진다. 이렇게 하여 자칭 '황군(皇軍)' 인 일본군은 '황군(蝗群)'(전부 먹어치우는 메뚜기 떼의 대군)이 되고 '동양귀(東洋鬼)'가 된 것이다.

전장에서 대체로 국제법을 지켜 인도에 어긋나지 않던 미군이 베트남의 대게릴라전에서는 꽤 문제를 일으킨 사실도 같은 이유 일 것이다.

적에게 곡식을 구하며

일본 군대의 보급 능력은 병기·탄약은 물론이고 식량, 의약품, 의료, 기타 모두 빈곤했던 것은 잘 알려져 있다. 평시에도 육군은 해군과 비교해서 꽤나 뒤떨어져 있었다. 육군 작전의 기본을 가리키는 작전요무령 강령에도 다음과 같이 씌어 있다.

··· 자재의 충실, 보급의 원활은 반드시 항상 바랄 수는 없다. 고로 군대는 견인불발(堅忍不拔)의 정신으로 곤궁과 결핍을 참고···.

전쟁에서 보급이 지체되는 것은 처음부터 예정되어 있었던 셈이다.

제2차 세계대전에서 보급의 곤란은 시종 결정적이었으며, 개전 당초 상해의 일본군 본거지, 공동 조계(租界)에서 불과 10km밖에 떨어지지 않은 대장진(大場鎭)의 공격 때조차 포병부대는 탄약 부족으로 고전을 강요당했다. 전쟁을 시작한 쪽이, 더구나 교통이 지극히 편리한 곳에서 개전 당초부터 탄약 보급이 지체된다는 것은 일본군에 원래 전쟁 능력이 없다는 것을 증명하고도 남지만 식량 결핍은 더욱 심각했다.

일본 육군에는 늑막염과 폐결핵 환자가 대단히 많았다. 이것은 영양부족에서 오는 것이 대부분일 것이다. 또 식량도 운반할 수 없는 상태에서 생수나 정수장치를 충분히 수송하는 것은 불가능했기 때문에 병사들은 흙탕물을 마시는 것 외에 다른 방법이 없고, 이런 것들이 많은 전병사(戰病死)를 낸 원인임이 틀림없다.

한 군의관의 보고서에 의하면, 중국과의 전쟁 2년째인 1938년 봄 서주(徐州)작전에서 이미 영양실조증이 나타나고 있다. 중국 전선에 종군한 어느 장교는, "내가 중대장 시절에 연대와 대대로부터 보급을 받은 것은 2년간 전투에서 쌀 1되(1인당?)를 2회 받은 것뿐이다"라고 쓰고 있다.

이런 이야기는 조금도 드문 일이 아니며, 보급의 곤란은 남방 각지의 해상 수송이 적의 잠수함과 항공기에 의해 방해되기에 앞서 대륙 각지에서도 일찍부터 일어나고 있었다.

미·일 양군의 결전장이 된 솔로몬 제도의 과달카날 섬, 말레이 열도의 뉴기니 섬, 임팔(Imphal : 인도·버마 국경)의 패전도 보급이 계속되지 못한 것이 결정적 요인으로 이들 지역에서는 전사자보다 굶어죽은 사망자가 더 많았던 것은 많은 전기와 체험기가 전하고 있다. 뉴기니 섬, 부건빌 섬, 필리핀 등에서는 인육(人肉)까지 먹었다고 한다.

식량 보급이 끊기면 남방의 고도나 사람이 살지 않는 지대에서는 기아가 덮쳐 오고, 중국과 같은 주민이 있는 곳에서는 현지에서 조달하는 수밖에 방법이 없다. 현지 조달이라는 것은, 결국 전혀 유통가치가 없는 군표나 일본 괴뢰정권의 중앙은행권을 강제로 쥐어주고 물자를 구입하거나 강탈하는 것이다.

식량도 보급해주지 못하는 판에 연료를 보내줄 리 없기 때문에 민가의 대문이나 기둥을 뜯어 태우지 않으면 밥도 해먹을 수 없었다. 집안을 달달 뒤져가며 돈이 될 것은 약탈하고, 도망 치지 못한 여성을 보면 폭행하고, 다시 헌병에게 이르지 못하도록 죽여버리게 된다.

포획한 적의 병기·탄약도 물론 사용했지만, 옷과 구두도 빼앗아 입고 신기도 하였다. 중국 전선의 보충병 중에는 짚신 신고 목총을 든 병사도 나타나 중국 사람들의 실소를 샀다고 한다. 일찍이 복장의 단정함을 자랑하던 일본 육군이 지금은 겉과 속 모두 문자 그대로 산적의 일당이 되어버린 것이다.

원래 일본군은 공세 때는 적으로부터 양식을 구한다 — 전리품으로 군대를 먹여 살리는 방침을 취하는 경우가 많았고, 수비 또는 주둔의 경우는 휘하 부대에 대하여 자급 자족, 현지 자활을 지도하는 일도 적지 않았다. 대본영 자체가 대미전에 주로 노력을 경주하기 위해서 중국 파견군에는 현지 자활을 지시하고 있었다. 자급 자족을 하라고 해도 몇만, 몇십만의 대군이 전투하면서 농경에 정력을 쏟아 자활한다는 것은 원칙적으로 불가능한 일이다. 앞에서 말한 바와 같이 그것은 굶는 길이나 대규모 약탈을 공인하는 수밖에 없게 된다.

원래 제2차 세계대전 자체가 일본 국가의 자원 획득 또는 탈취를 위한 전쟁이므로 말단 군대가 약탈에 나서는 것은 당연한 귀결이라고 할 수 있을지도 모른다.

국제법을 경시하는 자세

제2차 세계대전에서 일본군은 전시 국제법을 무시하고 수많은 위법행위를 자행했는데, 사실상 무시했을 뿐만 아니라 일본 국가는 방침으로서의 국제법을 중시하지 않는 자세를 취하였다고 생각된다. 그것은 선전 포고에 잘 나타나 있다.

메이지 이래 일본이 선전 포고하여 싸운 청일, 러일, 독일(獨日)의 세 전쟁에서는 개전 포고에 전부 국제법을 준수해야 한다고 다음과 같이 명시되어 있다.

● 청국에 대한 선전 포고(1894년 8월 1일) ― 적어도 국제법에 위반되지 않는 한 각 그 기능에 따라 일체의 수단을 다하는 데 반드시 실수가 없도록 하라. …
● 러시아에 대한 선전 포고(1904년 2월 10일) ― 무릇 국제조약의 범위 내에서 일체의 수단을 다하여 잘못을 저지르지 않도록 하라. …
● 독일에 대한 선전 포고(1914년 8월 23일) ― 무릇 국제조약의 범위 내에서 일체의 수단을 다하여 반드시 잘못을 저지르지 않도록 하라.

그런데 제2차 세계대전의 미·영에 대한 선전 포고에는 국제법 준수에 관해서 전혀 언급하지 않고 있는 것이다. 이에 관해 방위청 편찬의 《전사총서》에는, "이 문구를 삽입할 것인가가 문제가 되었지만, '그와 같이 뻔히 아는 것을 새삼 기입할 필요는 없다'는 의견이 있어 기입하지 않았다"고 씌어 있다. 그리고 이 전사는 다시 국제법 운운에 관해 기입하지 않은 것을, "당시의 정부 및 육해군이 국제법 준수 정신이 결여된 증거로, 이른바 전쟁 범죄가 다수 발생한 원인이라는 전후의 비판은 속론(俗論)에 불과할 것이다"라고 주장하고 있다.

그렇지만 이 설명은 전혀 설득력이 없다. 포고문과 같이 극히 형식적인 것은 과거의 선례에 따르는 것이 상례이며, 예를 들면 제2차 세계대전을 포함하여 4개 포고문의 서두가 다음과 같이 상대국 국명을 제외하고 똑같다.

- **청일전쟁**

천우(天佑)를 보전하여 만세일계(萬世一系)의 황조(皇祚 : 천황의 선조)를 이어받은 대일본 제국 황제는 충성스럽고 용맹무쌍한 너희들에게 고한다. 짐은 이에 청국에 대하여 전쟁을 선언한다.

- **러일전쟁**

보전(保全) → 보유(保有)

대일본 제국 → 대일본국

- **독일전쟁**

러일전쟁과 똑같다.

- **대미영전쟁**

러일전쟁, 독일전쟁과 같으며,

황제 → 천황

자구가 약간 다르지만, 말의 의미는 완전히 같고, 말미의 표현, 전체의 구성, 문장의 전개도 거의 비슷하다. "당연한 데 불과하니까"라는 이유는 구차스러운 변명에 불과하고, '국제법 준수'를 삽입하지 않은 것은 의도적이라고 생각할 수밖에 없다.

한편 선전 포고를 발표한 간격은 다음과 같은데, 제2차 세계대전까지 기간이 가장 길다.

$$\text{청일전쟁} \xrightarrow{\text{10년}} \text{러일전쟁} \xrightarrow{\text{10년}} \text{독일전쟁} \xrightarrow{\text{27년}} \text{제2차 세계대전}$$

10년 간격인 때도 '너무나 당연한 것'을 생략하지 않았는데, 27년 만의 선전에 이를 생략한다는 것은 이치에 맞지 않는다. 10년 만이면 적어도 중견장교 이상은 전쟁 경험자겠지만, 27년 만이면 그 체험은 소수의 장군급밖에 남아 있지 않을 것이다.

다시 다음 사실을 상기하면 《전사총서》의 변명은 점점 더 통하지 않게 된다. 중일전쟁 개시 이래 일본군이 중국 전선에서 수많은 위법행위 — 국제법을 위반한 것을 군 중앙부는 충분히 알고 있었을 것이다. 알고 있는 정도가 아니라 그것을 통감하고 있었기 때문에 '전진훈'이라는 자세한 주의서를 몇백만 부나 찍어서 전 장병에게 배포하여 철저를 꾀했던 것이다. 당시 중학생들도 교련시간에 이 강의를 들었을 정도다. 전진훈뿐만 아니라 전쟁 체험기 등에 나오는 각급 지휘관의 훈시에, "약탈, 강간, 학살과 같은 행위의 금지…"라는 말이 잘 나오고 있으며, 이러한 만행이 일본군 내에 결코 드문 일이 아니었음을 보여주는 것이다. 전진훈이 전군에 시달된 것은 대미영전쟁을 포고한 1941년 1월의 일이다.

또 1940년 6월 16일에 열린 대본영 정부 연락회의 석상에서, 인도차이나에 일본군을 진주시키는 문제에 관해서 마쓰오카〔松岡〕 외무대신은, "…종래에 국제 신의가 없다는 말을 들은 제국(일본을 가리킴)은 이 점 고려하지 않으면 안 된다고 생각한다"고 말했다고 당시의 참모총장 스기야마〔杉山〕 육군대장이 그의 메모에 적고 있다.

'국제 신의가 없다'고 하는 것은 국제법 위반의 상습자라는 말이며, 일본이 국제적으로 그렇게 여겨지고 있음을 충분히 알고 있었다는 것이 된다. 대미영 선전포고에 '국제법 준수'를 기입하는 것은 '뻔히 아는 것을 새삼스레 기입할 필요는 없다'가 아니라, 청일, 러일, 독일전쟁 때보다도 한층 더 강조했어야 옳을 일이다.

《통수 강령》과 함께 육군대학교의 교육자료의 핵심인 《통수 참고》(1932년 작성) 제14항에 다음이 명시되어 있다.

국제법 및 국제조약은 바로 외교에 관계되기 때문에 작전상 이를 파기할 필요가 있을 경우에는, 최고통수부는 정부와 협의함을 원칙으로 한다.

이 문장은 정부와 협의한다는 조건을 달았지만, 국제법이나 조약을 파기하는 것을 매우 안일하게 생각하고 있는 자세를 읽을 수 있다.

구체적인 예로 난징〔南京〕 공략 때 제6사단장으로서 《기밀일로전사(機密日露戰史)》라는 유명한 저서도 남긴 다니 하사오〔谷壽夫〕 육군중장은, 육군대학교 교관 때 해군대학교에 출강하여 《육전(陸

戰)》을 강의하면서 다음과 같이 말했다고 한다.

　　전투에서 이기고 난 후 또는 추격전 때는 약탈, 강도, 강간은 오히려
　　사기를 왕성하게 한다. …

　　강의를 하는 공식적인 자리에서 이런 발언을 하는 것을 보면, 육
군을 뒤덮은 국제법 무시의 분위기를 가리키고도 남음이 있다고
할 것이다.

국제법 경시의 뿌리

　　근대 국제법, 특히 전시 국제법은 17, 8세기 이후 유럽에서 생겼
다. 로마 교황의 권위하에 통일적 사회를 형성하고 있던 중세에는
국제법을 필요로 하지 않았지만 민족국가가 분립하게 되면서 대등
한 국가 관계를 규율하는 국제법의 필요성이 생긴 것이다. 이미 중
세 말기 이후 기독교와 기사도의 영향 아래 싹 트고 있던 전쟁법규
는 근대의 휴머니즘에 의해 강화되고 그 기반이 확립되었다.

　　휴머니즘과 동시에 전시 국제법을 지탱하는 또 하나의 요소는
'무차별 전쟁관'이라는 근대 국가의 전쟁관이다. 무차별이라는 의
미는 적과 아측에 '정의', '부정의'의 차가 없다는 것이다. 중세적
신권(神權)의 구속에서 해방된 근대 국가는 절대적 존재인 신이나
정의를 내걸고 싸우는 것이 아니라, 각국의 이익을 위해 싸우는 것
이고, 더구나 그것을 서로 인식하게 된다. 그러한 사고 방식으로는
적의 항전력(抗戰力)만 타도하면 목적을 달성하는 것이므로, 적국
민을 몰살시키거나 폭행, 약탈을 제멋대로 한 중세적 만행은 서로
삼가는 것이 이익이 된다. '무법의 전쟁'이 '규범 있는 전쟁'으로

변한 것이다.

이 전시 국제법의 기본적 사고를 알면, 일본이 전시 국제법을 경시하고 이를 위반한 심리적 이유를 잘 이해할 수 있을 것이다. 즉 지금까지 여러 번 써 온 바와 같이, 일본으로서는 대일본 제국은 만방무비 — 만세일계의 천황폐하가 다스리는 신국이고, 건국의 정신인 '팔굉일우'란 국시를 위해 싸우고 있는 것이며, 적과 대등하다고 생각한다는 것은 언어도단이기 때문이다.

일본의 전시 국제법 위반의 뿌리는 깊으며, 일본의 국가관 — 천황 신앙에 근거하는 확신범인 것이다. 독일이 몇십 년에 걸쳐 전쟁 범죄자를 추구해온 데 반해, 일본에서는 한 사람의 전쟁 범죄자도 처벌하지 않았다.

단순히 일본인의 양심 부족에서 오는 것이 아님을 이해해야 한다.

일본 군대에 인도(人道)는 존재하지 않는다

만주사변(1931) 전 해, '국체명징(國體明徵)'이니 '만방무비'니 하며 반동화하기 전, 육군이 조금은 정상적이었을 때 현역 장교가 쓴 《전장심리학》이라는 책이 간행되었다. 당시의 교육총감본부장 하야시 센시(林仙之) 중장과 육군성 군무국장 스기야마 하지메(杉山元) 소장이 서문을 썼으므로 육군 공인의 교본이라고도 할 수 있다. 그 1절에 '적에 대한 동정'이라는 제목 아래 다음과 같이 기술되어 있다.

'나는 국민의 일원으로서 국민 전체의 생활을 보장, 유지하기 위해서 적과 싸우는 것이다. 적도 나와 마찬가지로 그의 조국을 위해 싸우고 있

는 것이다'라고 군인은 생각하게 되고, 적개심은 적에 대한 동정심으로
전화하며 이윽고 적에 대한 존경심마저 생긴다.

　제2차 세계대전 종료 후 연합국에 포로가 된 사람들이 연합국 군
인들의 관리자, 감독자에 관해서 쓰고 있는 사실도 이 기술과 일치
한다. 직접 싸운 그들은 대체로 일본군 포로를 정중히 다루었지만,
오히려 뒤에 온 전투 경험이 없는 교체 요원들이 훨씬 더 가혹했다
고 한다.
　같이 싸우는 처지에서 적에 대한 이해와 존경이 있을 때, 총을
버리고 항복한 적에게 잔학한 행위 따위를 범할 가능성은 적은 것
이다.
　그러나 만주사변 이후 일본군의 도덕 수준과 문명도는 급속히 퇴
화한다. 병사들은 다음과 같이 그 느낌을 쓰고 있다.

　　대원수 폐하의 은덕을 위하여 단지 이기는 것만이 최고의 선(善)이다.
　　일본군은 황군이다. 황군의 임무는 천황에게 따르지 않거나 천황을 인
　정하지 않는 사람을 죽이는 것 이외에 없다. 이런 정신이 머리 속에 가득
　주입되어 있는 것이다.

　일본군은 점령지 주민에 대한 동감, 동정도 상실했다. 원래 '만방
무비', '만방무비'하고 외치는 것은, 요컨대 일본은 특별한 존재이
고, 세계 인류와의 공감, 공통성을 스스로 강력히 부정하고 있음을
의미한다. 이 문제에 관하여는 뒤에 다시 논하지만, 이것은 정부 스
스로가 단적으로 표명하고 있다. 1937년 3월 중일 전면전쟁이 시작
된 해, 문부성이 간행한 《국체의 본의》라는 서적(이것은 국민교화

의 기본 교과서라고 할 수 있었는데)에는, "일본 제국의 독자적인 처지로 돌아가서", "국가와 민족을 초월한 추상적 세계성을 배격한다"고 명시되어 있다.

천황 신앙 사상에 단단히 굳어 있는 메이지 시대의 철학자 이노우에 데쓰지로(井上哲次郎)조차 그의 저서 《교육칙어 연의(衍義)》에서, "진정한 애국은 세계적 인도(人道)에 어긋나지 않으며… 각자는 인류의 한 사람이요, 인류의 한 사람으로서 사회에 대하여 세계적 인도를 지키지 않으면 안 된다… "고 쓰고 있다.

그것이 쇼와 시대가 되자 일본에서는 급속히 세계적 보편성이 사라지고, 오히려 극복해야 할 대상으로 변해 갔다. 일본인은 언제나 천황의 신민 — 부하가 아니면 안 되는 것이며, 일반 인간이어서는 안 되는 것이다.

일본인은 적군뿐 아니라 적국민, 기타 모든 외국인에 대하여 이 지구에서 같은 운명으로 살아가는 자로서의 인류애를 상실당한 것이다. 인도는 일본인에게는 통용되지 않는 말이 되었다. 그런 말은 연약한 반국가적 사고로서 배격되게 된 것이다.

왕조명(汪兆銘)의 국민정부의 대미 참전과 더불어 1942년 4월 북부중국 파견군은 여느 때처럼 《국민정부의 참전과 북지(北支 : 북부중국) 파견군 장병》이라는 소책자의 훈시집을 휘하 전 장병에 배포했다. 거기에는 "태우지 말고, 범하지 말고, 죽이지 말라"의 세 가지 훈계를 강조하면서, 상세하게 여러 가지 주의를 준 후, 마지막으로 다음과 같이 결론을 내리고 있다.

우리들은 이상 말한 각 항의 신조가 전부 천황의 어의에서 나와, 이에

귀결하여야 함을 깊게 새겨 승조필근(承詔必謹 : 천황의 말씀을 받아 반
드시 삼가며 따른다)….

　약탈, 폭행, 살해 등의 위법행위를 훈계하면서 그것이 전시 국제
법을 위반하는 것도 아니고 정의(正義) · 인도(人道)에 어긋나는 것
도 아니고, 어의에서 나오는 것이기 때문에 하지 말라는 것이다. 일
본 군대가 국제법과도 정의 · 인도와도 전혀 관련이 없는 것이었음
을 여기에도 명료하게 보여주고 있다고 할 것이다.
　전장이라는 이상한 환경에서도, 보통 상식의 소유자라면 국제법
이나 정의 · 인도라고 말하면 나름대로 행동을 삼가는 효과를 기대
할 수 있겠지만, '어의에서 나오는 것'이니 어쩌니 하면 얼른 들어
오지 않는 것은 당연했을 것이다.
　인간의 행동 규범, 도덕률의 기초를 법률에도, 인류 보편의 이념
에도 두지 않고 '어의'와 같은 의사(疑似) 종교의 잠꼬대 같은 것
에 둔다는 것 자체가 일본 군대는 이상한 집단이라는 것을 증명하
고 있으며, 반대로 말하면 일본 군대 전원이 이상할 리는 없기 때
문에 그러한 뭐가 뭔지 알 수 없는 도덕 규범이 지켜지지 않는 것
은 당연했을 것이다.

제4장

대체 이 일본군의

통솔자는 누구였는가?

4

통수권의 독립

당시 대일본 제국 헌법은, 제1조의 "대일본 제국은 만세일계의 천황이 통치한다", 제2조의 황위의 계승방법, 제3조의 "천황은 신성불가침이다"로 시작된다.

군대와 직접 관계되는 조문은 다음 6개조이다.

제11조　천황은 육해군을 통수한다.
제12조　천황은 육해군의 편성 및 상비 병력을 정한다.
제13조　선전(宣戰), 강화, 조약체결
제14조　계엄의 선포
제20조　병역 의무
제32조　신민의 권리 의무의 군인에 대한 적용 제한

여기 제11조의 소위 통수권(군대를 지휘·명령하는 것)이라는 것은 내각, 즉 정부 소관 밖에서 육군의 참모총장, 해군의 군령부총장이 천황의 직속으로 보좌 임무를 맡는다. 육해군 대신의 소관과 관계되는 제12조의 편성 대권도 통수사항이라고 생각하고 있었다. 이 통수사항은 군부대신이 내각회의를 거치지 않고 직접 천황에게 상주(上奏)할 수 있으며, 그 밖에 '육해군 대신 현역제'라는 제도가 있어 쇼와 시대에 들어와 큰 문제를 일으키는 원인이 된다.

헌법 제55조에는 "국무대신은 천황을 보필하고 그의 책임을 진다"고 되어 있고, 동조 제2항에는 모든 법률, 칙령, 국무에 관하여 국무대신의 부서(副書)를 요한다고 정해 놓고 있다. 이 국무대신의 책임에 관하여 예외 규정은 없고, 조문상 천황의 통수권도 당연히 대신의 보필이 필요하여 천황측에서 보면 대신들로부터 제약을 받아야 하는 것이었다.

그러나 헌법 제정에 앞선 1878년, 참모본부 조례가 제정되어 군사명령은 오로지 참모본부장이 결정하게 되고 태정대신(太政大臣 : 국무대신)의 보필에서 제외되었다. 1885년 내각제도가 발족된 해에는 군인으로서의 경험이 겨우 3년 정도 되는 아리스가와노미야(有栖川宮) 다루히토(熾仁) 친왕을 참모본부장에 임명, 참모본부의 정부에 대한 권위를 높이는 방안이 강구되었다. 이에 앞서 1882년에는, 뒤에 상술할 '군인 칙유'가 선포되어 군대 지휘권은 천황만이 장악한다고 천명하고, 이들 기정 사실이 성문헌법에 어긋나는 관습법으로서 통수권을 정부로부터 독립시키기에 이른 것이다.

그러나 메이지 원훈(元勳)들이 활약한 청일, 러일전쟁 시대는 정치가도, 군의 상층부도 번벌(藩閥)이라는 동일 계층 출신자였기 때문에 별로 문제가 일어나지 않았지만, 메이지 말경부터 정당 세력이 진출하게 되면서 군부는 그 독자의 권한을 옹호하려고 통수권의 독립을 강하게 주장하기 시작했다.

이윽고 '통수권 옹호'의 단계가 아니라 그것을 넘어 정치 분야에까지 진출해 왔다. 러일전쟁이 끝난 지 2년 후인 1907년에 육해군은 외교와 재정에 중대한 관계를 갖는 '제국국방방침', '국방에 필요한 병력량' 등 기본방침을 정부를 통하지 않고 천황에 상주하고, 같은 해 '군령에 관한 건'이라는 칙령을 발하여 군의 법령조직을 정부와 의회에서 제도적으로 완전히 분리시켰다.

통수권의 독립은 그 후 점차 확대·강화되어 쇼와 시대에 들어오면 통수권 독립이라는 이름의 군의 독주는 이제 억누를 수 없게 되어 버렸다. 전쟁을 명실공히 지도하는 대본영(大本營)은 군인만으로 구성되고, 전쟁에 관하여 정치가는 전혀 참여할 수 없었다. 중일전쟁 당초 전투의 진척상황이나 향후 예정에 관해서 고노에(近衛) 총리 이하 각료는 전혀 알고 있지 않았기 때문에, 내각회의 석상에서 오다니(大谷) 척무(拓務)대신이 "어느 단계에서 군사행동을 그만두는 것인가?" 하고 스기야마(杉山) 육군대신에게 질문하였다. 이에 대하여 육군대신이 대답을 하지 않고 있으므로 요나이(米內) 해군대신이 대신 답변하자, 스기야마는 "이런 곳에서 그런 말을 해도 좋은가" 하고 해군대신에게 고함쳤다는 유명한 이야기도 있다.

각의는 막대한 전비의 지출 승인을 요구받을 뿐 전황도 군의 방침도 아무것도 알 수 없었다. 이래서는 정상적인 외교 정책도 아무것도 나올 리 없다. 고노에는 천황에게 군의 의도를 알려주도록 진언하여, 총리와 외무대신만은 천황이 필요한 사항을 알려준다는 데서 낙착되었다. 물론 의견은 말할 수 없었다.

그 후에도 역대의 총리는 청일, 러일전쟁 당시와 같이 대본영에 출석하겠다고 요구했으나 군은 계속 거부했다. 이런 요구는 패세 (敗勢)가 분명해진 1944년에 고이소[小磯] 수상은 개인 자격으로, 그리고 마지막의 스즈키[鈴木] 총리가 겨우 총리 자격으로, 그러나 둘 다 천황의 특별한 어의에 의해 실현되었다. 그 때까지는 대본 영·정부연락회의라는, 관제(官制)에 없는 협의체가 설치되어 있었 지만, 이것은 명목만의 것으로 2년 반이나 열리지 않은 적도 있다.

특히 중대한 사항은 어전회의가 열려 (천황의)특별지시로 총리가 출석할 수 있게 되었다. 경우에 따라서는 — 천황의 어의에 따라 — 그 밖의 각료도 출석할 수 있다는 식으로 전쟁은 전부 군이 전 횡(專橫)하고, 정부는 보조기관에 지나지 않는 것처럼 보였다.

군, 특히 육군이 내 세상인 양 일본 정계를 좌지우지한 것을 보 여주는 문서가 있다. 1944년 7월 22일 고이소 내각이 성립된 날 작 성된 '금후의 국가 운영에 대한 육군의 대책'이라는 것으로 거기에 는 다음과 같이 씌어 있다.

> …육군은 여전히 스스로 전쟁 완수의 중핵, 전쟁 지도의 선봉이라는
> 확신 아래 해군을 유도하고 정부를 편달하여…

'대내각 시책'의 항에는 "현 내각을 지도하는 각오를 요함"이라 고 되어 있고, 현역 군인 약간 명을 내각 참여관으로 임명하여 "내 각의 감시·지도·연락을 맡긴다"고 되어 있다.

앞에서 말한 바와 같이, 원래의 직무인 전쟁도 제대로 할 수 없 는 처지에 그 건방진 태도는 전쟁중 그들의 오만했던 모습과 더불 어 지금도 불쾌해질 정도다.

천황이 있기에

그 횡포가 극심했던 군 자체는 이것을 어떻게 생각하고 있었을까? 또 어떤 근거에서였을까? 이것을 앞 장에서 잠깐 인용한 《통수 참고》(1932년 작성)에 의하여 살펴보자. 《통수 참고》는 앞서 기술한 《통수 강령》과 함께 육군의 고급장교 양성기관인 육군대학교의 가장 중요한 교재이기 때문에, 통수권 독립에 관한 군인들의 기본적인 사고 방식을 이해하는 데 도움이 될 것이다.

제1장 통수권의 제1항은 다음과 같다.

> 제국의 군대는 황군이며, 그 통수 지휘는 모두 통수권의 직접 또는 간접 발동에 입각하여 천황의 직접결재(親裁)로 실행하고, 또는 그 위임의 범위 내에서 각 통수기관의 재량에 의해 실행하는 것으로 한다.

또 본문 후기에는 다음과 같은 설명이 있다.

다른 나라는 각각 당해국의 군대이고 그 '원수(元首)의 군대'가 아니다. 그런데 '일본 제국의 군대는 국가의 군대일 뿐 아니라 황군으로서 외국의 군대와 전혀 다르며', '천황의 군대'임이 먼저 강조된다. 그리고 천황과 군대의 특별한 관계를 말한 후, 외국의 군주는 모두 통수권을 마음대로 행사하려고 애썼으나, '민권의 발달'에 따라 그 권력이 점차 제한되어 오늘에 이르렀지만, 일본에서는 통수권이 완전히 천황의 수중에 있다고 자랑하고 있는 것이다.

제3항은 다음과 같이 대단히 구체적으로 의회 영향의 배제를 명기하고 있다.

> 육해군에 대한 통치는 즉 통수이며 일반 국무상의 대권이 국무대신의

보필을 받는 데 반하여, 통수권은 그 보필의 범위 밖에 독립한다. 따라서 통수권의 행사 및 그 결과는 의회에 대하여 책임을 지지 않으며 의회는 군의 통수 지휘 및 이의 결과에 관하여 질문을 제기하거나 해명을 구하거나 또는 이를 비평하거나 논란하는 권리를 갖지 않는다.

국민을 대표하는 의회에 군의 통수, 나아가서는 군부에 질문하고 비판하고 논란하는 권리가 없다고 단정하고 있으니, 군의 처지에서 보면 신문, 잡지 등 언론 기관이나 일반 국민에게 그러한 권한이 없다고 생각한 것은 당연했을 것이다. 그러한 것을 단속한 것은 그들로서는 당연한 것을 했다고 생각했을 것이다. 군대는 천황폐하의 군대이기 때문이다.

제4항에는 군과 정부는 대립·평등하며, 군의 정부로부터의 독립성을 주장하고 있다.

4. 통수권의 독립을 보장하기 위해서는 '무관(武官)의 지위의 독립'과 '그 직무의 집행상의 독립'이 필요하다. 정치 기관과 통수 기관은 어디까지나 대립·평등한 지위에 있고, 어느 것이나 타를 능가하지 못하는 것으로 한다.

1933년 오사카(大阪)에서 소위 '고·스톱사건'이라는 것이 일어났다. 외출중의 병사가 적신호를 무시한 데 대해 경찰관이 이를 제지한 데서 오사카부(府)와 그 병사가 소속한 제4사단이 충돌하여, 데라우치(寺內) 사단장과 오사카 지사와의 심각한 다툼으로 발전한 사건이다. 병사의 주장은 "헌병의 말은 듣지만, 순사의 말 따위는 들을 필요가 없다"는 것이고, 군의 주장은 "폐하의 가장 충성스러운 부하인 군인의 명예에 상처를 주고 군의 위신에 관계된다"는 것이었다. 결국 검사의 화해 권고와 효고(兵庫)현 지사의 중재로 오사카 지사가 오히려 유감의 뜻을 표명하는 선에서 해결되었지만, 이 사건은 군의 한 병사에 이르기까지 정부 권력을 무시하는 기풍이 스며 있었고, 군은 이런 사소한 사건에서까지 '군의 권위'를 내세운 것을 볼 수 있다. 경찰은 이후 군인에 대한 단속을 사실상 꺼리게 되어 군인은 치외법권의 지위에 서게 되었다.

'일본의 정부 기관과 통수 기관은 어디까지나 대립·평등의 지위'라는 것이 국제적으로도 인지(?)되어 있었던 것 같다. 제2차 세계 대전이 끝나고 연합국과의 항복조인식에는 천황과 일본 정부를 대표하여 시게미쓰(重光) 외무대신이, 일본군을 대표하여 우메쓰(梅津) 참모총장이 미주리호의 갑판에서 각각 조인하고 있음을 볼 때 실로 기묘한 광경이라고 하지 않을 수 없다. 일본이라는 나라는 두 개의 조직 또는 세 개의 권력기구로 이루어진 복합국가라는 말인가.

통수와 정치, 구체적으로 군대와 정부는 관계가 없고 서로 대립한다는 것이 '제2장 통수와 정치'에도 거듭 다음과 같이 강조되고 있다.

통수와 정치는 다 천황이 총람하시는 것이나 그 보필 집행기관은 각각 독립하여, 하나는(통수-군대) 제국의회와 전혀 관계없는 한 지위에 있고, 하나는(정치-정부) 사실상 의회의 감독 아래 있고 의회가 책임을 지는 것이다.

정부는 의회의 감독 아래 있는 데 대해, 군은 천황 친정 아래서 다른 어떤 제약도 받지 않는 존엄한 기관이라는 것이다. 또 제9항 말미에 씌어 있는 '군과 정부의 협조'의 의미도 다음 제11항을 읽으면, 요컨대 정부와 의회는 입 다물고 군에 봉사하라는 것뿐임을 알 수 있다.

전시에서의 정치는 통수의 힘을 배양·지원하는 동시에 (군의)전략의 독립과 자유를 옹호하고… 통수를 이해하고 아울러 이(통수부)를 신뢰하는 정부의 존재와, 신중하고 자제를 많이 하는 의회의 행동은 전승의 기초가 된다.

제13항에는, 전쟁 지도의 대방침, 교전지역, 국가 총동원 등의 결정을 위해서는 최고 통수부는 정부와 협의함이 당연하다고 되어 있다. 전쟁 지도의 주도권도, 국가 총동원이라는 경제에서 문화에 이르는 사항도 정부는 단지 군의 협의를 받을 뿐이라고 정하고 있다. 더욱이 그 설명에는, 정부와의 협정이 성립되지 않을 때 통수부는 '자기의 책임으로 단행할 수도 있다'고까지 씌어 있다.

일본군은 육군대학교 교관인 독일의 메켈 소령을 통하여 《전쟁론》의 저자로 알려진 크라우제비츠의 병학(兵學)의 전통을 잇는다고 하지만, 일본의 고급장교들은 크라우제비츠를 공부한 것 같지 않다. 크라우제비츠의 유명한 정의에, "전쟁은 바로 다른 수단으로 하는 정치의 계속이다", "전쟁은 전적으로 정치의 도구", "정치적 의도는 목적, 전쟁은 수단" 등이 있지만, 일본 육군은 "정치는 군의 시녀에 지나지 않는다"고밖에 생각하지 않은 것 같다. 그 까닭은 촌사람(地方人 : 군인의 일반 국민에 대한 멸칭)이 뽑은 의회의 감독하에 있는 정부와는 격이 다르다고 생각하고 있었기 때문일까?

군대가 이렇게 과대한 자신을 가지고 오만하게 행동하는 것은, 군인들이 모두 무지몽매하거나 무언가에 홀리지 않고는 있을 수 없는 일이다. 확실히 그들은 '홀려 있는 상태'거나 '매달리고' 있는 것이다. 천황교에 홀려서 천황제에 매달려 천황을 등에 업고 정부와 전 국민을 얕보고 있었던 것이다. 아무리 군인일망정 '천황'이라는 비단 깃발이 없는 한 여기서 말한 바와 같은 것은 할 수도 없고 생각할 수도 없을 것이다.

'그럴 듯한 사람'을 업고 그 이름 밑에서 실권을 쥐고는 만사를 마음대로 처리한 일은 업는 상대가 천황에 한하지 않으며, 메이지 초기 이래 일본군 특히 일본 육군의 체질이라고도 할 수 있는 것이다.

무진(戊辰 : 1868년, 메이지 1년) 전쟁[1] 때 동정(東征) 대총독은 아리스가와노미야[有栖川宮] 다루히토[熾仁] 친왕(親王)이고, 동산도 선봉(東山道先鋒), 북륙도 선봉(北陸道先鋒), 오우 선봉(奧羽先鋒)의 각 총독은 이와구라 도모사다[岩倉具定] 이하 전원이 공경(公卿 : 3품 이상의 고위고관) 출신이다. 그리고 그들 밑에 사이고[西鄕]라든가 구로다[黑田]와 같은 유능한 무사가 참모로서 배치되어 사실상 군을 지휘하고 있었다. 몇백 년에 걸쳐 교토[京都]의 깊은 궁궐에 유폐되어 있던 황족, 공경들한테 군사에 관한 지식이나 경험이 있을 리 없다. 단지 사이고 이하 하급 무사의 지휘를 무게 있게 하기 위해서 '업혔을 뿐인 것'이 명확하다. 아리스가와는 이때 33세, 이와쿠라는 겨우 17세에 지나지 않았다. 아이즈[會津] 정

註 ────────────

1) 도요토미 히데요시[豊臣秀吉] 이후 약 250년간 일본을 통치해온 도쿠가와 바쿠후[德川幕府]를 타도한 메이지 신정부를 세운 전쟁.

제4장 대체 이 일본군의⋯●137

토(征討)총독에 임명된 요시아기라[嘉彰耕] 왕(후의 오미야미야[小宮宮] 아키히토[彰仁] 친왕)은 당시 22세로 12세에서 총독이 되기 전 해 12월까지 9년간 인화사(仁和寺)에 출가(出家)해 있었다.

이토록 극단적이진 않지만, 이런 예는 태평양전쟁이 시작될 때까지 중일전쟁중에도 이따금 볼 수 있었다. 황족에게 역전의 영예를 주기 위해서 이름만의 군사령관 등에 취임하게 하고, 사실은 막료들이 전부 처리하는 방식은 극히 보통이었다.

태평양전쟁 개전 후는 그러한 여유가 없어지고 제1선은 위험해졌기 때문에 황족은 전부 안전지대에서만 근무하게 되었지만, 해군은 지휘관이 직접 결단하고 명령하는 일이 많기 때문에 황족이 그러한 지위에 앉는 일은 없었다. 단지 가장 안전한 일본 국내의 군직의 최고위, 군령부 총장에 후시미노미야[伏見宮] 히로야스[博恭] 왕이 1932년 2월에서 1941년 4월까지 9년 2개월간에 걸쳐 재직했다.

헌법 조문에 반하여 관습법으로 정부에서 군령을 독립시키고, 다시 그 군령의 장에 황족을 앉힘으로써 그것은 이중으로 보장되어 군의 의도대로 움직이는 정부 및 정책을 실현한 것이리라. 여기서도 황족이라는 천황제의 일익(一翼)은 전쟁의 길을 가는 역할을 충분히 해낸 것이다.

그러나 생각해보면 전통 있는 문벌의 자손을 업고 병(兵)을 일으키고 일을 하는 것은 고대로부터 계속되고 있는 것으로, 메이지 시대에 와서 일본 육군이 시작한 것은 아니다. 다만 그런 방법이 아직 유효했다는 것은 메이지 그리고 쇼와에 들어와서도 일본 육군 — 이라기보다 일본인 스스로가 봉건적이고 고대의 낡은 체질을 가졌다는 것을 뜻하는 데 지나지 않는다고 생각해야 할 것이다.

업고 업힌 천황

원래 메이지유신[明治維新] 때 하급무사인 유신의 지사들은 자기들보다 훨씬 신분이 높은 제후와 높은 녹(祿)을 먹는 무사들을 누르기 위해서 천황이라는 것을 업은 것이다. 기도 다카요시[木戶孝充], 사이고 다카모리[西鄕隆盛] 등이 천황을 '옥(玉 : 타마)'이라고 부르고 있었던 것은 잘 알려진 사실이다. 여기서 말하는 옥이란 보옥이라는 뜻이 아니라 '수단으로 사용하는 것', '계획의 씨'를 의미한다. 예를 들면 다음과 같은 사용법이다.

> '옥(玉)을 빼앗긴 것은 참으로 부득이한 일로서 매우 유감스럽고'
> '옥(玉)을 잘 우리 쪽으로 받들어 모시는 일…'

오쿠보 도시미치[大久保利通]도 천황을 중요한 정치자산이라고 말하고 있지만 자산은 결국 이용할 수 있는 것이라는 의미인 것이 분명하다. 이토 히로부미[伊藤博文]도 아리스가와노미야[有栖川宮]에게 "황태자로 태어남은 아주 불운한 일이다"라고 말하고, 황태자를 꼭두각시 인형에 비유하면서 실로 춤추게 하는 몸짓을 해보였다고 외국인 고용 의사 베르츠가 그의 일기에 쓰고 있다.

메이지 헌법의 초안자인 이토가 천황을 이용하여 어떻게 하면 정부의 권위를 높일 수 있을까, 반대로 천황제를 제도화하여 천황의 자의(恣意)를 눌러 일정한 테두리 안에 가두어 마음대로 조종 가능한 상태에 두느냐에 부심한 것은, 사카모토[坂本一登]가 지은 《이토 히로부미[伊藤博文]와 메이지 국가의 형성》을 보면 잘 알 수 있다.

이토가 태정관제(太政官制)를 고쳐 내각제도를 설치한 주된 목적은 천황이 능동자로서 스스로 정략을 지휘하는 군주가 아니고, 총리대신이 항상 능동자로서 정략을 주무르는 체제를 구축하려 한 것이다.

옥(玉)으로서, 꼭두각시 인형으로서의 천황에게 이토는 물론 메이지 시대의 공로자들은 쇼와 시대에는 생각할 수 없을 정도로 고자세였다.

기도 마가요시(木戶孝允) 문서에 의하면, 육군대신 오야마 이와오(大山巖)는 군감찰 등 주요 문제에서 천황의 연기 명령에 따르지 않고, 직권을 내세워 단호하게 자기 주장을 관철시켰다. 야마가타 아리토모(山縣有朋)는 제3대 총리대신이 되면서 천황에게, "죄송하지만 성덕이 밖으로 나타나지 않는다", "천황에게 성덕이 있는 것처럼 보이지 않는다"고 했다 한다. 이것은 실로 유감이다. 성덕이 없음은 황공하게도 폐하가 천직(天職)을 수행함에 있어서 그 직무를 충분히 다하고 있지 않다고 비난하고 있는 것이다.

그리고 야마가타는 국가의 대업이 이루어지고 않는 것은 첫째 폐하가 천직을 잘 수행하느냐의 여부에 달려 있다고 극구 간언하고 있다. 여기서 말하는 천직을 다한다는 것은 천황으로서, 업혀 있는 자의 역할을 그답게 제대로 하라는 의미 이외는 없다.

이토도 야마가타 이상으로 메이지 천황에 대하여 군주의 자리에 모자라는 사람으로 엄하게 간언하여, "오늘과 같은 모양 묵시하기 어렵고", "태연히 배려가 없으며", "군주의 직을 맡기기 어렵다"는 식이었다.

군대 내는 천황투성이

원래는 '업는' 데서 시작된 것이지만, 쇼와 시대의 천황제가 군대와 국민 위에 절대적 권력으로 군림한 것은 사실이므로 다음에 천황제와 군대 또는 전쟁이 불가분이었다는 것을 보여주는 구체적인 사실을 살펴보자.

병영을 비롯하여 군시설의 건물 정면에는 황금색 국화 문장(紋章)이 부착되어 있었다. 국화 문장은 천황가의 가문(家紋)으로, 전쟁 전에는 이와 유사한 문양을 쓰는 것은 엄격히 제한되어 있었다. 병영과 군시설에 천황가의 가문을 붙인다는 것은 그 건조물이 천황가에 소속된다는 것을 가리킨 것이라고 할 수 있다. 이상하게 요즈음도 일본 국민임을 증명하는 일본국 정부의 여권에는 국화의 문장과 거의 똑같은 것이 인쇄되어 있다.

육군의 주무기인 소총에도 국화의 문장이 새겨져 있었다. 소총을 고장내거나 부품을 잃어버리면, "적어도 천황폐하가 맡기신 소총을 …" 하고 뺨을 맞게 된다. 전쟁 말기에 남방전선에서 아사 직전 상태로 패주를 거듭한 일본군의 군기가 붕괴하여 병기를 버리고 오게 되었지만, 대전 중간쯤까지는 어떤 패전에서도 소총을 버리는 일은 없었다. 과달카날 섬(굶주림의 섬)에서 철수할 때도 소총의 휴대를 명하고 있다. 설령 들판에서 쓰러져 죽더라도 국화 문장이 붙은 것을 적의 손에 넘길 수는 없다는 사고방식이다.

해군도 같았다. 군함은 원칙적으로 풍압(風壓)을 조금이라도 줄이기 위해 될 수 있는 한 유선형으로 설계되어 있다. 그런데 군함의 뱃머리에는 꽤 큰 금색의 국화 문장이 부착되어 있다. 예컨대 '야마토[大和]', '무사시[武藏]'에 이은 거함 '나가토[長門]'의 뱃

머리에 붙은 국화 문장은 지름이 1.2m나 되었다. 바람과 파도의 저항을 막기 위해 1cm, 1mm까지 신경을 써서 설계했으나 군함에 이렇게 큰 장해물을 부착한 것도 천황폐하의 군함이라는 것을 과시하기 위해서일 것이다.

육군의 '주병(主兵)'이라 불린 보병과 일찍이 육군의 꽃이었던 기병 연대에는 군기(軍旗)가 수여되었다. 군기는 단순한 깃발이 아니고, 천황의 분신이요 천황의 상징으로서 절대적인 존엄성을 가지며, 군대단결의 핵심으로 되었다. '군기친수(軍旗親授)의 의식' 날에는 연대장과 기수는 목욕재계하고 궁중에 들어가 칙어와 함께 정중히 받았다. 군기의 기수가 되는 것은 연대에서 최우수 젊은 소위로, 가장 명예로운 일이었다.

군기가 병영에 있을 때는 연대장실에 놓아두고, 24시간 위병(보초병)을 세웠다. 위병 근무에서 가장 엄격한 것은 군기위병으로 몸을 조금도 움직여서는 안 되었다. 전장에서는 연대장과 행동을 함께 하며 군기 중대가 호위했다. 1개 연대의 보병중대 수는 9~12개였으니 군기 호위에 상당한 병력이 충당된 것이 된다. 연대가 작전 행동을 할 때도 군기의 안전을 생각하고 작전계획을 세웠다.

군기가 천황의 상징이라는 '황공스러운' 존재이기 때문이며, 군기에 대해서는 연대장 이하 전원이 '받들어 총'의 경례와 분열식을 했다. 군기 자체는 천황과 신사(神社)를 제외하고는 어떤 높은 사람 — 대장이나 대신에게도 결코 경례를 하지 않았다. 천황을 대신하는 것이니 '신하'에 대하여 경례하는 일은 있을 수 없기 때문이다. 군기 아래서 죽는 것은 군인의 명예로 여겨지고, 반대로 군기를 잃는 것은 최대의 치욕이며, 그 경우 연대장은 자살하는 것이 통례였다.

천황은 육해군 대원수

메이지 이후 천황·황실과 일본 군대는 일체(一體)였다. 1873년 12월, 메이지 천황은 "향후 황족은 육해군에 종사할 것"을 선언하고, 병약하여 군대 근무에 견딜 수 없는 예외자를 제외하고 1945년까지 황족 남자는 전부 육해군의 군인이 되었다. 진급은 일반 군인보다 훨씬 빨라 살아 있는 한은 아무리 평범해도 대장, 원수라는 최고위에 오르고, 또 사실상 명목적이기는 하지만 요직을 역임한 것이다. 황족들이 언제나 군복을 입고 있던 것은 말할 필요도 없다. 또 황태자는 소학교 고학년 정도의 나이에 육해군 소위에 임관하여 매년 올라가 순식간에 고급 장교가 되었다.

장교 양성학교인 육군사관학교, 해군병학교의 졸업식에는 원칙적으로 천황이 출석했다. 메이지 말기까지 정부의 관료 양성기관이던 도쿄제국대학의 졸업식에도 천황이 올 때가 있었지만, 다이쇼(大正) 시대 이후는 이 관례가 없어졌다. 육사, 해병의 졸업생 중 우등생에게는 은사품(시기에 따라 물품은 다르지만, 나중에는 은시계로 통일)이 하사되었다.

육사, 해병의 또 하나 위의 단계 — 육군대학교, 해군대학교의 졸업식에도 천황이 행차해서 우등생에게는 '은사(恩賜)의 군도(軍刀)'를 주었다(이것도 시기에 따라 군도 이외의 것도 있었다). 최우등생에게는 어전에서 강연하는 기회도 주어졌다. 이런 것들은 모두 천황을 산 신으로서 우러러보는 군인에게 최고의 명예로, 그들을 감격·분발시킬 목적으로 행하여진 행사일 것이다.

전지에서는 은사의 담배라는 것이 있어서 병사들은 이것을 삼가 받들어서 한 모금씩 돌려 피워야 했다. 은사 붕대랍시고 억지로 고마운 척 여기게 하는 것도 있었다.

육군항공사관학교는 1938년 육군사관학교에서 독립하여 사이타마현(埼玉縣) 도요오카(豊岡)의 높은 지대에 옮겼으며, 수무대(修武臺)라고 불렀다. 그런데 이것도 천황이 그 이름을 주신 형식을 취해 이 학교의 생도 준수강령 제2에는 "수무대는 사명(賜名)의 성지라. 생도는 항상 본교에 내려 주신 어의를 깊이 새겨 오로지 장교로서의…"라고 되어 있어 생도들을 감격시켰다고 한다. 수무대의 교가 1절에 다음과 같은 구절이 있다.

사명은 송구스런 수무대
아아, 이 영광에 흐느낄 때
오로지 5개조의 칙유에 따라
천황의 방패 되어 몸을 바치리

군인에 대한 칙어(勅語)는 "짐이 신애(信愛)하는 제국 육해군인에게 고한다"는 말로 시작, 천황과 군과의 밀접한 관계가 과시되어 있다. 쇼와 천황은 형식적으로나 실질적으로 육·해군 대원수이고, 육·해군인은 천황에 대하여 '신(또는 부하) 아무개'로 자칭한 것처럼 천황 개인의 하인이었다.

천황의 부하인 것은 군인뿐만이 아니다. 일반 관리도 같았다. 1887년 제정되어 대전 후까지 유효했던 '관리복무기율' 제1조는 다음과 같이 정해 놓고 있다.

무릇 관리는 천황폐하 및 천황폐하의 정부에 대하여 충순(忠順) 근면을 주로 하여, 법률 명령에 따라서 각기 그 직무에 진력한다.

이 조문은 두 가지를 분명히 하고 있다. 관리는 제일의적으로 국가와 정부보다 천황에 충순하지 않으면 안 된다는 것과, 둘째는 정부에 '천황의'라는 한정사가 붙어서 일본 정부는 '천황의 것' 이외에 아무 것도 아니라는 것이었다.

일반 공무원마저 충절의 대상이 국가도 국민도 아닌 천황인 터에, 더구나 천황 직속의 수족과 같은 신하로서 공무원과 일반 국민과 다른 특별한 존재로 간주된 군인의 충절의 대상이 천황 이외 그 무엇도 될 수 없는 것은 분명하다.

칙명만 내리면

2·26사건 때 반란부대에 대하여 '하사관과 병에게 고함'이라는 선전물이 뿌려지고, "병에게 고한다"는 라디오 방송이 확성기로 흘러 나간 것은 유명한 일이다. 평소에 배운 대로 상관의 명령에 따라 출동하여 아무런 의심도 없이 중신들을 살해하고 진지를 점거하고 있는 반란부대 병사들을, 어떻게든 조용히 귀순시켜 일본군끼리의 총격전을 피하려고, 사건 발발 후 열심히 설득의 노력이 펼쳐졌다. 이 방송의 문안은 다음과 같다.

칙명이 내려졌다. 이미 천황폐하의 어명이 내렸다. 너희들은 상관의 명령이 옳은 줄 알고 절대 복종하여 열심히 활동하여 왔지만, 이미 천황폐하는 어명으로 너희들을 모두 복귀하라고 말씀하신 것이다. …

겨우 354자의 짧은 문장 속에 '천황폐하'가 2회, '칙명'이 1회, '어명'이 2회 등 천황과 관련된 단어들이 싫증날 정도로 반복되고 있었다. 쿠데타의 궐기와 중신 살해로 흥분해 있는 군인을 총을 버리고 항복시키기 위해서는 천황폐하의 어명이라는 황공스러운 말이 가장 효과적인 것으로 생각되었음이 틀림없다.

군대에서는 상관의 명령은 절대적이고, 이에 반하는 것은 엄벌 — 전장의 경우는 사형까지 처해졌다. 상관의 명령 중에도 천황이 직접 내리는 명령을 대명(大命) 또는 봉칙명령(奉勅命令)이라고 했으며, 그 권위는 압도적인 것이었다.

1939년의 노몬한 사건 말기, 잇따른 패전이 병력을 적게 출동시킨 데 있다고 생각한 관동군은 일대 반격을 기도하고 만주의 전 병력을 이 방면에 집중시키려 했다. 마침 그 때 9월 3일, 대본영에서 '공세 중지, 자주적 종결'의 명령이 도달했다. 대본영은 사건의 확대나 지연은 중일전쟁 수행상 중대한 지장이 되겠다고 생각하였기 때문이다. 그러나 이대로 칼을 거두는 것은 패전을 인정하는 것이 되므로 아직 일부 병력밖에 사용하지 않은 관동군으로서는 참기 어려운 치욕으로 느껴졌다.

우에다(植田) 군사령관 이하 관동군 참모들은 명령을 직접 전달하기 위해 출장 온 참모본부 나카지마(中島) 차장에게 강력히 반발했다. 관동군은 만주사변 이래 독단이나 전횡을 상습적으로 해왔던 것이다. 노몬한 사건 당시의 대본영 작전과장 이나다 스미(稲田正純)대령이, "관동군은 중앙과 대등한 것 같은 그릇된 관념을 가지고, 참모총장의 연락 등을 무시…"한다고 분노의 회상을 하고 있는 것처럼 이때도 관동군의 하극상의 전통(?)은 바뀌지 않고 있었다.

대본영에서 출장 온 나카지마 차장은 관동군 간부로부터 대본영이 전환한 의도에 대하여 설명을 요구받고 그저 "대명이다" 한 마디만 계속하고 귀국했다. 그 때문에 관동군도 마침내 전면적인 대소(對蘇) 양보로 사건은 일단 낙착되었지만 군사령관, 참모장은 예비역에 편입되고 참모들도 좌천되었다. '대명'의 권위 앞에서는 명령 무시의 상습자, 그렇게 막강하던 관동군도 굴복한 것이다.

천황의 명령은 관동군 하나만이 아니라 전 육·해군도 한 마디로 이에 따른 것은 전쟁 종료 때 명료하게 나타나 있다. 이에 관해서는 천황의 평화적 역할에 대해 많이 논의되는 일이지만, 그 명령의 위력은 개전 때도 충분히 발휘되었고, 8년간의 고전과 절망적인 기아와의 싸움에서도 무모한 전투를 계속시키는 데 있어서 그 강제력을 완전히 관철하였음을 상기하지 않으면 안 된다.

또 종전 때 육군은 명령을 철저히 이행시키고자 황족을 해외 각 총사령부에 파견했다.

세 명 중 아사카노미야[朝香宮]는 대장이었지만, 다른 두 사람은 신참 소장(43세)과 중령(36세)이었다. 항복이라는 군의 초중대사(超重大事)를 맞아 천황은 노련한 대장이나 중장이 아니고, 집안의 젊은 사람을 통하여 그 의사를 전달한 것으로 일본의 군대라는 것이 천황가의 사병(私兵), '사용인 집단'이라는 것을 이처럼 명료하게 나타내는 것은 없을 것이다.

일본군은 천황의 군대

일본 군대가 국가의 군대라기보다 천황의 군대라는 것을 더 명료하게 보여주는 것이 성전으로 일컬어지는 '군인칙유(軍人勅諭)'이다. 육군에서는 아침저녁으로 이 군인칙유를 봉창(奉唱)시킬 만큼 군대 내에서는 결정적으로 중요한 위치를 차지하고 있었다.

전문이 2,694자로 된, 난해한 한자에 토를 달았지만 구두점도 줄바꿈도 일체 없고, 읽기 어려운 문체의 장황한 문장이다. 칙유라는 자구가 나타내고 있듯이 '타일러 가르쳐준다'는 투가 전문에 들어차 있다.

군인칙유는 1882년 1월에 내린 것으로 당시 고조되어 온 민권사상이 군대에 파급될까 두려워한 참모본부장 야마가타 아리토모(山縣有朋)가 주도하여 작성한 것이라고 한다. 그 내용은 '충절', '예의', '무용', '신의', '검약'의 다섯 가지 미덕을 여러 가지로 설명하여 천황이 군인을 타이른다는 것이 전체의 구성이다.

거기에는 "우리나라의 군대는 대대로 천황께서 통솔하시는 것이다. 옛날 신무(神武) 천황 스스로…"로 시작하여, 일본에서는 원래 천황이 군대를 통솔하고 있어 황후나 황태자가 대신한 때는 있지만 대저 병권을 신하에게 위양한 일은 없었다. 그런데 중세에 들어와서 병권이 무사의 손에 옮겨졌지만, 이것은 국체(國體)에 어긋나고 조종(祖宗)의 어제(御制 : 제도)에 반하는 모습이라고 한탄하면서, 그것이 메이지유신에 의해 국내는 통일되고 옛날의 제도로 복귀한 것이라고 장황하게 역사를 설명하고 있다.

"우리 신민의 마음이 순역(順逆)의 이치를 알고 대의의 중함을 알기 때문…"이라면서 충성심은 국민의 본질에 뿌리 박고 있는 것이라고 한다.

이윽고 가장 중요 부분에 들어가서 군의 통솔은 천황이 스스로 하는 것이고, 각 부문을 신하에게 맡기는 경우는 있어도 근본은 절대로 신하에게 맡기지 않는다. 이것은 자자손손에 이르기까지 변할 수 없는 원칙이라고 강조한 다음, "짐(朕 : 천황의 1인칭)은 너희들 군인의 대원수다. 짐은 너희들을 고굉(股肱 : 수족, 사지, 가장 의지가 되는 부하)으로 믿고, 너희들은 짐을 우두머리로 모셔야 그 친근함이 특히 깊어질 것이다…"라고 선언하고 있다.

'군인칙유'가 선포된 1882년 당시 이미 헌법 제정에 관해서 민간에서는 영국과 같은 입헌군주제와 프랑스와 같은 완전한 민주주의 헌법안이 속속 제시되고, 정부의 헌법 기초사업도 본격화되고 있었다. 헌법을 제정하는 이상 군주의 통치권에 그 어떤 제약이 가해지는 것은 당연히 예상되는 일인데, 군대의 통수에 관하여는 정부, 의회로부터의 독립, 천황 친솔(親率)을 실현하자는 것이 메이지 정부의 기본자세였고, 군인칙유는 이런 방침의 천명이며 이를 전군에 철저히 이행시키려 한 것으로 이해된다.

천황의 통치권은 모두 대신이 보필하도록 정한 메이지 헌법의 조문이, 헌법제정 전인 1878년 참모본부 조례에 의한 통수권 독립의 기정 사실 앞에 굴복한 것은 이 장의 앞에서 이미 설명하였다. 그러나 참모본부 조례는 기정 사실이라고는 하지만, 헌법 제정에 따라서 개정하면 되는 것인데, 군인칙유는 천황의 의지라 하여 초헌법적인 천황 친솔을 천명한 것이다. 민간의 헌법안에서 볼 수 있었던 국가를 지키는 군대, 국민군대라는 구상은 없어지게 되었다.

군인칙유는 훗날 통수권 독립강화와 확대에 강력한 기초를 마련해 주었다. 예를 들면 다음 항에서 설명하는 천황기관설(天皇機關說) 문제에 관하여, 오스미(大角) 해군대신은 중의원에서 의원 질문에 다음과 같이 답변하였다.

> 대원수 폐하가 군을 통수하시는 것은, 헌법 공포 전 메이지 15년 1월
> 4일 군인에게 주신 칙유에도 명확한 일이다. …

메이지 헌법은 흠정(欽定)헌법 — 즉 천황이 정하여 이를 신민에게 하사하신 것이고, 군인칙유도 천황의 의지를 천명한 것으로 말하자면 동격이라는 것이다. 이렇게 해서 통수권의 독립 — 즉 정부, 의회의 속박을 완전히 배제하고, 반대로 정부, 의회에는 종횡으로 간섭한 천황이 친솔하는 '쇼와(昭和)의 일본 군대'가 태어난 것이다.

해군은 '제국해군'이라는 표현을 줄곧 써 왔는데, 육군은 만주사변이 일어나고 얼마 안 되어 아라키(荒木) 대장이 육군대신에 취임하고부터 '황군'이라고 자칭하기 시작하여, 1937년에는 공문서에도 그와 같이 쓰게 되었다. 황군이란 말할 필요도 없이 천황의 군대라는 뜻이다.

천황기관설 문제

1931년의 만주사변 이후 급속히 반동화하고 있던 일본의 사상계에 1936년, 하나의 획을 긋는 사건이 일어났다.

유명한 '천황기관설(天皇機關說)' 문제이다.

천황기관설이라는 것을 가장 간단하게 설명하면, 그것은 대일본제국 헌법 아래의 천황의 지위에 관한 해석인데 국가는 법인이고, 천황은 그 최고기관이라고 보는 학설이다.

메이지 헌법은 주권이 천황에게 속하는 것은 자명한 일이라고 하

고 있으며, 이 점에서 천황기관설도 천황주권설을 부정하는 것은 아니었다. 천황기관설 학파 중에는 관료중심 정치 지지자도 있고 의회내각주의자도 있었으나, 천황기관설은 메이지 헌법을 될 수 있는 한 민주주의적으로 해석하여 의회정치의 이론적 근거를 마련해 주는 역할을 하고 있었다.

원래 천황기관설은 헌법을 학문적으로 설명하려고 하면 천황도 국가를 형성하는 하나의 기관, 조직의 일부라고 생각하는 것은 당연한 귀결이며, 메이지 이래 널리 학계에서 인정되고 있던 해석이었다. 메이지 헌법의 기초자인 이토 히로부미를 비롯하여 메이지 정부의 수뇌들 사이에서도 기관설은 이미 암묵적으로 인정되고 있었다고 한다.

메이지 말엽에서 다이쇼 초년에 걸쳐 보수적 헌법학자인 도쿄제대 교수 우에스기 신키치[上杉愼吉]가 국체에 관한 이설(異說)이라고 하여 당시 아직도 조교수였던 미노베[美濃部]의 천황기관설을 공격한 적이 있었으나, 이 때의 논쟁은 학계 내에 머물고 미노베의 우세 속에 막을 내린 바 있다.

1935년의 천황기관설 문제는 학계의 학문상 논쟁이 아니라, 일본의 군국주의화를 배경으로 제국의회에서 정치문제화했다. 그 해 1월 '국체옹호연합회'라는 단체가 전 도쿄제대 교수 미노베 다쓰키치와 현직 도쿄제대 교수 스에히로 이즈타로[末弘嚴太郎]의 국헌문란을 공격하는 팜플렛을 배포했다. 2월 들어 귀족원에서 기쿠치 다케오[菊池武夫] 의원이 미노베의 이름을 들어 천황기관설은 '국체를 파괴하는 학설'이라고 탄핵하기에 이르러 일거에 중대문제가 되었다. 국체라는 말은 전쟁 전 일본에서 가장 중요한 핵심어로 이

것이 등장하면 모든 이성과 합리적 논의는 침묵하고, 누구나 그저 그 앞에 꿇어 엎드리는 수밖에 다른 길이 없었다. 어구 해석상으로는 국체란 주권 또는 통치권의 소재에 의해서 분류한 국가 체제로 통치권의 운용 형식을 의미하는 정체와는 구별되는 개념으로 생각하고 있었다.

원래 국체라는 단어는 바쿠후〔幕府〕 말기부터 많이 쓰던 말로 서구어에는 이에 상당하는 말이 없고, 일본어 풀이로는 "국가의 위상"에 관한 뜻으로 국수(國粹) 또는 국풍(國風)이라는 의미로 사용되었다고 한다.

그렇지만 쇼와 시대의 국체라는 단어는 통치권이니 나라의 격이니 하는 문제가 아니라, "일본의 '국체'는 만세일계의 천황이 통치한다, 세계에 비교할 수 없다는 그저 황공한 존재다"라는 것 같은 의미를 나타낼 때 늘 등장하게 된다. 따라서 국체에 어긋난다는 것은 일본 국민으로서는 절대로 허용될 수 없는 행위이고, 그 한 마디로 사람을 사회적으로 매장하는 것도 감옥에 처넣는 것도 할 수 있었다고 해도 과언이 아닌 말이다. 실제로 치안유지법이 사형의 위협을 가지고 금지한 것이 '국체의 변혁'이다.

미노베는 기쿠치의 탄핵연설에 대하여 귀족원에서 해명 연설을 했지만, 그것은 사죄나 유감의 뜻이 아니라 바로 정면에서 기쿠치의 주장을 반박하는 것이어서 기관설 반대파들은 더욱 격분했다.

귀족원에서는 '국체명징(明徵)결의안'을 만장일치로 가결하고, 중의원에서도 이 문제에 대한 정부의 단호한 조치를 요구하며, 마찬가지로 국체에 관한 건의를 만장일치로 가결했다. 결의안에는 "정부는 숭고무비(崇高無比)한 국체와 양립할 수 없는 연설에 대하여 즉시 단호한 조치를 취하라"고 되어 있다.

원외에서는 우익단체가 일제히 소란을 피우기 시작하여, 같은 천황기관설의 지지자라고 하여 이치키〔一木〕 추밀원(樞密院) 의장(전 도쿄제대 법학부 교수)과 가네모리〔金森〕 법제국장관의 추방까지 제기되었다. 미노베 배격운동은 전국에서 151개 단체가 참가했으며, 일부에서는 사법대신의 자결과 오가다〔岡田〕 내각의 총사직마저 요구하게 되었다.

당초 이 문제에 소극적 자세를 유지하던 정부도 이러한 상황 아래서 드디어 미노베의 헌법관련 저서를 판매금지 처분하고, 미노베를 불경죄 혐의로 조사하여 귀족원의원의 사임을 요구하기에 이르렀다.

군과 천황기관설

육·해군, 특히 육군은 천황기관설 문제에 깊이 관여했다. 귀족원에서 제일 먼저 미노베 공격을 시작한 기쿠치 의원은 예비역 육군중장이고, 중의원에서 이 문제를 처음으로 거론한 에토 겐구로〔江藤源九郎〕 의원은 예비역 육군소장이었다. 이와 같은 사실은 사소한 일이지만 의회에서 이 문제를 논의하게 되자 육군 교육총감 마사키 진자부로〔眞崎甚三郎〕 대장은 재빨리 국체명징의 훈시를 전 육군에 시달했다.

말단 병사가 이해할 턱도 없는 난해한 문구가 나열되어 있고, 읽기조차 번거롭고 어리석지만, 군대의 신들린 훈시의 첫 부분만 인용해보자.

경건하게 상고하건대, 신성(神聖)께서 천황의 지위를 세우시고, 계통을 남기시어 역대 천황이 이를 이어받아 이 신국(神國)에 군림하시다. 천조(天祖)의 말씀이 빛나기가 일월 같고, 만세일계의 천황은 황공하옵게도 살아 있는 신으로서 국가 통치의 주체임은 의심의 여지 없도다. 이는 실로 건국의 대의(大義)인즉, 우리 국체가 숭고무비하고 두드러지게 만방에 빼어난 소이(所以)가 바로 여기에 있도다. …

교육총감부, 육군성, 참모본부(이 기관장을 육군 3장관이라고 하며, 전 육군의 중추)가 이 문제를 검토한 후 하야시 육군대신이 총리에게, "국체관념에 의혹을 품게 하는 학설은 어디까지나 반대하며, 정부는 적당한 조치를 취할 것"을 전 군의 총의로서 제기했다.

제국재향군인회는 천황기관설 배격의 활동을 활발히 벌이고, 도쿄에서 대회를 열어 국체명징의 기세를 올려 정부에 압력을 가했다. 국체명징이란 국체의 관념 — 즉 일본은 만세일계의 천황이 통치하시는 만방무비의 국체임을 분명히 하는 것을 말한다. '그것을 명징하게 하라'는 것은 조금이라도 이에 의심을 갖게 하는 언론을 봉쇄 말살하라는 것을 의미한다.

재향군인회원을 중심으로 조직된 36구락부는 천황기관설을 '국체를 파괴하는 흉악지극한 학설'이라고 단정, '미노베 사형론'을 당당하게 주장했다.

그리고 다음해 2·26사건으로 와타나베 조타로〔渡邊錠太郎〕 교육총감이 살해된 것은, 그가 야마가타 아리토모의 부관을 지낸 영향인지는 모르나 천황기관설을 지지하고 있었기 때문이다.

국체명징 성명

천황기관설 배격에 관한 정부의 태도를 밝히라는 군의 강경한 요구는 점차 강화되어 온건했던 오카다 총리(예비역 해군대장)도 마침내 이에 굴하여 '국체명징에 관한 성명'을 발표하게 되었다. 이 성명은 군부의 시안을 참작하여 작성된 것이다.

> 삼가 생각건대 우리 국체는 천손(天孫)이 강림(降臨)[1]할 때 내려주신 신칙(神勅)에 의하여 분명히 보여주신 바로 만세일계의 천황이 나라를 통치하시고 보조(寶祚 : 천황의 자리)의 융성함은 천지와 더불어 무궁하다. 그러므로 헌법 발포의 상유(上諭)에… 즉 대일본 제국의 통치대권은 엄연히 천황께 있음이 명백하다. 만일 그 통치권이 천황께 있지 않고, 천황은 이를 행사하기 위한 기관이라 하는 것 따위는 완전히 만방무비의 우리 국체의 본의를 그릇되게 하는 것이라. …

인간 그 자체나 자기들의 종족·민족 그리고 통치자의 선조가 하늘에서 지상에 내려왔다는 신화 또는 관념은 세계 각지에서 볼 수 있는 것으로 별로 진귀한 것은 아니다. 다만 일본이 세계적으로 드문 것은 20세기도 중간에 들어선 시대에, 더구나 상당한 문명 수준에 도달한 나라가 이렇게 유치한 신화를 믿고, 또 국가가 국민에게 믿으라고 강제한 점에 있다.

정부의 국체명징 성명 후에도 미노베 비난의 화살은 거두어지지 않았다. 오히려 사태는 점점 더 시끄러워져서 육해군도 이 성명만

---

1) 천손강림이란, 일본 민족의 시조라는 천조대신(天照大神)의 손자 경경저존(瓊瓊杵尊)이 천조대신의 명으로 많은 신들을 거느리고 고천원(高天原)에서 일본 땅에 강림하였다는 신화를 의미한다. 이 때 그는 조부로부터 세 가지 신기(神器 : 거울·칼·구슬)를 하사받고, "영구히 내 자손이 일본을 통치한다"는 선고한 것으로 되어 있으며, 이 선고를 '신칙(神勅)'이라고 한다.

으로는 만족하지 않고, 두번째 성명을 요구하기에 이르렀다. 당황한 정부는 군부와 접촉을 거듭하여 육·해 양 대신의 승인을 얻어 첫 성명에서 2개월 후인 10월 두번째 성명을 발표했다. 그 주요한 부분을 인용하면 다음과 같다.

> …통치권의 주체가 천황께 있는 것은 우리 국체의 본의(本義)로서 제국 국민의 절대 부동의 신념이다. 그런데 함부로 외국의 사례와 학설을 끌고 와서 우리 국체에 적용하여, 통치권의 주체는 천황에 있지 않고 국가에 있노라며 천황을 기관(機關)이라 주장하는 따위, 이른바 천황기관설은 신성한 우리 국체에 어긋나고, 그 본의를 그릇치는 바가 극심하므로 이를 엄히 삼제(芟除)하지 않으면 안 된다. …

일반인은 첫번째 성명과 비슷하다고 생각하겠지만, 군이나 우익 단체는 첫번째 성명문은 아직도 천황기관설에 약간의 존재 가능성을 주는 것이라고 항변한다. 두번째 설명에는 "절대부동의 신념", "신성한 우리 국체", "엄중히 이를 삼제" 등 군인이 좋아하는 과잉 표현이 쓰이고 있는 것이 첫번째 성명문과 다르다. 항상 생소한 형용사, 부사에 잠겨 있는 군인들에게는 그런 표현도 중요한 것이었음이 틀림없다.

이 두 성명은 '결자(缺字)' 형식을 쓰고 있는 것이 특징이다. 결자는 천황 또는 고귀한 사람의 칭호가 문장 중에 나올 경우, 그 앞의 한 자 또는 두 자(字)분을 공백으로 남겨 두는 것을 말한다. 더러는 그 때마다 줄을 바꾸기도 하고, 줄을 바꾼 다음 다시 그 칭호의 글자를 다른 줄의 상단보다 돌출시켜 나타내는 방법도 있다. 요컨대 고귀한 사람의 칭호 위에 다른 글자를 직접 올리는 것은 송구스럽다는 것으로, 황제의 존엄을 강조하던 고대 중화제국의 방식을 일본이 도입한 것이다.

국체명징 성명문은 형식과 내용이 케케묵고 시대에 동떨어진 것을 나타내고 있다고 할 수 있을 것 같다.

1935년 9월 《런던 타임스》의 도쿄 특파원은 다음과 같은 기사를 보냈다.

> 약 1년에 걸친 일본 정계의 혼란 끝에 소위 '미노베의 천황기관설 문제'는 내각이 바란 대로 일본 헌법의 성격에 관한 정부 성명으로 어쨌든 종식되었다.
>
> 그것은 기묘한 일본적인 논쟁이었다. 논쟁은 서양인의 눈에는 거의 합리성이 없는 것 같았다. 그래도 실제의 목적은 신비로운 수사(修辭)의 배후에서 추구되어 그 이론과 일본 정부 본래의 참된 성격에 관해 충분한 이해를 우리에게 제공해준 것이다.

전 세계에 일본 민족의 전근대성, 미개성을 보여준, 결과적으로 나라에 큰 수치스러운 사건이라고나 해야 할 것이다.

신권정치(神權政治)로의 복귀

이렇게 해서 천황 주권을 명시한 메이지 헌법 아래서 의회정치의 길을 열기 위해 그 동안 쌓아온 노력은 수포로 돌아가고 완벽한 전제군주제가 확립된 것이다. 그것은 메이지 정부보다도 더욱 복고적인 것이었다. 전제정치보다 더한 것, 군이 즐겨 사용한 말을 빌리면, "신성한 우리 국체", 즉 신권정치로의 길로 들어선 것이다.

신권정치는 정치·사회 지배의 정당성이 지배자의 신성에 바탕을 두는 체제를 말한다. 모든 가치가 단일 종교적 가치에 종속되어 있던 서유럽의 중세시대에도 이런 말을 쓴 일이 있지만, 일반적으로 정치와 종교가 분리되지 않은 원시사회, 미개사회가 이에 해당되는 것으로 생각되고 있다. 일본은 20세기 중간에 다시 미개사회로 되돌아간 것이다.

군은 천황기관설에 대하여 왜 이렇게도 과잉반응을 보였을까? 천황 자신도 이상할 정도의 천황기관설 배격운동에 대하여 혼조(本庄) 시종무관장에게 "나의 지위는 물론 별도로 치더라도, 신체적으로는 시종무관장 등과 아무것도 다른 데가 없을 터이다. 따라서 기관설을 배격하기 위해 나로 하여금 운신을 할 수 없게 만드는 것은 정신적으로나 신체적으로나 고맙지 않은 일이다"라고 말했을 정도이며, 때때로 군의 천황기관설 논의에 비판적 의견을 토로했다고 한다. 이러한 천황의 태도에 대하여 시종무관장 혼조 육군대장은 육군의 태도를 다음과 같이 변명했는데, 군이 천황기관설을 철저히 배제하려고 한 이유를 잘 나타내고 있다.

군에서는 천황을 살아 있는 신(現人神)으로서 믿고 있으며, 이것을 기관설로 인간처럼 취급한다면 군대교육과 군통수에 있어 매우 어렵습니다.

일본 군대의 충절은 국가와 민족과 정부에 대한 것이 아니라 어디까지나 천황에 대한 것이다.

'천황를 위하여', '천황의 어명'이라는 것이 일본군의 근간임을 지금까지 누차 논해 왔다. 이 신명을 바쳐서 복종해야 할 이 명령을 내리는 것은 인간이라면 당연히 비판도 나오고 의문도 생길 것이다. 그것이 비판이나 의문의 범주 밖에 있는 '신(神)'으로서 일본 군대는 비로소 확고(?)한 기반 위에 구축된다.

일본군은 결국 고대인의 신화 위에 성립된 군대다. 그 신화의 신앙이 식으면 — 그것이 합리적 정신으로 논의되면 — 일본군은 순식간에 붕괴의 위기에 직면한다. 아니, 대일본 제국이라는 절대국가, 천황제국가 자체가 흔들리게 된다. 그 붕괴를 막자는 노력이 일본군을 뒤덮은 정신주의의 주입이고 폭력적 제압인 것이다. 살아 있는 인간, 보통 사람을 어거지로 신으로 밀고 가려 하고 있는 무식하고 고집센 군과 국가의 지도자, 불과 몇십 년 전의 쇼와 시대 일본인은 그렇게 미개하고 야만적이었다.

또 천황기관설을 정부가 공식적으로 부정한 것은, 논리적으로 해석하면, 천황이 국가의 기관이 아니기 때문에 다른 국가 기관에 대한 견제와 협력 등 일체의 관계는 소멸된 셈이 된다. 그러나 양자는 무관해진 것이 아니고, 천황기관설의 부정은 동시에 천황이 일본을 통치하는 것이라고 강력히 주장한다. 요컨대 일본이란 나라와 천황과의 관계는 천황이 일본을 통치한다는 일방적인 관계밖에 남지 않는다. '통수권＝군의 통솔'이라는 면에서는 육군 참모총장도 해군 군령부총장도 참모로서 천황의 보좌역이자 명령의 전달자에 지나지 않는다. 따라서 군의 모든 행동은 전부 천황 한 사람의 권한이며 책임인 것이다.

이에 덧붙여 천황기관설이 공식으로 부인된 후 일본국의 행동은 정치나 외교나 모두 천황 한 사람의 책임이라는 해석도 충분히 성립될 것이다. 전제국가, 신권국가로서 그것은 당연한 귀결이다. 사실 개전의 결정과 포츠담 선언의 수락 등 국가의 최중요 사항은천황의 임석 아래 총리, 외무, 재무, 육군, 해군 등 각 대신, 참모총장, 군령부총장, 추밀원의장 등이 참석하는 비헌법기관인 어전회의에서 결정되었다. 어전회의가 국가의 최고 의지를 결정한 권위는 한 마디로 천황이 임석했다는 점에 존재했다.

여기서 잠깐 일본 육군 특유의 '하극상'의 풍습과 '신성한 천황'이라는 신화와의 관계에 관해서 언급해두고 싶다. 일본 육군은 사이고 다카모리[西鄕隆盛]와 오야마 이와오[大山巖]가 상징하듯이 부하에게 모든 것을 맡기고 그저 장님처럼 도장이나 찍는 인물을 이상적인 장수 상으로 여겨 왔다. 그것이 막료인 중견 장교의 발호와 상급 사령부 명령의 무시와 불철저를 초래한 이유로 흔히 거론된다.

그러한 면도 확실히 있겠지만, 또 하나의 측면을 놓칠 수 없다.

젊은 장교들은 군인칙유을 비롯하여 군이 교육하고 있는 것 — 천황의 현인신, 신국 일본, 팔굉일우(八紘一宇) 등을 무턱대고 믿고 있는 데 반하여, 대부분의 나이 든 장군들은 사실상 그것이 명분상의 원칙에 불과하다는 것을 알고 있다. 그러나 그 젊은 장교들이 정면에서 원칙론을 들이대면 늘 그런 훈시를 하고 있는 장군들로서는 그것을 거부할 수 없게 되어버린다.

2·26사건이라는 일대 불상사때 대부분의 군 상층부가 이를 이해한다는 표시를 하려 한 것은 잘 알려진 사실이다. 청년 장교들의 궐기 취지서에 씌어 있는 것은 거의 육군이 공식으로 주장하고 있는 것과 같은 것이며, 그리고 그 후 10년 동안 군이 현실적으로 한 일이다.

1936년 2·26사건 다음해에 중일 전면전쟁이 시작되어 일본이 확전 일로를 걸은 것은 우연이 아니고, 저 길고 괴로운 전쟁 동안 육군의 통제가 잘 유지된 것은 충분한 이유가 있다. 그것은 육군 상층부가 청년 장교의 원칙론을 상식론으로 누르기를 그만두고, 전 군이 신들린 원칙론의 신봉자가 되었기 때문이다.

메이지 초기의 바른소리

쇼와 초기의 시점에서 왜 '천황기관설 배격운동의 폭풍'이 불었는가 하는 문제에 대해서는 학계에 여러 가지 설이 있는 모양이지만, 제2장 중 '시대를 역행하여'에서 기술한 바와 같이 급속한 교육의 보급향상으로 메이지 이래의 천황의 신성이라는 허구가 무너지기 시작한 데 대해 천황제를 둘러싼 기성 세력, 이익집단의 공포에서 나온 반격이라고 생각된다.

특히 혼조[本庄] 육군대장이 단적으로 지적한 바와 같이, '현인신'이라는 미신 위에 구축된 일본 군대로서는 이것이 흔들리는 것은 바로 붕괴 위기에 직면하는 것으로, 군이 이 문제에 그렇게도 이상한 반응을 보인 것이 그것을 뒷받침할 것이다.

메이지의 천황제 국가가 구축되기 전, 메이지 초기에는 천황기관설뿐 아니라 이보다 더한 이성적이고 합리적인 논의가 얼마든지 존재하였음을 상기할 필요가 있다. '유신의 3걸'이라 일컬어지는 사이고[西鄕], 오쿠보[大久保], 기도[木戶] 등이 천황을 '옥(玉)'이라 부르면서 수단으로밖에 생각지 않은 사실에 대해 이토 히로부미[伊藤博文] 이하 메이지의 공로자들도 같은 생각이었음은 이미 설명했지만, 여기에 메이지 초기의 이성적 시대의 논설의 예를 조금 들기로 한다. 그것은 쇼와 초기의 '천황신성사상'이 얼마나 바보 같은 것이고 날조된 것인가를 이해하는 데 도움이 될 것으로 생각되기 때문이다.

우선 메이지 초년이라기보다 바쿠후〔幕府〕말기, 유신의 지사로 유명한 사카모토 류마〔坂本龍馬〕가 지은 '영장(英將)비결'에는, 정치 권력을 술책과 욕망의 대상으로서 다음과 같이 말하고 있다.

> 1. 세상에 사는 것, 모두 중생이므로 그 상하를 정하기 어렵고, 지금 세상에 사는 것 중에는 다만 자기를 가장 크다고 알 것이니, 그렇다면 천황에 뜻을 두어야 할 것이다.

같은 저서의 '번론(藩論)'에는, 백성이 주도권을 잡아도 좋고 그것이 잘 되지 않는다면 천황이 해도 안 된다. 천하를 다스리는 권리는 "인심이 묻는 곳에 있다"고 마치 민주주의의 선구 같은 말을 하고 있다.

1874년에 전 참의 마에지마 다네토미〔前島種臣〕가 주도하고, 고토〔後藤〕, 이타가키〔板垣〕등 8명이 제출한 건의서 '애국공당본서(愛國公黨本誓)' 첫머리에, "하늘은 인민에게 빼앗을 수 없는 권리를 부여했다"고 시작하여 인민의 정부를 주창했다.

같은 해 이타가키 등의 '입지사(立志社) 취지서'에도, "정부라는 것은 필경 인민의 권리를 보전하기 위하여 성립되는 것으로서… 즉 인민은 나라의 근본이노라. … "하고 분명히 민주주의를 주장하고 있다.

후일 도쿄제국대학 총장이 된 가토 히로유키〔加藤弘之〕의 《국체신론》도 유명하다. 그는 출세함에 따라 협박을 받아 전향해 가지만, 젊었을 때 천부인권설(天賦人權說)에 서서 수구파를 날카롭게 비판하고, 국토와 인민을 군주의 사유(私有) 신복(臣僕)으로서 천황에의 무한의 복종을 주장하는 국가관을 비판하여, "천황도 사람이고, 인민도 사람이다", "이런 야비누열(野卑陋劣 : 비열함)한 국체의 나라에 태어난 인민이야말로 가장 불행하다"고 논하면서, '야비누열'을 연발하고 있다. 이 책이 나온 것은 1875년으로 당시 그는 궁내성 4등급 시독(侍讀)직에 있어 천황과의 관계가 밀접했으며, 그 해 4월에는 원로원 의원이 되었다.

뒷날에 출세하여 도쿄학사회 회장 등을 역임한 '군인칙유'의 전신 '군인 훈계'의 초안자 니시 아마네(西周)도, "임금을 받들고 스스로 노예시하는 것은 중국에 비교해도 극심하다"며, "왕권은 신권이다"라는 것은 태고에 인지(人智)가 트이지 않았을 때의 망상이라고 단정한다. 그리고 제왕은 우리와 같은 인간이며, 정부가 인민으로 하여금 그 왕을 신이니 도리니 하여 조물주와 동일하게 만들려고 해도 "천하에 어찌 이를 믿을 자 있겠는가, … 누가 또 그 새빨간 거짓을 믿을 자 있을까" 하고 힐난하고 있다.

가토도 같은 의견이었는데, 니시 아마네는 정교일치(政敎一致)를 공격하면서 그것은 티베트와 같은 우매한 인민에게나 가능한 것으로, 인민이 한 번 깨우치면 그 같은 나라는 망할 것이라고 말한다. 그리고 허망한 신권(神權)을 신속히 폐지해야 한다고 강조하고 있다.

여기에는 관리 신분에 있는 두 학자의 언론을 예로 들었지만, 민간에서는 더 엄하게 "애당초 천자의 성립이라는 것은 하치스카 고로쿠(蜂須賀小六 : 일본 전국시대의 무장, 도둑 출신이라는 설이 있다)의 성립과 조금도 다를 바 없으며… 남의 재산을 빼앗고 많은 사람을 죽이고… 마침내 천하의 영주가 된 거나 같은 것으로 천자는 제일의 대적이다"라고 연설한 사람도 있었다.

이 시대 — 천황제 국가의 방향과 메이지 정부의 기초가 확립되기 전에는 다이쇼 민주주의 시대는 물론, 오늘날보다 훨씬 당당하게 거리낌없는 논의가 통하였다.

그 밖에 신문 사설의 예를 들면, 1880년 《도쿄 아께보노〔東京曙〕 신문》은 '국민 자존의 정신'이라는 사설에서, "그 제왕 보기를 하늘과 같고 신과 같고, 일반 인민은 천지개벽 때로부터 신(臣)이 되고 그 종복이고 비천하다는 것은 망상"이라고 논하고, 그와 같은 설은 국민 자존의 정신과 상반되는 것이며, 자존 정신이 없는 곳에 입헌정치는 실행되지 않는다고 주장하고 있다.

다음해인 1881년 《도쿄 요쿄하마〔東京横浜〕신문》은 '제왕은 신성하지 않다'는 다음과 같은 논설을 게재했다.

> 요즈음 일종의 황당한 주장을 하는 논자가 있다. 이르기를, 제위는 신성하고 황제는 신종(神種)이란다.
> 이러한 설은 옛날 유럽 야만인종 사이에 퍼져 사회에 큰 피해를 주었는데, 후세에 학자와 논자(論者)가 나와서 이 설이 황당무계한 것임을 논파(論破)하여 황제 신종(神宗)의 망설은 개명의 광휘(光輝)에 비추어져 그 흔적이 없어지게 된 것을, 지금, 우리 사회에 다시 이 죽은 설을 부활시키려는 자를 만난다. …

논설은 계속된다. 이 설을 논파하는 것은 매우 간단하여 아이들 장난 같기는 하나, 세간에는 교양 없는 사람이 많아 이 설로 잘못된 방향으로 유도되는 사람이 없지 않다.

그래서 이 망설을 단호히 파쇄(破碎)할 필요가 있다고, 길게 동서 학설과 역사를 인용하며 반론하고 있다. 그 내용은 사설이 자인하듯이 상식적인 것으로 여기서는 설명을 생략한다.

또 2·26사건으로 사형을 받은 우익 거두 기다 이츠키[北一輝]도 젊은 시절에는 만세일계의 천황을 국체의 정화(精華)로 함은 "몽매한 환상이고 허위"의 망상이라고 단언하고 있다(1906). 그는 다음과 같이 논하였다.

> 가엾은 동양의 토인부락이여! (메이지) 유신혁명으로 왕정복고라 이미 야만이 되었다. 야만이 아니라면 1,300년 후 진화하는 역사를 1,300년 전 태고로 거꾸로 복고하는 것은 사람이 능히 할 수 있는 것이라고 생각하는가.

우매한 국민이 전제

메이지 유신 당시는 유럽의 제국주의가 가장 격렬했던 시대이다. 일본은 이 위급한 존망의 사태에 대처하기 위해 신속하게 강력한 민족국가를 건설하지 않으면 안 되었다.

메이지 정부의 기초가 된 존왕론(尊王論)과 국체론은 도쿠가와[德川] 시대 중기 이후 이미 나타나고 있기는 하지만 바쿠후[幕府] 말기에는 정치구조에 관하여 각종 개혁안이 복잡하게 얽혀 있었으며 천황제에 의한 정부를 수립한다는 안이 당초부터 구상되어 있었던 것은 아니었다.

최종적으로 유신의 공로자들에 의해서 '천황을 업는' 체제가 완성된 것인데, '업히는 자'에게 업힐 만한 이용가치가 있었던 것은 물론이지만 그 대전제는 지금까지 말한 것으로도 명백하듯이 대부분의 일본 국민은 무지몽매한 민중이었다는 것이다.

메이지 초기의 학자와 논객이 쓴 것을 보면 미개, 야만, 야비, 황당, 미망, 망설이라는 표현이 자주 나온다. 문명개화가 메이지의 슬로건이니까 일본 국민은 이들 반대개념의 말로 형용되고 있는 것이다.

확실히 세계사적으로 보더라도 살아 있는 인간을 신으로 만들어 그것을 국가구조의 기본으로 삼는다는 것은 고대의, 기껏해야 중세기 단계의 미개를 전제하지 않고는 생각할 수도 없는 일이다.

한편으로 말하면 메이지 시대의 국가구조, 구체적으로는 대일본 제국 헌법은 일본 국민의 지적인 성장에 따라 개조해 나간다는 기본자세를 당시의 지도자 가운데서 볼 수 있다.

예를 들면 메이지 초기 관료파의 헌법론을 대표한다는 기도[木戸孝允]는 다음과 같은 문서를 남겼다.

> … 유신의 날 아직 일천하여 지식이 높아져서 인민 회의를 설치하는 데 이르려면 스스로 다소의 세월을 보내지 않을 수 없다. 고로 오늘에 있어서는 … 오늘에 있어서는 독재 헌법일망정 훗날 인민의 협의가 일어나면 군민동치(君民同治)헌법의 뿌리가 되어 크게 인민의 행복의 기초가 될 것이 틀림없다.

이 문서에는 '오늘에 있어서는'이라는 것을 빈번히 강조하고 있어 가까운 장래에 제정될 독재적 헌법이 인민의 진보에 따라 개정 또는 새로이 해석되어야 할 때가 온다는 것을 예정하고 있던 것으로 해석할 수 있다.

이토 히로부미(伊藤博文)는 헌법을 기초함에 있어 일곱 가지 기본방침을 정했는데, 그 제3항은 다음과 같다.

헌법은 일본 정치에 관한 큰 강목만 정하고 그 조문 같은 것도 간단 명료하게 하여 장래에 국운의 진전에 적용하도록 신축 자재(自在)여야 한다.

해석의 폭을 넓게 남겨 훗날 인지의 발달에 대응할 수 있도록 하는 한편, 이토는 추밀원 심의에서 고문관들의 발언을 제지하는 식의 의사 운영을 강행하면서까지 천황의 권한을 제한하고 법률제정에 의회의 동의(이토의 안은 승인)를 필요로 하는 조문을 마련했다.

긴박한 국제환경 아래 하루라도 빨리 부국강병(富國强兵)을 실현하려고 한 후쿠자와로서는 천황제는 우민을 위한 도구에 지나지 않는다. "사람 위에 사람을 만들지 않고, 사람 밑에 사람을 만들지 않는다", "문벌제도는 부모의 원수다" 하고 말한 후쿠자와의 기본 자세는 아무런 흔들림이 없다. 1900년 추밀고문관 도리오 고야타(鳥尾小彌太)가 "후쿠자와 같은 사람은 공화정치가라고 해도 잘못되지 않는다"고 비난한 것은 옳은 판단이었다.

마지막으로 앞에도 잠깐 등장한 초대 문부대신 모리 아리노리(森有禮)에 관해서 말해둔다. 모리는 메이지 시대의 교육제도를 궤도에 올려놓고 충군애국을 주창하고 군대식 체조를 채용하는 등 하여 국가주의자, 천황주의자로 오해받는 점도 있지만, 이토 히로부미와 의기투합하여 문교 책임자가 된 것으로도 분명하듯이 그는 이토와 같이 천황제를 '둘도 없는 자본, 지대한 보원(寶源)'이라고 표현하고 있어 급속한 국민통합과 부국강병책의 수단으로 생각하고 있었을 뿐이다.

그가 런던에 유학중 러시아에 여행했을 때의 일기에 다음과 같은 대목이 있다.

러시아는 정치와 법이 다 가혹하고 괴이하다. 미·영 등과 비교, 논할 수 없다. 처음 이 나라에 들어가 나라의 대금(大禁 : 정부가 엄히 금하고 있는 것)을 물으니 정치의 담론을 일체 금한다고 했다. 그 밖에도 많다. 적기가 어렵다. 이 나라에서는 모든 사물을 황제의 뜻에 맡긴다. 인민 또한 황제를 존중하기를 신불(神佛)과 같이 하며, 거의 일본과 중국의 풍습과 같다. 나라가 개화되지 않았다는 것을 알 수 있다.

황제를 신처럼 존중하고 있는 양상을 일본과 중국과 같으며, 미개한 나라라고 경멸하고 있는 것이다. 그런 모리가 천황제를 진심으로 신봉한다는 것은 있을 수 없는 일이다.

그는 공화제를 도입하기 위해서는 그 아래에서 생활하는 사람들이 '유덕하고 잘 교육되어 있는 경우에만 확보할 수 있다'고 쓰고 있다. 모리가 자기의 어학력을 최대한 살릴 수 있는 외무성을 그만두고 스스로 이토 히로부미에게 부탁하여 문부행정으로 바꾼 것은 공화제를 펴는 데 충분한 국민을 육성하는 것이 급선무라고 믿었기 때문임이 틀림없다.

그가 암살된 직접적인 이유 — 이세(伊勢) 신궁에서 지팡이로 발(御簾)을 들어 올렸다던가 하는 '불경한 행위'도 원래 신궁 따위를 고맙게 생각지 않던 그의 본심이 저도 모르게 나타났다고 할 것이다.

메이지 헌법 제정당시, 국민통합의 상징으로 군주제도를 고안한 것은 결정적인 잘못이라고 말할 수만은 없을지도 모른다. 또 군주제도에 수반되는 '성스러움', 보다 정확히 말하면 '그럴 듯함'으로 포장한 것도 당시의 민도에 비추어 어느 정도 당연한 일이었을 것이다. 사실 일본은 이 천황제 밑에서 급속히 산업과 무력을 확충하여 아시아에서 예외적으로 서구의 식민지화를 면했다. 그런 의미에서 천황제의 채용은 성공이었다는 설도 전적으로 부정할 수만은 없다고 하겠다.

그러나 일본이 유럽 제국의 왕정과 결정적으로 다른 점은 군주제에 수반하는 그럴 듯함의 강조가 너무 지나쳤다는 것과 세계적 풍조를 따라 온 민주화의 물결을 제1차 세계대전 후 압살한 일이다.

군주제를 택한 메이지 헌법 제정 이래 불과 9년 남짓한 기간에 단명이기는 했으나 일단은 정당내각이 탄생했고, 1913년에는 천황의 통수권 전횡의 일익을 담당하는 군부대신 현역 장관제도 폐지되었으며, 1918년에는 본격적인 정당내각도 태어나 다이쇼[大正] 민주주의의 시대를 맞이했다.

그러나 얼마 안 되어 본래는 수단이던 천황제가 목적으로 변화하고, 국민 교양 향상과 더불어 소멸되어야 할, 적어도 현저히 희박해져야 할 이 제도가 문명의 진보를 역류시킨 데 쇼와[昭和] 시대 비극의 근본 원인이 있었다고 생각한다.

그것은 유럽 제국과 달리 15, 6세기 르네상스 이래의 종교개혁도 계몽시대도 거치지 않고 자유와 민주주의를 위해 피를 흘린 적도 없는 일본인의 미숙한 역사에서 오는 것이다.

국민이 몰랐던 천황

메이지 천황은 14세의 나이로 효명(孝明) 천황의 뒤를 계승했다. 다음해 메이지 원년(1868) 3월, 그 '5개조의 서문(誓文)'을 선포할 때 다음의 문서를 만민에게 내렸다.

> 짐이 유약한 몸으로 졸지에 대통을 이은 후로 무엇으로써 만국에 대립하며, 열조(列祖)를 받들어 모실지 아침저녁으로 두렵고 송구하기 그지없다.

천황 자신이 인정하고 있는 것같이 그는 유약했다. 아직도 소년이었다는 것만이 아니라 내내 궁중에 있었기 때문에 궁녀에게 둘러싸여 환경은 극히 여성적이고 체질이 허약하다고 하여 외부에 나다니게 하는 것도 꺼렸고 위험하다 하여 승마도 못하게 했다. 궁중의 전통에 따라 화장도 하고 이에 검은 칠(齒黑)을 하기도 했다.

연약한 것은 육체뿐만 아니라 정신도 약해서 1864년 '금문(禁門)의 변(變)'[1] 때는 포성에 놀라 실신하여 왕실의 신하들이 허약한 주상전하가 놀라서 죽을지도 모른다고 걱정했다고 한다.

이런 유약한 천황을 '황공하게도'라든지 '신성하다'고 죽음의 위험을 겪어 온 유신의 지사들이 생각한다는 것은 상상도 할 수 없는 일이며, 그러나 거꾸로 '업는' 대상으로서는 가장 적당하다고 생각했을지도 모른다.

메이지 신정부는 자신의 권위를 전국에 미치게 하기 위해서는 천

---

1) 1864년, 메이지 유신 전 바쿠후 말기, 교토[京都] 성 금문(禁門)에 죠슈번[長洲藩]이 바쿠후에 반란을 일으킨 사건.

황의 권위를 높이지 않으면 안 된다. 그래서 메이지 정부는 문명개화를 최대의 목표로 삼으면서도 1,200년 전 옛날의 율령제(律令制) 때 신기관(神祇官 : 천신과 땅의 신의 제사를 담당하는 관서)을 부활시켜 태정관과 별격으로 설치하고 신기성(神祇省), 교부성(教部省), 교도국, 선교사 등을 마련했으며 지방에도 신기조(神祇曹), 선교계를 두어 신도(神道)와 천황제의 포교강화에 노력했다.

제도상으로는 유럽 제국에 대한 배려도 있어 국교(國敎) 제도는 채택하지 않았지만 천황제도 절대성의 근거를 신화적 전승(傳承) 속에 구했다. 이렇게 해서 신도교화(神道敎化) 수립을 위한 교리를 확립하려고 노력했지만 결국 그것은 쇼와 시대에 도달할 때까지 달성하지 못하고 끝났다. 메이지 정부가 한 것이라고는 신사(神社)와 제사의 제도적 정비뿐이었다.

이와 같이 메이지 정부가 신화의 이론화·교리화에 노력한 것은 당시 많은 민중에게 천황은 거의 알려지지 않았기 때문이다. 메이지 초년 교통 사정이 나쁜 시대에 천황은 국민에게 '얼굴을 보이기' 위해 전국 각지를 행차하며 순회여행하였는데 수행한 태정대신 산조 사네토미[三條實美]는, "민중이 바쿠후가 있는 것은 알아도 황실은 알지 못한다"고 한탄하고 있다. 유신에서 8년이나 지난 1876년의 일이다.

그래서 메이지 신정부가 제일 먼저 하지 않으면 안 되는 큰 일의 하나는 신기관 등에 의한, 천황 중심의 교화사업을 위한 관제의 정비와 예산의 투입이었으며, 선교사들은 각지를 돌아가며 국민에게 설교했다.

각 지방재판소(행정관청)도 서민들에게 천황에 관해 여러 가지로 설명을 하고 있는데, 다음에 나가사키[長崎] 재판소의 '천황어유서(御諭書)'를 보자. 서민을 대상으로 한 것이므로 그 시대의 문서로서는 드물게 알기 쉬운 말투다.

어유서(御諭書)

금번 천황께서 정사를 일신하시는 데 대해서는 참으로 고맙게 생각하는 바이지만, 아랫사람들이 그 까닭을 잘 모른다면 윗분의 뜻이 잘 이루어지지 않는다. 그래서 잘 이야기하여 들려주기로 한다.

… 일본이라는 나라에는 천조황태신궁님으로부터 계속 내려오신 천자님이 계시고, 이것이 옛날부터 조금도 변함없이 이 일본 본국의 주인님이시매 마치 하늘에 해님이 계시는 것과 같다. 그런데 칠팔백 년 전부터 난세가 계속되어….

천자님은 여러 가지 어려움을 겪으시면서도 오늘까지 그 혈통이 끊이지 않고 얼마나 황송한 일인가. …

그래서 드디어 먼 옛날대로 천자님이 정도(政道)를 직접 맡으시게 되었다. …

그 때문에 천자님은 만민이 어려우면 안 되겠다고 생각하시고 이삼백 리 도회에서 먼 곳까지도 … 이번에 총독님을 내려 보내셔서 아랫사람들에게 어려움이 없도록….

고마운 천자님의 어의….

충효의열(忠孝義烈)의 마음을 제각기 잃지 않도록 하고, 고마운 어의를 하루도 잊어서는 아니되며, 매일 궁성을 향하여 절하는 것이 좋다. …

위에 충의를 다하면 위에서 상을 주신다. … 상감님은 여러분의 부모와 같이 여러분을 상감님의 자식처럼 생각하신다. …

위를 믿고 분부대로 하고 우리 자신도 부실하거나 불의(不義)한 일을 하지 않도록….

이 어유서를 읽으면 천황의 '은덕'의 강요가 두드러진다. 은덕을 이해시키면 '충절'을 기대할 수 있기 때문일 것이다. 그러나 '천황 따위에는 아무 신세도 진 것이 없다'는 비판과 반론이 많았던지 다음과 같은 고유(告諭)도 있다.

　… 이렇게도 오래 된 은덕 어디까지나 보답해드릴 뜻이 없어서는 안 된다. 이렇게 말하면 '동전 한푼 도움을 받은 적이 없고 무엇하나 신세를 진 일도 없으며, 내가 일하여 내 세상을 살고 있어 도무지 은혜를 입은 기억이 조금도 없다'고 생각하는 자가 있을지 모르나 그것은 크게 잘못 생각하는 것으로서 '초롱불 빌린 은혜는 알아도 해와 달이 비치는 은혜는 모른다'는 속담과 같은 것이다. …

이는 천황가가 천년 이상 살고 있는 교토부〔京都府〕 인민에 대한 고유이다. 천황가의 무릎 밑인 교토의 주민조차 천황을 무시했을 정도니 일본 국민 중에는 천황의 존재 자체를 모르는 경우가 의외로 많았던 것은 당연할 것이다. 그래서 고유가 먼저 천황의 설명부터 시작하고 있는 것도 적지 않다.

　천자님은 천조황대신궁님의 자손으로서 이 세상이 시작될 때부터 일본의 주인이시며, 이나리〔稻荷 : 곡식을 맡은 신〕님의 지위인 정1위(正一位)가 나라 안에 많은 것도 다 천자님이 내려주셨으니 참으로 하느님보다 존귀하시고, 한 치의 땅, 한 사람의 백성이 모두 천자님의 것으로서 일본의 부모님이니…〔오우(奧羽) 인민 고유〕

고유(告諭)에는 천황은 인민이 잘 아는 '이세(伊勢)의 대신궁'의 자손이라는 것을 강조하고 서민이 언제나 합장하여 예배하는 '이나리 신사(稻荷神社)'와 같은 신변에 가까운 것을 인용하여, 그 신사의 '정1위'를 하사한 것은 천황이니까 천황은 이나리 신사보다 높다는 논리를 전개하고 있는 것이 많다(신사는 격에 따라 위계가 주어지고 있었다).

이런 선전활동에 대하여 교부성(敎部省 : 종교담당부)도 '지방관이 이것을 보면 대개 어린아이 장난으로 보지 않으면, 반드시 불필요하고 급하지도 않은 한가한 일로 생각할 것이다'라고 비판하고 있으며,《아사노신문》은 도시에서는 세 살난 아이도 문명개화에 관해서 알고 있는 터에 신도와 천황의 고마움을 떠들고 다니는 교도직(敎導職)은 '하나의 무용지물(無用之物)'이라는 투서를 게재했다.

신흥종교 천황신앙

이와 같이 '대저 천황님이라는 것은' 하고 설명하지 않으면 모를 정도로 천황은 민중과 관계없는 존재였다. 일본 법제사가(法制史家) 이시이 료스케(石井良助)는 '천황의 신격성이 강조된 것은 대화개신(大化改新)[1] 때와 메이지 초년, 쇼와 말기의 세 번이며 모두 국가통일 강화의 목적으로 천황을 추대하는 위정자에 의해 의도적으로 추진된 것이며, 다른 시대에는 '자연인'이었으며 에도(江戶)시대에는 궁성에 유폐된 것과 같은 것이었다고 한다.

대화개신은 1350년이나 옛날 일로서 국가의 형성도 아직 제대로

---

1) 646년 최초로 연호를 사용하고 중앙집권국가의 정치체제를 만들었다.

되어 있지 않아 미숙했으며 천황은 궁정을 둘러싼 사람들 사이에서는 중요한 역할을 했지만 일반민중과는 거의 관계가 없었을 것이다. 또 어느 나라에서나 고대국가의 군주는 신격성을 가지고 있으므로 별로 진귀한 이야기는 아니다. 즉 천황이 카리스마적인 존재로 역사 무대에 등장한 것은 — 일본 국민 앞에 모습을 나타낸 것은 바쿠후 말기의 혼란기가 처음이라고 해도 좋을 것이다.

첫째 천황이라는 이름은 원래 일관해서 사용되어온 것이 아니라 '원(院)', '금리(禁裏)', '내리(內裏)', '어문(御門)' 등으로 호칭되어 왔고, 천황이라는 호칭 자체는 훨씬 후의 일로 외교문서에 천황이 나오는 것은 천황기관설 사건 뒤다.

제3장에 쓴 바와 같이 선전포고에는 메이지, 다이쇼 시대에 모두 '황제'라는 중국식 표현을 자칭하고 있으며 '천황'이라는 용어가 쓰인 것은 쇼와 시대에서도 제2차 세계대전이 처음이다.

신무(神武)천황 즉위일(2월 11일)이 기원절(紀元節 : 현재 건국기념일로 개칭, 국경일임)로 제정된 것도 1872(메이지 5)년이고 전쟁의 국가 축제일은 사방배(四方拜)[1] 이하 전부 황실과 관련된 것이었으며 이것도 예외없이 메이지 시대에 정해진 것이다. 황실의 행사를 국민이 축하한다는 것은 메이지 이전의 일본인은 일찍이 생각한 적도 없었던 것이다. 앞서의 《베르츠의 일기》에는 1880(메이지 13)년이라는 시점에서 "이 나라 인민은 그 군주에게 거의 관심을 보이지 않고 있다", "천장절(메이지 천황 탄생일)에는 경찰력으로 국기를 달게 할 정도다"라고 쓰고 있다.

---

1) 1월 1일 이른아침, 천황이 신사의식으로 천신지기(天神地祇)에 제사지내는 것을 말한다.

천황가의 일을 축하하고 슬퍼하기는커녕 국민은 그러한 것과는 전혀 관계가 없었다. 국수주의, 황국사관의 덩어리라고 할 국사학자 히라이즈미 스미〔平泉澄〕는 다음과 같이 썼다.

> 장군(바쿠후의 실권자)이 돌아가시면 국민은 누구나 모르는 사람이 없고 오랫동안 가무음곡이 금지되었으나 고카구(光格)천황이 돌아가셨을 때 (1846년, 메이지천황의 선선대)는 천하의 사람들은 이를 거의 알지 못하고음악소리는 평소대로 떠들썩했으며 가지마〔鹿島〕 신궁의 신관인 국학자조차 이에 관해 전혀 알지 못했다.

메이지 시대까지 천황이란 이렇게도 국민과 관계가 없는 존재였으며 '궁중의 전통'이라는 것도 메이지 시대(1868~1912)부터 시작된 것이 많다. 즉 궁중의 의식을 불교식에서 신도식으로 바꾼 것도 메이지 초년부터이며, 고메이〔孝明〕 천황의 3년제(祭)는 황실의 조상 제사를 신도식으로 고친 최초의 사례였다. 즉위식을 종래의 당제풍(唐制風 : 중국식)에서 일본 고대 의관속대(衣冠束帶)로 완전히 고친 것도 메이지 천황부터인데 구귀족층은 이것을 '말대난세(末代亂世)'라고 비판했다고 한다. 대상제(大嘗祭 : 황실의 추수감사제)가 새로운 양식으로 치러진 것도 이 때부터다.

요컨대 각종 궁중 양식이 일신되었을 뿐만 아니라 천조대신과 천황은 메이지 시대에 처음으로 그 권위가 확립된 것이며, 복고파 국학자나 신도는 차치하고 유신 중심세력을 짊어진 사람들은 귀족 출신인 이와구라〔岩倉具視〕조차 오쿠보 도시미치〔大久保利通〕 앞으로 보낸 서한에서 자기들의 활동을 '건국의 시말(建國始末)'이라 부르고 있으며, '왕제복고'와 같은 의식은 전혀 없었다고 한다.

메이지 24년(1891), 이미 제국헌법이 시행된 후에도 일본 역사가로서 또 정치가로서 저명한 다케고시 요사부로〔竹越與三郎〕는, 메이지유신을 근왕(勤王 : 천왕에 충성을 다함)의 감회에서 나온 복고적 혁명이라고 하는 것은 맹랑한 언사일 뿐이다"하고 말했다 한다.

천황신앙은 새 국가 건설을 위한 수단으로서의 말하자면 '메이지의 신흥종교'라고나 해야 할 것이며, 그러기에 천황제를 수립하기 위해서는 위로부터의 성가시고 귀찮을 정도의 교육홍보의 강제, 그리고 비판자와 반대자에 대한 엄한 탄압이 필요했던 것이다. 천황제 사상의 근거는 주로 메이지 10년대(1868~77)에서 20년대(1877~86)에 걸쳐서 마련되었다. 이것이 일단 확립된 것은 청일, 러일 전쟁의 전승의 영광이 천황 위에 빛난 뒤의 일이다.

그렇지만 그러한 천황제가 제2차 세계대전에서 어떻게 그렇게도 위력 — 이라고 해야 할까, 권위 또는 폭력이라고 해야 할까 — 을 발휘할 수 있었을까? 그것은 제2장 중의 '인간도 없고 양심도 없다' 및 '사상도 없고 신념도 없다'에서 논한 바와 같이 일본인과 같은 사상이 없는 인간집단에 하나의 사상을 불어넣는 것은 상상하기보다 훨씬 손쉬운 것이다.

'덴츠총연〔電通總研〕'과 '여가개발센터'가 1995년 1월 13일 발표한 세계 37개국 연구기관의 공동조사에 의하면, '전쟁이 일어나면 싸운다'는 회답은 거의 대부분의 나라에서 50%를 넘었는데, 일본에서는 겨우 10.3%로 이상하게 낮았다고 한다.

침략과 패전이라는 비참한 체험을 한 이유도 크겠지만 그것은 독일도 이탈리아도 같았고, 전란의 가혹함을 일본과 마찬가지로 또는 그 이상으로 겪은 나라는 그 밖에도 적지 않다.

　여기서는 그 당부(當否)를 논하고 있는 것은 아니지만 이 이상하게 낮은 수치는 일본의 국민 대부분이 '평화헌법'이라고 부르는 일본국 헌법에 의해 교육을 받은 것과, '평화', '부전(不戰)', '무기를 잡지 않는다'는 것을 늘 강조하는 매스컴과 여론의 영향이 컸던 것임에 틀림없다. 강압이 따르지 않더라도 일찍이 '무(武)'의 숭상을 영광스런 전통으로 삼아온 민족이 반세기 동안에 이와 같이 완전히 변해버린 것이다. 메이지의 신흥종교 '천황교'가 70년 후에 그토록 맹위를 떨친 것도 하등 이상하지 않을 것이다.

제5장

대체 일본 군국주의의
전쟁목적은 무엇이었는가?

5

포악한 중국을 응징한다(暴支膺懲)

1937년 7월 7일 밤, 몇 발의 총성으로 시작된 노구교(蘆溝橋) 사건[1]을 계기로 만주사변 이래 분쟁을 계속해온 중·일 양국은 전면 전쟁에 돌입했다. 사건 당초 '현지 해결, 불확대 방침'을 취하고 있던 일본은 이윽고 이 방침을 변경하여 대병력의 출병을 단행한다. 일본 해군기가 처음으로 중국의 수도 난징(南京)을 폭격한 8월 15일, 일본 정부는 '제국 정부 제2차 성명'을 발표, 대중국 전쟁의 목적을 천명했다. 이를 요약하면 다음과 같다.

1. 일본은 언제나 평화를 바라고 노력해 왔다.
2. 중국은 일본을 경시하고, 나아가서는 공산 세력과 손잡아 일본에 적대 행위를 해왔다.

---

1) 노구교는 베이징에 있는 다리로 일명 Marco Polo Bridge라 한다. 일본군이 고의적으로 총격전을 일으켜 중일전쟁의 구실로 삼았다.

3. 근년에 몇 번 일어난 불상사와 이번 사건이 모두 중국 정부의 태도에 기인하는 것으로, 중국측의 불법 포악은 한이 없으며, 전 중국에 거주하는 일본 국민의 생명, 재산은 위험에 처하게 되었다.

4. 이제 일본의 인내도 한도에 달하여 중국군의 포악을 응징함으로써 중국 정부의 반성을 촉구하기 위해 단호한 조치를 취하지 않을 수 없게 되었다.

5. 이번 실력 행동은 항일운동과 같은 불상사를 근절하고, 일본, 만주국, 중국과 융화 제휴의 결실을 거두는 것이 목적이며, 영토적 야심은 전혀 없으며 중국 정부의 각성을 촉구하자는 것이다.

이 성명은 일본의 전쟁목적을 포악한 중국을 응징(暴支膺懲)하기 위한 것이라고 표현하고 있다. 1941년 12월 8일 태평양전쟁 개시일에 천황이 육해군인에 내린 칙어에도 이 말이 나온다.

앞서 지나(支那) 사변이 발생하자 짐의 육해군은 용전 분투, 이미 4년 반에 걸쳐서 무법자를 응징하여 전과가 나날이 오르고 있으나 화란(禍亂)은 아직도 수습되지 않고….

노구교 사건이 일어난 지 몇 달 후에는 수십만 대군이 동원되어 러일전쟁과 같은 규모가 되었는데도 일본 정부는 계속 '전쟁'이 아니라 '사변'이라는 말을 썼다. 전시 국제법의 적용을 모면하겠다는 것이 그 주된 이유겠지만, 전쟁의 명목이 서지 않았기 때문이기도 하다.

동아 신질서 건설

중일전쟁이 일본의 의도에서 빗나가 장기화되기 시작하자 '응징' 정도의 목적 의식으로는 큰 희생을 강요당하고 있는 국민의 이해를 얻을 수 없게 되자, 그래서 등장한 것이 '동아 신질서(東亞新秩序)의 건설'이라는 슬로건이다.

1938년 11월 3일 제2차 고노에[近衛] 성명에 이 동아 신질서라는 말이 공식으로 처음 나타난다. 성명은 이번 전쟁의 궁극적인 목적이 동아 신질서의 건설에 있다면서 일본, 만주국, 중국이 서로 제휴하여 정치·경제·문화 등 각 분야에 걸쳐 상호 연계를 수립하자는 것이라고 주장했다. 12월 22일의 제3차 고노에 성명은 다음 세 항목을 들고 있다.

● 선린 우호 — 이웃이 서로 의좋게 지내는 것이니, 중국은 배일(排日)운동을 그만두고 또 이웃나라인 일본의 괴뢰 정권 만주국을 승인할 것.
● 공동 방공 — 공동으로 국제 공산주의 운동에 대항하는 것이니, 일본군이 중국 영토의 필요한 땅에 이 목적을 위해서 주둔한다.
● 경제 제휴 — 중국에 대한 일본의 적극적인 투자로 권익과 편익의 제공 등.

이 신질서에 대한 구질서라는 것은 워싱턴 회의를 기초로 형성된 현상유지의 질서이며, 나치스 독일이 타도하려 하고 있던 베르사유 체제에 상응하는 것이다. 일본은 구질서를 타파하고 일본을 중심으로 하는 일본, 만주국, 중국 블록 위에 일본의 배타적 독점 지배를 실현하려고 한 것이다.

제2차 고노에 성명에는, "일본제국이 회구하는 바는 동아시아의 영원한 안정을 확보할 신질서의 건설에 있다"고 씌어 있고, 제3차 성명에는, "일본이 중국에 구하는 것이 구구한 영토가 아니고 또 전비의 배상이 아니라는 것은 자명하다"고 하여 얼핏 보아 이상주의적 표현이었다. 정부가 내건 이 이념을 받아 당시의 언론에서도 '동아 연맹론'이니 '동아 공동체론'이니 하는 것이 요란스레 논해졌다.

이 동아 신질서의 범위는 시간과 더불어 넓어지게 된다. 1940년 봄, 독일군이 프랑스, 네덜란드, 벨기에 등을 석권하고, 프랑스령 인도차이나, 네덜란드령 인도네시아가 본국의 지배를 잃고 고립한 것을 본 일본은 여기에도 손을 뻗으려고 했다. 6월 29일, 아리타〔有田〕 외무대신은 라디오를 통해 동아 신질서의 범위를 동남 아시아까지 확대한다고 선언한 것이다.

그 이듬해 7월, 제2차 고노에 내각 성립에 앞선 4상 회의(수상, 외상, 육군상, 해군상)가 정한 정책대강 속에는 '영국, 프랑스, 네덜란드, 포르투갈 식민지를 동아 신질서 속에 포함시키기 위한 적극적인 처리'라는 항목이 들어 있다. 이로부터 동아 신질서가 '대동아 신질서(大東亞新秩序)'라고 불리는 일이 많게 되었다.

태평양전쟁이 시작되자 진주만 공격이 있은 지 4일 후인 1941년 12월 12일, 각의는 이번 전쟁을 중일전쟁을 포함하여 '대동아전쟁'이라 부르기로 결정했다. 정보국은 이를 설명하여, "이 전쟁을 대동아전쟁이라고 부르는 것은 대동아 신질서 건설을 목적으로 하는 전쟁임을 의미하는 것으로서, 그러나 전쟁 지역을 대동아에만 한정한다는 것은 아니다"라고 공표한 것이다.

대동아 공영권(大東亞共榮圈)

1940년 8월 1일, 제2차 고노에 내각의 마쓰오카(松岡) 외상은 담화에서 '대동아 공영권'이라는 말을 공식적으로 처음 사용했다. 그이후 1945년 전쟁이 끝날 때까지 대동아 공영권 건설은 일본의 기본적 대외정책의 공식 슬로건이 되었고 대동아전쟁의 목적도 되었다. 대동아 신질서와 대동아 공영권은 내용상으로는 같은 것을 의미하지만 대동아 공영권을 더 많이 사용하였다.

제2차 세계대전이 시작된 1941년 12월에 소집된 제79회 제국의회에서 이듬해인 1월 21일 도조(東條) 수상은 다음과 같이 전쟁 목적을 천명하였다.

> 일본 제국은 이제 국가의 총력을 다하여 오로지 웅대하고도 광범한 대작전을 수행하면서 대동아 공영권 건설의 대사업에 매진하고 있는 것입니다. 그리고 대동안 공영권 건설의 근본방침은, 실로 조국(肇國)의 대정신에 연유하는 것으로서….

같은 날 도고(東鄕) 외상도 같은 취지의 연설을 했다.

> …대저 이번 전쟁의 목적인 대동아 공영권의 건설은 우리 조국(肇國)의 정신에 연유하는 동시에….

이와 같이 제2차 세계대전의 목적이 조국(肇國)의 정신에 입각한 대동아 공영권의 건설이라는 것은 책임자가 의회에서 내외에 천명한 데서도 분명하다.

　그런데 미국과 영국에 대한 일본 정부의 정식 선전포고에는 '대동아 공영권'이라는 말은 없고, '자존자위(自存自衛)'를 위해 일어섰다고 씌어 있다.

　개전 당초의 생각은 오로지 자존자위라고 강조하는 것, 대동아 신질서 건설을 합친 두 가지라고 생각하는 것, 대동아 공영권 건설이야말로 전쟁 목적이라고 이해하는 것 등이 있어 사상의 통일이 결여되어 있었다. 그러나 도조 수상 이하 육군 수뇌부는 대동아 공영권을 건설하지 않으면 자존자위는 완수할 수 없으며, 이 양자는 표현의 차이이자 방패의 양면이라고 생각하고, 위기감이 높아지면 자존자위의 면이 소리 높이 외쳐지고, 정세가 호전되면 대동아 신질서야말로 바로 전쟁의 의의를 부여하게 되었다고 한다.

　객관적으로 말하면, 대동아 공영권 건설이라는 팽창주의가 미국과 영국의 반격을 받아 경제 봉쇄를 당했기 때문에, 그것을 끝까지 관철하려고 했더니 국가 존망의 위기에까지 처하게 되었다는 것이다. 따라서 '팔굉일우(八紘一宇)', '대동아 공영권 건설'이라는 깃발만 내리면 자존자위를 위해서라는 자포자기적인 전쟁 같은 것을 할 필요가 없으므로 역시 일본의 전쟁 목적은 대동아 공영권 건설이라는 말이 된다.

　만주사변 이래 10년간에 걸쳐서 국민에게 희생을 강요한 팽창주의의 기본 국책을 철회한다는 것은, 이것을 표방해온 이념과 세력의 권위를 실추시켜 그들을 위기에 빠뜨리게 되는 것이다. 그런 의미에서 이번 전쟁은 일본국이 아니라 그들 ― 군을 기간으로 하는 일본의 지배계층의 자존자위를 위한 싸움이었다고 말할 수 있을지도 모른다.

아무튼 이 대동아 공영권이 의미하는 것은 동아 신질서의 경우와 마찬가지로 일본 중심의 이기적 발상이라는 점에서는 변함이 없으며, 그 내용을 종합하여 1943년 11월, 대동아 공영권 내의 각국과 더불어 '대동아 공동선언'을 내외에 천명하였다.

1943년 가을이라는 시기는 2월의 과달카날 섬 철수 이래 공수(攻守)의 위치가 바뀐 일본군이, 남동 및 중부 태평양에서 일방적으로 미군의 압박을 받아 움찔움찔 후퇴를 계속하고 있던 때다. 약 한 달 전인 9월 30일의 어전회의에서는 지시마(千島), 오가사와라(小笠原)에서 마리아나-캐롤라인-서뉴기니의 선까지 전선을 대폭 축소하여 이를 절대 방위선으로 한다는 방침이 정해진 바 있었다. 또 같은 해 9월에는 동맹국 이탈리아가 연합국에 항복하고, 10월 2일에는 문과계 학생의 징병 유예령이 폐지되는 등 정국은 더욱 긴박해지고, 객관적으로 일본의 패전은 이제 피할 수 없게 되어 있었다.

이 불리한 군사 정세를 호도하기 위해서였던지, 또는 이반 경향을 보이기 시작한 동아의 동맹국을 묶어두기 위한 목적이기도 했을 것이지만 일본 정부는 중국의 왕(汪)정권, 만주국, 필리핀, 버마의 괴뢰정권과 타이, 그리고 자유 인도 임시정부의 수뇌를 도쿄에 모아 전쟁 수행과 동아건설의 방침에 대해서 협의했다. 그리하여 그 때 발표된 것이 '대동아 공동선언'이다.

이 선언의 요지는, 각국이 제휴하여 미국과 영국의 억압에서 벗어나 대동아를 건설하고 세계 평화에 기여하자고 전문에서 주장한 뒤, 다음 5개항을 강령으로 채택하였다.

1. 도의에 입각한 공존 공영의 질서 건설

2. 자유 독립의 존중과 상조(相助) 친목

3. 전통의 존중과 민족의 창조성 개발

4. 호혜적인 경제 발전

5. 인종차별의 철폐, 문화교류와 자원개발

본래 자원의 부족에 고통을 겪고 그것이 개전의 직접 원인이기도 했던 일본으로서는 제5항의 '자원개발'이 가장 주장하고 싶은 것이 었는지도 모르지만, 패색이 짙은 뒤라 일본의 이기적인 주장은 그 림자를 감추고 있다. 여기에 열거된 강령이 정말로 실현된다면, 중 국 대표가 만주국 대표와 동석하게 된 것을 제외하면 모두가 훌륭 한 항목이라 트집을 잡을 수는 없다. 그러나 동남 아시아 제국에 대한 독립 허용은 "팔굉일우의 황도(皇道)에 입각하여… 제국의 보 도(補導) 아래…"라는 기본방침이 확립되어 있었고, "군사, 외교, 경 제 등 전반에 걸쳐서 제국의 강력한 장악 아래 두어야 한다"는 것 도 정해져 있었다. 또 일본의 완전 지배 아래 있는 만주에서, 중국 또는 동남 아시아의 점령지에서, 나아가서는 조선, 대만 등 식민지 에서 어떻게 해왔으며, 또 지금 무엇을 하고 있는가를 스스로 시정 하지 않으면 안 될 것이다. 직접 이것을 겪고 있는 사람, 또는 그것 을 아는 사람으로 봐서는 여기에 열거되어 있는 항목은 모두가 속 들여다보이는 뻔뻔스러운 거짓말로 들렸을 것이다.

신들림

앞 항에서 1940년 8월 1일 제2차 고노에 내각의 마쓰오카 외상이 '대동아 공영권'이라는 말을 처음 사용했다고 말했는데, 같은 날에 발표된 '기본국책요강' 속에 '조국(肇國)의 대정신', '팔굉일우'라는 말이 나온다. 조국의 대정신이니 팔굉일우니 하는 신화 같은 착각케 하는 말은, 이미 문부성이 전 국민의 교과서로 편찬한 《국체의 본의》(1937)가 발간된 무렵부터 육군을 비롯하여 각방면에서 사용되고 있었는데, 이 말이 정부의 공식 발표 속에 등장한 것은 이때가 처음이 아니었나 싶다. 그 부분만 인용하면 다음과 같다.

〈기본 국책 요강 쇼와 15년(1940) 7월 26일 각의 결정〉

세계는 이제 역사적 일대 전환기에 와 있으며, 몇 개 국가군의 생성 발전을 기초로 하는 새로운 정치·경제·문화를 창성하려고 황국 또한 유사 이래의 대시련에 직면했다. 이 때 진정으로 조국의 대정신에 입각한 황국의 국시(國是)를 완수하려면… 국방 국가 체제의 완성에 매진함을 현하 가장 긴요한 책무로 삼는다.

1. 근본 방침

황국의 국시는 팔굉을 일우로 하는 조국의 대정신에 입각하여… 먼저 일본, 만주국, 중국의 확고한 결합을 근간으로 하는 대동아의 신질서를 건설하는 데 있다.

조국의 조(肇)는 '시작한다'는 뜻으로 나라를 시작한다 곧 건국을 의미한다. '팔굉일우'는 제1장에서 설명했듯이 초대 신무(神武) 천황이 즉위할 때 야마토(大和)의 가시하라(橿原)에 도읍을 정했을 때의 전도령(奠都令)에 나오는 말로, '땅 끝까지 하나의 집처럼 통일하여 지배한다. 즉 천황의 통치 아래 둔다'는 뜻으로 풀이된다.

신화의 이야기니까 그 자체는 아무 죄도 없겠지만, 20세기 현대에 그것이 일본의 건국정신이며, 그 정신이 일본의 국시 — 나라의 기본방침이라고 천명한다면 문제는 매우 커진다.

　기본국책요강이 공표된 1940년 8월 1일, 같은 날 마쓰오카 외상의 담화에는 팔굉일우 이외에 이와 비슷한 신들린 말들이 나온다.

　　나는 여러 해 전부터 황도를 세계에 선포는 것이 황국의 사명이라고
　　주장해온 사람입니다만… 나라의 목전의 외교방침으로서는 이 황국의
　　대정신에 입각하여 우선 일본, 조선, 만주국, 중국을 그 일환으로 하는 대
　　동아 공영권의 확립을 도모하는 데 두어야 합니다. 이것이 이윽고 힘차
　　게 황도를 선포하고….

　'황도'는 천황이 인덕으로 나라를 다스리는 길을 의미한다. 본래 내정(內政)적인 뜻이겠지만, 마쓰오카 외상이 말한 "황도를 세계에 선포한다"는 것은 천황의 치정을 온 세계에 넓힌다, 즉 팔굉일우와 마찬가지로 '세계를 천황의 통치 아래 둔다'는 것으로 이해된다.

　황도와 비슷한 말로 정부나 군부가 잘 쓰는 기록에 '황모(皇謨)'라는 것이 있다. 그 뜻은 천황의 치세의 길이라는 것으로, 이를테면 다음과 같이 사용한다.

　　"제국 국방의 본의는 건국 이래의 황모에 입각하여…"
　　"대일본은 황국이다. 만세일계의 천황이 위에 계시고, 조국(肇國)의 황
　　모를 계승하여 무궁히 군림하신다."

　건국 이래의 황모, 조국의 황모라면 팔굉일우 이외는 없다. 요컨대 팔굉일우, 황도, 황모는 같은 뜻으로서 세계를 천황의 치정 아래 둔다는 것이다. 일본의 대외 발전은 — 그것은 당연한 결과로서 전

쟁이 되지만 — 어제 오늘의 과제가 아니라, 조국의 정신에 입각한 건국 이래 추구해온 천황의 사업이라고 주장하고 있는 셈이다.

성전(聖戰)

"일본은 세계에서 비교할 수도 없는 존귀한 나라다", "천황은 외국의 군주 같은 것과는 뜻이 다른 황공한 존재다." 이런 것이 일본에서는 항상 주장되고 교육되고 그리고 믿어지고 있었다는 것은 지금까지 누차 설명해왔다. 1940년 긴박해지는 미·일 관계를 타개하기 위해 주미 대사에 기용한 노무라 요시사부로(野村吉三郎)에게 보낸 마쓰오카 외상의 훈령에 다음과 같은 대목이 보인다.

> 일본은 타국이 갖지 않은 국체를 가졌고, 천황 폐하의 한없는 어릉위
> (御稜威 : 천황의 위덕(威德))로… 이 유례없는 국체를 알지 못하고는 도
> 저히 일본 국민을 이해하기 어렵다….

합리적인 정신으로 뭉친 미국인과 교섭하는데 일본인조차 이해할 수 없는 국체니 어릉위니 하는 것을 이해시키라고 지시하고 있는 것이다.

원래 일본은 침략행위를 하고 있다고는 생각지 않고 있었다고 할 수 있다. 왜냐하면 일본의 주권자인 천황은 천조대신(天照大神) 이래의 만세일계의 황통을 잇는 '살아 있는 신(現人神)'이며, 일본이라는 나라는 도덕과 정의의 화신, 그런 일본이 침략 같은 것을 한다는 것은 있을 수 없는 일이며, 제 국민, 제 민족이 일본의 통치 아래 들어온다는 것은 천황의 인정(仁政) 아래서 살게 되는 것으로 그 이상의 행복은 없다, 그것을 이해하지 못하는 자는 가르쳐 타이

르고, 그것을 방해하는 자는 응징하여 눈을 뜨게 해주어야 한다는 것이 일본 정부의 사고이기 때문이다.

앞에 든 마쓰오카 외상이 노무라 대사에게 보낸 훈령에는 다음과 같이 씌어 있다.

> 팔굉일우인 조국 이래의 전통적 대이상을 실현하는 날이 있을 것이다. 요는 국제적으로 이웃이 서로 돕는 세계를 대동아에 먼저 만들어 그것을 인류 공동의 모범으로 삼자는 데 있다.
>
> 황국 외교는 팔굉일우의 대이상을 기조로 하며, 시종 마음을 베푸는 것은 세계의 평화와 번영을 확보하는 데 있다. 미국을 공격하는 따위의 의도는 추호도 없다. …

그러나 미국이 만일 이 넓고 원대한 황도를 이해하지 않는다면, "일본은 국운을 걸고라도 이미 정한 국책에 매진하는 확고부동한 결의를 갖고 있는 바이다" 하고 협박하고 있다.

이상이 일본의 전쟁논리이며, 전쟁을 성전이라고 부르는 이유인 것이다. 중복되지만 지금 설명한 것을 종합하면 다음과 같다.

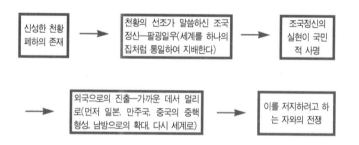

쇼와 시대에 일으킨 일본의 침략 전쟁의 바닥에는 반드시 천황이

존재한다. 천황이 신성한 이상 그 건국의 이상(理想)인 팔굉일우의 사업은 반드시 실현되지 않으면 안 된다. 적어도 '살아 있는 신(現人神)'이 하시는 성업이 실패한다 — 전쟁에 진다는 것은 있을 수 없는 일이다. 말하자면 불패(不敗)의 확신이 거기에서 생기는 것이다.

따라서 '조국의 정신 — 팔굉일우'는 밖으로의 진출과 더불어 안으로는 천황 신성의 강조라는 면이 반드시 따라붙는다. 천황 신성이라는 대전제가 허물어진다면 밖으로 향하는 명분이 사라져버리기 때문이다.

그런데 일본의 이 같은 침략 행위의 정당화에 대한 확신은 실은 세계 역사상 드문 일이 아니다. 현대에서의 예를 들면, '신성한 천황폐하의 존재', '천황의 선조가 말씀하신 조국의 정신'이라는 대목은 '공산주의의 절대적인 올바름', '그것을 세계에 미치게 하는 것이 우리 국민 — 이를테면 소련, 중국, 북조선 등 — 의 세계적·인류적 사명', '이것을 저지하려고 하는 반동세력으로부터의 인민해방전쟁'이라는 정의의 확신으로 이어진다. 일본의 '진보적 문화인'이 미국의 대외 간섭을 제국주의라고 신랄하게 비난하면서도 소련의 동유럽 정책이나 침략에는 한 마디 항의를 하지 않은 것도 이 같은 생각에 의한 것이 틀림없다.

중세의 종교전쟁도 이와 비슷한 신성한 사명감에 입각한 것이었을 것이다. 요컨대 이러한 생각은 전근대적 정신의 산물이라는 말이다.

팔굉일우 등등

앞의 '신들림' 항에서 말했듯이 제2차 고노에 내각이 각의에서 결정한 기본국책요강은 1940년 8월 1일에 발표되었다. 그 해 여름이라는 시점은 4월 이래 독일군의 북·서유럽에 대한 진격이 압도적인 승리로 끝나고, 파리가 함락되고 영국의 항복도 멀지 않다고 여겨지고 있던 무렵이다. 그 때 국내에서는 고노에 후미마로를 지도자로 하는 국내 체제의 쇄신 강화를 목적으로 한 '신체제 운동'이 온 일본을 풍미할 기세였다.

중국전이 진흙탕 속으로 빠져들자 수습의 방도를 잃고 자주적으로 일부 파견병력의 축소를 계획하고 있던 일본 육군은 독일의 대승리 앞에 생색을 되찾고 "버스를 놓치지 말라"는 말이 유행할 만큼 급거 방침을 재전환하여, 독일과 더불어 세계 신질서 건설(재분할)에 착수하려는 자세를 보이고 있었다. 그러기 위한 이론 무장(?)이기라도 할까, 또는 '기원 2600년의 축전'에 들떠 있기 때문일까. 이 시기에는 조국(肇國)의 정신이니 팔굉일우니 하는 것이 함부로 만연했었다.

그러나 조국 정신과 팔굉일우를 국책으로 채용한 것은 1940년경부터가 아니다. 만주사변과 중일전쟁의 중간이 되는 해인 1934년, 일본군은 벌써 표현은 다르지만 팔굉일우와 성전의 개념을 주장하고 있다.

육군성 신문반(후일의 정보부)은 국민의 국방의식과 군비확충으로 인한 해외 여론을 부채질하기 위해 몇 번 팜플렛을 발행하여 여러 군데 배부하고 있었다. 그 가운데 가장 유명한 것이 1934년 10월 '국방의 본의와 그 강화의 제창'이라는 제목의 팜플렛으로, 육군이 공공연히 정치에 대한 견해를 표명한 것이라 하여 큰 반향을 불러 일으켰는데, 그 제1장은 "싸움은 창조의 아버지, 문화의 어머니다"라는 호전적인 문구로 시작된다. 그리고 정치, 경제, 문화, 사상 등 모든 것은 국방에 종속되어야 한다며, 그 목적에 부응하는 국가 기구의 개혁을 주장하고 있다.

거기에는 일본의 정의 추구, 창조의 노력을 방해하는 자는 이를 훈육·교도하여 유화인욕(柔和忍辱)의 일본인 정신으로 변화시켜 탕탕(蕩蕩) 탄탄(坦坦)한 황도에 합체시키는 것이 황국에 주어진 사명이자 황군(皇軍)이 부담해야 할 중책이라고 주장한다. 직접적으로 표현하는 것이 아직은 부끄러웠던지 공연히 난해한 한자를 써서 읽기 어렵게 만들어 놓았지만, 한 마디로 말하면 팔굉일우의 조국(肇國) 정신으로 일본에 반대하는 나라는 — 조선이나 만주처럼 — 황민화(皇民化), 일본화해버리라고 말하고 있는 것이다.

그리고 그 기본 이념인 황도는 각항마다 나오고 조국의 이상도 등장한다. '국민 교화의 진흥'의 항에도 "조국의 이상, 황국의 사명에 관한 깊은 인식과 확고한 신념을 파악시키고…"라고 되어 있으며, '국방과 경제'의 항에도, "건국의 이상에 의하여 도의적 경제관념에 입각한…" 하는 식이다.

일본 정부의 공식 견해로서 조국의 정신이 모습을 나타내는 것은 1936년의 일이다. 중일전쟁이 일어나기 전 해 8월 7일, 총리, 외무, 대장(大藏), 육해군 대신에 의한 5상 회의는 다음과 같은 국책의 기준을 결정했다.

1. 국가 경륜의 기본은 대의 명분에 따라 안으로 나라의 기초를 공

고히 하고, 밖으로 국운의 발전을 이룩하여 일본 제국이 명실공히 동아의 안정 세력이 되어 동양의 평화를 확보하고, 세계 인류의 안녕 복지에 공헌하여 여기에 조국의 이상을 구현하는 데 있다. … 동아 대륙에서의 제국의 기반을 확보하는 동시에 남방 해양에 진출, 발전하는 데 있어서….

여기 대륙과 남방에 진출하는 것이 "조국의 이상을 구현하기 위한 것"이며, 또 그것이 "황도정신의 구현"이라는 것이 강조되어 있다. 노구교(蘆溝橋) 사건에서 시작되는 중일전쟁 초기의 경과는, 일본이 반드시 미리 예정한 계획에 따른 것이 아님은 사실이고, 일본군의 남방 진출도 중일전쟁의 추이에 따라 생각지 않게 전개하게 된 면도 없지 않으나, 노구교 사건 11개월 전에 이미 대륙과 남방으로의 진출이 조국 정신의 기본방침 아래 정해져 있었다는 것을 이 문서는 증명하고 있다. 그리고 그것이 조국의 이상의 구현이고 황국 정신의 발현이라면 일본 국민으로서는 천황의 신성을 부정하지 않는 한 반대하기 어려운 명분인 것이다.

구름을 잡는 듯 문자만 늘어놓고

1940년 2월 2일 중의원 본회의에서의 민정당 의원 사이토 다카오[齊藤隆夫]의 질문 연설은, 그 때문에 의원직을 제명당한 것으로도 알 수 있듯이, 전시에는 보기 드문 용감한 반군(反軍) 연설이었다. 그 연설의 주지는 반군이기는 했으나 반드시 반침략전쟁이었던 것은 아닌데, 그 내용은 당시 전쟁에 대해서 국민이 품고 있던 의문과 불만을 매우 솔직히 표명한 것으로서 유명하다. 전쟁의 목적에 관한 대목을 속기록 발췌에서 인용해본다.

다음에 전쟁처리에 대해서는, 동아 신질서 건설이라는 것이 되풀이되고 있습니다. 이 말은 어제부터 이 회의장에서도 얼마나 많이 되풀이되었는지 모릅니다. 원래 이 말은 사변 초에는 없었습니다만 사변 약 1년 뒤, 즉 재작년 11월 3일 고노에 내각의 성명에 의해서 처음으로 나타난 말인 것입니다. …

… 이 동아에 있어서의 신질서 건설의 내용은 어떤 것인가… 아무튼 이토록 널리, 이토록 강하게 강조되고 있는 전쟁의 목적이자 희생의 목적인 동아 신질서 건설의 실태를 정부가 보는 바가 무엇인가 하는 것을 들려주시면 되는 것입니다.

이와 관련해서 묻고 싶은 것이 있습니다. 여기에 작년 12월 11일자로 발표된 동아 신질서 답신안 요지라는 것이 있습니다. 이것은 흥아원(興亞院)에서 위원회를 만들어 심의한 답신안입니다. 이것을 보니 우리들로서는 상당히 어려워서 알 수 없는 문구가 꽤 널려 있습니다. 즉 황도적 지상 명령, '우시하쿠(ウシハク)'[1]가 아니라 '시라스(シラス)'[2]한다는 것을 본의로 삼는 것이 황도의 근본 원칙, 지나왕도(支那王道)의 이상, 팔굉일우의 황모(皇謨), 상당히 이것은 어려워서 정신훈화처럼 들리고, 우리들, 실제 정치에 머리를 들이밀고 있는 사람으로서는 좀처럼 이해하기 어렵습니다.(박수)

'우시하쿠'가 아니라 '시라스'라는 것은, 일본은 외국 영토를 백인 국가가 한 것처럼 침략하여 영유하는 것이 아니라 그 곳에 천황의 인정(仁政)을 편다는 것을 의미하는 모양이다. 객관적으로는 침략의 속임수 이외에 아무것도 아니지만, 앞에 적은 것처럼 일본 천

---

1) 천황이 자기 것으로 영유하고 거기에 있는 것이다.
2) 천황이 통치한다.

황은 세계에 비할 데 없는 존귀한 존재라는 종교적 신념(?)의 자기
기만에서 본다면 제대로 된 말을 하고 있는 것처럼 여겨질 것이다.

사이토 다카오는 이 뒤에 일본 정부가 나열해 온 '팔굉일우', '동
양 평화를 위해', '세계 평화를 위해' 등을 다음과 같이 날카롭게
비판했다.

> 이 현실을 무시하고 다만 공연히 성전의 미명 아래 숨어서 국민적 회
> 생을 등한시하고 국제주의, 도의외교, 공존공영, 세계의 평화 등을 운운하
> 며 이와 같이 구름을 잡는 듯한 문자를 늘어놓고….

이 연설에 야유와 박수가 반반으로 터져 나오고, 회의장은 긴장
에 휩싸였다. 그러나 요나이[米內] 수상은 이에 대해 판에 박은 답
변을 했을 뿐이고, 하타[畑] 육군상은 설명이나 반발을 하려 하지
않았다.

그러나 사이토 다카오의 연설은 의회 안팎에 큰 파문을 불러일으
켰으며, 육군도 내버려둘 수 없어서, 다음 2월 3일 하타 육군상은
본회의 석상에서 다음과 같이 소신을 표명했다.

> …건국 이래의 국시인 팔굉일우의 대이상을 구현하는 데 있습니다. 이
> 것이 생각건대 성전이라 일컬어지는 이유이며… 성업(聖業)의 완성에 매
> 진하고 있습니다. … 10만의 영령(중일전쟁의 전사자)은 이 신념에 죽고,
> 묵묵히 사지(死地)에 임하였으며….

그 내용은 여전히 판에 박은 듯한 문구를 나열한 데 지나지 않았
다.

전쟁 목적은 군인과 무관하다

전쟁의 목적은 일본 국내에서 그런 대로 논의가 되었으나, 말단 사병의 대부분은 '대동아 공영권의 건설'이라는 슬로건도, 동아 신 질서니 팔굉일우니 하는 말도 별로 들어보지 못했다. 병사들은 다만 군인칙유(軍人勅諭) ─ "우리나라의 군대는 세세 천황이 통솔하신다. 옛날 신무(神武) 천황이 몸소…"라는 장황한 문장을 날마다 봉창하여 오로지 천황의 명령대로 싸우고 있었을 뿐이다.

"천황을 위해서 살고, 천황을 위해서 죽는다."

"죽어서 유구한 대의[大義 : 군(君)에 대한 신민의 길]에 산다."

사병들은 질문을 받으면 이런 평범한 문구를 큰소리로 대답하는 것뿐이었을 것이다. 앞에서 인용한 신타 쇼조[信太正三]는 그 전쟁 체험기에 다음과 같이 쓰고 있다.

> 우리 신병들은 한 사람도 충성, 의열의 인물은 아니었다. 사실을 말하면 무엇을 위한 전쟁인지, 군국주의적 세뇌가 아직 되지 않은 많은 소박한 두뇌로는 도저히 알 수 없는 일이었다.
>
> 군인칙유도 전진훈(戰陣訓)도 사실상 처음에는 암기하지 않으면 질책을 당하는 염불에 지나지 않았다. 그 염불은 관념조차도 아니었으며, 하나의 딱딱한 물질과도 같았다.
>
> 마치 총기의 분해 방법이나 그 부품의 이름을 외야 하는 것과 마찬가지로 그 염불도 기계적으로 머리 속에 때려넣지 않으면 안 되는 것이었다.

아침부터 밤까지 주입되는 군인칙유나 전진훈조차 무언가 알 수도 없는 염불 같은 것인데, 하물며 변호사인 사이토 다카오 의원까

지 '구름을 잡는 듯한 이야기'라고 평한 대동아 공영권이니 팔굉일
우니 하는 것을 쉴 새 없이 뛰어다니는 사병들이 이해할 수 있을
턱이 없었다.

군대에서 '이 전쟁의 목적은 무엇일까?' 하는 따위의 의문을 내
놓다가는 위험 사상의 소유자로 처벌의 대상이 되거나, 아니면 적
어도 사적인 제재 — 귀때기를 얻어맞을 것은 틀림없었다. 군인에
게는 '왜 싸우는가?' 하는 것은 문제가 아니고 문제로 삼아서도 안
되는 것이며, 중요한 것은 '어떻게 싸우느냐' 하는 것뿐이다. 군인
이라는 것은 아무것도 생각지 말고 — 생각한다면 천황폐하를 위
해서라고만 계속 생각하고, 그저 명령대로 움직이는 순종하는 동물
이어야 하는 것이다.

문명과 야만의 싸움

제2차 세계대전에서의 일본의 침략과 잔학행위를 '인류사상 드
물게 보는' 또는 '유사 이래의'와 같은 최상급 수식어를 사용하여
비난하는 풍조가 일부에는 있는 모양인데, 그것은 분명히 사실과
어긋난다. 침략 전쟁은 몇천 년 전부터 인류의 역사에 있어 온 통
상적인 사건이고, 전쟁에 부수되는 잔학행위 또한 셀 수 없이 많으
며, 그 규모나 질에 있어서 일본을 훨씬 능가하는 예를 들기에 힘
들지 않는다.

그러나 전시 국제법이 보급되고 적어도 선진 제국에서는 휴머니
즘이 뿌리를 내리기 시작하여 적십자조약, 헤이그 육전(陸戰)협정,
제네바 조약, 그리고 베르사유 조약, 파리의 부전(不戰)조약 등이
체결된 20세기 중엽이라는 시대를 배경으로 할 경우, 일본은 세계

의 진전에 뒤처진 야만국이라는 말을 들어도 하는 수 없을 것이다.

그러나 제2차 세계대전을 검토할 때, 일본이 범한 조약이나 협정 위반의 문제뿐만 아니라 보다 근원적으로 일본이라는 국가의 체질 그 자체가 문제되지 않으면 안 된다. 만일 일본이 '조국(肇國)의 이상'이라며 '대동아 공영권'이라는 미명 아래 동아시아 지역을 그 지배 아래 두었다면 어떤 사태가 벌어졌을까? 그것은 이미 일본의 통치와 관리 아래 들어간 조선, 대만 그리고 만주국의 모습을 보면 뚜렷해질 것이다.

인종차별, 그리고 억압과 간섭정책 등은 미국이나 유럽 제국과 비슷해서 특히 다른 점은 없다.

일본 정부, 일본군의 지도자들은 흔히 "이번 전쟁은 백인의 착취 밑에서 아시아를 해방하는 것이 목적이다" 하고 말했는데, 중국에서 일본이 군·관·민 모두가 권익 획득에 광분하여, "중국을 위해 무엇이 남겠는가 하는 느낌이 들게 했으며…" 하고 한탄한 것은 중국 파견군의 참모 자신이었다. 또 중국의 경우와는 달리 처음에는 해방군으로서 환영을 받은 버마에서 이권에만 눈이 어두운 일본인을 목격한 이 지역의 사령관(제15군) 이이다 쇼지로〔飯田祥二郎〕 중장이, "이래서야 대동아 공영권이고 성전이고 뭐고 없다"고 말했을 만큼 일본의 착취는 미국, 유럽과 버금 가거나 때로는 그 이상이었던 것이 틀림없다.

한편 유리한 점으로는 근대 문물과 제도를 도입하여 산업을 일으킨 것은 오히려 서유럽 제국 이상이었다고 할 수 있을 것이다. 다만 미국이나 유럽 제국의 식민지와 일본의 그것이 결정적으로 다른 것은 그들은 식민지에 근대의 정신을 가져다준 데 반해, 일본은 중세 또는 고대의 정신을 갖고 들어간 점이다.

일본의 식민지 또는 점령지 통치정책이 얼마나 시대착오적이었나 하는 것을 나타내는 예를 몇 가지 들기로 한다.

일본 정부는 그 통치 아래 들어온 조선, 대만에 대해서 이른바 황민화(皇民化) 정책을 취하여 천황 숭배와 신사 참배 등을 강제했다. 조선에서는 '황국 신민의 서사(誓詞)'라는 것을 제정하여 학교의 조례나 의식, 그 밖에 모든 기회에 반복 낭송시켰을 뿐 아니라, 일반 민중에게도 여러 회합에서 외우게 하여 이로써 제국 신민이라는 각오를 새로이 하게 하는 것이라고 했다. 그 서사란 다음과 같은 것이다.

1. 우리는 황국의 신민이다. 충성으로 군국(君國)에 보답하리라.
2. 우리들 황국 신민은 서로 신애(信愛) 협력하여 단결을 굳게 하리라.
3. 우리들 황국 신민은 인고(忍苦) 단련, 힘을 길러 황도를 선양하리라.

일본 정부는 일단은 독립국으로 되어 있는 만주국에서도, "천조대신(天照大神)을 봉사(奉祀)하여 그 숭경(崇敬)을 다하고… 신 그대로(惟神)의 길[신대(神代)에서 전해 내려온 일본국의 길 — 신도]을 국체로 삼는다"고 황제로 하여금 천명하게 하고, 건국신묘(建國神廟)라는 것을 건립시켜 의관속대(衣冠束帶)한 신관을 두고, 신체(神體)랍시고 이세신궁(伊勢神宮)처럼 둥근 거울을 모시게 했던 것이다.

이에 따라 학교 교과서도 그런 방침 아래 모두 새로 쓰게 되었다. 이에 관해서 《만주국사》에는 다음과 같이 씌어 있다.

만주계 편수관은 '신 그대로(惟神)'를 번역할 말을 찾는 데 애를 먹는 형편이었다. … '민족협화', '왕도 낙토(王道樂土)', '도의(道義) 세계의 건설', '팔굉일우'와 같은 말이 잇따라 사용되어 편찬상 단순한 문자의 나열만으로는 공허함과 무의미함을 느끼는 것을 피할 수 없었다. 더욱이… '신 그대로의 길'이 국본(國本)으로 정해지고부터 한층 그런 감을 깊이 느꼈다.

《만주국사》는 만주 건국에 관여한 사람들이 쓴 것으로서 일본의 만주 지배에 대해 오히려 호의적인 기술이 많은데, 그래도 '팔굉일우', '신 그대로의 길' 따위의 말에 공허함과 무의미함을 느끼지 않을 수 없었다고 쓰고 있는 것이다.

단순한 착취나 탄압의 단계에 머물지 않고 민중의 영혼 속까지 짓밟고 들어간 중세적 압제라고 하지 않을 수 없다. 그러기에 일본의 식민지나 점령지에 만들어진 신사는, 전후에 하나도 남김없이 불태워 없애는 '화공(火攻)'이라는 증오에 찬 방법으로 처리되었던 것이다. 서유럽의 침략이 기독교의 교회나 문명을 이해하기 위한 언어를 남겨온 것과는 결정적인 차이다.

제2차 세계대전에서도 일본은 남방 점령지구에서 조선, 대만에서의 교육정책과 비슷한 황국 신민교육을 실시했다. 이를테면, 인도네시아에서의 초등교육에서는 일본어, 인도네시아어, 종족어에 대한 시간 배분을 7, 2, 1로 했고, 1944년부터는 언어 중심의 교육에서 교육 칙어에 입각한 수신과 일본 건국사로서의 고사기(古事記) 이야기 등을 가르치고 교육의 일본화를 강행했다. 육군 점령지뿐 아니라 해군 점령지에서도 잠정 학제 기본요강에, "황민(皇民)으로서 필요한 자질의 함양에 노력할 것", "황국을 핵심으로 하는 대동아 건설의 의의를 가르치고 원주민에게도 그 책무를 체득시킬 것" 등이 정해졌다.

버마(지금의 미얀마)에서도 일본 군정 당국은 교육의 일본화를 위해 교원 연수에 주력했는데, 그 수업과목은 특히 일본어, 일본사 및 대동아 공영권 연구를 주로 하여 팔굉일우 및 대동아 이념에 철저하게 했던 것이다.

이를테면 일본어학교와 일본어 교원양성소의 교과서 편찬요령(1943년 4월)에 의하면, 전 페이지 가운데 일본의 '국체'(일본사, 일본 정신, 일본도덕 등)가 제1권의 10%에서 제5권의 30%까지 해마다 증가했으며, 대동아전쟁, 공영권의 이념 등이 제2권에서 제5권까지 5~10%, 그리고 버마 자체에 대해서는 제1권이 5%, 다른 권도 모두 10%에 지나지 않는다. 나머지 대부분은 일본의 생활이나 일본의 문학이다. 전후에 발간된 문부성 편찬의 《학제 80년사》도 점령지의 교육에 대해, "황도적(皇道的) 팔굉일우의 사상과 독선적 우월감에 결부되어, 이른바 신민적 교육으로 기운 경향이 있었다"고 쓰고 있다.

싱가포르에서도 다른 모든 것에 앞서서 — 방어진지의 구축보다도 군대의 보급보다도 우선하여, 일본에서 노송나무를 들여다가 광대한 쇼난(昭南) 신궁 즉 쇼와(昭和)의 소(昭)와 남양(南洋)의 남(南)을 따서 일본 정부는 싱가포르를 쇼난이라 명명했으며, 거리의 명칭도 모두 바꾸었다. 이 신사에는 이슬람의 술탄(Sultan)도, 카톨릭의 대사교도 손뼉을 치고 참배해야 했다.

야마시타(山下) 군사령관은 점령 두 달 후 천황 생일(4월 29일) 축하식에서 수천 명의 시민을 모아놓고 다음과 같이 연설했다.

이번에 새로이 대일본 제국의 신민이 된 말레이 주민과 함께, 성수(聖壽: 천황의 나이)를 축하드릴 수 있게 된 것을 본직은 충심으로 기쁘게 생각하는 바이다. 말레이, 수마트라의 민중은 모름지기 빛나는 제국의 새로운 백성이 된 영광에 감격하고, 제국의 존엄한 국체를 뚜렷이 인식하여 저마다 그 생업에 힘써야 할 것이다.

일본은 이러한 중세적·고대적 미망(迷妄)을 진심으로 믿고, 진정으로 그리하고 있었으니 그야말로 처치 곤란하다고 하지 않을 수 없다. 그 증거로 일본 정부는 대외적 선전 모략의 중점을 전쟁 목적의 천명과, 미국·영국·소련의 이간에 두고 있었다(세계 정세의 판단 및 전쟁 지도 대강, 1944년 8월 1일, 최고 전쟁 지도회의의 결정). 일본 정부는 같은 한자권 나라의 학자가 번역에 애를 먹는 무의미한 어구의 나열, 그리고 변호사 사이토 다카오가 "구름을 잡는 듯하다"고 말한 일본인조차 이해할 수 없는 논리가 외국인에 대해 설득력이 있다고 생각했던 것이다.

다음의 예는 전자보다 훨씬 말초적인 것이지만, 일본 정부의 타민족 지배정책 — 이라기보다 일본 국가 자체의 아나크로니즘(시대 착오)을 상징적으로 나타내고 있다고 여겨지므로 한 마디 언급해둔다.

일본 정부는 메이지 말년에 대한제국(大韓帝國)을 합병하자, 그 왕족의 독신 남성에게 저마다 격에 맞추어 일본의 황족과 화족(華族)의 딸을 출가시켰다. 그 예로 1920년 일본 귀족 나시모토 노미야(梨本宮)의 딸 마사코(方子)를 마지막 황태자인 이은(李垠)과 정략결혼시켰다. 쇼와에 들어와서도 만주 왕조의 황제 부의(溥儀)의 동생 부걸(溥傑)에게 사가(嵯峨) 후작의 딸을 시집 보냈다. 이 같은 정략결혼을 통해 조선과 만주의 민중을 회유하겠다는 발상에서 나온 것으로, 그 나라 민중이 시대에 뒤떨어진 그런 사고에서 훨씬 이전에, 또는 즉시 벗어나 있었다는 것을 전혀 깨닫지 못하고 있었던 것이다.

이런 방식은 2,000년 전에 한(漢)나라가 주변 만족(蠻族)들을 구슬리기 위해 왕족의 딸이나 한인의 관녀(官女)를 이들 만족의 수장에게 며느리로 준 정책과 같은 발상으로서 전근대적은 고사하고 고대적이라고나 해야 할 것이다.

종전 후 반세기가 지난 오늘날에도 일본은 구식민지의 주민들로부터 여전히 증오와 모멸의 말을 듣고 있다. 영국이나 프랑스의 식민지에서는 그 기간이나 정도에 있어 일본보다 더한 압제가 행해졌는데도, 그 지식인들은 감옥 안에서조차 그네들이 가져다 준 문명, 사상, 문학 등에 경의와 동경을 갖고 있었던 것과는 커다란 차이라고 하지 않을 수 없다.

전쟁의 목표는 제1차 세계대전을 경계로 하여 단순한 영토나 자원을 위한 싸움이 아니라 그 나라의 제도, 국민생활을 움직이는 사상·원리 등 이른바 원리전쟁이 되었다고 한다. 제2차 세계대전에 즈음하여 연합국은 대서양 헌장에서 볼 수 있듯이 '인류 보편의 원리', '문명의 이름으로'와 같은 당당한 전쟁 목표를 표방한 데 대해 일본의 그것은 '조국의 정신', '팔굉일우', '황도의 선포' 등 역사의 먼지를 털고 아득히 2,600년 전인가 하는 신화에서 꺼내온 생소한 자구의 나열이었으니 이 얼마나 서글픈 일인가.

1943년 미·영·중 3개국 수뇌가 모여서 발표한 카이로 선언에는 "… 이 야만스러운 적국에 대해 가차없는 탄압을 가할 결의…"

를 한다고 씌어 있는데 바로 이 선언대로 일본은 20세기의 야만국이었다. 야만국이 문명국을 당해내지 못한 것은 당연했다고 할 것이다.

뿐만 아니라 만일 일본이 이겼더라면 그것은 인류 문명의 역행이며, 천황폐하의 신민으로서 또는 이에 준하는 것으로서 대일본 제국의 지배 아래 신음해야 하는 동아 각민족은 말할 것도 없고, 일본 국민으로서도 대단히 불행한 결과가 되었을 것이다. 아직도 결핍되어 있는 중요한 점이 있기는 하나, 패전으로 비로소 일본 국민은 점령군에 의해 처음으로 자유가 주어졌고 민주주의를 얻을 수 있었다는 것을, 우리가 현실적으로 체험한 역사가 증명하고도 남음이 있을 것이다.

명분 없는 싸움

일본 정부가 포츠담 선언을 수락하면서 요망한 것은 천황의 지위를 지켜 달라는 한 가지뿐이었다. 집이 불타고, 굶주리고, 거리를 헤매고 있는 8,000만 국민에 관한 것도 아니고, 해외에서 그 갈길을 잃은 700만 동포의 안전도 아니었다. 하물며 대동아 공영권의 민중에 관한 것은 더욱이 없었다.

일본 정부가 높이 내건 '대동아 공영권의 건설', 그리고 늘 지껄여댄 '백인 지배로부터의 아시아의 해방'이 말뿐이었다는 것은 포츠담 선언을 수락하면서 연합국에 요망한 것으로도 분명하고, 이른바 종전(終戰)의 조칙에도 그것은 뚜렷하게 나타나 있다.

… 짐은 여기에 국체를 지킬 수 있게 되어… 모름지기 자손이 서로 전하여 확고히 신주(神州) 일본의 불멸을 믿고… 맹세코 국체의 정화(精

華)를 발양하여… 그대 신민은 짐의 뜻을 잘 명심하라. …

8년에 걸친 전쟁의 목적이자 이백 수십만 청년의 시체가 싸움터에 널리게 한 목적이었고, 동아 신질서도 대동아 공영권도 다 어디론지 날아가버리고 국체가 지켜졌다는 것만, 다시 말해서 자기들이 안전하다는 것만 기뻐하고 있는 것이다.

원래 이 전쟁은 연합국이 천황제의 폐지를 강요하고, 일본이 그것을 거부한 데서 일어난 것이 아니다. 이 전쟁은 일본이 먼저 싸움을 건 것이다. 만주사변 이래의 침략주의, 그것이 최종적으로 대동아 공영권 건설로 발전한 전쟁이다. 그런데 전쟁에 지고 나니까 "우리의 지위와 목숨만은 살려 주십시오" 하고 애원하고 있는 꼴이다. 일본의 전쟁에 대의명분이 없었다는 것을 스스로 고백하는 것이라고밖에 생각할 수 없는 것이다.

히틀러나 무솔리니가 연합국에 대해 자기 목숨을 살려 달라고 빌었다면 세계는 뭐라고 했을까? 유감스럽지만 일본은 그런 짓을 한 것이다. 포츠담 선언에 관해 연합국에 요청한 것도 종전의 조칙도 참으로 보기 흉한 추태를 드러낸 것이라고 하지 않을 수 없다.

대동아 공영권의 건설이라는 이상이 1%라도 진실이었다면 일본은 무기를 버리면서 연합국에 식민지 해방을 요청할 수도 있었을 것이다. 그것은 뻔뻔스럽다고 일축당할 가능성이 더 크겠지만 ― 일본의 점령지 행정이 가혹했다는 사실만은 결코 씻을 수 없더라도 ― 전후에 일본에 대한 아시아 민중의 노여움을 조금은 줄일 수 있었을지도 모른다. 그리고 전사한 일본 청년들도 역사의 진전에 적지만 기여를 했다는 만족감으로 지하에 잠들 수 있었을 것이다.

제2차 세계대전에서도 동남 아시아 제국이 식민지 상태에서 벗어나는 데 일본이 그 나름의 역할을 했다고 평가하는 이들 지역 사람들은 결코 적지 않지만, 대일본 제국은 그런 훌륭한 의도가 없었다는 것을 스스로 공식적으로 세계에 드러낸 것이다.

게다가 전쟁 종결에 즈음하여 일본국은 전쟁의 구실로 써먹던 동아시아 각국의 민중 따위는 깨끗이 잊었을 뿐 아니라 자국민의 목숨조차 무시하였다.

포츠담 선언 수락이 임박한 1945년 8월 13일 밤, 도고[東鄕] 외상은 우메쓰[梅津] 참모총장 및 도요타[豊田] 군령부 총장과 회담했는데, 이 때 도요타 총장을 수행한 오니시[大西] 군령부 차장은 그때까지도 다음과 같이 필승의 신념을 토로했다.

> 2천만의 일본인을 죽일 각오로 이들을 특공대로 사용한다면 결코 지지 않는다.

그러나 2,000만 국민을 희생한다는 정도로 놀랄 수는 없다. 소련군이 침공해온 8월 9일, 궁중에서 열린 어전회의에서 아나미[阿南] 육군상은 포츠담 선언의 수락은 천황제의 유지를 절대 조건으로 해야 한다면서 다음과 같이 주장했다.

> 1억이 어깨를 나란히 하여 쓰러지더라도 대의(大義)에 살아야 하며, 끝까지 전쟁을 계속하지 않으면 안 된다.

이런 생각은 직업군인들만이 아니다. 전 수상이자 당시의 추밀원(樞密院) 의장인 법학박사 히라누마 기이치로[平沼騏一郎]도 이

자리에서 같은 취지의 말을 하고 있다.

　　오직 국체의 수호와 황실의 안위는, 국민이 모두 다 전사하더라도 이
　를 지키지 않으면 안 된다.

　대체 국민이 모두 다 전사하더라도 지켜야 하는 대의가 무엇인
가? 국민을 모두 희생시키더라도 수호해야 하는 국체란, 황실이란
대체 무엇이란 말인가?

싸움에 쓰러진 병사들, 청춘을 바친 가엾은 청년들

　일본군이 적으로부터도 칭찬을 받을 만큼 용전감투했다는 것은
이미 썼다. 그들은 총알이 떨어져도 싸웠고, 식량이 없어져도 항복
하지 않았다.

　그 광신을 비웃기는 쉽지만, 어쩌면 그들은 그렇게도 슬픈 병사
들일까.

　그들은 적국은 말할 것도 없고 온 세계로부터 귀축(鬼畜)처럼 비
방받고, 침략자로 매도되고, 일본 국민으로부터도 비난을 받거나 또
는 망각되려 하고 있다. 그들의 최대 비극은, 그들이 청춘을 바치고
그 목숨을 희생한 오랜 고투가 명분 없는 싸움이고 부정한 전쟁이
었다는 것이다.

　그 싸움의 목적이 사실은 무엇이었거나 아시아의 민중을 서유럽
의 식민지 지배에서 해방하는 것이라고 확신하고, 아니 하다 못 해
사랑하는 처자, 부모를 위해서, 국민을 지키기 위해서 싸우는 것이
라고 믿고 있었다면 그들은 아직 구원을 받을 수 있을 것이다.

　그러나 그들은 황도 선포를 위해서, 조국의 이상과 팔굉일우의

실현을 위해서, 그리고 황공하옵게도 만세일계의 천황 폐하를 위해 서라고 교육을 받고, 주입되고, 억지로 그렇게 믿고, 믿도록 강요되어 싸움터를 뛰다가 죽어간 것이다. 이런 황당무계한 ― 올바른 상식으로 돌아가면 고소와 냉소의 대상밖에 되지 않는 이런 슬로건 아래서 그들은 죽어간 것이다.

그들이 가졌던, 또는 갖도록 강요당했던 신념은 세계 인류의 그 어느 누구의 공감도 얻지 못할 것이다. 그 신앙은 ― 먼 장래의 자손을 기다릴 것도 없이 그들 자신의 자식과 손자들도 벌써 틀림없이 이해할 수 없게 되어 있는 것이다. 그들의 용전은 20세기의 현대에 핀 한 송이 '고대 야만의 열매 없는 광신의 꽃'이라고나 할 수 있을까.

이렇게 생각하니 이 전쟁에 젊은 생명을 잃은 이백 수십만 병사들과, 몇 해 동안이나 청춘을 허비한 몇백만 청년들이 얼마나 가엾은가. 그러기에 이 전쟁을 일으키게 하고 절망적인 싸움을 속행시킨 일본 국가의 체제, 그리고 그 이념의 책임은 철저히 추궁되지 않으면 안 되는 것이다.

군대에 징집된 사람들의 회상록에는 전쟁에 나간 것을 후회하지 않는다고 적은 글도 더러 보인다. 도쿄제대를 졸업하고 중국 전선, 버마의 임팔 전선 등에서 경리 장교로서 5년 동안 싸운 요시다 유아이(吉田友愛)는 다음과 같이 쓰고 있다.

종전 후 33주기(周忌)를 맞이한 오늘, 당시의 고생을 원망하고 싶은 기분은 전혀 없다. 오히려 당시를 그리워하고, 귀중한 젊은 날의 경험으로 자랑스럽게 느끼고 있다.

이와 같이 쓰고 말하는 사람 중에는 장교가 많은 것 같다. 학생 또는 갓 사회인이 된 미숙한 청년이 1년 정도의 훈련으로 견습 사관이 되어 많은 병사들을 지휘하는 책임 있는 지위에 앉았을 때의 긍지와 기쁨은, 확실히 인생에서의 하나의 절정이기는 했을 것이다.

이와 같은 약간 냉소적인 견해는 제쳐놓고라도 그 병영과 싸움터의 긴장과 고통은, 이를 경험한 자의 그 후의 인생에서 자신과 격려의 근원이 된 것은 틀림없을 것이다.

요시다 유아이가 "원망하고 싶은 기분은 조금도 없다", "자랑스럽게 느끼고 있다"고 쓰고 있는 것은 그 자체는 거짓말이 아니겠지만, 마음의 주름살 속 깊이 더듬어 들어가면 그렇게 생각하고 싶은 기분이 더 진실이 아닐까 싶다.

인간은 누구나 자기가 해온 것을 부정하기란 견디기 어려운 고통이다. 하물며 열심히 노력해왔을 때, 그리고 그것이 장기간에 걸쳤을 때는 더욱 그렇다. 그것을 부정하는 것은 자기의 인생 자체를 부정하는 것이 되기 때문이다. '무의미했다고는 생각하고 싶지 않다', '어떻게든 그것에 의의를 부여하고 싶다'는 마음 밑바닥에 숨은 이 같은 생각이 이런 회상록의 문장으로 이어지고 있는 듯한 생각이 든다.

"원망하지 않는다", "자랑스럽게 생각한다"고 일부러 쓰지 않을 수 없는 환경에 투입된 것 자체가 그의 고통과 비참에 물든 젊은 날의 체험을 이야기하는 것이라고 해야 할 것이다. 사실 그와 그의 동배들이 쓴 전기집(戰記集)에는 《전진(戰塵)투성이의 청춘》이라는 제목이 붙어 있다.

제6장

어째서 당시의 매스컴은
전쟁에 반대하지 못했는가?

6

젊은 사람들한테서 또는 자식이나 손자들에게서 다음과 같은 질문을 받고 당황하는 연배자는 적지 않은 것 같다.

"그런 부정한 침략, 더욱이 세계를 상대로 이길 턱이 없는 무모한 전쟁에 어째서 당시의 일본인은 반대하지 않았던가? 특히 매스컴은 무엇을 하고 있었던가? 몇백만이나 죽고, 국토가 온통 초토화될 때까지 싸우는 그런 광기 어린 짓을 어째서 그냥 간과했단 말인가?"

질문을 받은 쪽은 쓴웃음으로 얼버무리거나 아니면, "반대할 수 있는 상태가 아니었기 때문이지" 하고 대답하는 것이 고작일 것이다. 그러나 반대할 수 있는 상태가 아니었다는 그 구체적인 내용은 무엇인가?

우리는 그것을 정확히 대답해둘 필요가 있지 않을까? 그것이 다음 세대 사람들에 대한, 그 전쟁을 치러 온 세대의 의무일 것이다.

신문이 반대하면

국가 권력에 대한 국민의 최대 무기는 두말할 것도 없이 언론이다. 텔레비전도 없고, 라디오는 공영 NHK 하나밖에 없으니 언론의 가장 큰 담당자는 신문과 출판이다. 따라서 이 둘에 대해 정부는 엄중한 규제를 실시했다.

메이지 초기에 자유 민권론의 억압에 절대적인 기능을 발휘한 신문지 조례나 참방률(讒謗律)[1]은 별도로 치고라도, 쇼와 초기의 이 분야에 대한 단속법은 1909년부터 시행된 신문지법(잡지 등 정기 간행물 포함)과 출판법(1893년부터 시행)이며, 이것은 전쟁이 끝난 1949년까지 시행되었다. 신문 발행인은 게재사항의 종류, 인쇄소 등 여러 가지 상세한 것을 미리 내무대신에게 신고해야 하고, 신문은 발행과 동시에 내무성에 2부, 관할 지방관청 및 관할 검사국에 각 1부를 제출하도록 정해져 있었다. 신문지법 제23조에, 내무대신은 그 게재내용이 안녕 질서를 문란케 하고 또 풍속을 해친다고 인정할 때는 그 발매를 금지하고, 필요에 따라 이를 차압할 수 있었다. 경찰은 내무대신의 관할이므로 '내무대신이 인정할 때는'이라는 것은 요컨대 '경찰이 그렇게 인정하면'이라는 의미다.

풍속을 해치는 문서의 반포는 지금도 형법에 "외설문서 반포 등"으로 금지되어 있는데, 이것은 세계 어디서나 마찬가지일 것이다. 그러나 "안녕 질서를 문란케 한다"는 데는 상당히 폭넓은 해석이 성립되며, 방법에 따라서는 정부의 마음에 들지 않는 것은 대개 안녕 질서를 문란케 한다는 항목을 적용할 수 있다.

---

1) 1875년 자유민권 언론이 활발해지자 정부에 대한 비판을 규제하고자 메이지 정부에 의해 공포된 언론규제법이다. 참방(讒謗)은 욕하고 비방(誹謗)한다는 뜻.

내무대신 외에 육·해군 그리고 외무대신도 그 소관사항에 관한 보도를 금지 또는 제한할 수 있었다. 이들 행정관청의 명령을 어기면, 내무대신의 명령위반의 경우는 편집인과 발행인은 6개월 이내의 금고형(또는 200엔[1] 이하의 벌금형), 나머지 세 대신의 명령을 위반하는 경우는 2년 이하의 금고형(또는 300엔 이하의 벌금형)에 처해졌다. 군사 또는 외교에 관한 기사의 금지령을 위반하는 경우에는 금고형으로, 기간으로 말하면 일반 기사보다 4배나 더 무거운 벌칙이 과해지는 셈이다. 중일전쟁이 일어난 지 한 달 남짓 후 신문지법 제27조가 발동되어 군기군략(軍機軍略)에 관한 보도는 육·해군 대신으로부터 미리 허가를 받은 것 이외는 일체 금지되었다.

발행인, 편집인뿐 아니라 인쇄인까지도 마찬가지로 '황실의 존엄을 모독하고, 정체를 개변하고 또는 조헌(朝憲 : 국헌)을 문란케 하는 사항'을 게재했다고 인정될 때는 2년 이하의 금고형에 처해졌고, 각 신문사는 황실 보도 관계와 경어 사용 등에 각별한 주의를 기울였으며, 그것이 적절치 않다고 하여 책임을 진 편집자와 기자의 예는 드물지 않다.

이상 각조의 처벌을 받았을 때는 재판소는 신문의 발행을 금지할 수도 있었다.

시대와 더불어 강화되는 통제

시대의 진전과 더불어 신문에 대한 규제는 강화되고, 태평양전쟁이 시작되는 해 1월, '신문지 등 게재 제한령'이 국가총동원법에

---

1) 1940년대 초의 100엔은 지금의 20만~30만 엔이다.

의해 칙령으로 발령되었다. 이 국가총동원법이라는 것은 제1차 고노에[近衛] 내각에서 제정한 것으로 그 구체적인 내용은 칙령에 맡겨놓은 광범한 위임 입법이다. 의회에서는 입법권을 무시하는 것이라 하여 심의가 난항을 거듭하였다. 모든 물자와 가격 통제, 노동력 징용, 임금, 집세, 회사 경리, 은행자금 운용, 회사 설립, 합병, 증자, 공장·사업장관리, 그 밖에 경제에 관한 것은 모두 정부 통제 아래 둔다는 광범하고도 강력한 규제법이었으며, 언론도 그 일환으로 단속이 강화된 것이다.

'신문지 등 게재 제한령'의 내용은 신문 이외의 출판물도 대상으로 하였으며, 이를테면 다음과 같은 사항의 게재가 금지되었다.

1. 당해 관청이 지정한 총동원 업무에 관한 정부의 기밀
2. 총리대신이 금지를 지시한 아래와 같은 사항
   ● 외교에 관해 중대한 지장이 생길 우려가 있는 사항
   ● 재정 경제 정책의 수행에 중대한 지장이 생길 우려가 있는 사항
   ● 기타 국책 수행에 중대한 지장이 생길 우려가 있는 사항

이와 같은 금지사항의 위반에 대해 발매 및 반포 금지, 차압 그리고 발행자 및 저자(편집자)는 2년 이하의 징역형(또는 2,000엔 이하의 벌금형)에 처해졌다.

1941년 12월, 태평양전쟁의 개전과 더불어 신문 등에 대한 통제는 한층 더 심해진다. '언론, 출판, 집회, 결사 등 임시 단속법'이 공

포되고, 같은 달 18일에는 앞에서 말한 국가총동원법에 의한 칙령 '신문 사업령'이 시행되었다. 그리고 그 해 12월에 개회된 제79의회에서는 '전시 형사특별법'이 성립되었는데, 이 법률에는 다음과 같은 조문이 들어 있다(1943년 개정).

전시에 즈음하여 국정의 변란을 목적으로 두드러지게 치안을 해치는 사항을 선전한 자는 7년 이하의 징역형 또는 금고형에 처한다(제7조의 4).

여기에서 국정이란 '국가의 기본적 제도', '위에 의해서 성립되는 정부, 의회 등의 현실적 정치 기구', '기본적 국책'을 가리켰다.

기본적 국책이란, 내정 및 외정에 관한 여러 가지 정책 가운데서 근간으로 간주되는 것, 이를테면 대동아전쟁의 완수, 독일·이탈리아와의 동맹, 만주국, 중국 왕조명(汪兆銘) 정권과의 결맹, 국방의 목적 달성을 위한 경제 통제가 이에 해당한다고 했다. 요컨대 정부가 하는 일은 지엽 말단적인 것을 제외하고 이에 반대 또는 비판을 선전하는 것은 모두 범죄행위라는 말이다. 신문은 현실에 일어나고 있는 것을 일반 국민에게 알리고, 이것을 엄정하게 비판·분석하는 것이 본래의 일이어야 하는데, 이래서야 어용 신문이 아닌 이상 발행할 수 없을 것이다.

신문 사업령도 신문사로서는 매우 중요한 사항을 포함하고 있는데 그 중요한 점을 들면, 주무 대신이 필요하다고 인정하면 신문사 주에게 사업의 양도, 양수, 합병을 명할 수 있고, 이 명령을 듣지 않거나 당해 신문 사업의 운영이 국책의 수행에 중대한 지장을 미칠 우려가 있을 때, 그리고 일본 신문회의 규정에 위반할 때는 사업의 폐지나 휴지를 명할 수 있다고 되어 있다.

일본 신문회는 각종 업계의 통제 단체와 마찬가지로 국가총동원법에 입각하여 정부의 명령으로 설립된 것으로서 신문의 편집, 기타 통제 지도, 신문 사업의 정비(합병 등)에 관한 지도 조성, 신문용지, 기타 자재의 배급의 조정과 같은 사업을 담당했다.

원래 있던 신문지법에서 발행 금지는 재판소의 소관이었으나, 이제 합병도 폐지도 행정 관청의 뜻대로 할 수 있게 되어 신문은 완전히 옴쭉달싹도 못하게 되어버렸다.

메이지 초년 일본에 신문사가 창설되었을 때, 보도보다는 '반골(反骨) 정신'을 우선으로 한 것이 일본 근대 저널리즘의 발족을 장식하는 특색이라고 하는데, 이제 모든 신문은 정부의 어용 신문이되는 수밖에 없었고, 각사는 앞을 다투어 전쟁을 구가하며 군의 앞잡이 노릇을 하게 되었다. 이에 대해서 전후에 엄한 비판을 받았는데, 그 비난은 모자라기는 해도 지나치지는 않았을 것이다. 그렇지만 전쟁에 반대하거나 비판적인 것은 물론이고, 조금이라도 전쟁에 소극적인 신문은 일본에 존재할 수 없었다는 사실도 기억해둘 필요가 있을 것이다.

신문은 검열받아야

정기간행물로 등록된 잡지 《중앙공론》에 게재된 내용을 신문지법을 적용하여, 그 법 제23조의 "안녕 질서를 문란케 하였다"고 인정된 이시카와 다쓰조[石川達三]의 유명한 "살아 있는 군인"이 있다.

"살아 있는 군인"은 난징[南京] 공략 작전을 그린 것으로 상당히 생생하게 일본군의 잔학행위를 묘사한 부분은 있지만, 물론 반전적인 것도 반군적인 것도 아니고 지나치게 처참한 사실이라고 할 정도도 아니다. 그것이 금고 4개월, 집행유예 3년(편집인에게도 같은 형벌이 과해졌으며, 발행인은 벌금 100엔)의 판결을 받은 것이다. 국민에게 성전의 실상, 일본군의 실태가 알려지는 것을 두려워했기 때문일 것이다.

국민이 뽑은 의원들이 심의하는 제국의회의 의사록도 그대로 보도하는 것은 금지되었다. 의사의 내용이 법률에 입각한 기사 게재 금지사항에 해당하여 안녕 질서를 문란케 하거나 또는 내무성의 신문 기사 금지사항에 저촉된다고 불허할 때는 의사록에 실려 있는 것이라도 기사화할 수 없었다. 귀족원 위원회는 회의 자체의 공개가 금지되어 있었으며, 그 상황은 사무국에서 발표할 뿐이고 그 이외의 게재는 일체 허용되지 않았다.

군사와 외교에 관해서는 특히 까다로워 이를테면 중일전쟁이 시작된 1937년 7월에는 내무대신이 발표한 기사 게재금지의 시달문에 다음과 같은 사항이 몇 페이지나 세밀하게 나열되어 있다.

- 이번 중·일 양군의 충돌은 일본측 오류에 의한 것이 아니라는 것
- 일본군은 결코 호전적이 아니라는 것
- 일본은 영토적 야심이 없다는 것
- 반전적·반군적인 인상을 국민에게 줄 것 같은 기사를 써서는 안 된다.
- 현역 만기가 된 일부 군인의 제대가 연기되었다는 것을 써서는 안 된다.
- 지명은 복자(伏字 : ○○, △△ 등의 표기)로 할 것
- 모부대의 모부대장과 같이 지휘 계통을 나타내도 안 된다.

● 소집 미담은 좋으나(이 사람은 평소에 의용봉공의 정신이 강하여, 용약 소집에 응했다는 식의 예시가 실려 있다), 소집의 종류(예비역 소집, 보충병 소집 등)는 써서는 안 된다.

● 중국 주둔군 사령관·참모장의 관직, 성명 및 사진은 실어도 좋으나 다른 고급장교나 군기를 가진 부대의 사진은 안 된다.

발매금지 또는 삭제 목록에는 "선명하지 않은 천황의 사진", "조악한 천황의 사진"이라는 조항도 있다. 이런 상세한 지시가 잇따라 시달되었으니 신문사는 밤낮 몇 권이나 되는 명령철과 씨름하면서 기사를 써야 했던 것이다. 군관계 기사의 경우는 지시를 어기면 신문지법 위반뿐 아니라 동시에 많은 경우 군사기밀 보호법 위반에 걸리기 때문에 신문 기자들은 긴장하지 않을 수 없었다.

1932년의 5·15사건[1] 때도 신문기사 금지통첩이라고 하여 다음과 같은 것이 각 신문사에 시달되었다.

● 범인의 신분, 성명, 신원에 관한 것

● 사건이 군부와 관계가 있다고 하여 군의 조직과 운영에 영향을 줄 만한 사항

● 이 사건 발생의 원인 및 금후에 다시 일어날 수 있다고 예견하는 따위의 사항

범인이 해군 사관이라는 것도, 군과 관계가 있다는 것도 써서는 안 된다면 아무것도 쓸 수 없는 것은 당연하다. 사실 5·15사건의

註 ━━━━━━━━━━━━━━━━━━━━━━

1) 1932년 5월 15일 해군청년장교 일단에 의해 현직 이누카이(犬養) 수상이 살해된 사건으로 정당 내각이 붕괴되고 일본은 군국의 길을 걷는다.

보도가 해금된 것은 1년이 지난 뒤였다.

금지명령을 어기면 물론이고, 그렇지 않더라도 검열당국의 마음에 들지 않는 것이 썩어 있으면 발매 금지 또는 삭제당한다. 그 수는 신문사가 지극히 '얌전해진' 전쟁 말기인 1944년에도 전국에서 27개 신문이나 되었으며, 어용 신문이라고 할 《다이쇼익찬신문》도 "피마자의 집하(集荷) 호조"라고 썼다가 발매 금지처분을 받았다. 피마자는 발전기의 윤활유로 사용되므로 전시 물자로 기밀에 속한다는 것이었다.

발매 금지나 삭제 명령을 받으면 신문사는 그 뒷처리가 힘이 들기 때문에 신문사 쪽에서 자진하여 사전 검열을 받아 놓고, 미리 난을 피하는 노력을 하게 되었다. 그러나 사전 검열을 받은 것이라도 나중에 금지 처분을 받는 일이 있어서 그것이 앞에 적은 그런 숫자로 나타난 것이다.

한창 전쟁이 진행중이던 1943년의 경우를 보면 사전 검열수가 9만 건(하루에 250건), 그 가운데 불허가수는 1만 2,000건, 그 밖에 전화에 의한 조회가 약 5만 건(하루에 140건)이었다고 한다(정부는 전화에 의한 문의도 인정했다).

삭제 명령을 받은 부분은 부랴부랴 다른 기사로 메우거나 그럴 시간이 없을 때는 그 부분을 까맣게 지우거나 공백을 남긴 채 발매했다. 당시는 그런 신문지를 종종 볼 수 있었다.

지도(指導)라는 통제

사후건 사전이건 검열에 의한 발매 금지나 삭제 등은 정부로서는 바람직스러운 일이 아니었다. 어느 날 갑자기 신문이 배달되지 않거나 한 부분이 까맣게 지워진 신문을 보면, 당연히 독자들은 무언가 정부에 좋지 않은 것이 보도되었구나 하고 짐작을 하게 되기 때문이다.

그래서 '내면지도(內面指導)'라고 하여 정부에 의한 사전편집 지도방식이 사용되었다. 지금도 행정 지도라는 법률에 의하지 않는, 그러면서도 사실상 강제력을 가진, 근대 국가로서는 기묘한 방식이 일본에서 횡행하고 있으니 하물며 전쟁중에는 극히 당연한 일이었을 것이다.

구체적으로 각사의 편집자와 내각 정보부나 내무성 경보국(警保局), 육군성 정보부, 해군성 군사 보급부, 대본영 육해군부(大本營陸海軍部), 게다가 지방경찰 관계담당관과의 비공식 간담회가 늘 개최되어 관청의 지도를 받은 것이다. 의회 개회중에는 날마다 의회 안에서 각사의 정치부장, 사회부장과의 간담회가 열렸다. 그 자리에서 정부측으로부터 편집의 방향이 지시되고 자질구레한 주의 사항도 전달되었다. 기사화할 때의 단수(段數)까지도 지정받았다. 간담회니까 법적인 강제력이 없는 것은 당연하지만 그것을 따르지 않았을 때 무슨 일이 일어날 것인가는 새삼 말할 것도 없다.

일본 정부, 특히 언론 관계 관청이 지도를 얼마나 좋아했는가 하는 일례로 대전이 일어나기 전 해인 1940년에 발족된 내각 직속 정보국의 직무사항 일람표를 보자. 정보국은 앞에 적은 외무·내무·육해군 각성의 정보 관계 업무를 통합한 것으로서 5부 15과로 구성되어 있으며, 그 직무 속에 '감독', '검열', '단속'이라는 말이 각각 3회, '통제'가 1회, '지도'라는 말은 실로 19회나 나온다.

국민이 즉 신문이나 매스컴이 자주적으로 전쟁을 추진하고, 또는 전쟁에 협력하는 것이 정부로서는 가장 바람직스러운 일이다. 지도라는 이름 아래 강제로 그런 것처럼 보이게 하기 위해 정부가 얼마나 고심하고 있었나 하는 것을 보여주는 것이다.

신문을 지배하는 결정적인 수단은 신문용지의 배급이다. 신문용지의 통제는 물자의 하나로서 중일전쟁 초기에는 상공성(지금의 통산성)이 쥐고 있었으나, 1940년에는 내각의 신문용지 통제위원회로 옮겨지고, 나중에는 정보국 주관 밑의 특수법인 일본신문회의 손으로 넘어갔다. 이미 1938년 8월 이래 '신문용지 공급 제한령'이 공포되어 지방언론의 통폐합이 진척되고 있었는데, 제2차 세계대전이 시작되고 얼마 안 되는 1942년 2월, 일본신문회 창립 이후에는 신문사의 영업은 정부에 의해 완전히 목덜미가 잡힌 꼴이었다. 1942년 11월 1일 현재 신문사의 수는 전쟁 전의 739개사에서 64개사로 줄었다.

잡지 등 편집에 대한 지도

정기적으로 간행되는 잡지는 신문과 마찬가지로 신문지법의 적용을 받으므로, 지금까지 말한 신문에 관한 사항은 대체로 잡지에도 해당된다. 다만 잡지의 경우는 편집·발행의 간격이 있고, 또 기자가 직접 기사를 다 쓰는 것이 아니라 집필자라는 제3자가 주된 역할을 하므로 편집자에 대한 지도는 훨씬 면밀, 상세해지는 경향이 있었던 것 같다.

정보국에서는 잡지 출판 간담회라는 것을 한 달에 한두 번 개최하여 편집자와 때로는 사장, 기타 간부까지 참석시켜 금지사항을 통달하고 편집내용에 대한 주문을 했다.

잡지 간담회라는 것도 있어서 각 잡지의 편집장을 모아놓고, 지난 달의 잡지를 하나하나 집어들며, "이 기사는 좋다", "이 논문은 좋지 않다" 하고 강평했으며 채점표까지 작성했다고 한다. 이 자료는 용지 할당과 기업 정비 때 이용하는 것이다. 단상에 서서 학생의 논문이나 답안을 논평하는 교사보다 더 오만하게 한바탕 늘어놓는 것은 정보국에 파견 나가 있는 육해군, 특히 육군의 중·소령급으로 그들은 검열관계의 중요 부서를 거의 독점하고 있었다.

천황 기관설(機關說) 문제에서 미노베[美濃部] 규탄의 불을 붙인 자가 우익의 이론가(?) 미노타 무네노부[蓑田胸喜]였던 것처럼 이들 군인들의 그늘에는 각종 정보의 제공을 업으로 삼는 문필가나 평론가나 잡지 편집자가 있었다고 한다.

군인들이 대량의 그리고 때로는 상당히 난해한 논평을 해독하여 비난할 점을 찾아내고 그 논리를 구성한다는 것은 그들의 교양과 경험으로는 곤란할 것이기 때문이다.

각종 매스컴 관계 업무는 정보국에 통합되어 있었는데 육해군 양성을 비롯하여 각성이 모두, 나아가서는 국민정신 총동원본부, 다이쇼 익찬회와 같은 정부의 외곽단체까지도 공식·비공식으로 간담과 지도를 강요했고, 각 출판사는 그 응대에 겨를이 없는 상태였다.

'지도'가 진전되자 이윽고 집필자의 집필 제한이 시작되었다. 내무성 경보국이 나중에 옥사하는 도사카 준[戶坂潤]이라든가 미야모토 유리코[宮本百合子] 등 일곱 명의 집필자 이름을 들어, 이들의 논문이나 작품을 일체 잡지에 싣지 말도록 잡지사에 처음 시달한 것이 중일전쟁이 시작된 1937년 12월인데, 집필 금지의 인원수는 자꾸만 불어났다.

집필 금지는 본인에게 통지하는 것도 아니고 잡지사에 공문을 보내는 것도 아니며, 단지 구두로 지시하는 것뿐이므로 관청 쪽에는 아무 책임도 생기지 않고 증거도 남지 않는다. 이 내면지도를 듣지 않으면 용지의 삭감을 비롯하여 음성적인 보복을 각오해야 함은 새삼 되풀이할 것도 없을 것이다. 《근대 일본 총합연표》(제3판, 岩波書店)에, "1941년 2월 정보국은 야나이하라 다다오[矢內原忠雄], 요코타 기사부로[橫田喜三郞] 등 65명의 집필자 명부를 내시(內示)"라고 하는 내용의 문서가 있는 것을 보면 집필 금지자 통보하는 문서로도 한 모양이다.

검열관들은 집필을 금지시킬 뿐 아니라 이윽고 '낙하산 원고'의 게재를 요구하게 되었다. 관선 집필자나 기사의 강요는 정보국이 창설된 1940년 이전 내무성 경보국 시대부터 하고 있었던 일인데, 이제 군인들은 공공연히 직함이 들어간 자천(自薦) 원고를 들고 들어오게 된 것이다. 원고료에는 간담을 위한 접대와 마찬가지로 각별한 배려가 있었던 것은 말할 것도 없다.

처음 이 낙하산 원고를 싫어한 잡지사도 드디어는 그들의 비위를 맞추기 위해 그것을 서로 빼앗아가며 게재하게 되었다. 사태가 이에 이르자 정보국의 지도는 점점 더 강해져서 편집권 자체를 침범하여 잡지의 기획이라든가 예정 집필자 등을 사전에 제지시켜 바람직스럽지 않은 것은 사정없이 삭제해버렸다. 용지 할당, 기업양도, 합병, 폐업의 권한을 한손에 쥔 당국에 대해서 잡지사는 신문사와 마찬가지로 저항의 수단이 전혀 없었다.

1944년 5월에 잡지 수가 전쟁 협력정도와 국체의식 그리고 지명도 같은 것을 고려해서 약 10분의 1로 정리·통폐합되었다. 마지막까지 아주 미미하게나마 자유와 비판의 냄새를 남기려고 안간힘을 쓴 종합잡지 《개조(改造)》와 《중앙공론》도, "최근에 이르러 양사의 영업 방침 가운데 국민의 사상 지도상 묵과하기 어려운 사실이 밝혀졌으므로…(정보국)," 자발적으로 폐업하라는 지시를 정보국으로부터 받았다.

발매 금지나 출판사의 통폐합에 의한 실직의 단계가 아니라 날조와 처절한 고문으로 유명한 요코하마(橫浜) 사건(체포 50명, 옥사 4명, 보석 직후 사망 2명, 부상 31명)에서는 《아사히(朝日)신문》 관계자 10명 외에 잡지(中央, 改造, 岩波, 日本評論社) 편집자 17명이 체포되었다.

이리하여 전쟁 말기에는 온 일본 안에 대본영 발표와 정보국 지도의 신문이라는 이름의 허보(虛報)와, 그것이 일본어라는 것만 알 수 있을 뿐 거의 의미 불명한 잡지라는 이름의, 전쟁을 부채질하는 주문집(呪文集)밖에 존재하지 않게 되었다. 온 일본에서 제정신의 문자와 문장이 사라져버린 것이다. 그 내용이 거의가 웃음거리랄까 '반광란자의 잠꼬대'나 다름없었다는 것은 제9장에서 사례의 일단을 들기로 한다.

신문인들의 저항

전쟁중에 《중앙공론》의 편집장을 하다가 이른바 요코하마 사건으로 체포되었던 하타나카 시게오(畑中繁雄)는, "오늘날 일반적으로 평가할 만한 정도의 저항 따위는 전쟁 말기 일본 사회의 드러난 자리에서는 아무 데도 존재할 수 없었다"고 쓰고 있는데, 전쟁 말기에는 그랬겠지만 메이지·다이쇼 시대는 제쳐놓고 쇼와 초기에는 신문도 그 나름의 저항 자세를 보이기는 했다. 잡지도 마찬가지다.

만주사변이 일어났을 때는 거의 모든 신문이 이를 비난 또는 비판했으나, 재향군인회의 불매운동 등 압력 때문에 가장 강경하게 반대한 《아사히신문》도 한 달쯤 뒤에는 육군에 대한 공격의 화살을 거두어버렸다.

그러나 전국지가 얌전해진 뒤에도 《후쿠이〔福井〕일보》는 집요하게 만주사변에 대한 비판을 계속하여 헌병대로부터 엄중한 계고를 받았다. 만주사변 이듬해의 5·15사건 때 《후쿠오카〔福岡〕일일신문》편집국장 기쿠타케 아쓰〔菊竹淳〕는, '감히 국민의 각오를 촉구함'이라는 제목으로, "군대와 군인은 시랑(豺狼 : 승냥이와 이리)보다 혐오할 존재다. 국군 스스로 먼저 붕괴하리라는 것은 필연이다"라고 논하여 격앙된 육군 군인과 우익으로부터 협박장과 항의 전화가 쇄도했고, 신문사 옥상에는 군용기가 선회하며 위협했다. '폐하의 군대를 모욕하다니 용서할 수 없다'는 것이었다. 기쿠타케는 중일전쟁이 일어난 해에 병사한다.

지방 신문이 이런 방침에 저항한 기록은 많이 찾아볼 수 있다. 만주사변 다음해에 처음으로 실시된 방공연습에 대해 《시나노〔信濃〕매일신문》은 평론란에서 '관동 대방공 연습을 비웃다'라는 제목으로 이를 통렬히 비판했다.

12년 후 결말은 이 신문이 예상한 대로 되었는데, 이때 이 신문은 적기가 도쿄 상공에 도달하는 상황이 되면 목조 가옥이 많은 수도는 단숨에 초토화될 것이라고 썼던 것이다. 격분한 육군의 압력으로 주필 기류 유유〔桐生悠悠〕는 그 직위에서 쫓겨났다.

그는 나고야〔名古屋〕에서 《타산지석(他山之石)》이라는 개인 신문을 발간하여 끊임없이 국내정세를 통렬히 비판하고 발매금지를 당했으며, 1941년 일본을 파멸로 몰고 가는 대전을 눈앞에 두고 병사했다.

신문인의 저항으로서 뜻밖에 잘 알려지지 않은 것으로 《도쿄 석간 신보》의 폐간 사건'이 있다. 이 신문은 발행부수 1만 2,000~2만 정도의 조그만 신문사였는데, 2·26사건이 터지자 금지 명령도 당국과의 간담회도 무시하고, '이러한 사태를 보도하는 것이야말로 신문 본래의 사명'이라고 자인하면서 반란 부대의 행동과 그 밖의 불온 사항을 보도했다. 그 결과 신문지법, 군기보호법 위반죄에 걸리고 말았다.

1939년 중국의 새 국민정부 구상을 일본 정부와 협의하기 위해 왕조명(汪兆銘)이 일본을 방문했을 때도 이 신문사 사장 나카지마 데쓰야〔中島鐵哉〕는, "외국 신문에 나 있는 기사를 일본 신문에 보도할 수 없다는 것은 암흑 정치"라며 당당하게 이를 게재했다. 이 신문의 거듭되는 비협조적 태도에 당국은 마침내 강제로 폐간시켰으며, 나카지마 사장은 "… 시대의 조류는 자유의 붓을 휘두르지 못하게 하기에 이르렀다…"는 폐간사를 쓰고, 26년을 이어온 《도쿄 석간 신보》의 막을 내렸던 것이다.

전쟁 말기에 가까워진 1944년 2월의 '죽창(竹槍)사건'도 잊어서는 안 될 것이다. 트럭 섬에서 일본 해군이 괴멸적 타격을 입었을 때, 《마이니치〔每日〕신문》은 "이제 죽창으로는 안 된다. 비행기라야 한다. 해양 항공기라야 한다"고, 당시에 이미 조석간 합쳐서 4~6페이지로 축소되어 있던 지면에 4단 제목으로, 정신주의를 배격하고 해군 항공대의 증강을 역설했다.

기사를 쓴 니이나 다케오[新名丈夫] 기자는 해군 담당이었는데, 이 보도는 도조[東條] 수상을 격분시켜 신문은 발매 금지되었으며, 도조는 집필자의 엄벌을 《마이니치신문》에 요구했다. 신문사는 이를 거부하고, 편집인의 사임, 편집국장의 대기처분만으로 니이나 기자를 옹호했다. 도조는 육군성에 명하여, 심한 근시 때문에 사실상 병역 면제에 가까운 제2국민병에 속해 있는 데다가 나이도 이미 38세나 된 니이나 단 한 사람을 마루가메[丸龜]연대에 소집하여, "유황도 오키나와 방면으로 전속시켜라"고 은밀히 명령했다고 한다.

너무나도 상식적인 보도조차 군의 의향에 거슬렸을 때, 얼마나 어렵고 얼마나 무서운 결과를 가져왔나 하는 것을 보여 주는 구체적인 예의 하나다.

출판을 하면 발매금지와 삭제

1893년에 제정된 출판법은 그 16년 후에 공포된 신문지법과 거의 다름이 없다. 다만 1934년의 개정까지는 안녕 질서의 방해와 황실 모독 등 신문지법에는 있는 규정이 출판법에는 없었다. 안녕 질서의 유지, 황실의 존엄의 확보가 정부로서는 메이지 중기보다 쇼와에 들어와서 더 중대한 문제가 되었다는 것을 보여주는 것이다.

앞에서 말한 1941년 12월에 공포된 언론, 출판, 집회, 결사 등 임시 단속법에서는 다른 언론 및 정치활동과 마찬가지로 출판에 대한 규제도 강화되었다. 종래는 안녕 질서, 풍속 문란으로 인정된 출판물은 내무대신이 그 발매를 금지하고 지형(紙型)을 차압할 수 있다는 것뿐이었다. 그런데 이 법에서는 그런 금지처분을 하는 경우,

행정 관청은 필요하다고 인정할 때는 그런 제호의 출판물은 그 후에도 발행을 정지시키고, 나아가서는 동일인, 동일사의 발행을 정지시킬 수 있다고, 발행인의 생사를 좌우할 수 있는 규정이 포함되었다.

이 법률과 국가총동원법에 입각한 '신문사업령'이 같은 날 공포되었으며, '출판사업령'은 전세가 중대화하기 시작한 1943년 2월에 시행되었다. 내용은 신문사업령과 거의 같으며, 주무대신은 필요하다고 인정할 때는 출판 사업주에 대해 사업의 양도, 양수, 합병 등을 명할 수 있고, 해당 출판사업의 운영이 국책 수행에 중대한 지장을 끼치거나 끼칠 우려가 있을 때는 사업의 폐지 또는 휴지를 명할 수도 있게 된 것이다.

이미 2년 전인 1940년 12월에 출판에 관한 사적인 단체들은 모두 해산하고, 일본 출판문화협회가 정부의 주도로 설립되어 사단법인이기는 하나 용지의 할당 배급과 발행 승인의 업무를 통해 사실상 업계를 지배하고 있었는데, 출판사업령의 공포에 따라 출판 사업에 대한 강력한 통제 지도를 임무로 하는 일본 출판회가 이를 대신하게 되었다.

그리고 1934년 이래 출판법은 레코드에도 적용되었다.

도서 관계의 검열도 신문과 거의 비슷하지만, 신문보다는 시간적 여유가 있으므로 발행일 3일 전까지는 해당 출판물을 내무성에 제출하지 않으면 안 된다.

제출 후 3일쯤 지나면, 그 출판에 대한 관청의 조치가 밝혀지는데 출판허가, 엄중주의, 일부삭제, 발매금지 등 4종으로 나누어진다.

출판허가는 따로 허가증을 발행해주는 것이 아니고 잠자코 있을 뿐이므로 나중에 느닷없이 발매금지라는 처분이 날아올지도 모른다. 그러나 우선은 판매가 가능하다.

엄중주의는 부당한 대목을 들어 질책을 당하는 것뿐이므로 영업에 지장은 없다. 다만 그런 일이 되풀이되면 이른바 찍히게 되어 재판(再版)의 경우 정정, 삭제, 그 밖의 제약을 받을 수 있다.

일부 삭제의 명을 받으면 일이 귀찮아진다. 책은 이미 판매소의 손을 떠나 많은 경우 각 경찰서에 압수되어 있으므로 출판사 사원들은 총동원되어 전 경찰서를 찾아다녀야 한다. 그리고 경찰관 입회 아래 삭제로 지정된 곳을 찢어내고, 표지에 개정판이라는 도장을 받으면 일은 일단 낙착이 된다.

검열은 외국에서 수입한 책도 마찬가지이며 몇십 페이지나 몰래 찢겨 나가는 일도 있었다. 유명한 존 갠서의 내막물의 하나인 《아시아의 내막》의 제1장은 모두 삭제되었다. 제1장은 '히로히토'라는 제목이었다고 한다.

삭제라는 수고를 덜기 위해서 또는 사전 검열을 받아 미리 위험한 부분을 복자로 하는 일도 많았다. 복자는 안녕 질서 관계뿐 아니라 풍속 문란의 우려가 있는 책에도 흔히 이용되었다.

"○○○○○", "×××××", "……" 하는 식으로 ○나 ×의 활자가 문장 속에 섞여 있고, 그것이 몇 줄이나 계속되는 것도 드물지 않았으며, 복자가 한 페이지의 대부분 또는 몇 페이지나 계속되어 군데군데 '따라서', '그래서' 따위의 일본 문자가 겨우 눈에 띄는 것도 있었다. 더 심한 경우는 《아시아의 내막》에서처럼 "이하 ○○ 페이지 삭제"라는 것도 있었다. 본인조차 무엇이 씌어 있었는지 알 수 없었을 것이다. 서양사나 경제사를 논한 논문에서 "프랑스 ○

0"와 같은 유치한 복자를 보는 경우도 있었다. 이것은 물론 프랑스 혁명임은 두말할 것도 없다.

그러나 나중에는 — 전쟁 말기에 접어들 무렵에는 책에서 복자가 사라졌다. 삭제한 부분을 뜻이 통하건 말건 앞뒤를 연결하는 방법이 보통이 된 것이다. 일반 독자에게 검열의 엄격함을 눈치 채지 않게 하기 위한 단속, 당국의 의도에 의한 것이었다.

1941년의 진주만 공격 전후부터 검열은 정보국의 사전 검열로 바뀌고, 출판사는 발행에 앞서 교정쇄를 들고 들어가 미리 검열을 받게 되었다. 전쟁의 진전과 더불어 검열은 점점 더 심해지고, 일단 검열을 통과한 뒤에도 언제 어디서 당할지 알 수 없는 상태가 되었다. 초판은 허가되었는데 내외 정세의 변화에 따라 재판이 허가되지 않는 경우도 있었다.

발매금지, 삭제, 나중에는 출판사 자체의 합병이나 폐업도 행정처분으로 간단히 처리되는 판이라 본격적인 추궁을 당하게 되면 서적의 경우도 신문, 잡지와 마찬가지로 발행인도 집필자와 함께 사법 처리(구속, 기소)될 우려가 있는 것은 두말할 것도 없다.

정부가 가장 위험시한 것은 공산주의였으며, 이를테면 쇼와 3년(1928)의 3·15사건(3,426명 체포), 같은 해의 4·16사건(4,942명 체포) 식으로 일본 공산당에 대한 탄압은 꼬리를 물었다. 1930년의 총선에서 공산당은 다시 모습을 나타냈으나, 만주사변 이후 1932~33년(쇼와 7~8년)이 되자 공산당의 공공연한 활동은 거의 모습을 감추어버렸다. 즉 공산당원과 그 동조자로 간주되는 논객들은 형무소나 지하에 잠적하여 논단에 모습을 나타내는 일이 없어진 것이다.

1933년, 교토제대 교수 다키가와 고신[瀧川幸辰]의 《형법강좌》와 《형법독본》이 반국가적 저술로 단정되어 발매 금지가 되는 동시에 그는 직장에서 추방되었다. 특별고등경찰의 손이 공산주의자도 좌익도 아닌 이 정도의 자유주의 사상에도 뻗친 최초의 큰 사건으로 간주된다.

당시에 출판물의 발매금지가 얼마나 많았나 하는 것을 〈 표 4 〉의 내무성 경보국 통계로 살펴보기로 하자.

〈표 4〉 출판물 발매금지 상황 등 일람

	신간서적 [1)] (동경당 조사)	발매금지 [2)]	일반 안녕 [3)]	풍속 및 기사금지 기타
1936	14,931건 (5,003건)	1,615건 10.8%, 32.3%	833건 51.6%	782
1937	18,114건 (4,900건)	873건 4.8%, 17.8%	505건 57.8%	368
1938	18.775건 (5,041건)	1,174건 6.3%, 23.3%	606건 51.6%	568
1939	16,816건 (5,761건)	900건 5.4%, 15.6%	623건 69.2%	277
1940	16,002건 (6,123건)	1,538건 9.6%, 25.1%	1,351건 87.8%	187

1) 신간서적란은 경찰이 단행본으로 인정한 모든 서적의 수, 괄호 안에 있는 숫자는 동경당(중개점)이 취급한 서적수, 즉 통상 판매되고 있는 것.
2) 발매금지란의 첫번째 %는 출판 단행본 전부에 대한 비율, 두번째 %는 시판 단행본에 대한 비율.
3) 일반 안녕란의 %는 발매금지에 대한 비율.

이 경보국의 자료에 의하면, "중일전쟁 이래 게재 금지사항이 격증하고 단속은 강화되었는데도 출판물의 금지는 점점 감소하는 경향이 있는데, 이것은 일반의 시국에 대한 인식이 깊어진 동시에 당국의 간담, 지도, 사전 검열에 의한 단속 취지의 철저화에 기인한다"고 씌어 있다. 그리고 1940년에 발매금지가 격증한 것은 전에 간행된 좌익계와 종교 관계 인쇄물을 현행 단속방침에 따라 재검토한 뒤에 처분한 것이 주된 이유다. 이 1940년이라는 해는 다이쇼〔大正〕 민주주의 계통의 출판물, 이를테면 이와나미〔岩波〕문고의 흰 띠(법률·정치·경제·사회)와 붉은 띠(외국 문학)는 거의가 재판이 금지되었다. 이듬해인 1941년에도 660점의 출판물이 일괄 금서 처분을 받았다.

발매금지와 탄압은 대학 교수와 논단뿐만이 아니다. 소학교 교사들이 빈곤한 농촌의 소학생을 지도하기 위해 만든 《생활작문교육운동》이란 기관지가 발매금지가 되었고, 1940년에는 300명이나 체포되어 사라져갔다. 하이꾸〔俳句〕 시단에까지 검거의 손이 뻗쳐 "가을이 되니 빨간 감이 하나 남아 있었다"는 취지의 문장을 발견하고는 이를 추궁하여, "아무리 탄압을 당해도 마지막에 남는 것은 공산당이다"라는 뜻을 읊은 것이 아니냐며 폭행하였다고 한다. 국화가 시들었다고 말해도 큰일이 났다. 국화는 황실의 문장이기 때문이다.

단속대상 장소로는 주로 신문, 출판물의 중개점, 소매점, 레코드 판매점, 백화점의 관련매장, 고서점, 대본점, 노점, 풍속화·판화·그림 엽서 등의 가게, 역의 매점, 각종 단체의 매점, 인쇄소, 제본소, 도서관, 각종단체, 각 사상 단체의 사무소, 음식점, 다방, 기타 손님이 모이는 장소 등이다.

탄압의 손은 주목받는 서적이나 잡지의 구독자에게까지 미쳤다. 앞에 나온 중앙공론사의 편집장이었던 하타나카 시게오에 의하면,

정보국에서 출판사에 발행 도서의 구독자 카드를 제출하라는 지시가 내렸다고 하며, 지방 독자 가운데는 경찰의 조사를 받은 사람도 있었다고 한다.

어떤 사람은 동해도선(東海道線)의 열차를 타고 있는데, 특별고등경찰로 보이는 젊은 사나이가 옆에 와서 딱 붙어앉더니, "당신은 어떤 생각을 갖고 있는가?" 하고 물어보더라는 경험담을 쓰기도 했다. 또 도쿄제대 학생이 시골에서 올라와 하숙을 하면, 신원 조사라든가 장서를 조사하러 오기도 했다고 한다. 도쿄제대 학생과 교토〔京都〕대학생 중에 공산주의자가 가장 많았기 때문에 감시를 당했던 모양이다.

허가 없이 간행물을 발행하면

신문이나 출판물은 발행인과 편집자, 저자 등이 명시되어 있기 때문에 당사자가 책임을 지게 된다. 만일 이름을 내지 않고 인쇄하여 배포한다면 어떻게 될까?

그런 종류의 것을 판매 루트에 올리는 것 자체가 거의 불가능하지만, 가령 실행한다면 불온 문서 임시 단속법의 대상이 된다. 이 법률은 불과 4개 조항밖에 없다. 그 제1조는, "군의 질서를 문란케 하고, 경제(經濟)를 교란시키고, 그 밖에 민심을 어지럽힐 목적으로 치안을 방해하는 사항을 게재한 문서와 도서를 발행책임자 및 주소를 기재하지 않거나 또는 허위로 기재하여, 또는 출판법 또는 신문지법에 의한 납본을 하지 않은 것을 출판한 자 또는 이를 반포한 자는 3년 이하의 징역 또는 금고에 처한다"고 하였다.

제2조에는 군질서의 문란이나 경제 교란의 목적이 없더라도 치

안을 방해할 사항을 게재한 문서를 출판·반포한 자는 2년 이하의
징역 또는 금고형에 처한다고 되어 있다. 악질적인 목적이 없다고
하여 징역이 3년에서 2년으로 줄어 있지만, 신문이나 출판의 보통
벌칙이 6개월인 데 비하면 꽤 무겁다.

이 법률이 공포된 1936년은 2·26사건이 일어나 국내가 소란했
으며, 또 중국 대륙으로의 본격적인 침공을 앞두고 각종 단속이 강
화된 해다. 불온문서 임시단속법안을 제국 의회에 제출한 이유를
설명하면서 우시오(潮) 내무대신은 다음과 같이 말하고 있다.

> 요즈음 괴문서의 횡행이 심하고, 그 내용도 점점 더 악화하는 경향이
> 있어서…

괴문서가 불어난 것은 보통의 신문, 출판의 제한 금지가 심해졌
기 때문에 부득이 무기명의 괴문서라는 형태 이외에 '언론의 장'이
없어졌기 때문일 것이다.

영화를 만들면

영화 흥행에 대해서는 벌써 1921년부터 연설회의 경우와 마찬가
지로 객석 뒤의 한 단 높은 곳에 경찰관용 자리를 마련하여, 공서
양속(公序良俗)에 어긋나는 것이 아닌지 임검하게 되어 있었다.
1925년에는 검열의 기준을 통일하기 위해 '활동사진 필름 검열 규
칙'이 실시되었고, 1939년에는 '영화법'이 공포되었다.

영화법도 신문지법이나 출판법과 마찬가지로 꼼짝도 못하게 규
제하고 있었다. 먼저 제작하여 배급하고자 하는 자는 주무 대신의
허가를 얻어야 했고, 이 법에 의한 명령을 어기거나 공익을 해치는

행위를 하는 경우에는 업무의 정지, 제한, 또는 허가가 취소되었다.

허가 없이 영화를 제작·배급한 자는 6개월 이하의 징역(또는 2천 엔 이하의 벌금)형에 처했다.

완성된 영화는 행정 관청의 검열을 받지 않으면 공중에게 관람시킬 수 없으므로 이 단계에서 상영금지, 일부 커트 또는 다시 만들라는 명령을 받게 된다. 공개 전의 사전 검열이 충분히 실시된다는 점에서는 신문이나 출판물보다 더 심한 셈이다.

이나가키 히로시(稻垣浩) 감독, 반토 쓰마사부로(坂東妻三郎) 주연의 명작 《무호마쓰(無法松)의 일생》이 이 검열에 걸려 대폭 커트당한 것은 주지의 일이다. 군인(장교)의 미망인에게 품은 거칠은 인력거꾼 마쓰(松)의 순진하고 야릇한 연정을 "제국 군인을 모독하는 것"이라는 이유로 커트하였다고 한다. 이 정도의 것도 검열을 통과하지 못했으니, '반전 영화'나 '전쟁의 실정'을 전하는 영화 같은 것을 만들 수 있을 턱이 없었다.

정부는 완성된 것을 검열할 뿐만 아니라 보다 적극적으로 국민교육상 유익한 특정 종류의 영화, 계발 선전상 필요한 '계몽 영화'의 상영을 흥행주에게 명할 수도 있었다. 전쟁중 어느 영화관에서나 뉴스 영화인 — 일본영화제작소의 — 일영(日映)뉴스와 문화 영화라고 부르는 단편물이 본편 극영화와 반드시 동시 상영되고 있었던 것은 이 때문이었을 것이다.

행정 관청은 흥업시간, 영사방법, 입장자의 범위 등을 제한할 수 있을 뿐 아니라, 공익상 필요할 때는 제작자, 배급업자, 흥행자에 대해 '제작해야 할 영화'의 종류, 수량 등의 쿼터까지 명할 수도 있었다. 감독 관청이 영화 제작소와 영화관에 담당관을 파견하여 임검

하는 것도 법률로 정해져 있었다.

또 14세 이상의 영화 제작을 직업으로 하는 자, 감독, 각본 집필자는 물론 카메라맨도 배우도 모두 등록을 하고 등록증을 받아야 비로소 영화 산업에 종사할 수 있었다. 등록한 자가 품위성을 떨어뜨리는 행위를 하거나, 그 업무에 종사하는 데 적당치 않다고 인정될 때는 업무정지 또는 등록이 취소되어 일을 계속할 수 없었다. 반전적인 인물, 자유주의적 경향이 있는 자를 영화 제작에서 배제하는 것이 목적이었던 것이다.

통제가 심해진 1944년부터는, 내무대신이 관제단체인 대일본 영화협회(사단법인)에 영화 제작 관계자의 기능증명서를 발행하는 권한을 부여했다. 참으로 요란스러워진 것이다.

검열에서 가장 엄한 것은 여느 때나 다름없이 황실과 관계되는 것이었다. 영화법 제14조의 규정에 의하면, 황실의 존엄을 모독하거나 제국의 위신을 손상시킬 우려가 있는 것, 국헌 문란의 사상을 고취할 우려가 있는 것은 불합격의 조건이 되었다.

황실에 관한 검열의 망은 외국의 왕실을 주제로 하는 희극에까지 미쳐, 미국 영화 《여왕 참회》는 공개금지 처분을 받았다(1925). 《검열 시보》에 의하면 그 이유가 다음과 같이 적혀 있다고 한다.

　　이 영화의 내용은, 왕자의 생활은 공허하고 아무 의의도 없으며, 평민이 아니면 인간으로서 참되고 뜻있는 생활을 할 수 없다는 구상으로 시종일관 심하게 왕권 및 왕위를 멸시하고, 왕위 따위는 어떤 어리석은 자라도 능히 이를 차지할 수 있으며, 그 인간으로서의 생활은 참으로 가엾음을 풍자하고 있다.

　　따라서 이를 일반에 공개한다면, 관중 가운데 혹시 이 영화의 제작 의도에 동감하지 않는 자가 없다고 보장하기 어렵고, 우리 국민 사상에 바람직스럽지 않은 영향을 끼칠 우려가 있다. 그런 것은 우리 일본 민족의 확신에 어긋난다고 생각하고 12월 6일 검열을 거부했다.

이 영화를 본 일본 국민이, 황실이라는 것은 시시한 것이구나 하고 깨달을 위험이 있다는 것을 검찰 당국이 감지했다는 말이다.

방송에 관해서도 약간 언급해두자. 방송은 일본 방송협회(NHK) 밖에 없고, 누구나 마음대로 방송할 수 있는 것도 아닌데, 그 규제는 대단히 엄했다. NHK는 내무성과 체신성의 공동 관리 아래 있었으며 방송 프로그램은 뉴스, 강연은 말할 것도 없고, 드라마, 연예에 이르기까지 모두 사전 검열을 받아야 했고, 등장인물의 선택에 이르기까지 승인이 필요했다.

방송중에는 체신성 담당관이 배석하여 방송 내용이 적당치 않다고 인정될 때는 즉각 금지명령을 내려 방송을 중단시켰다. 체신국과 방송국의 사찰실은 직통 전화로 연결되어 있어서 방송국에 입회중인 담당관이 연락하면 즉시 전파가 차단되도록 되어 있었다. 연설회에 경찰관이 입회하여, "변사, 중지!"라는 일성으로 연설을 못하게 한 것과 같은 방식이다.

이 방법은 스튜디오로부터의 방송뿐만 아니라 극중계나 실황방송의 경우도 마찬가지였으며, 중계하는 아나운서의 책상 옆에는 체신국 감독관이 앉아 있었다고 한다. 방송 중지는 감독관청인 내무·체신 두 성에 한하지 않고, 긴급할 때 방송내용과 관계 있는 관공서의 의뢰가 있을 때도 같은 방법이 취해졌다. 그리고 의회의 중계방송은 절대로 허락되지 않았다.

미국과 전쟁을 개시한 이듬해 2월, 정부는 전쟁하의 국내 방송의 기본방침을 정했는데, 그 기본방침은 "선전 포고의 조칙에 입각하여 황국의 이상을 선양하고 국시를 천명한다"고 되어 있으며, 구체적인 것으로서 영미적(英美的)·소시민적 색채를 불식하고, 도시적·지식층적 관념에서 벗어나며, 단순, 명쾌, 강건 등을 들고 있다.

이 규정은 뜻하지 않게 대일본 제국 — 천황제 국가의 성격을 스스로 폭로하는 결과가 된 것이나 마찬가지다. 말하자면, 서구적·소시민적·도시적인 지식층은 일본 정부가 가장 혐오하는 것이며, 정부의 말이면 무엇이나 고분고분 잘 듣는 소박한 농민층이야말로 일본 국가의 기반이라는 것이다.

그러나 산업 구조의 변화와 국민의 지식 수준 향상으로 그런 농민층은 조만간에 축소·소멸하기 마련이므로 국민의 성격과 기호가 복잡(단순의 반대), 난해(명쾌의 반대), 섬세(강건의 반대)해지면, 즉 국민의 교양이 향상되면 대일본 제국이라는 것은 성립되지 않는다고 고백하고 있는 것과 같다고도 할 수 있다.

제7장

일본 국민은 왜 전쟁에
반대하지 못했나?

7

조직단체를 만들면

신문, 잡지, 서적 그리고 영화, 방송 등 모든 매스컴은 완전히 정부의 통제라기보다 제압 아래 있어서 전쟁에 반대하는 것은 물론, 이에 소극적 자세를 취하는 것조차 전혀 허용되지 않은 것은 앞에서 이미 말하였다.

이 강력한 통제, 제압은 매스컴에 대하여 뿐만 아니라 한 사람 한 사람의 개인에까지 미쳤다. 국민이 정부를 비판하거나 이에 반대하는 것은 용의주도한 '금지의 밧줄'이 쳐져 있어서 그를 어기는 것은 범죄행위로서 단속과 형벌의 대상이 되어 있었다.

일반적으로 지속적인 정부비판, 정책반대 등을 계속하려면 조직 또는 단체를 만드는 경우가 많다. 법률용어로 '결사(結社)'라고 하는데 이 결사는 치안유지법(1900년 제정)이라는 법률의 규제를 받았다. 결사의 주관자는 조직한 지 3일 이내에 단체명과 회칙 등을 관할경찰서에 신고하지 않으면 안 된다. 이것은 정치에 관한 결사 뿐만 아니라 행정관청이 필요하다고 인정하면 어떠한 결사에도 신고를 명할 수가 있었다.

내무대신은 안녕 질서를 유지하기 위해 필요한 경우 결사를 금할 수 있고, 이 명령에 위반하면 6개월 이하의 경금고(輕禁錮)형 또는 100엔 이하의 벌금에 처해진다. 물론 비밀 결사는 금지되어 있고, 이것을 조직하거나 가입하거나 하면 6개월 이상 1년 이하의 금고에 처하게 된다.

1941년 12월에 공포된 앞서 말한 언론, 출판, 집회, 결사 등 임시 단속법은 결사 조직의 조건을 강화하여 신고제로부터 허가제로 변경하고 한번 허가한 결사도 행정관청이 필요하다고 인정할 때라는 막연한 규정으로 마음대로 취소할 수 있게 되었다. 정치에 국한하지 않고 공무에 관한 결사도 '필요한 경우'에는 동일하게 취급하였다. 이들 규정에 대한 위반도 치안경찰법의 벌칙보다 무겁게 되었다.

노동조합도 이 치안경찰법에 의해 규제되었다. 1897년 전후로 노동운동은 큰 사회문제가 되어 노동조합이 결성되었지만, 노동조합법은 패전까지 끝내 햇빛을 보지 못했다. 1926년의 개정으로 삭제된 치안경찰법에는 특히 노동쟁의에 관한 조문이 있어서 쟁의 때의 폭행, 협박 또는 공연한 비방협박, 선동 등을 열거·금지하고 있으며, 위반하면 1개월 이상 6개월의 중금고에 처해진다는 벌칙을 두었다.

결사와 유사한 사람이 모이는 조직체로서 종교단체가 있는데 종교를 단속하기 위해서 종교단체법(1939)이라는 것이 있어서 그 설립, 재산관리를 비롯하여 교리의 개요, 그 선포 및 의식의 집행, 인사관리에 이르기까지 주무대신의 인가가 필요했다. 그리고 여기에도 안녕 질서라는 것이 나온다. 이 조항의 위반에는 6개월 이하의 징역 또는 금고(또는 500엔 이하의 벌금)라는 벌칙이 붙어 있는데 종교단체법이 다른 단속 법규와 달리 눈에 띄는 점은 "신민으로서의 의무를 어길 때"라는 조문이 보인다는 것이다.

종교라는 것은 어느 종교나 무엇인가 절대적인 것, 신성한 것의 존재를 전제로 한다. 그러나 이 사고방식은 대일본제국의 기본구조와 상충하게 되어 '신민으로서의 의무를 위배하지 않는 한'이라는 조건과 각 종교단체의 신(神)의 존재는 일본 천황의 하위에 위치하는 것만 용인된다는 일본 정부의 기본방침을 천명한 것이라 할 수 있다.

완전히 세속화되어 버린 불교는 별도로 하고 많은 기독교도와 신흥종교가 탄압을 받은 것은 잘 알려져 있는 일이다. 기독교 신자는 서구적 즉 비일본적이라 하여 매우 곤란한 입장에 놓이게 되었다. 특히 군대에서 기독교도는 괴로움을 당했다.

1939년에는 기독교의 일파인 등대사(燈臺社)의 지도자 아카시 준조(明石順三)를 비롯하여 등대사 관계자 130명이 검거되어, 아카시는 군법회의에서 불경죄·항명죄로 징역형을 받았다. 다음 1940년 7월, 구세군의 우에무라(上村) 사령관 등 7명이 스파이 혐의로 조사를 받고, 구세군은 '구세단'으로 개칭되었다. 같은 무렵 저명한 기독교 지도자 가가와 도요히코(賀川豊彦)는 헌병대에 구인된다. 기독교도에 관한 이와 같은 사건은 적지 않았다. 특히 기독교의 전통이 오래된 조선에서는 일본과 미국이 개전한 1941년에 기독교도 2,000여 명이 투옥되고, 이 중 50여 명이 옥사하고, 200여 교회도 폐쇄되었다.

신흥종교에 대한 탄압은 기독교보다 심하여 그 교조나 간부는 누구나 불경죄로, 대본교(大本敎)와 천리교(天理敎)는 치안유지법 위반으로 체포되고 종파는 해산당했다. 특히 대본교의 경우 전국에서 3,000명의 신자가 검거되었다고 한다. 경찰은 재판이 확정되기 전에 신전과 그 밖의 시설물을 다이너마이트로 폭파하는 적의에 찬 수단을 동원하고 있다. 오래된 전통적 종교와 달리 새로운 종파의 경우, 일본 천황처럼 스스로 '신'을 자칭하는 교조가 실제로 살아 있었으니 같은 토착적 신흥종교인 천황교(天皇敎)는 이들 종파에 대하여 특별한 악감정을 가지고 있었는지도 모른다. 정부는 신흥종교에 관하여는 종교로서 인정도 하지 않고 유사종교라고 불렀다.

다음〈표 5〉는 종교에 대한 탄압을 나타내는 통계이다.

<표 5> 주요 유사 종교관계 범죄

종 교 단 체	연 도	검거인수
황도대본교(皇道大本敎)	1935	940
천진교(天津敎)	1936	12
신성용신회(神聖龍神會)	1936	8
부상교(扶桑敎) 사람의길 교단(敎團)	1936	8
천리본도(天理本道)	1938	380
근주천리교(根株天理敎)	1938	14
삼리삼복원(三理三腹元)	1938	18
천리삼륜강(天理三輪講)	1939	13
등대사(燈臺社)	1939	116

※ 출전 :《現代史資料 治安維持法》

'불경죄'라는 것은 전후에 폐지된 일본 형법 제2편의 '제1장 황실에 대한 죄'에 실제로 규정되어 있던 것으로, '천황, 황후 이하 황족 및 신궁과 황실 등에 대하여 불경의 행위를 한 사람'은 3개월 이상 5년 이하의 징역에 처해졌다. 천황에 대하여 직접 불경한 행위를 하는 기회는 일반서민에게는 드물지만, 예를 들면 천황의 사진 같은, 천황과 관련된 것을 소홀하게 취급하면 그 죄로 문책당했다. 1938년 니시오 고타로〔西尾幸大郎〕라는 목사가 메이지 천황이 지은 글을 잘못 읽어 오사카 헌병대의 조사를 받은 적도 있었다. 개인적인 대화중에도 황실에 대하여 실례가 되는 말을 하면 불경죄로 붙잡힐 우려가 있었다. 전전에는 가정에서도 많은 경우 천황과 황실에 관하여는 경어를 써야 했다. 아이가 황실에 관하여 난폭한 말이나 보통의 표현을 쓰면 부모는 얼른 주의를 주곤 했다.

다음 〈 표 6 〉은 불경죄에 대한 기소건수를 나타낸 것이다.

<표 6> 불경죄 기소건수

연도	건수	연도	건수
1936	7	1940	21
1937	6	1941	22
1938	19	1942	38
1939	13	1943(1~4월)	8

※ 출전 :《現代史資料 治安維持法》

집회를 가지면

민중이 그들의 의사를 표시하는 중요한 수단의 하나는 집회인데 여기에도 앞서의 치안경찰법으로 각종 단속 규정을 마련하고 있다.

정치에 관한 집회에는 우선 발기인을 정하고, 그 발기인은 옥내의 집회는 3시간 전, 옥외는 12시간 전에 집회의 장소와 시간을 관할경찰서에 신고하여야 한다. 장례라든가 학교의 운동회 등은 신고를 필요로 하지 않지만, 정치와 무관하더라도 안녕 질서 유지를 위해 필요하다고 인정되면 의무적으로 신고하여야 한다.

이 '안녕 질서의 유지'가 필요할 때는 경찰관은 옥내외를 불문하고 집회를 제한, 금지 또는 해산시킬 수 있다. 이런 권한이 경찰관에 주어져 있고 경찰관의 금지명령에 위반하면 2개월 이하의 경금고 또는 당시의 돈으로 30엔 이하의 벌금이 부과된다. 일개 경찰관에게 집회의 금지와 해산을 명하는 권한이 부여되어 있는 것으로, 집회에 있어서는 발기인은 경찰에서 요구하는 자리를 경찰관에게 제공하지 않으면 안 되도록 법률로 정해져 있었다. 연설하는 사람의 소리가 잘 들리고, 또한 군중의 상태를 충분히 관찰할 수 있는 자리여야 하기 때문에 그 자리는 내빈석 같은 상등석이 된다. 거기에 제복 경찰관이 당당히 앉아 회장을 노려보고 있는 것이다.

집회에서의 강연이나 토론은 일반적으로 안녕 질서를 어지럽히고 풍속을 해칠 위험성이 있는 것이 금지되고 있을 뿐만 아니라, 특히 다음과 같은 사항이 신문법, 출판법과 같이 금지항목으로 규정되어 있다.

1. 범죄와 관련하여 공판에 회부되기 전의 사건이나 방청이 금지되어 있는 소송에 관한 논의
2. 범죄를 선동·옹호하거나 또는 범죄인과 피고인을 방조하는 것 같은 논의

요컨대 경찰에 체포된 사람이나 재판중의 사건에 관해서 이러니저러니 논란을 하거나, 용의자나 피고를 변호 구출하려는 것 등의 논의를 하여서는 안 된다는 것으로, 한마디로 말하면 나라에서 한 일에 트집을 잡지 말라는 것이다.

임석 경찰관이 중지를 명했는데도 그러한 말을 계속한 사람은 3개월 이하의 경금고 또는 10엔 이상 50엔 이하의 벌금에 처해진다.

1941년 12월 태평양전쟁이 시작되자 앞서 말한 언론, 출판, 집회, 결사 등 임시단속법에 의해 집회에 대한 단속이 더욱 강화되었다.

집회는 종전에 신고만으로 되던 것이 이 법률에 의해 행정관청의 허가가 필요해지고, 더욱이 행정관청은 그 허가를 언제든지 취소할 수 있도록 규정하고 있다. 관청이 멋대로 해석할 수 있는 '안녕질서유지를 위해 필요하다고 인정할 때'라는 조건조차 없어지고 단순히 '필요하다고 인정될 때'로 되었기 때문에 행정관청은 전적으로 마음 대로 집회를 금지할 수 있게 된 것이다.

2·26사건 후 얼마 안 된 1936년의 메이 데이는 세상이 불안하다는 이유로 금지되었다. 1920년 이래 16회 계속된 이 노동자의 제전은 패전 다음해인 1946년까지 11년간 중단되었던 것이다.

가두에서 연설을 하거나 전단을 나누어주면

다수의 인간이 모이는 집회는 엄격한 규제하에 놓이고, 혼자 노상에 서서 불특정의 행인에게 호소하는 것도 치안경찰법 제16조에 의해 금지되어 있는 행위이다.

가두나 기타 공중이 자유롭게 왕래할 수 있는 장소에서 금지되어 있는 행위로는 다음과 같다.

언어형용 및 그 밖의 거동(연설, 이야기 걸기, 수화, 몸짓, 손짓 등)

위의 행위가 안녕질서를 어지럽히거나 또는 풍속을 해할 우려가 있다고 경찰관이 인정할 때는 1월 이하의 경금고 또는 30엔 이하의 벌금에 처해진다.

이런 꼼짝도 할 수 없는 사회에서는 선전 또는 저항의 수단으로 '낙서(落書)'가 잘 쓰인다. 낙서는 눈에 띄는 곳에 큰 글자로 쓰지 않으면 효과는 없지만 그렇다고 그런 곳에 쓰고 있다가는 위험하기 때문에 공중변소가 이용되는 경우가 많다. 공중변소는 사람에게 들키지 않는 밀실이고 더욱이 전파성이 강하기 때문이다. 소련이나 중국의 공중변소와 대변소가 완전히 개방적이거나 반개방적이었던 것은 이 낙서를 막기 위한 것으로 짐작된다. 정부나 당을 비방하는 낙서가 있으면 전 국민이 일치하여 공산주의를 신봉하며, 현 정권을 지지하고 있다는 신화가 무너지기 때문이다.

다음에 낙서의 사례를 몇 가지 들어본다(이나가키 나오미〔稻坦眞美〕의 저서에서 인용).

- ● "배급미의 부족, 지사를 죽여라" — 도치키현 역 변소
- ● "전선(戰線)이고 무엇이고 쌀이 없다. 자아 일본혁명이다" — 교토 공장내 변소
- ● "식량부족의 국민 비참한 모습을 보라. 일본정부를 타도하라. 전 수상 고노에〔近衛〕를 총살시켜라" — 히로시마〔廣島〕 공장내 변소
- ● "전쟁을 그만둬라. 마지막에는 진다. 국민은 괴롭다" — 도쿄〔東京〕 묘지내 공중변소
- ● "쌀도 주지 않은 세상에 중일전쟁으로 우리들은 부자의 희생물이 되고 있다. 눈을 떠라. 국민이 이렇다면 정부를 타도하라. 관리를 타도하라" — 돗토리〔鳥取〕현 역 변소

- "천황 죽여라. 전쟁 그만둬라" — 후쿠시마현 역 변소
- "천황 바보" — 도쿄 육군대신 관저 콘크리트 담
- "황족 한 사람 오는데 축제 소동이 웬말이냐. 변소의 설비에 800엔 들었단다. 이래도 비상시냐" — 요코하마 공장내 변소(당시의 800엔은 현재의 약 100만 엔)
- "천황을 쳐부수자. 황족은 이 나라의 골칫덩이다" — 교토 역 대합실
- "황족은 어디 어디 참배, 어디 어디 여행, 어디 어디 성묘, 어디 어디 드라이브라며 끊임없이 나다닌다. 누구든 나다니는 건 나쁠 게 없다. 외아들을 죽인 나는 한 번도 놀러 다닌 적이 없다" — 유가족 묘지의 콘크리트 담

낙서는 소문이나 편지와 달라 원래 간결하지 않을 수가 없고 또한 만일 쓰고 있는 것을 들키면 체포될지도 모르는 위험을 무릅쓰기 때문에 격렬한 표현이 되고 누군가를 규탄하는 형태가 되는 일이 많다.

규탄의 대상은 추상적으로는 군이든지 정부, 자산계급, 구체적으로는 지사나 총리대신이 등장하고 천황 황족이 가장 많은 것 같다. 정보·공안을 담당했던 특별고등경찰의 이에 관한 분류는 1939년까지는 단순히 반전·반군 등의 항목뿐이었지만, 이 해부터는 불경·불온 항목이 새롭게 추가되었다. 그런 종류의 것이 불어났기 때문일 것이다. 물론 낙서가 국민의 여론을 대표한다고 할 수는 없는 것이지만, 당시의 시대상을 잘 보여주고 있다고 생각할 수 있다.

이 불경과 불온의 낙서는 중일전쟁 개시 초기는 연간 10건에 지나지 않았지만, 전쟁의 진전과 더불어 증가하여 미·일 개전 후는

매년 100건을 넘었다. 의외로 적다고도 할 수 있고, 그 극심했던 공사의 감시 상황 아래서는 꽤 많다고도 할 수 있을 것이다.

사적인 대화나 서신도

자기의 주장이나 보고 들은 것을 대중에게 알리기 위해서 인쇄물을 배포하거나 또는 연설하는 것이 아니고, 단순히 개인적으로 이야기하거나 편지로 쓰거나 한 경우는 어떻게 될까?

1908년에 공포된 경찰범 처벌령이라는 가벼운 죄에 한하여 처벌하는 내무성령(內務省令)이 있다. 그 제2조 16항에는 사람을 현혹시키거나 유언비어 또는 허위 보도를 한 자는 30일 미만의 구류에 처한다고 되어 있다. 예를 들면 '전쟁은 지고 있다', '식량은 부족하다'고 말하는 것은 다 틀림없는 진실이지만, 정부는, '전쟁에 이기고 있다', '식량은 부족하지 않다'는 것을 내세우고 있기 때문에 이들은 유언비어 또는 허위 보도 혐의로 체포될 가능성이 있다.

그러나 전쟁중 유언비어로써 체포된 자는 이보다 훨씬 형벌이 무거운 육군형법이 적용되었다. 1908년 제정된 육군형법과 해군형법은 군내의 단속을 목적으로 조문도 거의 같지만 그 일부는 민간인에도 적용되었다. 유언비어의 조항이 이에 해당하며 다음과 같은 조문이 있다.

전시 또는 사변에 즈음하여 군사에 관한 유언비어를 유포한 자는 3년 이하의 금고에 처한다.

무심코 지껄였다가는 농담이건 '누구누구로부터 들은 것인데'라고 아무리 해명을 하여도 이 죄를 모면할 수는 없었다. 1939년 대심원은, "이를 행할 의도 여하의 유무 또는 들은 것이건 아니건 이 범죄의 성립여부에 하등 영향을 미치지 않는다"는 판결을 내리고 있다.

전술한 《특고월보》에는 다음과 같은 사례를 많이 들고 있다.

● 와카야마[和歌山]현 시가[志賀] 마을의 이발관에서 이 마을 이와고스[岩越平松](52세, 농업)가, "… 전쟁 같은 것은 할 것이 아니다. 전쟁은 싫다. 전쟁을 한다는 것은 바보짓이다" 하고 말했다가 10엔의 과료처분.

● 교토시 보건부 청소부(34세)는, "천황으로부터 아무 것도 은혜를 입지 않았다. 그런 건 있어도 없어도 그만이다"라고 발언하여 불경죄와 유언비어죄로 검찰에 송치.

전 도쿄제대 교수 와타나베 데쓰조[渡邊鐵藏]는, "대본영 발표에 잘못이 있다. 상대편의 손실은 과장해서 발표하고 우리측의 손실은 별로 발표하지 않는다"고 사실대로 말한 것과 "독일은 진다"고 자기의 견해를 입 밖에 내는 바람에 해군형법과 언론, 출판, 집회, 결사 임시단속법에 위반했다며 징역 1년과 집행 유예 3년의 판결을 받았다.

원래 비밀이 보장되어야 하는 수기나 사신에 쓴 것마저 추궁되는 사례가 있었다.

● "속물들은 마음먹고 바보 같은 놀이에나 열중해서 잊어버리는 것이 좋아. 죽으면 부모나 친척이나 국가나 천황이 무슨 소용이냐. 천황 바보놈아! 얼마나 많은 사람들이 바보 같은 머리로 네놈을 위해 죽었는가"

— 가고시마(鹿兒島)현의 온천여관에 투숙중인 제7고교생의 노트. 경찰에서 조사.

● 무엇이 천황의 자식들인가. 자식들이라면 천황은 왜 이 가엾은 불행한 아이들을 구하려 하지 않는가. 그것은 바로 천황의 자식이라는 거짓말을 해서 자기 밑에 뒤두기 위한 것이다. 뭐가 천황이야. 천황이 무슨 살아 있는 신(現人神)이야. — 도쿠시마(德島)현 나카시마(中島)의 국민학교 4년생이 만주에 사는 어머니에게 보낸 편지가 검열에 걸려 불경죄로 송치, 징역 1년에 집행 유예 4년.

중일전쟁이 시작된 1937년에는 1899년에 제정된 군기(軍機)보호법이 개정되었다. 군기 즉 군사상의 비밀 같은 것은 일반 국민과는 별 관계가 없어 보이지만 그렇지 않다. 군기는 작전, 용병, 동원, 출전 등등이라고 정의되어 있어서 전시중에도 소문이 떠돈 미드웨이 해전의 참패를 입밖에 내면 이는 분명히 작전에 해당되고, 최근 여기저기서 전쟁에 출정하는 병사가 많다든가 역에서 무장한 군인을 많이 보았다고 말하면 이는 동원에 저촉되는 것이다.

1937년에 개정된 것으로 특히 주목하지 않으면 안 되는 것은, 개정 전의 "군사상의 비밀… 이라는 것을 알고"라는 제한적인 구절을 삭제했다는 것이다. 중의원에서는 "고의범(故意犯)에 한한다"는 부대 조항을 붙여서 결의했지만 그런 것이 효과가 없다는 것은 모든 법률의 경우와 마찬가지다.

일반 국민과 관계 있는 제5조만 보면 다음과 같다.

우연의 원인으로 군사상의 비밀을 알게 되거나 취득한 자가 이를 타인에게 누설한 자는 6개월 이상 10년 이하의 징역에 처한다.

개인적으로 이야기하는 것만으로도 최고 10년 징역이 되고, 개인 적으로 누설하는 것이 아니라 만일 공표하면 2년 이상 무기 징역이 라는 중죄가 된다.

1939년에는 군용자원 비밀보호법이라는 법률이 제정되어 군용 물자나 병기 공장에 관한 정보를 어쩌다가 알고 이를 옮기면, 6월 이하의 징역 또는 500엔 이하의 벌금에 처한다는 규정이 설정되었 다. 군기보호법이 미치지 못하는 정보의 누설을 단속하기 위한 것 이었다.

1941년 3월에는 형법 자체가 개정되어 제7장 다음에 '안녕질서 에 대한 죄'라는 장이 신설되었다. 이에 의하면 인심을 혼란시킬 목적으로 허위의 사실을 유포하면 5년 이하의 징역 또는 금고 또는 5,000엔 이하의 벌금형에 처해지고, 경제상의 혼란을 유발할 목적 이면 7년 이하의 징역 또는 금고라는 더 무거운 죄가 된다.

그런 목적이 없었다고 해도 인심의 혼란 또는 경제상의 혼란을 유발할 허위의 사실을 유포하면 3년 이하의 징역 또는 금고 또는 3,000엔 이하의 벌금에 처해진다.

1941년 12월에 공포된 '언론, 출판, 집회, 결사 등 임시단속법'에 의해서 사람에게 이야기하고 입 밖에 내는 위험성은 더욱 커졌다. 이 법에는 다음과 같이 규정하고 있다.

> 시국에 관하여 유언비어를 유포한 자는 2년 이하의 징역 또는 금고 또는 2,000엔 이하의 벌금에 처한다(17조).
> 시국에 관하여 인심을 혼란시킬 사항을 유포한 자는 1년 이하의 징역 또는 금고 또는 1,000엔 이하의 벌금에 처한다(18조).

17조가 개정헌법과 다른 점은 민심을 현혹시키거나 경제상의 혼란이 생기지 않더라도 단지 유언비어라고 인정되기만 하면 2년 이하의 징역에 처해지고, 18조는 유언비어가 아니라도, 즉 당국도 사실이라고 인정하지 않을 수가 없는 사항이라도 결과적으로 인심을 혼란시키게 된 사실들을 유포한 자는 1년 이하의 징역에 처해진다는 뜻이다.

전쟁중에는 전쟁의 실태(實態)는 말할 것도 없고 대부분의 일본 국내외 진상은 서민으로서는 놀라거나 절망하여 민심이 혼란하게 되는 것들뿐이다. 따라서 전쟁에 관하여 대본영 발표 이외의 사실을 이야기하면 체포될 위험성은 언제나 존재하였다.

"3인 이상 있는 곳에서 이야기한 것은 반드시 헌병대에 샌다"는 말이 있을 정도로 국민은 '보지 말고', '듣지 말고', '말하지 말라'는 원칙을 따라 오로지 침묵하며 숨을 죽이고 살아가는 수밖에 없었다.

고관대작들이라도 안전을 도모하기가 어려웠다. 평화회복을 협의하기 위해서는 우선 현상의 인식부터 시작해야 하는데, 그것을 입에 올리면 이 18조의 인심을 혼란시킬 사항의 유포에 해당하여 범죄행위가 되기 때문이다. 실제로 후일의 수상이 된 요시다 시게루〔吉田茂〕도 이 이유로 헌병대에 체포되었다.

형법이 개정된 1941년 3월에는 국방보안법이라는 국가 기밀을 지키기 위한 법률이 제정되었는데 이들 단속법은 모두 개인적인 대화뿐 아니라 신문, 출판, 그 밖의 모든 언론에 적용된 것은 말할 필요도 없다.

몇 년이라도 경찰 유치장에

현재는 경찰에 체포되면 구류기간은 10일 이내며 부득이한 경우에도 10일 한도로 연장되어 원칙적으로 20일간이 최대한이다.

그런데 전쟁 전에는 놀랄 만큼 장기간 유치장에 가두어둘 수 있었다. 그 방법의 하나는 내각제도 발족 전인 1885년 태정관(太政官)고시로 공포된 위경죄즉결례(違警罪即決例)에 의한 것이었다. 위경죄라는 말은 지금은 쓰이지 않지만 구류, 과료 등에 해당하는 가벼운 죄를 말한다. 즉결례는 정식 재판에 의하지 않고 경찰서장이 관할 내에서 일어난 범죄를 즉결할 수 있는 것으로 경찰은 붙잡고 싶은 사람을 일정한 직업 없이 떠돌아다니느니, 남의 건조물에 들어갔느니, 그 밖에 적당한 이유를 붙여서 유치장에 집어넣고는 재판도 받지 못하게 하고 면회도 시키지 않는 짓을 했다. 이 즉결처분에 의한 구류형 언도의 수는 1929년부터 1933년에 이르는 통계에 의하면 연간 11만에서 13만 건이나 되었다.

이 폐해를 막기 위해서 1931년 즉결심판제도가 개정되어 피고인은 정식 재판을 청구할 수 있게 되었다. 그 후부터는 오로지 행정집행법이라는 1900년에 제정된 법률이 국민을 어렵지 않게 유치장에 집어넣는 수단으로 쓰였다.

이 법률의 제1조에는 다음 두 종류의 사람을 검속(檢束)할 수 있다고 규정되어 있다.

첫째는 술이 취했다든지 자살을 꾀하는 사람 등 요컨대 보호를 필요로 하는 사람이고, 둘째는 폭행, 투쟁, 기타 공안을 해칠 우려가 있는 사람에 대하여 이를 예방하기 위해서 필요할 때이다.

전자를 보호검속, 후자를 예방검속이라고 말하고, 검속의 성격으로 보아 유치는 다음날의 해지기 전에 석방하지 않으면 안 되었다. 그런데 경찰은 검속을 반복하여 수십 일, 수백 일에 이르는 계속 검속이라는 공공연한 탈법행위가 행하여지게 된 것이다. 이 검속은 행정처분이지만, 신체의 자유를 구속한다는 점에서는 형사소송법에 의한 구류와 전혀 다르지 않고, 더구나 엄격한 수속을 필요로 하지 않는, 경찰관의 인정만으로 할 수 있는 것이기 때문에 남용의 위험성은 대단히 컸다고 할 것이다. 한때는 체포한 용의자를 경찰서의 앞에서 석방하면 곧 다른 경찰서원이 다시 붙잡는, 이른바 목침 돌림을 한 시대가 있었지만 쇼와 시대에 들어와서는 이 행정집행법의 남용으로 사태는 더욱 악화된 것이다.

1940년 가을, 일본 '기원 2600년 기념'때 몇십 년 만에 천황이 도쿄제국대학에 행차하게 되었다. 이 때 수십 명의 도쿄제대 학생을 비롯하여 도쿄의 각 대학의 학생이 다수 경찰에 검거·구류되었다. 도쿄제대 학생을 비롯하여 각 대학에 반천황 분위기가 강한 것을 경찰은 알고 있었기 때문일 것이다. 경찰은 그저 하고 싶으면 학생들 따위는 언제든지 체포할 수 있었던 것이다.

행정집행법 제1조의 보호와 예방에 의한 검속자 수는 다음과 같은데 1935년의 예방검거는 140만 명을 넘었고, 9년 동안에 보호검속은 2.6배에 지나지 않은데, 예방검거는 8.6배에 달하고 있다. 또

<표 7> 행정집행법 제1조에 의한 처분 내역(1927~35)

(단위 : 명)

연도	보호검속	예방검속	연도	보호검속	예방검속
1927	92,394	163,650	1932	157,252	814,612
1928	107,087	212,320	1933	198,289	1,232,861
1929	112,664	268,544	1934	209,472	1,220,214
1930	124,467	364,487	1935	240,329	1,407,748
1931	123,498	573,055			

행정처분으로서의 장기 검속 외에 검찰에 송치된 후 장기간 구류되었다. 법률에는 2개월 이상의 구류는 허용하지 않는다고 규정되어 있었지만, 그 연장은 이유조차 밝히지 않고 무제한으로 자행하여, 사실상 1년 또는 2년이라는 장기간에 걸친 구류 상태였다.

미쳐 날뛰는 치안유지법

전전(戰前) 어두운 시대를 상징하는 것이 1925년에 제정된 치안유지법이라는 것은 잘 알려져 있으며, 같은 해 성립된 보통선거법과 대립하게 되었다 한다. 제1차 세계대전 후 세계를 뒤덮은 민주주의 물결은 일본도 그 영향을 면할 수 없었다. 정당내각도 탄생했고 지식인, 시민 계급, 노동자 계급의 대두는 보통선거법의 제정으로 일단 결실을 맺었다. 일본 정부가 가장 두려워한 이 새로운 세력의 신조인 자유주의, 민주주의, 특히 공산주의의 풍조가 바로 치안유지법을 성립시킨 이유가 되었다.

치안유지법은 단지 7개조로 이루어진 간단한 법률로 국체를 변혁하거나 또는 사유재산제도를 부인함을 금하는 것이 입법의 목적이었다. 바꾸어 말하면 천황제 국가와 자본주의의 부정을 단속하려는 것이었다. 그리고 위반자에게는 최고 10년 이하의 징역 또는 금고라는 엄벌로 대하고 있다.

국체(國體)라는 단어는 앞에서도 말한 바와 같이 역사적이고 논리적이고 또는 심정적인 막연한 단어지만, 1873(메이지 7년) 당시의 반정부적 민권론의 비등을 억압하기 위해서 '신문지 인쇄조례'를 개정한 신문지 발행조항의 제10조에 처음으로 법률용어로 쓰인 이래 52년 만의 재등장이었다. 국체의 정의는 대심원의 판례에 의하면, "우리 제국은 만세일계(萬世一系)의 천황이 군림하여 통치권을 총람하시는 것으로써 그 국체로 삼으며, 치안유지법의 이른바 국체의 의의(意義) 또한 이와 같이 해석되어야 한다"고 되어 있다.

1928년 다나카[田中] 내각은 '긴급칙령'[1]에 의해 이 법률을 개정하였는데 개정의 요점은 한 가지뿐이다. 그것은 국체의 변혁과 사유재산제도의 부인이 같이 나열되어 있던 것을 고쳐 사유재산제도의 부인에 관한 벌칙은 종래대로 최고 10년의 징역 또는 금고로 바꾸지 않고 두었으나, 국체 변혁의 최고형을 사형으로 고친 것이다.

이 사형에 해당하는 자는 국체 변혁을 꾀하여 소동을 일으키거나 안녕 질서를 해치지 않더라도 단순히 그러한 결사를 조직한 자, 결사의 임원이 되거나 지도자가 된 것만으로도 충분했다. 국가로 봐서 초중대사인 내란에 관한 죄나 외환에 관한 죄나 모두 범죄를 이미 저질렀을 경우에 비로소 사형에 처해지는 것이고, 그 예비음모는 1년 이상 10년 이하의 징역에 지나지 않는다. 이에 비하여 치안유지법의 경우는 결사, 즉 그러한 목적의 단체를 만들었다는 것만으로 사형이라니 괴이한 일이라고밖에 할 수 없다. 대일본 제국이라는 국가는 국민을 위한 것도 민족을 위한 것도 아니고, 오직 천황만을 위한 것이라는 것을 이보다 더 명료하게 나타내는 것은 없을 것이다.

다시 말하면, 메이지 이래의 교육의 보급으로 일본인의 지식수준이 올라가 국체니 신화니 하는 만들어낸 이야기를 이제 통상적인

---

1) 구헌법 아래서는 의회가 폐회중일 때 긴급히 필요한 경우, 의회의 사후 승인의 조건으로 정부는 법률과 동등한 효력을 갖는 칙령을 내릴 수 있었다.

수단으로는 유지할 수 없게 된 데 정부가 위기감을 깊게 느낀 데서 비롯된 대책인 것이다.

1941년 5월, 태평양전쟁 개전을 앞두고 정부는 다시 치안유지법을 개정하였다. 이번 개정은 대대적이었으며 종래 7개조밖에 없던 것이 65개조로 거의 10배나 불어나고, 형벌의 대상도 광범위해진 것이 특징으로 다음과 같다.

① 국체의 변혁을 목적으로 한 결사의 관계자만이 처벌되었지만, 이번 개정으로 다음과 같이 주도면밀한 망이 쳐지게 되었다.

② 위 ①의 결사를 지원하는 결사를 조직한 자 또는 임원, 지도자 ― 최고는 사형(이하 최고라는 말은 생략함)

③ 위 ①의 결사를 준비하는 것을 목적으로 결사를 조직한 자 또는 임원, 지도자 ― 사형

④ 위 ①, ②, ③의 목적으로 집단을 결성한 자 또는 지도자 ― 무기징역

⑤ 위 ①, ②, ③의 목적으로 협의, 선동, 선전한 자 ― 10년 징역

⑥ 국체를 부정하고, 신궁(神宮) 또는 황실의 존엄을 모독할 사항을 유포할 목적으로 결사를 조직한 자, 임원, 지도자 ― 무기징역

⑦ 위 ⑥의 목적으로 집단을 결성한 자 또는 지도자 ― 무기 징역

⑧ 앞의 각 항목의 죄를 범하게 하기 위해서 경제적 원조를 하거나 그 제안을 하거나 또는 약속한 자 ― 10년 징역

⑥은 새롭게 추가된 범죄조건으로 — 종래도 불경죄로서 또는 이 법으로 단속하고 있었지만 — 좌익운동과는 전혀 관계없는 소위유사종교의 탄압에 적용되는 것이다.

이상 조직자와 지도자의 양형(量刑)만 기술했지만, 지도자가 아니고 단순 가입자, 참가자 또는 그 목적에 도움이 되는 행위를 한 자도 2년 이상 또는 1년 이상의 유기징역에 처해졌다. 요컨대 국체변혁의 냄새가 조금이라도 풍기는 듯한 자는 모두 이 법률에 의해서 체포할 수 있는 것이다. 자주 말한 바와 같이, '국체'라는 개념 자체가 중세적이고 고대적 산물이기 때문에 공산주의가 일단 괴멸된 쇼와 10년대(1935년 이후)에는, 치안유지법의 적용이 공산주의의 온상으로 인정되었던 자유주의로 파급되었고, 모든 합리적 주장, 이론적 사고, 천황 이외의 것을 숭상하는 단체의 억압으로 확대되어 갔다.

〈 표 8 〉은 치안유지법의 적용상황을 보여주는 것으로, 1935년경까지의 수년간이 가장 많고, 그 이후는 격감하고 있다. 이 경향은 1937년 본격적인 침략전쟁이 국내에 있을 수 있는 반대나 비판을 거의 압살한 후에 시작된 것을 보여주는 것이라고 할 수 있다.

〈 표 8 〉에는 조선, 대만 등 원칙적으로 적용 법률이 다른 소위 외지(일본 밖의 지역)는 포함되지 않았다. 그러나 치안유지법은 법체계가 다른 이들 지역에도 적용되어 예를 들면 조선에서는 1928~35년에 치안유지법 위반으로 검거된 사람은 16,000명 이상에 달하고 있다. 또 보통의 범죄자에 대하여도 자백시키기 위해 고문을 서슴지 않았던 일본 경찰은 치안유지법 위반의 용의자에 대하여는 모든 잔인한 고문을 자행하였으며, 그 때문에 생명을 잃은 사

<表 8> 치안유지법 위반사건 연도별 처리 인원표

(단위 : 명)

	검거인원	좌익	독립	종교
1928	3,426	(〃)		
1929	4,942	(〃)		
1930	6,124	(〃)		
1931	10,422	(〃)		
1932	13,938	(〃)		
1933	14,622	(〃)		
1934	3,994	(〃)		
1935	1,785	(1,718)		(67)
1936	2,067	(1,207)		(860)
1937	1,313	(1,292)	(7)	(13)
1938	982	(789)		(193)
1939	722	(389)	(8)	(325)
1940	817	(713)	(71)	(33)
1941	1,212	(849)	(256)	(107)
1942	698	(332)	(203)	(163)
1943	159	(87)	(53)	(19)

※출전 : 《現代史資料 治安維持法》, 미스즈書房.

람이 적지 않았던 것은 잘 알려진 일이라 여기에 상세히 말할 필요도 없을 것이다.

단지 1929년 2월, 제56회 정기국회에서 노동농민당의원 야마모토 센치[山本宣治]가 일본제국의 특별고등경찰에 의한 사상범 고문의 실태를 조사·폭로하며 정부를 추궁했을 때, 그가 든 예를 열거해 보면 다음과 같다(아라가키 히데오[荒垣秀雄] 편, 《일본의 레지스 탕스》).

● 추운 날씨에 발가벗고 콘크리트 바닥을 엉금엉금 기어다니기
● 바닥을 혀로 핥기
● 연필을 손가락 사이에 끼워 꽉 조이기

- 죽도(竹刀)로 기절할 때까지 두들겨 패기
- 삼각형 널빤지를 옆으로 줄 세워 놓고 앉힌 다음 무릎 위에 돌 올리기
- 피가 역류하여 실신할 때까지 천장에 거꾸로 매달기
- 생 손톱 벗기기
- 부인에게는 더욱 지독한 능욕이 가해짐

그것은 문자 그대로 몸의 털이 곤두설 만한 소름이 끼치는 끔찍한 일이었다.

이상과 같은 야마모토의 질문에 대하여 아키다 기요시(秋田淸) 정부위원(내무정무차관)은 "성대(聖代 : 천황이 통치하는 태평성대)에 그러한 일은 있을 수 없다. 존재하지 않은 사실을 전제로 의견을 말할 수는 없다"며 답변을 거부했다.

전쟁 전의 일본 특별고등경찰의 난폭성을 체험한 평론가 아오치 신(靑地晨)이 다음과 같이 말하였는데, 이는 정곡을 찌른 말이다.

천황에게 반역한 마녀 같은 놈은 어떤 고문을 해도 양심의 가책을 느끼지 않는다는 거지. 천황에게 불충한 놈은, 요컨대 이단이니까 법률의 테두리 밖에 있는 셈이다.

구금은 사상을 바꿀 때까지

중일 전면전쟁이 시작되기 1년 전인 1936년 5월, 사상범 보호관찰법이 공포되었다. 법률에 사상범이라는 명칭이 나타난 것은 이것이 처음인데 일본 정부는 인간의 ― 사회적으로 유해한 ― 행위를

처벌하는 것뿐만 아니라 어떤 사상을 가지고 있는 것 자체를 범죄로 본다고 천명한 것이다.

사상범 보호관찰법은 치안유지법 위반죄를 범하여 불기소라든가 집행유예가 되거나 형의 집행이 끝나서 나오는 사람을 보호·관찰하는 것을 말한다. 다시 죄를 범하는 위험을 방지하기 위해서 보호기관이 직접 또는 보호단체라든가 사원, 교회, 병원 등에 위탁하여 그 사상·행동을 관찰하는 것이다. 보호관찰 처분을 받은 사람은 거주, 교우, 통신, 기타 생활상의 제한이 가해진다. 3일 이상 10일 미만의 여행은 보호기관에 신고하지 않으면 안 되고, 10일 이상이면 보호관찰기관의 허가가 필요하여 국내 여행인데도 여권을 교부받는 상황이 된다. 보호관찰기간은 2년이지만 몇 번이라도 갱신할 수 있다.

일본의 법률은 기본적으로는 서구의 법률을 일본 풍토에 적응시킨 것이지만, 이 보호관찰법만은 서구에 모범이 없고, 그 예를 찾을 수 없다. 일본 정부 관계자는 이 법률을 일본의 독자적인 사랑의 정신에 입각한 참된 일본적인 법률이라고 설명하고 있다.

전쟁 전, '일본적'이라고 자랑한 것은 대체로 봉건적이고 전근대적인 것을 의미하는 데 지나지 않는 것이 많았는데, 이것도 그 한 예일 것이다. 지금도 그러한 경향은 아직 남은 듯하지만… 1941년 치안유지법의 개정은 범죄에 해당하는 범위가 대단히 넓어진 것 외에도 변호사는 사법대신이 지정한 사람이 아니면 안 된다든가, 그것도 2명까지밖에 인정하지 않는다든가, 더욱이 재판의 3심제 원칙을 침범하여 본법의 범죄에 한하여는 공소심을 인정하지 않고 2심제로 하는 등 치안유지법 위반자에 대한 일본 정부의 적의를 노골적으로 드러내고 있다.

특히 중대한 것은 예방구금의 제도가 새롭게 마련된 것으로서 사상범 보호관찰법으로 충분히 목적을 이룰 수 없는 자는 예방구치소에 수용하게 되었다. 예방구치소는 형무소보다는 조금 낮지만 철창 속에 가둔다는 데는 다를 바 없는 것이다. 그리고 개전시키기 위해 필요한 조치를 취했다. 개전을 위해 필요한 조치란 공산주의와 사회주의로부터 전향시키기 위한 교육·훈련, 구체적으로는 정신훈화라든가 행사, 노동 및 필요하다면 특정한 독서 등을 말한다.

예방구금의 목적은 당초 마르크스주의, 반국가주의, 혁명주의로부터의 탈피였지만, 전국(戰局)의 진전에 따라서 이윽고 그 대상은 점차 확대된다. 실제로 1941년 12월 1일 개전을 결정한 어전회의에서 도조〔東條〕내상(겸)은 공산주의자 외 불령(不逞 : 불평불만뿐인, 제멋대로만 하는) 조선인, 종교상의 요주의 인물 등 반전 반군의 우려가 있는 불온분자의 일부도 경우에 따라 예방검속한다고 말했다. 그리고 구금된 사람은 좌익이론의 청산이나 자유주의사상의 포기에 그치지 않고, 적극적으로 국체관념을 명확히 체득하여 신하된 길을 실천하는 데 몸을 바치는 그러한 인간으로 다시 태어나도록 요구된 것이다. 모든 합리적 정신을 버리고 '천황교'의 신자가 되라는 것이다. 더구나 개전하지 않는 한, 천황교로 개종하지 않는 한 몇 년이 걸려도 구치소에서 풀려날 수 없었다. 어느 우익단체에 가입하지 않으면 안 된다는 무엄하고 굴욕적인 제약까지 붙은 경우도 있었다고 한다.

원래 예방구금 기간은 2년이지만 보호관찰법의 경우같이 몇 번이라도 갱신할 수 있기 때문에 당국이 마음만 먹으면 영구히, 죽을 때까지 구류해놓을 수 있는 것이다. 가석방이 있을 수 있는 무기징역보다도 훨씬 가혹한 형벌이라고 할 수 있다.

사상관찰법이나 예방구금제도보다 정도는 낮지만 사상범에 대한 유보(留保)처분 취급규정이라는 것도 있었다. 기소할 정도가 아닌 사람을 불기소나 기소유예처분의 결정을 하지 않고 유보처분으로 하여, 그 언동의 여하에 따라 언제든지 기소할 수 있는 상태에 묶어두는 규정이다. 이것은 사법대신의 일개 훈령에 의한 것에 불과하지만, 유보처분을 받은 사람은 언제 또 기소될지 모르는 불안한 상태에 놓이게 되어 전향시키는 데 효과가 있었다고 한다.

범죄에 관한 국가와 국민의 관계는 법률을 범하였느냐 범하지 않았느냐 두 가지 중의 하나밖에 없다. 그 중간에 모호한 상태를 몇 가지나 만들어 국민을 감시·지도하려고 하는 것은 전근대적인 소산이고 근대형법으로부터의 일탈이라고밖에 할 수 없다.

분서갱유(焚書坑儒)

중국의 진시황제가 천하를 통일하고 나서 진나라의 역사와 농업, 의약 등 실용적인 서적 이외의 모든 서책을 전부 몰수하여 태워버렸다. 그리고 이 금지령에 위반하여 유교의 교전를 읽는 학자나 진나라 정치를 비판하는 사람을 땅속에 묻어 죽였다. 이것을 '분서갱유'라고 하며 중국 역사상 최대의 부끄러운 사실로 기록되어 있다.

그러나 언론·사상의 통제를 위해 이와 같이 정치권력으로 정부에 반대하는 사상을 저술한 서적을 태우는 일은 유럽에서도 이른바 암흑시대라고 하는 중세에서 18세기 사이에는 드문 일이 아니었다. 근년에는 1933년 정권 획득 후의 나치스가 유대인, 공산주의,

사회주의 등의 책을 태우는 공개의식을 대규모로 벌여서 야만의 부활이라 하여 세계의 이목을 집중시킨 적도 있다.

　대일본 제국은 결코 당당한 의식을 행한 일은 없지만 비슷한 짓을 저질렀다고 생각한다. 발행금지된 책을 전부 압수한 것은 아니지만 위험사상의 저술은, 그것이 몰래 유통되는 것이 두려워 앞에서 말한 대로 신간은 물론 헌 책방에서 판매되고 있는 것까지 찾아내어 압수하였다. 많은 양의 서적을 창고에 쌓아둘 수도 없었으니 경찰은 아마도 태워서 재로 만든 것이 틀림없을 것이다. 이런 의미에서 일본 정부도 문자 그대로 분서(焚書)를 실행한 셈이다.

　일본 정부도 학자를 산 채로 묻어버리는 끔찍한 일은 하지 않았지만, 범죄가 없는데도 5년, 10년이 넘는 예방구금에 처한 것은 일종의 사회적 갱유(坑儒)라고 할 수 있다. 예방구금에 한하지 않고 많은 학자, 문필가, 편집자 그리고 일반 사람도 무엇인가 쓰고 말했기 때문에 여러 가지 죄명으로 경찰에 체포되었다. 유죄 판결을 받은 경우는 물론이고 그 저서나 발언이 문제가 된 대부분의 사람은 그 직장에서 쫓겨나거나 퇴직을 강요당하였다. 이들은 직업을 잃고 인세나 원고료의 수입도 끊어져서 경제적·사회적·심리적으로 꼼짝할 수 없는 상태에 몰리게 된 것이다.

　또 무서운 것은 경찰이나 검사 이외에 헌병이라는 더 무서운 존재가 있다. 의회나 여론의 추궁 밖에 있는 군의 기관인 그들은 기분 내키는 대로 할 수 있었으며, 특히 사상문제에 대해서 군은 각별한 관심을 가지고 있었다. 몇 번이나 언급해 왔듯이 국체사상이 동요하는 것은 군의 권위는 물론 존재와 관계되는 것이기 때문이다. 동부군 헌병사령관인 오오다니 게이지로〔大谷敬二郎〕는 전후에 출판한 자전적 《쇼와 헌병사》에서 "헌병은 우선 사상경찰에 관한 한 과감하게 담(한계)을 넘었다"고 자신 있게 쓰고 있다. 또한 그는 육군성의 과장으로부터 체포 의뢰를 받은 인물에 대해, "이 자료로서는 사건화할 자신이 없다"고 거절했지만 끌고 오는 것만으로 좋으니 그렇게 해주었으면 좋겠다는 부탁을 받고, 그 열성에 져서 별로 용의도 없는 사람에게 출두를 요구했다고 한다.

이런 것은 헌병뿐 아니라 경찰도 마찬가지여서 범죄행위가 없더라도 관헌에 찍히면 애를 먹이기 위해 출두요구, 출두명령을 난발했고, 게다가 구속되는 위험에 일반 국민은 언제나 직면하고 있었던 참으로 무서운 시대, 무서운 존재였다.

간신히 기소만은 면하였지만 귀족원 의원을 사임하지 않을 수 없게 되고 많은 저서가 발행금지 처분이 되고, 사회적 비난을 한몸에 뒤집어쓴 데다가 우익 청년에게 습격을 받아 중상까지 입은 미노베 다쓰키치〔美濃部達吉〕는 아래와 같이 한탄하였다.

　　지금 세상에 분서갱유를 당하다니
　　차마 이런 일이 일어나리라
　　뉘라서 생각했으리

국민을 교화시켜

전쟁 전의 일본 정부 성명이나 정책강령에는 국민사상의 '정순(正純)', '중정(中正)', '건전(建全)'이라는 어구가 종종 나타난다. 정부의 방침과 맞을 때는 정순이고 중정이며, 그렇지 않은 것은 불순(不純)하고 부정(不正)한 것이 된다. 거기에는 국가가 국민의 도

덕이나 사상의 기준 판정자라는 것이 의논의 여지 없는 대전제가
되어 있다.

원래 법률의 대상 밖이어야 할 사상을 범죄로 하는 치안유지법,
또는 이것을 선도하려는 사상범 보호관찰법이나 예방구금법은 이
러한 사고방식의 기초 위에서야 비로소 이해할 수 있을 것이다.

절대적인 권위의 기초는 일반 국민이 선출하는 정당에 의한 정부
가 아니라 황공스럽고 신성한 천황폐하의 권위에 의해 비로소 가
능해지는 것이다.

1890년 일본군의 성격을 내란진압에서 대외정벌로 전환시켰다는
야마가타 아리토모[山縣有朋]는, "일본의 이익선(利益線)의 초점은
조선(朝鮮)에 있다"고 언명하는 한편, "이 이익선을 지키는 데 없어
서 안 되는 것이 첫째 군비, 둘째 교육이다"라고 주장했다.

명령, 호령을 이해할 수 있는 상식 있는 청년, 병기를 다루고 단
체행동이 가능한 장정, 일본 국민으로서의 자각을 갖고 전투에 나
설 수 있는 군대의 양성은 메이지 정부의 당면한 급선무였다. 무엇
보다도 충성(忠誠)스런 백성을 만드는 것이 최대의 안목이었다.

정부에 대한 비판이나 반대운동은 법적 수단으로 억압하는 것보
다 애초부터 그러한 사상 자체가 존재하지 않는 것이 정부로서는
가장 바람직한 일이었다. 여기서 국민을 교화시키자는 사고방식이
나온다.

현재 북한은 물론 중국 등 공산주의국가에서는 정부나 당에 대한
반대운동이나 비판은 철저하게 탄압되는 동시에 학습이 성한 것은
주지의 사실이다. 하나의 사상으로 통일된 나라, 국민에게 자유가
없는 비민주적 국가에서는 어디서나 볼 수 있는 현상으로 그렇게

함으로써 정부에 대한 국민의 적극적 지지나 반대분자에 대한 상호감시도 기대할 수 있는 것이다.

일본의 경우 이 국민교화의 지표로서 천황이 국민에게 내린 것이 1890년 10월, 일본 제국 헌법이 시행되기 한 달 전에 공포된 교육에 관한 칙어(勅語)였다. 교육칙어는 제2차 세계대전 종말에 이르는 55년간 일본 국민의 도덕과 정신적 지주가 되어 왔다. 경축일에는 교장이 흰 장갑을 끼고 공손히 이것을 봉독했고, 생도나 아동은 머리를 숙이고 경청해야 했다. 전부 319자로 그 중 56%인 179자가 한자인 한문조의 어려운 문장으로 소학교 3학년쯤에는 외워야 했고 4학년쯤 되면 이를 암기하여 쓸 수 있어야 했던 것 같다. 이 교육칙어에 의하여 교육을 받은 국민이 늘어남에 따라 일본이라는 국가의 결정(結晶) 개념으로까지 승화하기에 이르렀다.

교육칙어라는 말을 기억하고 있는 사람이 아직도 적지 않을 줄 알지만, 그렇게 일본의 교육 또는 일본인의 형성에 절대적인 영향력을 가지고 있던 것이 도대체 어떤 것인지 모르는 사람이 많으리라 생각되기에 간단히 설명해둔다.

교육칙어는 보통 3단으로 나누어 해석하게 되어 있다. 제1단은 천황의 조상이 오랜 옛날 일본국을 만들고 그로부터 국민을 깊은 인덕으로 다스려왔으며, 그리고 국민은 대대로 오직 충효에만 힘써 왔으며 이것이 일본 '국체의 정화(精華)'가 되었다는 동화 같은 것을 말한 다음, 이것이야말로 교육의 기초라는 것이다.

제2단은 부부는 의좋게 하라든가 공부하라든가 국법을 지키라는 등 봉건적 유교사상과 막 도입한 근대적 사회 도덕을 여러 가지 늘어놓고 있다. 그것 자체는 모두 잘못된 것이 아니지만, 또 그 때문인지도 모르지만 전쟁 후에도 교육칙어는 존중되지 않으면 아니된다고 하는, 아직도 제국주의 향수에 젖어 있는 지식인, 수상, 최고재판소 장관이 있었다. 그러나 여기 적힌 것들이 아무리 옳은 말이라 해도 권력자로부터 개인의 도덕에 관해 이러쿵저러쿵 훈시를 들을 까닭이 없는 것이 근대 국가의 기본일 것이다.

더욱이 제2단의 중요한 점은, 이런 일상 도덕의 훈시에 있는 것이 아니라 '중대한 일에 즈음하여 신명을 다바쳐 천지와 더불어 무궁한 황실의 운을 도우라'는 점에 있다.

마지막 단에는, 이상 말한 것은 "천황의 조상이 남긴 가르침으로 너희들 신민도 자기들의 선조처럼 이를 지키지 않으면 아니된다. 이는 고금을 통해, 국내외를 통해, 다시 말하면 시간과 공간을 넘어서 행해야 하는 천하의 공도(公道) — 역사적 기초와 이론적 기초를 가진 것"이라고 기술하고 있다. 문부성 교학국이 편찬한 이에 관한 해설에 의하면, 일본의 천황은 국가를 정치적으로 통치할 뿐 아니라 국민을 도덕적으로 교화하고 지도한다고 되어 있다. 이른바 정교(政敎)일치를 내걸고 있는 셈인데 '종교국가 일본'의 모습이 유감 없이 나타나 있다고 해야 할 것이다.

교육칙어는 지금은 상상도 할 수 없을 만큼 끔찍하게 다루어져 왔지만, 이를 듣던 사람이 정말로 경의를 가지고 있었는지는 별문제이다. 1941년 미·일 전쟁이 시작되고 군국주의가 최고조에 달했을 때도 하시다(橋田) 문부대신 자신이 다음과 같이 훈시하고 있다.

··· 심히 송구스러운 일입니다마는 앞으로는 교육에 관한 칙어를 받들

면서 왕왕 단순한 의례인 형식을 채우는 데 지나지 않는 것같이 보이는
상태마저 빚어내고 있는 것입니다.

문부대신이 탄식하고 있는 것처럼 보이지만 상식 있는 어른에게
교육칙어를 그대로 믿고 지키라는 편이 무리일 것이다. 소학교 어
린이들마저 교육칙어를 비웃는 말이 있었다. 아주 천한 표현이라
신고 싶지 않지만, 역사적 사실로 기록해놓을 필요가 있다고 생각
하여 감히 들기로 하였다.

〈교육칙어〉(원문 시작부분)
짐이 생각건대 우리 황조황종(皇祖皇宗)이 나라를 일으키시어 넓고
오래시고, 덕을 쌓으시기 깊고 두터우시니라. 우리 신민 능히 충과 효로
써…

이것을 놀리는 말로 다음과 같은 표현이 있다.

짐이 무심결에 방귀를 뀌었으니 너희 신민들 구린내가 날 것이로되
나라를 위함이니 참으렷다.

교육칙어가 봉독되는 경축일마다 이런 것을 우쭐대며 지껄이는
아이들이 있었지만, 이런 시시한 익살을 그들이 생각해냈을 리 없
고, 어른이나 적어도 중학생 이상으로부터 얻어들은 것이리라. 내가
중학생이 된 1937년 이후는 — 중학생들이 소학생들보다 그런 더
비꼬면서 천한 말을 많이 했을 텐데도 더 이상 들은 적이 없다. 사
회의 규제가 그만큼 더 심해진 결과가 아닐까.

소학교 국정교과서의 사상교육

국민교화 가운데 가장 중요한 것은 말할 것도 없이 소학교 교육이다. 특히 시대를 거슬러올라갈수록 소학교밖에 졸업하지 않은 사람의 비율이 증가하기 때문에 소학교 교육의 영향은 결정적이다. 의무교육인 소학교 이외에 수업료를 받지 않은 것은 군인학교와 소학교 교사양성기관인 사범학교뿐이었다. 사범학교에는 일찍부터 군대식 체조가 도입되었는데, 육군의 군사교련과 거의 같은 내용으로 전 과목 시간수의 21.5%에 달했다.

사범학교 학생은 전원이 기숙사에 들어가 나팔의 호령하에 기거하고 일상생활도 병영조직처럼 되어 있었다. 요컨대 소학교 교원을 '준(準)군인'으로 만들려고 한 것이다. 다시 말해서 전국의 소학교 어린이를 준군인으로 교육시키려고 한 것이다. 또한 그들은 아동을 충군애국(忠君愛國)정신의 소유자로서 교육할 뿐만 아니라, '교육가는 전 사회의 사표이다', '향당(鄕黨) 사회의 규범'으로 기대하고 있던 것이다. 1909년에는 전국의 사범학교장을 육군 도야마[戶山]학교에 모아놓고 《보병조전(步兵操典)》(보병의 훈련교범)을 가지고 육군의 조전이 아니라 '국가의 조전', '국민의 조전'으로 보아야 한다는 훈시까지 하고 있다.

일본사 교과서에는 전적으로 《일본서기(日本書紀)》를 그대로 베낀 천황 역대기로, 예컨대 다음과 같은 말의 나열에 불과하다.

태어날 때부터 총명, 용모 단정, 어릴 때부터 총명

그러나 다음 시대의 것처럼 《일본서기》와 《고사기(古事記)》 중에서 나쁜 것을 지워버리지는 않고 있다.

> 웅략천황(雄略天皇)은 매우 용감하여 사람을 죽이기를 좋아하고, 사냥
> 을 좋아하다.
> 무열천황(武烈天皇)은 잔혹한 형벌 장면을 직접 가서 보고 구경하다.
> 백성이 모두 두려워하다. 성품 잔혹하고, 죽이기를 좋아하며 잉태한 여자
> 의 배를 가르고, 사람의 손톱을 뜯어내다. …

　메이지 초기의 교과서는 근대 일본의 교육으로서는 예외이므로 여기서는 소학교의 국정교과서로서 다이쇼·쇼와 시대를 통해 가장 장기간 사용된 교과서에 관해서 검토해보자.

　그 교과서는 국어의 첫 페이지가 '하나(꽃)', '하토(비둘기)', '마메(콩)', '마스(송어)'와 같은 단어로 시작되고 있어 '하나하토 교과서'라고 불렸는데 1911~25년에 태어난 사람, 즉 근대 일본에 있어 가장 평화로운 시대의 소학생이 사용한 것이다. 한편 이 시대의 소학생들은 제2차 세계대전에 대부분 종군하여 전몰자의 압도적 부분을 차지하는 세대이기도 하다. 또 '하나', '하토'라는 자구는 문화와 평화를 의미하는 것이라고도 하며 이 다음 시대의 국정교과서에 나오는 '사쿠라, 사쿠라(벚꽃)'는 이미 국수주의적 경향으로 한 걸음 내딛고 있으며, 다음의 '스스메, 스스메 헤이따이 스스메(나가자! 나가자! 병대 나가자!)'는 이미 분명하게 군국주의 그 자체다.

　교과서의 내용이나 성격을 검토하는 데는 국어보다 전쟁 전의 소·중학교 교육에서 가장 중요한 과목이던 수신(修身 : 윤리) 쪽이 더 적당할 것이다.

소학교의 이 국정 수신 교과서는 1학년 아동으로서는 아직 무슨 말인지를 모를 것이기 때문에 단지 "천황폐하 만세"만 외치게 하고 2, 3, 4학년이 되면 천황의 큰 덕 — 천황이 얼마나 국민을 어여삐 여기고 있으며, 따라서 국민은 충군 애국을 다하지 않으면 안 된다고 가르친다. 제4장에서 말했듯이 메이지 초년, 천황에 관해서 아무것도 모르는 일반 국민에게 천황을 홍보했을 때와 같은 수법이다. 충군 애국의 실례 및 이와 관련된 황후 또는 신궁(神宮), 경축일, 국기 등이 나온다.

5, 6학년이 되면 예의 《고사기》의 신화가 나오는데 만세일계(萬世一系)의 천황을 받드는 일본은 만국에 비할 수 없는 훌륭한 나라이고, 그 밑에서 일본 국민은 충절을 다해 왔고 또 다하지 않으면 안 된다고 한다. 이 논리는 그 후 오랫동안 그리고 점점 더 발전·강화되어가는 기본적 개념으로 국민규범의 원형이라고 할 수 있다.

과연 정말로 평화로웠던 다이쇼[大正] 시대에서 쇼와 초기까지의 교과서니만큼 1935년 전후부터의 천황 절대주의에 비하면 보편적인 도덕과목이 꽤 보이지만, 1941년에 제정된 마지막 국정교과서에 이르면 수신 교과서의 거의 반 이상은 천황관계가 차지하게 되었다.

국어 교과서는 수신 교과서 정도는 아니지만 때때로 수신 과목과 같은 것이 실려 있다. 예를 들면 3학년생 전기에는 〈대일본〉이라는 다음과 같은 시문이 나온다.

대일본, 대일본

신의 후예이신 천황폐하

우리 국민 9천만을

자식처럼 보살펴주신다

우리 국민 9천만은

천황폐하를 신처럼 우러러보며

어버이처럼 받들어 모신다

대일본, 대일본

그 예로부터 이 나라는 한번도 원수에게

싸워 진 적이 없고 해와 달과 더불어

나라의 빛이 더욱 빛난다

국가의 병영화(兵營化)

소학교 교원의 양성은 1872년 도쿄에 최초의 관립사범학교가 개설된 이래 몇 번 변천을 겪었으며, 1913년부터 다른 학교에 앞서 학교체조 교수요목(教授要目)으로서 군사교련이 도입되었다. 1925년에는 중등학교 이상에는 육군 현역장교가 파견되어 교련이 정식 과목이 되었다. 이것은 군축(軍縮)으로 인한 전력의 저하를 보충하고 중견장교의 실업을 구제하는 것이 목적이었지만 학생들의 사상 대책도 겸한 것이었다. 1925년이라는 해는 앞서 말한 치안유지법이 공포된 해다.

다음 1926년에는 중등학교에 다니지 않는 16세에서 20세의 근로 청년에게 군사교련을 실시하기 위한 교육시설로 청년훈련소가 설립되었다. 수업과목은 수신, 공민, 교련, 보통학, 직업훈련의 5개 과목으로 이루어지고, 교련이란 군사교련을 말하며 4년간 400시간이나 실시되었다. 일주일에 약 3시간 정도가 되는 셈이다. 수신, 공민은 말할 필요도 없이 사상교육이고, 보통학이라는 것은 국어, 특히 한자를 주로 하여 군내 교육에서도 실시되었다. 입영하는 군인의 국어 능력이나 상식 부족에 곤혹스러워한 군대로서는 소학교 교육의 부족을 보충하는 보통학을 군사교련의 일부로서 실시했던 것이다. 요컨대 청년훈련소의 교육은 직업훈련을 제외하고 전부 군대를 위한 교육이라고 할 수 있는데 지도원 9만 명 중 4만 명은 재향군인인 것을 보아도 그 성격은 분명할 것이다. 수업료는 받지 않고 입소자에게는 입영 뒤 복무기간의 단축이라는 특전도 주어졌다.

1935년에는 이 청년훈련소와 간이 직업교육을 실시하고 있던 실업보수학교가 합병하여 청년학교가 되고, 계속해서 1929년에는 군사색이 짙은 근로청년의 교육기관으로서 확립되었다. 그 해에 대학의 군사교련도 필수화되고 중등학교 이상 진학한 학생과 진학하지 않은 청소년도 12세 이상의 남자는 전부 군사교련을 받게 된 셈으로 그야말로 모든 청년의 군대화가 시작되었다고 할 수 있다.

청소년에게 군사교육을 실시하는 것과는 다른 방법으로 군대 경험자를 통하여 사회에 사상교육을 침투시키려는 것도 시도되었다. 이미 메이지 초기부터 징병 원호사업의 외곽단체가 존재하였는데 1890년 전후에 지방 행정기관은 이들 단체의 조직화에 착수하였다. 그리고 러일전쟁 후인 1910년 제국 재향군인회가 육군성의 지도로 창립되었다. 그 목적은 전시에 예비역·후비역 등의 군인의 동원을 준비하기 위한 것이었으나 동시에 국민 전체의 통합을 위해 기간 조직으로 삼기 위한 것이다.

원래 일본 군대는 일반 국민보다 한 단계 높은 — 천황에게 가까운 — 천황폐하가 수족같이 믿는 신하이고 국민의 사표이며 국가의 중심세력으로 자처하고 있었다. 군인정신이 국민정신이 되어야 하며 군대교육뿐만 아니라 사회에서도 실천되어야 한다고 군은 생각하고 있었다. 그리고 재향군인(회)은 촌락생활을 하나의 병영으로서 질서를 세워 그 정신적 중추가 되기를 기대한 것이다. 1913년 군대교육령 강령 6은 다음과 같다.

군인은 국민의 정화(精華)로서 그 주요 부분을 차지한다. 따라서 이 교육의 적절 여부는 곧 지방 마을의 사람들의 품격을 좌우하며, 나아가서 국민정신에 위대한 영향을 미치는 것이다. 무릇 군대에서 체득하는 무형의 자질은 사회풍조를 향상시키고 국민의 모범이 되며…, 양병(良兵)을 기르는 것은 양민(良民)을 만드는 이치임을 생각하여 국민의 모범 전형을 도야하는 각오가 없어서는 안 될 것이다.

입영기간중의 교양은 군인의 본분을 다하는 기초일 뿐만 아니라, 또한 이로써 국민도덕을 함양하여 평생 도움이 되는 습관을 부여하는 데까지 이르러야 하는 것이라고 한다. 육군에서 재향군인회의 결성에 큰 역할을 하고 뒷날 수상이 된 다나카 기이치(田中義一) 소장(1910년 당시)은 재향군인과 지방 유지를 모은 강연회에서 다음과 같은 말을 연발하고 있다.

"군대에서의 훈육의 효과가 지방에 보급되도록 하지 않으면 안 됩니다."
"군인회라는 것은 나라의 운명을 좌우합니다."
"군대라는 것은 국민의 학교인 것입니다."

"재향군인은 국민을 지도해 나가야 하는 사람들입니다."

"당신들의 힘으로 이 나라의 질서가 유지되는 것입니다."

"그러한 책임을 당신들은 가지고 있습니다만…"

"도덕이 사회 최고의 지위를 차지하는 것이라면, 당신들만큼 높은 도덕을 가지고 있는 사람도 없습니다."

"적어도 수범을 도시와 마을에서 보이지 않으면 안 됩니다."

"군인정신은 국민정신입니다. … 국민교육과 군대교육은 서로 시종 일치해 나가지 않으면 안 됩니다. …"

요컨대 천황 절대주의 교육, 군국주의 교육을 충분히 받은 사회의 중견층인 재향군인으로 하여금 국민의 사상선도, 사상통제의 추진 역할을 시키려 한 것이다. 천황기관설 문제로 재향군인회는 육군의 기대에 보답하여 미노베[美濃部] 교수 추궁에 충분한 힘을 발휘한 것은 앞서 기술하였지만, 재향군인회는 더 나아가 해군군축회의에서도 2·26사건에서도 군의 의향을 좇은 여론 환기에 힘썼고 — 또는 지방에서의 조그만 사건이긴 하지만 — "공산주의와 군벌이 일본을 위기로 이끌고 있다"고 마쓰야마[松山]시에서 연설한 니토베 이나조[新渡戶稻造]를 규탄하는 일에서도 활약하였다. 육해군 당국은 재향군인회에 각종의 지시를 종종 내려보냈다.

신문사 주필 자리에서 쫓겨나 고고하게 지조를 지킨 기류 유유[桐生悠悠]는, "군인·무인이 아니면 그들은 사람이 아니라고 생각하고 있는 것 같다"고 쓰고 있다. 정말 그러했다. 조금 과장해서 말한다면, 전시중 군인의 일반 국민에 대한 태도는 점령지 주민을 대하는 점령군이라고도 할 수 있을 만큼 오만한 것이었다.

온 일본이 병영화되어 왔으니 그 중핵인 군인이 으스댄 것도 그들로서는 당연한 일이었는지도 모른다.

다이쇼〔大正〕 말기의 국민교화

제국의회에서의 총리의 시정연설에 국민의 사상문제에 대한 우려가 등장한 것은, 제1차 세계대전이 끝나고 1년 남짓 지났을 때인 1920년 1월의 정기의회에서 하라〔原〕 수상에 의해서였다. 그 때까지는 수상 연설에 교육문제가 나온 것은 넓은 문명개화의 추진에 관한 것뿐이었다. 그러던 것이 1920년 이후 역대 수상의 대부분이 시정연설에서 특히 이에 언급했으며, 쇼와 시대에 들어선 후로는 중일전쟁이 시작되는 고노에〔近衛〕 내각까지 아홉 명의 수상 중 와카쓰키〔若槻〕, 이누카이〔犬養〕 두 명을 제외한 모두가 국민의 사상문제를 거론하고 있다.

같은 문제를 문부대신이 지방장관(지사)회의 또는 (전국)학무부장(교육감)회의에서 훈시하기 시작한 것도 1918년의 오카다 료헤이〔岡田良平〕 문부대신 때부터이며, 쇼와 시대 이후는 한 사람의 예외도 없이 이를 거론하고 있다.

이와 같이 다이쇼 중기 이후 국민의 사상이 정치의 중요 문제가 되어 사상국난(思想國難)이라는 말까지 나타난 것은, 앞에서도 말한 바와 같이 국민의 지적 수준이 올라가 메이지 헌법적 또는 교육칙어적 국가관과 도덕관이 통용되지 않게 되었기 때문이며, 메이지 이래 반 세기가 넘는 문명개화의 당연한 귀결이라 해야 할 것이다.

그러나 정부는 이 사회변화의 조류를 누르기 위해서 여느 때처럼 천황을 들고 나왔다. 국민정신 진작에 관한 조서(詔書 : 천황의 발표)의 공고이다(1923). 이 조서의 내용은 학문이 진보하고 인지가 발달해왔기 때문에 오히려 부화방종(浮華放縱)의 버릇, 경조궤격(輕佻詭激 : 경솔하고 언행이 중용을 잃고 과격함)의 바람이 생긴 것을 탄식하고, 질실강건(質實剛健), 순후중정(醇厚中正)으로 돌아가 일본국의 홍륭을 꾀하라고 국민을 훈계하고 있다.

이와 같은 조서는 단순한 문서 또는 일장의 설교로 끝나지 않는다. 그것은 사상통제와 사회교화의 훌륭한 명분이 되어 정부의 구체적 시책으로 발전해 나갔다.

점차 사상운동에 대한 단속의 중심이 내무성으로부터 점차 문부성으로 옮겨가고 있었던 것이다.

1932년 정부는 조야의 지식인을 모아 학생사상대책조사회를, 1935년에는 교학쇄신평의회를 설치하여 사상문제에 관해서 심의하였는데, 다음과 같다.

- "우리 국체·국민정신의 원리를 천명하고, 국민문화를 발양(發揚)하여…." (학생사상문제조사회)
- "대일본 제국은 만세일계의 천황, 천조(天祖)의 신칙(神勅 : 신의 말씀)을 받들어 영원히 이를 통치하신다. 이는 우리의 만고불변의 국체이니 …." (교학쇄신평의회)

요컨대 일본 정부가 광분한 사상대책이란 국체옹호대책이고 천황 신화의 방위책이었다고 할 수 있다. 천황기관설 문제가 일어나기 6년 전인 1929년 미노베는 《제국대학신문》에 다음과 같은 논문을 게재하였다.

만약 그 이른바 사상선도가 혁명사상을 절멸시키는 데 있다면 그것은

모든 교육을 금지하고 국민으로 하여금 완전히 무학 문맹화하는 길 외에
방도가 없다.

국민의 교화대책, 즉 일본의 국체신앙이라는 것이 일본 국민의
무지몽매 위에서 비로소 성립되어 있는 어리석은 미신에 불과하다
는 것을 이토록 단적으로 나타낸 직언은 좀처럼 찾아볼 수 없을 것
이다.

국체의 본의

쇼와 시대에 들어오면 자주 '국체'라는 말이 나오지만, 이 국체
라는 개념은 마르크시즘 등 서구사상에 대항하여 일본적인 사상을
수립하려고 한 것으로서 그 결실이 문부성에서 편찬한 《국체의 본
의》라는 책이다. 이 책이 발간된 것은 우연히도 중·일 양국이 전
면전쟁에 돌입하는 1937년 3월로 이 책은 말하자면 전쟁 전 일본의
성서 라고 할 수 있으며, 이것을 읽지 않고서는 전쟁에 임하는 일
본국의 행동 또는 일본인의 국정사상을 이해할 수 없을 것이다.

태평양전쟁이 시작된 1941년 3월에는 《국체의 본의》의 자매편이
라고 할 《신민의 길》이 문부성에 의해 또 발간되었는데, 내용은 비
슷하므로 《국체의 본의》에 관해서 간단히 설명해둔다. 국민정신문
화연구소의 유력한 교수 기헤이 마사미〔紀平正美〕는 사상 실무가
합동회의에서 다음과 같이 강연하고 있다.

국체라는 것은 우리들 일본인의 신념 속에 있는 것이며, 지적(知的)으
로 정의할 수 있는 것이 아니다. 국체를 이론으로 정한다면 국체라는 신
념은 차츰 깨지게 된다.

이래서는 이제 설명을 할 수도 없게 되지만, 《국체의 본의》라는 책 자체도 논리적 기술은 단념하는 수밖에 없었던지 그 내용은 거의가 신화와 고전에서 인용한 것으로 156페이지의 소책자에 인용 부분이 100군데가 넘어 그 모두가 두드러지게 길다. 이론으로가 아니라 분위기로 의도하는 바를 전하려고 한 데서 온 것이리라. 어떻든 그 설명은 합리적 정신을 가진 사람은 이해가 불가능하다고밖에 할 수가 없다. 그러나 불합리성이야말로 《국체의 본의》의 본질적인 성격이고 전쟁중 일본인의 미망(迷妄)의 근원이었다.

차마 읽을 수 없는 문장

〈 1. 대일본 국체 〉

1) 건 국

대일본 제국은 만세일계의 천황이 황조(皇祚)의 신칙(神勅 : 신의 말씀)을 받들어 영원히 이를 통치하신다. 이것은 우리의 만고불변의 국체이다. 이 대의에 입각하여 일대 가족국가로서 억조의 사람이 한 마음으로 거룩한 뜻을 받들고 능히 충효의 미덕을 발휘하는 것, 이것이 우리 국체의 정화이다. 이 국체는 우리나라의 영원불변의 근본이며, 국사를 일관하여 빛나게 하고 있다. 그리하여 이것은 국가의 발전과 더불어 더욱 더 굳건해지고 천지와 더불어 끝이 없다. 우리들은 우선 우리 건국의 사실 속에 이 대본이 어떻게 살아 빛나고 있는가를 알지 않으면 안 된다.

우리나라의 건국은 황조인 천조대신(天照大神)이 신칙을 황손 경경저존(瓊瓊杵尊)에게 주시며 일본에 내려오게 하신 때 이루어진다. 그리하여 《고사기(古事記)》, 《일본서기(日本書紀)》 등은 황조 개국의 일을 이야기함에 있어 먼저 천지개벽과 발전, 변화에 관한 것을 전하고 있다. 즉

《고사기》에는 천지가 처음 시작될 때 고천원(高天原)에 계신 신의 이름은 천지어중주신(天之御中主神) 등 세 분의 독신(獨神)이 계셨고 이어 몸을 숨기셨다고 되어 있으며, 다시 《일본서기》에는 ….

이런 인용문이 끝없이 계속된 뒤 다음과 같이 결론 지었다.

이런 유구 심원한 개국의 사실에서 시작하여 천지와 더불어 무한히 생성 발전하는 것이니, 참으로 만방에 그 유례를 볼 수 없는 일대 성사(盛事)를 현출하고 있다.

보통의 상식을 가진 사람으로서는 무엇이 만방무비(萬邦無比)인지 무엇이 성사인지 도무지 알 수가 없을 것이다. 이하 중요하거나 기묘한 곳만 인용한다.

"…여기에 엄연한 군신의 대의가 명시되고, 우리 국체는 확립되어…"
"즉 천조대신은 내리신 거울(御鑑)과 더불어 오늘도 존재하고 계시는 것이다."
"천황에게 봉사하고, 천황의 어의를 받드는 것은 우리들의 역사적 생명을 지금에 살리는 소이(所以)이며, 여기에 국민의 모든 도덕의 근원이 있다. …"
"그것은 개인주의적인 사고방식으로는 결코 이해할 수 없는 것이다. …"
"우리나라는 일대 가족국가이며, 황실은 신민의 종가이시고…"
"우리나라의 도덕은 특색이 있어 세계에 그 유례를 볼 수 없는 것이 되어 있다. …"

끝이 없기 때문에 이 정도로 그만두지만 마지막으로 정치·경제에 관한 부분만 인용해둔다. 교양이 있는 사람은 거의 당혹할 수밖에 없는 기묘한 문장이다.

제국헌법의 정체(政體)에 관한 법의 일체는 천황의 친정(親政) 원칙의 확충과 이를 올바로 받아 펴는 바로 그것이다. 예를 들어 신민의 권리의무의 규정 같은 것도, 서양 제국의 자유권 제도가 국민에 대하여 인민의 천부의 권리를 옹호하려 하는 것과는 달리 천황의 자혜로운 양육의 정신과 국민의 격의 없는 익찬(翼贊 : 천황의 큰 뜻을 받들어 모시는 것)의 기회를 골고루 주시려는 어의에서 나오는 것이다.

정부·재판소·의회의 정립(鼎立) 같은 것도 외국의 3권분립처럼 통치자의 권력을 견제하기 위해서 그 통치권자로부터 사법권과 입법권을 빼앗고 행정권만을 용인하여 이를 견제하는 것과는 달리, 우리나라에서 분립은 통치권의 분립이 아니라 친정 보익(輔翼)기관의 분립에 불과하고 이로써 천황의 친정을 더더욱 확실케 하기 위한 것이다.

의회 같은 것도 소위 민주국가에 있어서도 명의상의 주권자인 인민의 대표기관이고, 또한 소위 군주국에서는 군주의 전횡을 억제하기 위한 인민의 대표기관이다. 우리 제국의회는 전혀 이것과 달라서 천황의 친정(親政)을 국민으로서 특수한 사항에 특수한 방법으로 익찬해 드리기 위해 설치한 것에 불과하다.

우리 국민경제는 황국의 무궁한 발전을 위한 어의에 입각한 대업이자 국민의 행복이 의존하는 것으로서, 서양 경제학이 주장하는바 개인의 물질적 욕망을 충족하기 위한 활동 관련의 총화가 아니다.

그것은 온 국민이 생산의 길에 동참하여 각자가 분에 따라 저마다 자기 할 일을 다하는 것이다. 이리하여 경제는 도덕과 일치하여 이윤(利潤)의 산업이 아니라 도리에 바탕을 둔 산업이 되며 능히 국체의 정화(精

華)를 경제에서 발휘할 수 있게 될 것이다.

《국체의 본의》의 자매편 《신민의 길》의 일단만을 다음에 싣는다.

> ··· 사람은 고립된 개인도 아니고 보편적인 세계인도 아니며 바로 구
> 체적인 역사인이자 국민이다. ··· 우리들에게 있어 인류는 추상적인 인도
> 나 관념적인 규범이 아니라 구체적인 역사 위에 전개되는 황국(皇國)의
> 길이다. 사람됨이란 일본인됨을 말하는 것이고, 일본인됨이란 황국의 길
> 을 따라 신민의 길을 행하는 것이다. 즉 우리들은 국체에 입각하는 확고
> 한 신념에 삶으로써 황국신민이 될 수 있는 것이다.
> 우리들은 황국신민이 되지 않고는 사람이 될 수 없다. ··· 우리들의 생
> 활은 전부 천황에게 귀일하며, 국가에 봉사함으로써 진실된 생활이 된다.

"일본인은 일본 국민일 뿐 세계인도 인류도 아니며, 일본에 인도
(人道)란 존재하지 않는다"고 쓰고 있는데 그것이 과언이 아니라는
것이 입증되었다. 1945년 5월 버마(지금의 미얀마)에서 전사한 다
게이 오사무〔武井脩〕는, "병영에 역사는 없고 신화만 있다"는 말을
남겼지만 역사가 없고 신화만 있었던 것은 유독 병영뿐 아니라 일
본 전체가 그랬던 것이다.

국민정신총동원

다이쇼 말기부터의 국민교화에서 말한 국민교화운동은 오가다
〔岡田〕 내각(1934년 7월~1936년 3월)이나 그 다음의 히로다〔廣田〕
내각(1936년 3월~1937년 2월)도 중요정책으로 채용하였다. 오가다
내각에서는 10대 정강의 두번째로 '민심진작'을, 히로다 내각에서

는 정책상 중점을 둘 7개 사항 중 제1의 '국방의 충실'에 이어 둘째로 교육의 쇄신개선을 들었다.

국민교화운동은 중일전쟁이 시작되기 직전인 1937년 4월에 그 운동방침을 확립하고, 6월경부터 하야시 센주로[林銑十郞] 내각 아래서 실시에 착수하였다.

국민교화운동은 중일전쟁이 시작되면서 '국민정신총동원 운동[약칭 정동(精動)]'에 자리를 양보하게 된다. 이 '정동'은 중·일 개전 1개월 반쯤 전에 고노에 내각이 요강을 결정하고, 9월 11일 정부가 주최한 히비야[日比谷]공회당에서의 정동 대연설회의 개최로 발족하였다. '거국일치·진충보국·견인지구(堅忍持久)'를 3대 슬로건으로 하여 내무대신과 문부대신의 지도 아래 정동 중앙연맹이 각종 단체를 규합하여 결성되었다. 내무성은 부락회, 인보(隣保)반, 정내회(町內會), 반상회 등을 정비·강화하여 정동의 말단조직으로 활용하였지만, 1940년에는 일단 민간단체의 형식을 취하고 있던 정동 중앙연맹을 폐지하고 수상을 본부장으로 하는 정동 중앙본부를 신설하여 정부가 전면에 나서게 되었다. 구체적으로 어떤일을 했는지 열거하면 다음과 같다.

● 신사·황릉(皇陵)에의 참배, 칙어 봉독
● 전몰자 위령제, 출정병사나 영령의 환송·영
● 무도(유도·검도)장려국방헌금, 국채구입운동, 저축보국운동, 청소등 근로봉사 증산운동
● 기타 다음과 같은 사항의 호소
국기게양, 생활간소화, 물자절약, 폐물이용, 금주·금연
● 매월의 하루를 '흥아봉공일(興亞奉公日)'로 하여 이른 아침부터

각종 행사를 개최(국가제창, 훈시 등) ― 태평양전쟁 개전 후는 매월 8일
이 '대소봉대일(大詔奉戴日 : 천황의 명을 받들어 행하는 날)'로 하여 이
에 대치되었다.

내무상의 관리 아래 사실상 경찰과 정촌(町村 : 읍면동)사무소가
지도한 '정동'은 국민의 자발적 의욕을 끌어내지는 못했으며, 1940
년 가을에는 제2차 고노에 내각에 의해 창립된 '다이쇼익찬회(大政
翼贊會)'[1]의 신체제운동에 인계되었다.

그러나 정동으로 시작된 국민에 대한 지도와 간섭은 전쟁의 진전
과 더불어 심화되었다. 라디오는 연중 높은 사람의 설교를 방송하
고 나약한 노래는 추방되었으며 '국민가요'와 '국민창가'가 선정되
어 매일 방송에서 흘러나왔다. 첫번째 국민가요는 1936년 6월 1일
에 시작되었고 〈일본은 좋은 나라〉가 방송되었다. 국민창가는
1937년 10월 13일부터 시작, 오래 불려진 〈바다로 가면〉이 첫째
것이다. 역전에서는 앞치마에 어깨띠를 걸친 '국방부인회'를 많이
보게 되었고, 남자는 '국민복'이라고 부르는 군속이나 군 노무자
같은 보기 흉한 제복을 장소에 따라서는 반강제로 입어야 했으며
여성의 '몸뻬' 모습은 그 후의 일이지만 '사치는 적이다', '파마는
그만둡시다' 등의 포스터가 여기저기에 붙여졌다.

국민복을 입은 만담가가 연단에서 관객에게 시국의 중대성이며
생활태도에 관해서 연설을 하는가 하면, 배급기구의 말단에 있는
채소장사 주인도 배급을 받으러 모인 주부들에게 일장의 훈시를

---

1) 일본 정부가 제2차 세계대전중 국민 통제를 위해 조직한 단체로서 기존 정당이 해산되
었다.

하기도 한다. 동회장이나 반상회장이 동내 집회에서 신문에라도 난 것을 득의 양양하게 장광설을 늘어 놓는 것은 두말 할 것도 없다. 특히 경찰의 지휘 아래 있는 경방단(警防團 : 단원수 320만 명)은 원래 방공·방화 활동 이외에 국민을 동원·감시하는 데 큰 역할을 담당했다. 전국의 진전에 따라 대도시의 주민도 작은 마을에 사는 것처럼 이웃간의 감시가 강화되고 자유의 제한이 심해져서 불편한 입장에 놓이게 되었다.

'거국일치', '일억일심'이 국민적 슬로건이기 때문에 적어도 국가의 정책에 반대하거나 비판하는 것이 허용될 리 없다. 만일 조금이라도 그에 가까운 짓을 하거나 말하면, 이웃으로부터 요주의 인물로 따돌림을 당하게 되고, 경찰에 '비국민'으로 밀고당할 위험성도 컸다. 밀고하는 자는 나쁜 짓을 한다는 생각보다는 오히려 국민으로서의 의무를 다하는 애국자로 자처하며, 그러한 애국자가 매우 많았기에 사람들은 침묵을 지키는 수밖에 없었다.

생명과 지위를 걸지 않으면

지금까지 기술한 것으로써 일반 국민이 전쟁에 반대할 수 없었던 이유는 일단 분명해진 것으로 생각한다.

그러나 의회 내에서의 언론의 자유는 법률상 확보되어 있어서 예산심의권을 쥐고 있는 제국의회 의원들은 그럴 마음만 먹으면 전쟁을 개시하지 못하게 하는 것도, 도중에 그만두게 하는 것도 할 수 있었을 것이다. 제국헌법에 의하면 예산안이 부결되면 정부는 전년도대로 예산을 집행하지 않으면 안 된다. 정부가 제출한 예산안의 부결은 군비확장을 억지하여 전쟁을 불가능하게 만든다. 그러나 의원 개인으로서는 군부에 의한 강한 압력이나 우익 테러의 공포를 면할 수 없고, 뿐만 아니라 예산안을 부결하여 정부와 전면 대결하려면 또 하나 극복하지 않으면 안 되는 것이 있었다. 그것은 천황의 권위이다.

1893년 제9회 제국의회에서 중의원은 정부가 제출한 예산안을 부결시킨 적이 있다. 청일전쟁을 목전에 두고 전함 건조비가 꼭 필요했던 이토(伊藤) 수상은 천황에게 상주하여 사태의 타개를 꾀하였다. 천황은 궁내 예산 30만 엔의 6년분과 공무원 봉급의 10%의 6년분을 건조비에 충당한다는 뜻의 조칙을 발표하여 의회에 대하여 '화협(和協)의 길의 협조'를 요구한 것이다. 중의원은 당장 방침을 바꾸어 예산안 전액을 통과시켰다.

이런 방식은 결코 메이지 시대에 한한 것이 아니다. 제국의회의 개원식에는 천황이 나와서 칙어를 내리는 것이 통례로 되어 있다. 중일전쟁이 시작된 1937년 9월 4일에 개원식을 가진 제71회 특별의회의 경우를 보자. 그 이틀 전 임시각의에서 정부는 중국에서의 전투에 대해 종래의 불확대방침을 버리고 의회에 본격적인 전쟁을 하기 위한 방대한 임시군사비를 상정하였다. 이 개원식에서 천황은 다음과 같은 칙어를 읽었다.

> … 중화민국, 일본 제국의 진의를 깊이 이해하지 못하고 함부로 일을 만들어 마침내 이번과 같은 사변을 보기에 이르렀다. 짐은 이를 유감으로 여긴다.
>
> 짐의 군인은 백난을 물리치고 그 충용를 다하고 있다. 이는 바로 중화민국의 반성을 촉구하고 신속히 동아의 평화를 확립하고자 하는 것이다.

의회는 겨우 5일 만에 의사를 다 종료하고 예산안, 기타 전 법안을 만장일치로 통과시켰으며 또 성지를 받든 동아 안정에 관한 결의도 가결하였다.

이 때뿐 아니라 가령 중일전쟁이 공연히 장기화하는 경향이 역력해진 1938년말, 다음해인 1939년의 군사예산을 심의하는 제74회 통상의회의 개원식에서도 천황은 다음과 같은 칙어를 내렸다.

> 짐의 장병이 잘 어려움을 물리치고 이미 중국의 중요 지역을 평정하였다. 그러나 동아의 신질서를 건설하여 동아의 영원한 안정을 확보하려면 실로 국민정신의 앙양과 국가총력의 발휘에 기대하지 않을 수 없다.

천황을 방패로 삼으면 정부가 의회에 대하여 절대 우위에 서는데 그치지 않았다. 형사 피고인조차 검사나 판사에 대하여 거만하게 행동할 수 있었다고 하는 사실이 있다. '신병대(神兵隊)사건'이라는 내란죄 공판 때의 일이다. 마침 우익이 대두하는 기운 속에서 집단 무장봉기를 계획한 50여 명이 미수에 그치고 체포되었다. 내란죄로 대심원의 특별재판에 회부된 아마노 다쓰오(天野辰夫) 피고 등은 미하시(三橋) 대심원 검사국 차장을 천황기관설론자요 국체 명징(明徵)에 어긋난다고 검사의 국체사상을 추궁하였다. 이 때문에 심의는 조금도 진전되지 않아 결국 미하시 검사는, "천황기관설은 국체에 어긋난다"고 법정에서 진술하여 피고와의 대립을 해소하려고 하였다.

그러나 그 후에도 심리는 암초에 부딪친 채였으므로 우노(宇野) 재판장은 피고들의 구속을 취소하고 공판정에서 다음과 같이 말함으로써 피고들의 양해를 얻어 심리는 급속히 진척된 일이 있다.

황공하옵게도 천황의 이름으로 행하여지는 공판정에서 천황기관설의 시비와 같은 문제가 논의된다는 것, 재판장으로서 이에 대한 의견을 말하지 않으면 아니되는 지경에 이른 것은 참으로 유감천만이다. 그러나 사태는 주저를 허용하지 않기 때문에 이 기회에 한 마디 하기로 한다. … 원래 이 천황기관설이라는 말은 외국어의 번역으로 우리 일본에서 생긴 본래의 말이 아니다. … 그런 외국의 이설(異說), 외국의 사상에 현혹되어 황송하옵게도 황국 일본의 크나큰 혼이신 일천만승(一天萬乘)의 천황에 대하여 외국의 원수와 같이 생각하여 송구스럽게도 국가의 한 기관이라고 설명하는 것은 언어도단이며, 또 그렇게 믿는 자가 있어서는 이는 일본 신민으로서 두려움을 모르는 불손한 무리라 하지 않을 수 없다. …

　　이러하기 때문에 국체관념에 관해서 재판소가 명징을 결하고 있다든지 신념을 잃고 있다든지 하는 걱정은 전혀 필요 없는 일이라는 사실을 전 피고인들에게 언명해둔다.

　미하시 검사는 지금의 최고검찰청의 차장검사이고, 우노 재판장은 최고재판소의 판사에 해당한다. 그들은 미숙한 연령이 아니라 원숙 노성(老成)한 사법관이었을 것이다. 그런 것이 내란죄의 피고 앞에서 국체에 대한 자기의 사상이 정순(正順)하다는 것을 증명하지 않으면 안 되었다고 하는 것은 새삼스럽고 괴이한 일이다.

　지금까지 줄곧 써온 바와 같이 국민의 교육, 교화, 국민정신총동원 등, 요컨대 국민의 사상적·정신적인 문제에는 반드시 국체가 등장한다. 국체, 즉 살아 있는 신(現人神)인 천황의 신성(神性)을 부정하지 않는 한 일본 국민에게는 언론의 자유도 사상의 자유도 학문의 자유도 없다. 전쟁에 반대하는 것은 물론 정부의 정책 하나하나를 비판하는 것조차 제대로 허용되지 않는다. 천황이 전쟁을 결정한 이상 평화를 바란다고 말하는 것은 터무니없는 소리이며 일본인이 세계인류의 일원이라는 것조차 부정하지 않으면 안 된다. 그것이 일본의 국체, 신성한 천황제가 명하는 바이기 때문이다.

천황기관설 사건에 대하여 미노베를 옹호한 도쿄제대 교수 가아이 에이지로(河合榮治郎)는 《도쿄제대신문》에 다음과 같이 논했다.

> 세상 사람이 생명과 지위를 걸지 않고는 이 천황제에 관해 한 마디도 토로할 수 없는 상태에 이르게 되었다. …

이 논문은 1935년의 것으로 중국과의 전쟁도 아직 시작되지 않은 때이다. 그 시대에서조차 그랬으니 하물며 전쟁이 시작된 후에 생명을 내걸기 전에 그 말은 매장되었을 것이다.

전후 반세기, 그 때문에 이백 수십만의 청년이 피를 흘리고 난 지금도 '가아이 교수의 탄식'은 결코 지나간 옛날이야기라고만 말할 수 없을 것이다.

제8장

군에 아첨하는 정당,

부패한 정치가,

무능한 관료

8

초토(焦土) 외교

군인 특히 육군이 얼마나 교양이 없으며 세계정세를 모르고 일본 자체도 몰랐는가 하는 것을 지금까지 끈덕지게 다루어 왔다. 그러나 전쟁은 최대의 외교이므로 군인에 대한 비난은 그대로 외교관에게 돌려야 될 것이다. 원래 군인은 전쟁을 하는 것이 본직이고 그 시야가 좁은 것은 당연하지만 외교관은 전쟁 전에는 내무성, 대장성의 관료와 더불어 자타가 다 관료 중의 최고 영재로 자처하고 있었으며 외국에 대한 정보, 국제정세의 분석은 그들의 최대의 일이자 가장 자신 있는 일로 생각하고 있었을 것이다.

그러나 외무성은 이 기대를 완전히 배반하였다. 만주사변 이래 패전에 이르는 14년간에 19명의 외무대신이 그 자리에 있었지만, 군의 무법한 행위를 저지하기 위해서 몸을 내던지거나 또는 직위를 건 자는 단 한 사람도 없었고, 오죽하면 외무성을 육군성 외무국 또는 가이무쇼(害務省 : 일본어로 외무성과 발음이 같아 가이무쇼로 읽음)의 멸칭을 감수해왔다. 이들 대신 19명 중 16명은 외교관 출신이고, 3명은 군인(우가키[宇垣], 노무라[野村], 도요다[豊田])인데 오히려 군인 출신이 온건한 외교정책을 취했다고 해도 좋을 정도다. 마쓰오카 요쓰케[松岡洋右]는 재야에 있을 때는 천황기관설을 부정하는 민중대회에 가담했고, 외상이 되어서는 삼국동맹을 추진하기도 하고 대소공격과 싱가포르 공략을 주장하는 등 준비도 없는 팔방충돌의 행동으로 육군마저 당혹시켰을 정도다.

히로타 고키[廣田弘毅](외상출신)가 조각했을 때는 육군성의 무토[武藤] 군무국장이 조각본부에 도사리고 앉아 각료 선발에 종횡으로 간섭하였고, 히로타는 그저 두말 없이 이에 따랐다. 그리고 그는 총리가 되자 군부대신의 현역제 폐지라는 선임자들의 고심 끝의 성과를 매우 간단히 부활시켜 군의 독주에 결정적 무기를 주어버렸다. 또한 그는 제1차 고노에[近衛] 내각의 외상으로서 참모본부의 반대에도 불구하고 주중국 독일대사 트라우트맨의 중재안을 거절하고 "국민정부를 상대하지 않는다"는 비상식적인 고노에 성명을 발표하여 수렁 같은 장기전에 첫걸음을 내디뎠다.

또한 제2차 세계대전의 발단이 된 만주사변 직후, 1932년 외무장관에 취임한 우치다 고사이[內田康哉]는 당시 국제연맹의 의향을 무시하여 일본의 괴뢰정권인 만주국의 승인 여부가 시끄럽게 논의되고 있었을 때 제국의회에서의 외교연설에 관한 모리 카쿠[森格] 질문에 다음과 같이 대답하였다.

> "이 문제(만주국의 승인)에 관하여는 이른바 거국일치, 나라를 초토화하더라도 이 주장을 관철한다는 점에서는 한 걸음도 양보할 수 없다는 결심을 가지고 있다고 말씀드리지 않을 수 없습니다."

평시에 국민과 국토의 안전을 어떻게 유지하느냐가 외교관의 본무라고 생각하는데 국토를 초토화하더라도 강행하지 않으면 안 되는 외교정책이 이 세상에 존재할 수 있는가.

만주사변 당시 우치다는 만주철도 총재였는데, 사변에 관하여는 전적으로 일본 관동군(關東軍)에 동조했다. 그는 권력의 귀추를 살피는 데 민감하여 새로운 권력의 담당자를 관동군에서 발견했다고 해도 하등 이상하지 않다는 말을 들었을 정도이며, 관동군뿐 아니라 육군 수뇌의 지지로 외상에 취임했으니 육군의 비위를 맞추기 위해 군인이 좋아할 듯한 그런 용감한 말을 썼는지도 모른다. 그는 주미대사와 정부의 총무장관을 역임한, 외무성에서의 엘리트 중의 엘리트라 할 수 있다. 그러나 직무상 유·무능이라는 것은 서면시험과는 달리 전 인격의 동원으로 비로소 판단할 수 있는 것이라 그가 과연 외교관이라는 이름에 걸맞는지 의문이라는 말을 들어도 어쩔 수 없을 것이다. 만주국 건설에서 시작된 일본의 국제적 고립은 우치다가 호언한 대로 그로부터 13년 뒤 일본이 문자 그대로 초토화가 된 다음에야 끝이 난 것이다.

도고〔東鄕〕 외상의 변명

이상은 외무성 출신의 외무대신들의 무능무책임한 작태의 일단을 들었는데 다음에 마지막 전시내각의 외무대신 도고에 관하여 조금 자세히 말하고 싶다. 그는 전쟁을 속행하고자 하는 군을 상대로 강경히 화평을 주장하여 포츠담 선언을 수락케 한 인물로서 평가는 꽤 높은 것 같다. 이미 말한 것처럼 거의 제대로 된 성인의 상식도 이해력도 갖추지 못한 군인, 특히 육군을 상대로 평화를 실현한 그의 노력과 불퇴전의 결의는 국민의 한 사람으로서 감사해 마지 않은 바이고 깊이 경의를 표하고 싶지만 이 도고조차 그 언동에는 납득할 수 없는 것이 적지 않다.

그는 개전 때의 외무대신이지만 그가 취임한 10월에는 개전을 저지하는 것은 이미 만사 늦어지고 만 것은 충분히 동정할 수 있으나 다음과 같이 쓰고 있는 것은 변명도 되지 않을 것이다.

전후에 승산이 없는 전쟁을 왜 했느냐고 말하지만, …전쟁에 대해 전망을 할 수 있는 유일한 기관인 군부가 전쟁에는 지지 않는다는 생각을 갖고 있었던 것을 잊어서는 안 된다.

국무대신들이 군사에 관한 정보에 일체 접할 수 없었던 것이 사실이며 도고는 "군을 믿을 수밖에 없었다"고 변명하고 있지만 전투에 관한 사항은 차치하고라도 전쟁 개시라는 최대의 외교문제에 대하여 어째서 납득할 때까지 토론을 반복해서 충분히 설명시키지 않았던가. 그것이 외무장관 책무가 아닌가.

그러나 과거 10년 동안 사실상 군부 독재화한 일본에서 그것은 불가능을 구하는 것이라는 변명을 할 수 있을는지도 모른다. 1937년 여름의 중일전쟁 발발때 육군은 3개월이면 끝난다고 말했지만 그 이후 육군이 예상한 것이 하나도 실현된 것이 없는 것을 도고가 몰랐을 리 없다. 천황마저 "군이 말한 것은 종종 사실과 어긋나서 필승의 승산이 있다고 해도 믿기 어렵다"고 말하고 있다. 도고의 "군을 신용하는 수밖에 없었다" 따위의 변명은 절대로 성립할 수 없을 것이다.

도고는 전에도 말한 것처럼 소학생이나 중학생조차 느끼고 있던 일본군의 장비의 열악함을 모르고 있었던가. 만일 그렇다면 군사지식이 없는 자가 외교의 책임자 더구나 전시 외교의 책임자가 될 자격이 있겠는가. 가사 이것을 백보 양보한다고 해도 근대 전쟁의 기초인 생산력·국력에 관하여 비교, 검토하였더라면 미국과 영국에 전쟁을 걸 수 없었다는 것은 너무나도 분명한 일이 아니겠는가? 그에게는 국민 경제에 관한 지식이 결정적으로 결핍되어 있었다고 생각하는 수밖에 없다.

10월 30일 대본영·정부 연락회의 석상에서 미국의 제안을 받아들이면 일본은 3등국이 될 것이라고 전원이 말한 데 대해 도고는 "조건을 좀 달아서라도 미국의 제안을 받아들인다면 어쨌든 상황은 좀 호전될 것이다"라고 발언하여 일동에게 의아감을 주었다고 한다. 도고가 그렇게 생각했다면 왜 끝까지 그것을 주장하지 않았던가. 그는 단지 말뿐이었던 것이다.

11월 30일 대본영·정부연락회의에서 도고는 이런 얘기도 적고 있다.

> 통수부가 개전 결정 후에야 기습의 필요를 주창하여 마치 이것을 강요하는 듯한 태도를 보인 데 심히 불만을 느끼고 다른 선약이 있다는 이유로 물러가려고 했다.

이로써 회의는 산회하였다고 되어 있는데 이 기사는 아마 12월 8일 진주만 기습의 책임을 해군에게만 떠넘기려는 변명을 위한 것인 듯하다. 그런데 왜 선전포고와 전투개시의 시간적 관계를 더 정밀히 검토하지 않았던가. 이것이야말로 일본의 국제사회에서의 명예가 걸려 있는 것으로서 철저히 토의했어야 할 일이며 심히 불만을 느꼈다는 단계의 일이 결코 아니었다. 더욱이 이런 중대사를 버리고 다른 선약이 있다는 핑계로 퇴장하려고 했다는 데는 놀랄 수밖에 없다. 개전에 관한 대본영·정부연락 회의를 도중에 퇴장하지 않으면 안 될 만한 선약이 외무대신에게 있을 수 있는 것일까? 더구나 그는 그 무책임함을 조금도 부끄러워하는 기색을 보이지 않는 것이다.

다시 말하면 국제정세를 파악하는 것이 임무인 외무대신으로서 도고에게는 결정적으로 빠진 것이 있다. 그것은 독·소전의 추이이다.

일본의 대미영 전쟁이 독일의 대소전 승리를 전제로 하고 있었다는 것은, 여기에 새삼스레 말할 것도 없다. 그러나 긴요한 독·소전쟁 전황은 미·일 교섭이 절박해지면서 곧장 독일이 불리한 상황으로 전개되고 있었던 것이다. 미국이 사실상 대일 개전을 결정했다고 할 '헐 각서'[1]를 일본측에 수교한 2일 후인 11월 29일, C. 헐 국무장관은 하리팩스 영국대사에게, "일본 정부가 냉정하였다면 독일 육군이 11월의 엄동설한에 소련에서 전선을 구축할 것인지 저지당할 것인지, 30일까지 기다려보는 것인데…" 하고 말했다고 한다. 일본이 개전을 결정할 때 이 점이 전혀 고려 밖에 있었던 것같이 보이는 것은 이 또한 이상한 일이며 군과 외무성의 중추부에 있던 사람들의 무지와 무능을 보여주는 한 예라 할 것이다.

이렇게 보면 일본의 개전은 이미 전쟁의 대전제가 무너진 때부터 시작되었으므로 개전과 동시에 패전은 이미 결정된 것이라고도 할

---

1) 1940년 11월 당시 미국무장관 Cordell Hull이 만주·중국·인도차이나에서의 일본군의 전면철수를 요구한 최후 통첩.

수 있다.

도고(東鄕)의 외무대신 사임의 변도 뜻이 분명치 않고 이해하기 어렵다. 그는 다음과 같이 쓰고 있다.

전선의 성공을 선전하는 데 급하고 전력충실의 현실적 시책에 어두운 이 총리로서는 전승은 불가능하다고 생각했기 때문에 이 기회에 도조 내각을 퇴진시킬 것을 생각하였다.

전쟁 전의 법으로서 국무대신인 외무대신이 끝까지 사직하겠다고 우기면 내각은 총사직할 수밖에 없다. 사실 데라우치(寺內) 육군대신은 강경히 그런 주장을 하여 히로다(廣田) 내각을 붕괴에 몰아넣었고, 기시 노부스케(岸信介)도 그렇게 하여 도조 내각을 총사직시켰다. 도고 외상의 사임 의향에 대하여 도조 수상은 도고의 단독사임을 요구했으며, 도고는 일단 이를 거부하여 도조 내각 총사직을 기도했다. 그러나 더 이상 사태를 분규로 몰아넣음으로써 천황의 마음을 괴롭힐 일이 아니라 생각하고 단독사표를 제출한 후 장관직을 떠났다.

도대체 무모한 전쟁의 추진자인 도조 내각을 퇴장시키는 것과 천황에게 걱정을 끼치는 일 중 국가에 어느 쪽이 더 중대한가. 이런 질문을 하는 것조차 바보 같은 명확한 일이다. 도고는 또 진주만 공격 직전 '헐 각서'에 요구된 삼국동맹의 무력화에 대해, "이 조약에 의해서 지고 있는 일본의 의무는 황국 명예의 문제이며 다루기 여하에 따라서는 위로 폐하의 덕망에 누를 끼칠 우려가 있다"고 거부한 이유를 말하고 있다. 거부라는 결정의 옳고 그름은 어쨌든 그 이유에 또다시 '천황'이 등장한다.

도고는 무의식적이겠지만 전쟁 개시와 전쟁 계속에 천황이 얼마나 큰 악영향을 미치고 있는지 증명하고 있는 것이 된다. 그러나 도고가 말하고 싶은 것은 천황을 들고 나옴으로써 자기의 행동을 변명하고 싶은 것일 것이다. 그의 저서는 전시중 중요한 지위에 있었던 많은 사람들의 수기와 마찬가지로 변명뿐이며 정치가의 사명감과 인간으로서의 위대함과 같은 것은 조금도 느낄 수 없다.

단말마의 패자가 어의(御意)와 인자(仁慈)를 강조

전쟁 말기 소련에 미·영과의 중개를 부탁한 당시 일본 외상 도고의 외교 수단도 퍽이나 얼빠져 보인다. 이미 그 해 2월 얄타 회담에서 대일전에 참전하겠다고 약속한 바 있는 소련은 4월에는 소·일 중립조약을 연장하지 않겠다고 통고하고, 일본측이 요망한 히로타·마리크(주일 대사) 회담을 적당히 다루고 있었으니 소련의 일본에 대한 태도는 분명히 정해져 있었다. 원래 소련이 남의 나라 약점을 기화로 핀란드, 폴란드, 발트 3국에 대해 차례로 침략 행위를 한 것은 바로 5, 6년 전의 일이었고 일본도 독·소 전쟁이 일어나자 이를 이용하여 소련에 대한 침략을 계획했음을 소련이 잊었을 리 만무했다.

멀리 바쿠후(幕府) 시대 말엽부터 러시아와 일본은 오랜 숙적이었고, 1944년 11월 혁명 기념일에 스탈린 소련 공산당 서기장은 일본을 침략국이라고 비난하고 있으며, 일본이 궁지에 빠져 있는 이때 소련이 동방 문제를 해결하려고 생각하는 것은 초보자라도 충분히 상상할 수 있는 것이다. 더욱이 스탈린은 미·영·중 수뇌들과 포츠담에서 한창 회담을 하고 있는 중이 아니었던가.

그런 때 도고 외상은 고노에(近衛) 특사의 소련 파견을 계획하고도 그 임무와 제안을 명시함이 없이 그저 특사를 받아주도록 소련 정부를 설득하라고 모스크바 주재 사토 나오타케(佐藤尙武) 대사를 독려하고 있는 것이다. 그 독립전문이 많이 남아 있는데, "이 일은 미·영에는 절대 기밀로 해주도록 상대편에 전하라"고 현실성 없는 강조를 하고 있다.

사토 대사의 회신은 냉정히 사태를 관찰하고 있으며, "소련에 대한 제안은 미·영에 전해질 것이다", 소련측은 고노에 특사가 들고 올 구체안이 제시되지 않아 회담을 할 수 없다고 말하고 있다. 소련의 대일 관계는 어떤 예측할 수 없는 발전을 가져오게 될지도 모르니(침공의 가능성) 엄중한 주의가 필요하다고 말하고, 다시 서너 번에 걸쳐 장문의 의견을 붙여 보고하고 있다. 문장과 내용이 다 도고 외상의 전문과는 격이 매우 다른 것 같으며, 그 요점은 다음과 같다.

"전쟁에 질 것이 틀림없다."
"전쟁종결을 결의하는 수밖에 달리 방법이 없다."
"현실과 동떨어진 환상을 막는 것이 본대사 제일의 책임이라 믿고…"
"내용이 공허 또는 사실과 거리가 먼 미사여구를 늘어놓고 그들을 설득하려 하지만 도저히 불가능하다."

사토 대사의 전보에 있는 현실과 동떨어진 환상적인, 내용이 공허한 외무성의 발신 전문을 예로 들면 다음과 같다.

천황폐하께옵서는 이번 전쟁이 교전 각국을 통하여 국민의 참화와 희생을 나날이 증대시키고 있음을 마음 아파하시고, 전쟁이 조속히 종결되기를 염원하고 계시는 터입니다. 그렇지만 대동아전쟁에서 미국과 영국이 무조건 항복을 고집하는 한 일본 제국은 조국의 영예와 존재를 위해 모든 수를 다하여 끝까지 싸우는 수밖에 없으며, 이 때문에 피차 교전국민의 유혈을 크게 하는 것은 참으로 본의가 아니므로 인류의 행복을 위해 되도록 조속히 평화가 극복되기를 희망하고 계신다.

그리고 위의 천황폐하의 뜻은 일본 국민에 대한 매우 자애로운 취지에서 뿐만 아니고 세계 인류의 평화와 복지에 대한 생각에서 나온 것으로서….

국제적 시각에서 보면, 기진맥진하여 거의 0.1%의 승산도 없는 나라가 어떻게든 강화를 청해야 할 판에 마치 세계 위에 군림하는 제왕이 인류를 위해 전쟁을 그만두게 하려고 휘하 각국을 설득하고 있는 듯한 어조다. 이런 전보는 이 때만이 아니다. 항복을 요구하는 포츠담 선언의 수락 전보까지 같은 어조다. 자가도취적인 우스꽝스러운 문장이라고 아니 할 수 없다.

일본 정부는 인류를 전쟁의 참화에서 벗어나게 하기 위해 조속히 평화가 회복되기를 기원하시는 천황폐하의 어의에 따라…. 제국정부는 전기한 천황폐하의 평화에 대한 기원에 입각하여….

확인을 위해 원문(영문)을 살펴보면 다음과 같다.

천황폐하의 어의
the gracious command of His Majesty the Emperor

천황폐하의 평화에 대한 신념에 입각하여
in conformity with the august wish of His Majesty

압승을 눈앞에 둔 연합국측은 아마도 "무슨 잠꼬대 같은 소리를 하는 거냐"는 기분으로 이 전문을 읽었을 것이다.

도고 외상이 화평(항복)의 중개를 소련에 부탁한 것은 미·영과 직접 교섭을 하는 것이 전면 항복으로 이어진다는 이유로 군이 반대했기 때문에 취한 하나의 방편이었는지 모른다. 또한 만방무비(萬邦無比)의 국체 사상을 드러낸 이 우스꽝스러운 전문은, 외무성과 재외 공관 사이의 송·수신 전문이 모두 육군성에 보내졌다고 하므로 화평 교섭에 있어서조차 육군의 비위를 건드리지 않기 위한 고심작이었다는 일면이 있었는지도 모른다. 그러나 다음과 같은 사실을 알면 이 전문의 내용이 반드시 그렇지만은 않고 진심이었는지도 모른다는 생각이다.

그 사실이란, 동맹(同盟)통신의 하세가와 사이지(長谷川才治) 기자에 의하면, 소련이 대일 선전 포고를 했다는 것을 도고 외상과 사코미(迫水) 서기장에게 알렸더니 두 사람 다 뜻밖이라는 표정이었으며, 도고 씨는 "정말인가?" 하고 몇 번이나 물어보더라고 한다. 또 당시 외무차관이었던 마쓰모토 준이치(松本俊一)의 수기에도 도고 외상은 자기 뜻대로 움직여주지 않는 사토 대사의 행동에 초조한 빛을 보이면서도 마지막까지 히로시마(廣島)에 원자탄이 떨어지고 난 뒤에도 사토 대사의 회답을 기다리고 있었다. 그래서 소련의 회답이 참전이라는 형태로 내던져지자 도고 회상은 격분했다고 되어 있다. 어이없어 보이는 대소 교섭에 도고 외상은 진심으로 기대를 걸고 있었다는 말이 된다. 하기야 소련에 대한 생각이 물렀던 것은 도고의 전임자인 시게미쓰 마모루[重光葵]도 마찬가지였다.

알고 보니 용렬한 인물

외교관 도고 시게노리[東鄕茂德]는 선전이 포고된 날인 진주만을 기습한 12월 8일 첫새벽, 궁중에 입궐했을 때의 감회를 다음과 같이 적고 있다.

그 날 밤, 개전 직전에 친히 배알할 기회를 얻어 사해(四海) 동포를 생각하시는 마음과 의연한 태도를 견지하시는 폐하의 풍모에 접하고 감격에 젖은 뒤, 그러찮아도 청정(淸靜)의 기운에 넘치는 궁전을 궁내성 관리의 안내로 야반에 몇 구간에 이르는 긴 복도를 숙연히 걸었으며, 사카시타몬[坂下門]의 주차장에서는 찬연한 별하늘을 우러러보고 천상의 맑은 기운에 싸이는 느낌을 느꼈고, 다시 궁성 앞 광장에서는 심야의 제국 수도가 내가 날리는 자갈 소리 이외에 무엇 하나 들리지 않는 깊은 정적 속에서 몇 시간 후면 세계 역사상의 대사건이 일어날 것을 생각하고 갖가지 감상에 잠겼으며 나로서는 인류를 위해, 국민을 위해 지난 한 달 반 온 정신을 기울였으므로 이 이외에 달리 방법이 없다는 데까지 규명한 후의 조치라 오직 하늘이 아시리라는 일념뿐이었다. … 당시를 회상하면 지금도 눈시울이 뜨거워지는 것을 느낀다.

이 글은 그의 저서 《시대의 일면》의 '개전'장 마지막에 일부로 '그날 밤의 인상'이라는 제목으로 적어놓은 한 대목이다.

도고는, "몇 시간 후면 세계 역사상의 대사건이 일어날 것을 생각하고, 갖가지 감상에 잠겼으며…"라고 쓰고 있는데, 일본을 둘러싼 세계의 정세에 통하고, 일본의 군사력과 생산력이 적에 비해 얼마나 미약한가에 정통해 있을 노련한 외교관인 그가 이런 싸구려 감상밖에 가질 수 없었다니 놀라기보다는 일본 국민으로서 슬퍼하지지 않을 수 없다. 그래서야 대사건의 발발을 앞두고 그저 숨을 죽인 채 긴장해 있을 시정의 어리석은 백성과 전혀 다를 것이 없지 않은가.

외교의 최고 책임자라면 갖가지 감성 같은 추상적인 또는 감상적인 감정이 아니라 눈앞에 다가온 국민의 고난, 앞으로 닥칠 일본국의 파국을 생각하고, 암담한 기분이나 '절망적인 감회'에 사로잡히는 것이 보통일 것이다. 그리고 일이 여기까지 온 이상 차선책으로 어떻게 하면 화평의 길을 개척할 수 있을 것인가 하는 것이 그의 마음을 가득 차지하고 있어야 마땅할 것이다. 참모본부 작전지도반의 기밀 전쟁일지에서 개전 당일의 대목을 보면, 진주만 공격의 성공에 감격·감사하고 들떠 있으면서도 그 말미를, "그러나 전쟁의 종말을 어떻게 구해야 할 것인가? 이는 이번 전쟁 최대의 난사(難事)라 신과 인간이 하나가 된 경지에서 이룩할 수 있을 것인가?"로 맺고 있다. 혈기에 쫓기는 젊은 군인들까지도 대첩 소식이 들어온 직후에 전쟁의 종결을 걱정하고 있는 판에 외무대신쯤 되는 자가 오직 갖가지 감상에 잠기고 눈물을 흘리고 있었다는 것은 너무나 변변치 못한 짓이라고 해야 할 것이다.

그래가지고야 대가람(사원, 전당)에 참배하여 그 조작된 신성스러움에 압도되어 신인지 부처인지 또는 정체 모를 신체(神體)인지는 모르지만, 그 앞에 엎드려 감격해 하는 범인과 조금도 다를 바가 없지 않은가. 더욱이 설령 그 때는 그렇게 느꼈더라도 나중에 그런 수기를 발표하는 것이 얼마나 창피한 일인지 깨닫지 못하다니 사람을 이중으로 실망하게 만든다. 이런 평범하다기보다 용렬한 인물이 고명한 외교관이었으니 일본의 무모한 싸움과 괴멸적인 패전도 필연적인 결과였다는 느낌이 들지 않을 수 없는 것이다.

외교관의 수준

개전 때와 패전 때 외상이었기 때문에 도고 시게노리에 관해서 너무 길게 쓴 것 같은데, 대신급이 아닌 일반 관료들을 한번 살펴보기로 하자. 만주사변 이후 신관료 또는 혁신 관료라고 일컬어진 일단의 관료들이 등장한다. 이 그룹은 현상 타파적인 자세를 강하게 내세웠으며, 그런 의미에서는 같은 경향을 가진 군부와 일맥 통하는 것이 있었고, 이들이 내무 관료의 주력을 이루었는데, 외무성에도 이에 속하는 자들이 존재했다. 그들은 군부의 중견 막료와 호응하여 '동아 먼로주의'를 주창하고, 육군과 마찬가지로 삼국 동맹의 추진과 반영미(反英美)를 주장하며, 황도(皇道) 외교의 전위로 자처하면서 황도 아래 국제 질서를 구축하려고 했다. 외무성의 혁신 관료는 친추축(親樞軸 : 독일과 이탈리아)파인 시라토리 도시오〔白鳥敏雄〕를 차관으로 옹립하려 하고 있었는데, 그 시라토리는 1938년 이탈리아 대사로 부임하기 직전 다음과 같이 연설하였다.

천황교 즉 우주 종교인 신도(神道)는 전 우주를 포용하는 것이고, 그 신은 절대 진리를 표현하는 것이라면, 단지 일본 섬이나 일본 민족만을 대상으로 하는 것이 아니다.

그들과 군은 단지 정책이 비슷했을 뿐 아니라, 그 신들린 모습도 똑같았다. 이 구성원에는 전후에 외무차관, 주미대사, 제2차 후쿠다〔福田〕 내각의 대외경제상 등을 역임한 우시바 노부히코〔牛場信彦〕, 아시아국장, 조약국장, 주소 대사, 유엔 대사 등을 거친 나카가와 도루〔中川融〕 등 외무성의 쟁쟁한 인물들이 끼여 있다. 그들은 일본의 국력이 영・미의 발치에도 미치지 못한다는 단순한 사실조차 모를 만큼 무지했을까? 신들린 듯한 소리를 예사로 뇌까릴 만큼 세계적인 시야와 근대적인 교양이 결핍되어 있었을까? 그들이 한 짓거리, 그리고 그들이 외무성에서 인재로 인정받고 있었다는 사실은 외무 관료의 지성과 양심이 어느 정도였나 하는 것을 보여주는 것이라고 아니할 수 없을 것이다.

정치가의 부패와 저항

전쟁에 대한 책임은 군부뿐 아니라 정치가도 져야 하는 것은 두 말할 것도 없다. 원래 군의 대두를 허용한 것은 정치의 부패였다. 1931~32년 군이 발호하기 시작한 전후의 신문을 조금만 읽어보면, 정당, 재벌, 관료에 대한 국민의 원성으로 가득 차 있는 것을 알게 될 것이다. 쇼와 초기, 우익적인 사회 변혁운동이 가장 날카롭게 당시의 정치 기구를 공격한 것은 정치의 부패, 따라서 선거방법의 부정이었으며, 선거 때는 정당과 결탁한 관료에 의한 간섭이 반드시 자행되었고, 특히 그것은 정당 내각에서 심하여 여당 전승(全勝)은 상식으로 되어 있었다. 엄정해야 할 사법 분야에서도 고위직에 있는 자는 거의가 죄를 면하고, 반면에 빈곤한 범인은 엄하게 처벌되었다며 《법률연감》(1936년판)도 당시의 상황을 개탄하고 있다.

다케야마 미치오(竹山道雄)는 당시 어느 신문의 촌평란(寸評欄)에, "세계에는 세 가지 악이 있다. 아메리카의 깽과 중국의 군벌과 일본의 정당이다"라고 씌어 있었던 것을 기억한다고 쓰고 있다.

이런 시대를 배경으로 본다면 제복을 단정히 입은 군인은 확실히 청결하게 그리고 믿음직스러워 보였다. 육군이 주도한 만주국 건국 후에는 경기의 회복을 가져온 바도 있어서 일본 국민에게 이른바 '신천지'가 열린 것은 군인에 대한 신뢰를 한층 더 높여주었다.

군인에 대한 국민적 인기는 정우회(政友會) 총재 이누카이(犬養) 수상이 암살된 5·15사건에 단적으로 나타나 있다. 물론 그 죄를 묻는 소리가 있었던 것은 사실이지만, 그러나 라디오 방송에서의 식자들의 감상은 모두 가해자를 애국지사(愛國志士)로 취급하고, 그 뜻을 장하다고 보았으며, 동정과 공감을 나타내는 언론도 적지 않았다고 한다. 해군 군법회의에는 일반 민중으로부터 감형 진정서가 쇄도했다고 한다. 그래서인지 적어도 도당을 짜고 일국의 총리를 살해했는데도 주모자는 사형도 무기형도 아닌 금고 15년이라는 가벼운 처벌을 받았다. 여론의 반영이었을까?

군이 대두하고 정당이 권력의 자리에서 미끄러져 내리기 시작하자 그들은 부패에서 '군의 시녀(侍女)'로 전락해갔다. 1937년 중일 전쟁이 발발하자 9월에 열린 제72회 임시 의회에서는 방대한 군사 예산이 양원에서 만장일치로 순식간에 통과되었다는 것은 앞에서도 언급한 바 있다. 이 때 황군(皇軍)에 대한 감사 결의도 함께 채택되었다. 예산 이외에 전시 입법도 통과되었는데 실질적으로 4일 만에 해낸 심의였다. 1937년 4월에 실시된 총선에서 기성 정당에 실망하고 있던 사람들의 기대를 짊어지고 약진한 사회대중당도 예외가 아니었다. 일찍이 러일전쟁 때 전쟁 반대론을 주창한 사회대중당 위원장인 기독교도 아베 이소오〔阿部磯雄〕도 라디오를 통해 국민정신 총동원에 대한 국민의 협력을 호소했다.

특히 1941년 태평양전쟁 개전 후의 의회는, 정부가 제출한 의안에 출석의원 전원이 이의 없이 찬성하고, 각료의 연설에 박수를 보내는 것밖에 할 줄 모르는 서글픈 존재 — 이른바 '익찬의회(翼贊議會)'가 되어버렸지만, 군부 대두의 초기단계에서부터 전원이 다 타락한 것은 아니라는 것을 그들의 명예를 위해 한 마디 해둘 필요는 있을 것이다.

1936년 사회대중당은 의회를 무력화하려는 군부의 의회제도 개정안에 반대하는 성명을 냈고, 같은 해에 앞에 나온 사이토 다카오〔齊藤隆夫〕등 민정당(民政黨) 의원들은 군인의 정치 관여를 배격하는 결의안을 제출하고 있다. 이듬해인 1937년, 마침 중일 전면 전쟁이 시작되는 해의 1월에 정우회(政友會)의 하마다 구니마쓰〔浜田國松〕의원은 데라우치〔寺內〕육군대신을 향하여 군부의 파쇼적 경향을 통렬히 비난하고, 군에 의한 국정을 지도한다는 따위의 군부의 오만한 태도를 준열하게 비판했으며, 그 결과 히로타 내각의 총사직을 몰고 왔다.

1942년 봄 도조〔東條〕수상 아래서의 이른바 익찬(翼贊)선거에서도 정부에 반항한 자, 추종하지 않은 자의 수는 적지 않았다. 이 선거에서는 사실상 관제 추천 단체를 만들어 정원수만큼의 후보자를 추천케 했으며, 정부가 간접적으로 자금을 후원하는 등 그 밖에 온갖 지원을 해주었다. 물론 추천 후보는 경찰과 군부의 심사에 합격한 자에 한했다. 반면에 경찰은 추천을 받지 않은 후보자를 철저히 단속했다. 그러나 반정부적이라고 지목된 비추천 후보들은 정부의 방해와 신변의 위험을 무릅쓰고 선전하여 전체 의석 466석 가운데 85석으로 득표율 35%를 차지했다. 정부가 유일한 정당으로 인정한 익찬 정치회에서 탈당한 자도 있었고, 이어서 결성된 대일본 정치회에 가담하지 않은 자도 5명이 넘었다. 그 전쟁중의 일이라 적극적인 정부 비판을 전개하지는 못했지만, 자신의 정치적 신념과 양심을 최저한 지키려고 애썼다는 것은 일단 인정할 수 있을 것이다.

군에 아첨하는 정당, 대신

그러나 총체적으로 말하면, 정당과 정치가는 참으로 맥 없이 군의 횡포 앞에 굴복해버렸다고 하지 않을 수 없다.

이에 앞서 1930년의 런던 조약 조인에 즈음해서 군비 제한을 두고 정부와 해군이 충돌했을 때, 정우회의 이누카이 쓰요시(犬養毅)와 하토야마 이치로(鳩山一郎)는 시대에 맞지 않는 통수부(統帥部)의 편을 들어 정부가 통수권에 간섭하여 그 권리를 침범하고 있다고 맹렬히 공격했다. 그 결과 통수권의 범위를 확대시키는 계기를 만들어주었을 뿐 아니라 우익에 활기를 불어넣어 런던 조약을 지지한 하마구치 수상과 오카다(岡田), 스즈키(鈴木) 두 해군 대장이 테러의 대상이 되는 결과를 초래했다.

몇 번이나 언급한 천황기관설 문제에서는 처음에는 대부분의 의원들이 찬성했으나, 군의 강경한 자세를 보자 그만 일제히 미노베를 비난하는 쪽으로 돌아 국체 명징(明徵) 결의안을 가결했다. 이리하여 메이지 헌법을 최대한 민주적으로 해석함으로써 의회정치로의 길을 열었던 미노베 학설은 매장되고, 정당은 스스로 의회정치의 무덤을 파고 말았던 것이다. 정우회가 기관설을 도각(倒閣)운동에 이용하지 않았더라면 문제는 확대되지 않고 끝났을 것이라는 견해가 있다.

1940년 봄, 독일의 이른바 전격작전으로 프랑스가 항복했을 때, 신이 난 것은 군부만이 아니었다.

정우회의 나카지마(中島)파는, "이제 세계의 구질서는 종식되려 하고 있다. 제국은 이 때 감연히 일어나… 특히 남방 문제의 근본적인 해결을 기하고, 신질서 건설에 매진해야 한다"고 성명하고, 성명서를 정부 수뇌에게 전달했다.

나중에 도조(東條)를 비판하여 헌병대에 체포되었다가 석방된 후 자결한 나카노 세이고(中野正剛)를 회장으로 하는 동방회(東方會)도, "… 삼국동맹의 이상을 고조시키고, 프랑스령 인도차이나를 보장 점령할 것을 요망한다"고 결의했다.

당시 일본의 최대 정당이었던 민정당도 정강 정책의 방향을 전환하고, "세계의 현상은 완전히 일변하여 새로운 질서가 건설될 것은 이제 명백한 사실이다. … 세계 신질서 건설에 대해서는 일본이 그 사이에 처하는 유력한 지반을 지금 확보하지 않으면 안 된다"고 주장하면서 일본, 만주, 중국을 중심축으로 하는 아시아 및 남양(동남아시아)을 포함하는 생존권을 확립하여 고도 국방 국가체제를 구축하는 일이 급선무라고 그 정책을 천명했다.

좌익 정당인 사회대중당도 아사누마 이네지로(淺沼稻次郎)(전후, 일본사회당 위원장) 등 대표가 다음과 같은 요지의 요청서를 정부에 제출했다.

1. 세계와 동아의 신질서를 건설하기 위해 일·독·이(日獨伊) 추축(樞軸)을 강화할 것.

2. 영·미 추종 외교를 청산하고 영·일, 미·일 교섭을 즉각 중지할 것.

3. 프랑스령 인도차이나를 경유하는 장개석 원조 루트를 차단하고, 실력으로 프랑스령 인도차이나 당국으로부터 성의 없는 적성(敵性)을 포기하겠다는 보장을 확보할 것.

모두가 육군이 말한 것과 비슷비슷한 문구뿐이다. 그리고 사회대중당은 고노에 신체제 운동이 일어나자 다른 정당에 앞서서 정당을 해체하고, 나치스식 '다이쇼익찬회(大政翼贊會)'에 대한 협력 자세를 보인 것이다.

전시중의 정치가를 이야기한다면 고노에 후미마로(近衛文麿)를 언급하지 않을 수 없을 것이다.

국민을 곧장 비참한 패전의 길로 몰아넣은 중일 전면 전쟁 개시도, 기성 정당을 해산시키고 군국주의적 국내 체제를 확립하려고 한 신체제 운동도, 미·일 전쟁을 불가피하게 만든 일독의 삼국동맹의 체결도 그리고 미·일 개전의 결정(1941년 7월 2일 및 9월 6일) 때도 고노에는 언제나 최고 지도자 — 수상의 지위에 있었다. 그의 무정견, 무교양, 그리고 무엇보다도 무절조(無節操), 무신념은 아무리 책망을 들어도 족하지 않을 것이다.

전쟁 종결을 결정하게 되었을 때 몇몇 문관 출신 대신들이 보인 태도 또한 기억해둘 필요가 있을 것이다. 절망적인 상황 아래 8월 13일의 포츠담 선언 수락 여부를 결정하는 각의에서, 내무대신 아베 모토키(安部源基)와 사법대신 마쓰자카 히로마사(松阪廣政) 등은 아나미(阿南) 육군대신과 함께 전쟁의 계속을 주장한 것이다. 그 한 조각의 이성(理性)도 없는 육군과 손을 잡고 전쟁의 속행을 주장한 이들 두 대신의 두뇌가 대체 어떤 구조로 되어 있었는지 이해하기 힘든다. 내무 관료 출신인 아베 내무대신은 이렇게 말한다.

> … 우리는 일억일심(一億一心), 국체의 수호에 매진해야 한다. 승리하지 못할 때는 일억이 옥쇄(玉碎)하는 수밖에 없다. 되면 되고 안 되면 안 되고, 해보는 것밖에 길이 없는 것이다.

검찰총장의 경력이 있는 마쓰자카 사법대신도 다음과 같이 말했다.

> 황실 문제를 국민의 의사로 결정한다는 것은 승복하기 어렵다. 신민의 감정으로서 양립이 되지 않으므로 승복할 수 없는 것이다.
> 국체의 본의(本義)상 (포츠담 선언을) 수락할 수 없다. 전쟁을 계속할 각오를 하는 수 없다고 생각한다.

이 8월 13일의 두 달 전인 6월 8일, 앞으로 취할 전쟁 지도의 기본 대강(大綱)을 가지고 같은 어전회의가 열렸다는 것은 앞에서 이미 말했지만, 이 날에는 특히 이시구로 다다아쓰(石黑忠篤) 농상무대신이 참석했다. 평소의 어전회의에는 농상무상이 나가는 일이 없는데, 이 날은 식량 사정이 중요 사항으로서 의제에 올라 있었던 모양이다.

이시구로 농상은 다음과 같이 지적했다.

처음에는 생리적으로 필요한 최소한도의 염분을 간신히 섭취할 수 있는 정도가 된다는 것을 각오해야 함. … 국지적으로는 기아 상태가 나타날 우려 있음. 치안상 낙관을 불허함.

이렇게 사태의 심각함을 언급하고도 나중에는 완전히 반대되는 말을 하고 있다.

이렇게 하여 농가는 증산 공출(供出 : 정부가 강제로 매입하는 것)에 힘을 쓰고, 소비자는 절하된 전시 생활의 궁핍을 잘 견디어 내고, 군부 또한 깊이 이를 생각한다면 금년의 식량 난국의 돌파는 결코 불가능하지 않다고 믿는 바입니다.

'농정(農政)의 하느님'이라는 존칭을 듣던 이시구로의 이 설명은 전쟁을 속행하려는 군의 굳은 의지에 어긋나는 발언은 하지 않겠다는 소관리 근성을 그대로 드러낸 것으로 여겨진다. 그는 국가가 붕괴하는 것도 대량의 국민이 굶어 죽게 되는 것도 안중에 없었던가? 그는 오로지 군의 권력을 어기는 발언은 삼가겠다는 자기 보신의 일념밖에 없었다고 생각하는 수밖에 없다.

박력 없는 문관

앞에서도 말했듯이 군인은 본래 정치, 경제, 국제문제 등에는 완전한 초심자다. 해군대장 요나이 미쓰마사(米内光政)가 도조 수상의 후임으로 타진을 받았을 때 그는, "원래 군인은 온전하지 못한 교육을 받고 있으며, 또 그러기에 강하다고 나는 믿는다. 따라서 정치에는 맞지 않는다고 생각한다"며 거절했다.

요나이가 말했듯이 군인의 교양은 매우 좁은 것이며 군인 자신도, "일반 교육의 부족은 전쟁 지도 등 최고 통수부 근무의 사색에 결함을 낳게 하여…"라고 쓰고 있다.

그런 군인들이 수상 이하 각 성의 대신 자리를 몇 개나 차지하고 있었을 뿐 아니라 기획원, 정보국, 흥아원(興亞院 : 대 중국 정책의 중추), 그 밖에 각 성청(省廳)에 나가서 매우 중요한 부서를 차지하고 수상 다음 가는 높은 지위인 조선, 대만 총독을 독차지했으며, 각종 단체와 국책 회사 등에도 낙하산 인사로 수없이 많이 내려가 있었다. 정치뿐 아니라 행정과 경영에 이르기까지 전문 지식도 경험도 없는 군인들이 진출해 있었던 것이다.

이런 상태를 대체 어떻게 이해해야 할 것인가? 물론 군이 어거지로 밀어붙였다고 하면 그만이겠지만, 밀린 쪽의 허약함에도 유의해야 한다.

1940년, 군의 정치참여가 중의원에서 문제가 되었을 때 육군성의 무토[武藤] 군무국장은 다음과 같이 소신을 털어놓았다.

군이 정치에 대해서도 큰 관심을 갖는 것은 당연하며, 이것은 정치관여가 아니라고 생각한다. 군이 그런 의지를 표시하고 요구하는 것이 너무 강하다면, 정당과 관료도 서슴지 말고 의견을 개진하여 서로가 양해해 나가지 않으면 안 된다. 군이 태도가 지나치게 강하다는 것은 그만큼 정당이 지나치게 약하기 때문이라고 생각한다.

현역무관제(現役武官制)를 내세워 육군대신을 사임하겠다느니, 또는 대신을 내지 않겠다느니 하여 내각을 붕괴시키기도 하고, 비위에 거슬리는 일이 있으면 고관도 예사로 헌병대에 불러내는 따위의 협박을 하곤 한 군으로서는 이런 변명이 성립되지 않는다고 생각하지만 무토 군무국장의 말에도 일리는 있는 것 같다. 그것은 일을 처리하는 데 있어서 정치가와 관료가 보인 박력의 부족이다.

도조 육군대신은 육군성 군무국 군무과장 사토 겐료[佐藤賢了] 대령에게 다음과 같은 뜻의 말을 한 적이 있다고 한다.

> 정치가는 사전에 신중히 고려하지 않고 대사를 경솔하게 논하며 조금만 형편이 나빠지면 헌신짝처럼 버려도 괜찮다는 듯한 기미마저 보인다. 대사를 경솔하게 결정하는 점에서는 고노에 공의 다이쇼익찬회가 그 전형이다. 삼국동맹도 프랑스령 남부 인도차이나에 대한 진주(進駐)도 신중히 고려를 했을텐데, 조금 일이 복잡해지면 그만 흔들리고 만다. 신념도 신의도 없다.
> 국가의 최고 의사가 결정되면 육해군은 거기에 입각하여 목숨을 걸고 일에 착수한다. 도중에서 정부가 흔들린대서야 견딜 수 없는 노릇이다. … 잘 안 된다고 내각을 내동댕이치고 나 몰라라 한다면 그 뒤가 큰 일이므로 못을 박는 것이다. 허나 자네 말대로 두부에 꺾쇠를 박는 격인지도 모르겠다.

도조의 말대로 정치가의 태도가 모호하다면, 목숨을 걸고 싸워야 하는 군인으로서는 견딜 수 없는 것은 확실하다. 그 군대를 통괄하는 통수부에 있던 대부분의 군인들도 목숨을 걸고 ─ 적어도 그에 가까운 각오로 정치와 행정에 임하고 있었던 것으로 짐작된다. 세상의 고생을 모르는 고노에나 기도[木戶] 같은 귀족 출신은 물론 미적지근한 기분으로 정치를 하는 자는 군인의 박력에는 도저히 이겨내지 못할 것이다. 이것은 아마도 군인과 관료의 관계에 대해서도 말할 수 있을 것이다.

그 유명한 솔로몬 제도의 과달카날 공방 때 수송선의 징용 수량을 가지고 정부와 대본영 육군부가 날카롭게 대립한 적이 있었다. 대본영 육군부 제1부장 다나카 신이치(田中新一) 소장은 정부의 선박 할당수로는 작전이 불가능하다며 육군성 군무국장 사토 겐료 소장과 격론을 벌인 끝에 주먹을 휘둘렀다. 다시 심야에 총리 관저에 뛰어들어가 도조 수상(겸 육상)과 직접 담판하고는 그 언동을 힐문하는 기무라(木村) 차관과 서로 고함을 쳐대는 사태에 이르렀다. 그 결과 다나카는 면직되어 15일간의 중근신(重謹愼) 처분을 받은 뒤 남방 방면으로 좌천되었다.

폭력을 휘두르거나 상관에게 폭언을 퍼붓는다는 것은 용납되지 않는 것은 물론이며, 다나카의 요구가 타당한가의 여부는 여기서는 논하지 않기로 한다. 다만 자기의 직무, 자기의 주장에 이토록 정열을 보인 문관은 절대로 없을 것이다. 출세와 지위의 보전은 관료의 최대 관심사이므로 누가 보아도 무모하고도 무모한 긴 전쟁 동안 군인과 대판 싸움을 벌이고라도, 또는 자기 직위를 걸고라도 자기의 주장을 고집한 문관을 한두 명의 예외를 제외하고는 불행히도 나는 거의 알지 못한다.

테러의 위협

세상의 대세가 한번 그렇게 되어버리면, 이제 아무도 저항하는 사람이 없어지고, 대세의 흐름에 따라서 흘러가는 힘 앞에 그저 굴복하고 마는 것이 일본인의 예나 지금이나 변함없는 특성인데, 그 시대를 설명하는 데 이것만으로는 설득력이 좀 모자랄 것 같은 생각이 든다. 어쩌면 대세를 거역하는 언동이나 군부의 의향에 거슬리는 자기 주장을 폈다가는 테러를 초래할 위험성이 대단히 컸다는 것도 그 이유의 하나로 들어야 할는지도 모른다.

앞에서 말한 천황기관설 문제 때, 미노베 다쓰키치는 호위 경관이 붙어 있었는데도 자택에서 우익 청년의 습격을 받아 중상을 입었다. 귀족원에서 미노베의 해명 연설에 박수를 친 것만으로도 우익의 폭력을 당할 우려가 있어 그 의원에게 경찰의 호위가 붙었다고 한다. 중의원에서 미노베를 지지하는 듯한 발언을 한 세리타 히토시〔芹田均〕의 집에는 우익이 들이닥쳤다.

다이쇼〔大正〕 시대에 '평민 재상'이라 일컬어진 하라 게이〔原敬〕는 외교의 기초를 대미 협조, 중국 불간섭으로 전환했다가 칼 맞아 죽었고, 정치가는 아니지만 외무성 정무국장 아베 모리타로〔阿部守太郎〕는 중국 불간섭 정책을 주도하다가 암살당했다.

그러나 이 시대에는 경찰과 헌병에 의한 좌익운동가의 살해를 별도로 친다면 정치가의 암살은 아직 예외적인 것이었으나, 쇼와 시대에 들어오자 테러가 속출하게 된다. 당시 신문이라는 것을 간신히 조금 읽기 시작한 소학생이었던 나는 '총리 대신이라는 것을 살해당하는 것'이라고 생각했을 정도다. 암살과 이와 유사한 주요한 사건은 다음과 같다(《대일본 종합연표》 제3판, 이와나미〔岩波〕서점, 1991.).

1929. 3.   구(舊)노동농민당 국회의원 야마모토 센지〔山本宣治〕 자살(刺殺)되다.

1930. 11.   하마구치〔浜口〕 수상 저격당하여 중상(이듬해 4월 사망).

1931. 3.   3월 사건(미수), 일부 육군의 쿠데타.

1931. 10.	10월 사건(미수), 일부 육군의 쿠데타.
1932. 3.	미쓰이[三井] 합명회사 이사장 단 다쿠마[團琢磨], 혈맹 단원에 의해 사살되다. 이후 단원의 체포 계속.
1932. 5.	이누카이 수상 사살되다(5·15사건).
1932. 7.	신병대(神兵隊) 사건(미수).
1933. 11.	정우회 총재 스즈키 기사부로[鈴木喜三郎] 암살계획 발각.
1933. 11.	민정당 총재 와카쓰키 레이지로[若槻禮次郎], 우에노[上野] 역에서 폭한의 습격을 받다(무사).
1934. 11.	사관학교 사건(일부 청년 장교의 쿠데타 계획 발각).
1935. 10.	육군성 군무국장 나가타 테쓰잔[永田鐵山], 구내에서 아이자와[相澤] 중령에게 자살(刺殺)되다.
1936. 2.	2·26사건. 내대신(內大臣) 사이토 마코토[齊藤實], 장상 다카하시 고레키요[高橋是淸](전 수상), 교육총감 와타나베 조타로[渡邊錠太郎] 대장 등 살해되다(오카타[岡田] 수상도 즉사한 것으로 발표되었으나 다른 사람으로 오인되어 생존).
1938. 3.	사회대중당 위원장 아베 이소오[安部磯雄], 자택에서 우익의 습격을 받아 부상.
1939. 7.	요나이 마쓰마사 해군상 암살계획 발각. 이어 우익에 의한 친영파(親英派) 요인 암살계획 발각.

요나이 해군상의 암살계획은 육군이 추진하는 일독이(日獨伊) 삼국동맹에 강력히 반대한 데 대한 것이었으며, 역시 삼국동맹에 반대한 야마모토 이소로쿠[山本五十六] 차관에게도 간악한 자를 베

어 죽이겠다는 협박장이 들어왔는데, 삼국동맹의 추진을 외치는 우익의 암살 대상이 된 것이다. 현역 해군의 대장, 중장인 요나이와 야마모토까지 목숨을 노리게 되었으니 자기 주장을 고수하는 정치가는 항상 생명의 위험을 각오하지 않으면 안 되었다. 《우익 백년사》(아즈마 겐이치[東健一])에 의하면, 1930년 11월의 하마구치 수상 저격사건에서 1943년까지 테러와 쿠데타는 미수를 포함하여 44건에 이르고 있다.

데라우치[寺內] 육상과의 배가르기 응수로 유명한 하마다 구니마쓰가 다음과 같이 말하고 있는 것도 그 일에 한해서는 일단 지당하다고 할 수 있을 것이다.

> 하마구치군도 살해되고 이누카이군도 살해되었다. 사람을 죽여놓고, 정당은 무력하다, 국민은 믿을 수 없다는 의론이 어디서 나오는가? 정당의 수령 인물, 국민의 대표인 중의원의 과반수가 신임한 사람을 권총과 단도로 세 사람, 네 사람씩이나 죽이는데 유력한 정당으로서 일을 할 수 있겠습니까?

고노에 후미마로가 이른바 신체제 운동으로 신당 결성을 구상하다가 별안간 포기하여 측근인 아리마 요리야스[有馬賴寧]와 가자미 아키라[風見章]가 사기당한 기분이었다고까지 말하게 된 것은, 고노에의 브레인이었던 야베 사다하루[矢部貞治]에 의하면, "우익이 테러 협박을 하면서 (다이쇼익찬회는) '바쿠후적[幕府的] 존재'라고 비난했기 때문이 아니겠는가"라고 말하고 있다. 바쿠후적 존재라는 것은 천황의 권위를 등한시한다는 뜻이다.

쇼와 초기에 문부상, 서기관장, 정우회 간사 등을 지낸 하토야마

이치로[鳩山一郎]는 전후에 천황기관설 문제에 관한 좌담회에 참석했을 때 '모른다'를 연발하여 비아냥을 받았지만 그가 강조한 것은 군인과 우익이 일본을 망쳤다는 한 마디로 요약된다.

만주사변에서 태평양전쟁에 이르는 10년간의 일본 정치는 겉으로는 육군의 위압에 의해, 속으로는 우익의 테러 위협에 의해 곧장 파국의 길을 걸었다고 확실히 말할 수 있다. 이 양자 ─ 육군과 우익의 공통점은 무엇일까? 그것은 '천황 신성(神聖)'의 신앙이다.

하토야마 이치로가 이렇게 말했을 때 본인이 의식하고 있었는지 어떤지는 모르지만, 그가 말하고 있는 것은 요컨대 일본을 멸망시킨 것은 '천황 신앙'이라는 것이었다.

여기에도 천황제(天皇制)의 그림자

관료를 포함한 정치가들이 군에 대해 저자세였던 까닭은 그들이 무절조한 데다가 테러도 무서워하지 않는 신념과 책임감이 없었기 때문인 것은 확실하지만, 이것만 지적한다면 그들에 대한 비판으로서 공평하다고 할 수 없을는지도 모른다. 군의 생억지에 대항하려면 금기를 어기지 않으면 안 되었기 때문이다.

앞에서 말한 기관설 소동 때 군과 우익으로부터 천황기관설은 국체에 어긋난다는 비난을 받고 국체에 어긋나지 않는다는 변명은 있었어도, "천황기관설을 논하는 것은 학문의 자유에 속하는 것으로서 이에 여러 가지 학설이 있는 것이 왜 나쁜가?" 하고 반론을 편 자는 아무도 없었고, 하물며 "국체에 어긋나는 것이 뭐가 나쁜가?"와 같이 정면에서 반격한다는 것은 꿈에도 있을 수 없었다.

미노베 학설이 귀족원에서 문제가 되었을 때 처음 정우회 의원들은 모두 비웃었으며, 일부에서는 요즘 세상에 저런 어처구니없는 소리를 하나 하고 어이없어 했다고 한다. 그런데 나중에는 모두 미노베 공격으로 돌아선 것이다. 원래 많은 정부관료들은 천황 기관설 배격론에 찬동하지 않았으나, 일이 천황에 관한 것이라 배격론에 정면으로 반대하지 못했던 것이다.

정부는 일시적 회피를 위한 답변을 되풀이하고 있는 동안에 한 걸음 한 걸음 후퇴하여, 마침내 본의 아니게 천황기관설이라는 헌법학설을 국가 권력에 의해 정식으로 금지하는 데까지 몰리고 말았던 것이다. 배격론자들이 천황의 존엄성을 내세우고 떠벌이는 데 맞서서 함부로 반격을 가한다는 것은 상대편에 천황의 존엄성을 범했다는 구실을 주게 되고, 그것이 범죄 행위가 될 우려가 있었기 때문이다.

요컨대 육군 대신은, "천황기관설이라는 것이 어떤 것인지는 모르지만, 그것은 부당하다는 것이 나의 신념이다" 하고 답변하고 질의 응답은 이것으로 끝났다. 군인의 무지를 나타내는 에피소드인데, 설명도 못하는 것을 가지고 일대 탄압을 자행하고, 천황에 관련된 것은 '신념'이라는 말 한 마디로 눌러버리는 무서운 세상이 되었던 것이다.

1940년의 '신체제 운동'은 정당이 모두 해산해버릴 만큼 국내 정치에 일대 선풍을 일으켰는데 그것으로 탄생한 '다이쇼익찬회'의 발족 때 총재 고노에 후미마로는 이렇게 인사하고 있다.

마지막으로 다이쇼익찬회의 운동 강령에 대해서는 준비위원회의 회합에서도 수차 진지한 토의가 이루어진 것으로 듣고 있습니다. 그러나 본

운동의 강령은 '다이쇼 익찬의 신도(臣道) 실천'이라는 한 마디로 족하
리라 믿어지므로 신도의 실천을 맹세 드리는 바입니다. 이것 이외에는
강령도 선언도 없습니다. 만일 이 자리에서 저로 하여금 선언, 강령을 표
현하라고 말씀하신다면 그것은 다이쇼 익찬의 신도 실천이고 '위 한 분
을 위해 밤낮으로 저마다의 처지에서 봉공(奉公)의 정성을 다하는 것'이
라는 말로 족하다고 생각하는 바입니다. 이렇게 생각하고 오늘은 강령,
선언을 발표하지 않기로 저는 결심하였습니다. 이것을 덧붙여서 명확하
게 말씀 드려 두는 바입니다.

이렇게 하여 발족식은 강령도 선언도 발표되지 않고 끝났다.
수상 관저의 대홀에 모인 100여 명의 참석자들은 어리둥절했을 것이
다. 신체제 운동의 본격적인 출발에 즈음하여 오직 '신도 실천'
한 마디가 전부라는 것은 상식으로는 납득하기 어려운 일이 틀림
없다.

그러나 '위의 한 분을 위해 밤낮으로 저마다의 처지에서 봉공의
정성을 다한다'고, 위 한 분, 곧 천황이 나왔으니 모두 알아들은 듯
한 표정을 짓는 수밖에 없었을 것이다. 질문을 한 사람도 없었던
것 같다. 천황에 대한 봉공의 내용을 모른대서야 불충의 신(臣)으
로 간주되기 때문이다. 거꾸로 말한다면, '위의 한 분'이라는 말 한
마디면 지난날의 접시꽃 문장(도쿠가와[德川] 집안의 문장)과 마찬
가지로 무슨 일이고 통과되었던 것이다.

1945년 8월 일본이 참패할 때까지 — 지금도 그런 경향을 볼 수
있지만, 천황이 관련되면 무슨 일이건 제대로 논의할 수 없게 되는
것이 보통이었다. 야마모토 시치헤이[山本七平]는 일본 육군에 대
한 체험적 분석의 책인 《한 하급 장교가 본 일본 육군》에, 일본군의

최대 특징은 말을 빼앗은 것이라고 쓰고 있는데 상당히 정곡을 찌른 명언이라고 생각되지만, 야마모토의 분석 대상은 좀더 확대 심화되어야 할 것 같다. 말하자면 말을 빼앗은 것은 일본군이라기보다 천황제이며, 천황제의 특징의 하나는 국민으로부터 말을 빼앗은 것이다. 일본에서의 전쟁 책임론은 일본군 따위에 적당히 얼버무려 끝내고 있는 것이 결정적인 잘못인데도 이를 신랄하게 논평한 야마모토 시치헤이조차 전후에 와서까지 그 본질을 따지지 못하고 있다.

이단 심문소 이상의 공포

동양 평화를 위하여 중일전쟁을 한다는 정부를 비판한 사이토 다카오의 의회 연설 가운데 다음과 같은 대목이 있다.

> 우리나라는 일찍이 중국과 싸웠다. 그 때 동양의 영원한 평화가 주창되었다. 다음 러시아와도 싸웠다. 그 때도 동양의 영원한 평화가 주창되었다. 평화는 이루어졌는가? 이루어지지 않았잖은가.

사이토의 이 연설에 대해서 해군성의 자료에는 다음과 같이 씌어 있다.

> 이론적 또는 결과론은 별도로 치고 청·일, 러·일 전쟁에 관한 천황의 말씀인 '동양의 영원한 평화'에 대해 (사이토의 발언은)송구스러운 예의 어긋나는 언사라고 생각한다.

청·일, 러·일 두 전쟁 때 나온 천황의 선전 칙어에는 '평화를 영원히'라는 말이 사용되고 있다. 해군성 자료가 말하고자 하는 것은 천황이 '평화를 회복하고'라고 말하고 있는데, 사이토 다카오가 "평화는 이루어지지 않았다"고 말하는 것은 적어도 천황의 칙어에 어긋나는 송구스러운 언사라는 것이다. 그러나 해군성 역시 청·일, 러·일 전쟁 이후 평화가 영원히 계속되었다는 것은 이론상·사실상 있을 수 없었던 것을 인정하고 있다. 이론에 어긋나건 사실과 어긋나건 천황이 그렇게 말하고 있는 이상 그 편이 옳은 것이며, 그렇지 않다고 말하는 사이토는 용서하기 어렵다고 주장하고 있는 것이다. 참으로 무서운 논리이며 사고라 아니할 수 없다.

일본에서 천황기관설이 떠들썩하게 논의되던 때로부터 약 300년 전, 지동설을 주장한 이탈리아의 갈릴레이는 이단 심문소에 끌려가서 단죄되었다. 그 이유는 '성서에는 그렇게 씌어 있지 않으니까', '교황의 가르침에 어긋나니까' 지동설을 주장하는 갈릴레이는 죄를 짓는다는 것으로 그 구도가 매우 흡사하다. 다만 카톨릭 교황이나 이단 심문소의 심문관은 정말로 지구는 움직이지 않는다고 믿고 있었는 데 반해서, 사이토를 탄핵한 일본 해군의 경우는 사이토 다카오의 연설을 일단은 진실이라고 인정하면서도 천황의 말과 다르다고 하여 이를 추궁한 것이니, 300년 전의 그 악명 높은 이단 심문소보다 더 구제할 수 없다고나 해야 할 것이다.

적어도 천황이 이미 전쟁 목적을 정해놓았는데 국민이 그것을 이해하지 못하고 있다고 주장하다니 무슨 소리냐는 것이다. 거기에는 천황이 한번 정한 것은 일의 시비곡직이나 진부는 문제가 되지 않으며, 국민은 진심으로 그렇게 생각해야 하고 그에 따라야 한다는 것이 전제가 되고 있는 것이다. '천황이라는 비단 깃발'만 들어올리면 일본 국민은 어떻게라도 할 수 있었고 따라 했다. 나아가서는 어떻게라도 하지 않으면 안 된다는 것이 여기에 여실히 나타나 있다.

제9장

지조 없는 학자, 평론가

9

광기 어린 이상한 짓

　그 긴 전쟁 동안 일본의 지식인들이 이 전쟁에 대해서, 그리고 전쟁을 치르고 있는 당국에 대해서 뭐라고 말했고 뭐라고 썼던가 하는 것을 우리는 반드시 기억해두지 않으면 안 될 것이다. 그것은 여론이 어떻게 유도되었는가 하는 것을 밝히는 것이고, 아울러 일본 지식인의 양심 또는 비양심성을 역사에 새기는 일이며, 나아가서는 전후에서 현재에 이르는 그들의 언동에 어느 정도 신뢰를 둘 수 있는가를 방증하는 척도도 되기 때문이다.

　학자나 문인의 경우는 자기의 전공 밖이나 관심 밖의 일에 대해서는 충분한 지식을 갖지 않은 경우도 있으므로 정치가나 관료와는 달리 국제정세나 전쟁의 추이에 관한 전망의 실수 따위를 추궁할 생각은 없다. 팽창주의나 침략주의 그 자체에 대해서까지도 비난을 삼가기로 하겠다. 바로 근년까지 그것은 세계의 일반적인 추세였고, 팽창주의를 주장하는 것은 그의 교양의 빈곤과 시대에 뒤떨어짐을 나타내는 것이기는 하나, 그 인간의 가치를 묻는 데까지는 이르지 않는다고 생각하기 때문이다. 사회과학적 또는 철학적 교양이 없어도 할 수 있는 분야의 직업에 종사한 사람들의 발언도 되도록 추궁하지 않기로 한다.

이를테면 시인 다카무라 고타로(高村光太郎)가 진주만 공격의 날, 감격한 나머지 써 내려간 다음과 같은 시는 비판 밖에 두기로 한다.

> 12월 8일
> 기억하라 12월 8일
> 이 날 세계의 역사는 새로워지고 있다
> 앵글로 색슨의 주권
> 이 날 동아세아의 뭍과 바다에 부정되고 있구나
> 이 부정은 다름 아닌 일본
> 넓은 동방의 바다 나라
> 신의 나라 일본이노라
> 그를 다스리는 것은 천황이시니라
> ......

이 장에서 철저하게 규명하는 것은 교양을 가진 사람으로 보통의 인간을 '신'이라고 우기고, 일본은 존엄한 국체를 가진 '만방무비'의 고마운 나라이며, 이 전쟁은 '성전(聖戰)'으로서 반드시 이긴다고 주장하고, 일본인은 천황을 위해서 살고 천황을 위해서 죽는 것이 사명이라며 청년들을 죽음으로 몰아넣은 인간들이다.

그런 어이없는 일이 있을 수 없다는 것은 중학생의 어린 사고력으로도 알 수 있는 일이다. 적어도 지식인의 대표를 자처하는 이들 인간들이 그런 이치를 모를 리가 없다. 절대로 있을 수 없는 것을 예사로 쓰고 지껄이고 생활화해온 것은 아무리 추궁해도 모자랄 것이다.

도쿄제대 교수 미야자와 도시요시[宮澤俊義](헌법학)는 그의 편저 《천황기관설 사건》 상·하(有斐閣, 1970.)의 말미에 이렇게 쓰고 있다.

> 지금 이 사건을 뒤돌아보는 사람은 거기에서 표명된 광기 어린 기관설 배격상과, 그에 대한 정부나 정당의 무기력함에 놀랄 것이다. 게다가 학계와 언론계의 저항이 너무나도 허약했던 것을 이상하게 생각하는지도 모른다.

기관설 사건에서 미야자와는 직접적으로는 최소한의 피해밖에 입지 않았다. 그는 온후한 신사였으며, 이 책이 출판되었을 때는 이미 70이 넘어 있었다. 그런 미야자와가 '광기어린', '무기력함', '놀라운', '이상한' 등등 극단적인 말을 불과 100자 남짓한 문장에서 연발하고 있는 것이다.

굳이 기관설 사건에 한정하지 않더라도 그 당시의 지도자 또는 학자들의 언동을 정확하게 전하려고 한다면 '상식을 의심한다', '아연해진다'는 표현도, '잠꼬대 같다', '중학생만도 못하다'와 같은 과격한 형용구와 '파렴치하게도', '뻔뻔스럽게도' 같은 천한 부사구도 사용하지 않을 수 없을 것이다. 품위 없는 말을 사용하고 싶지는 않지만 비판의 대상이 비판받아 마땅하거나 그 이상이니 하는 수 없다.

머리가 이상해진 사람들

전쟁중의 종합 잡지를 펼쳐보면 그 논제는 당시의 이상한 분위기를 생생하게 상기시켜 준다. 이를테면 다음과 같다.

"군신의 대의", "법교(法敎) 일체론", "신주(神州 : 일본) 분격하여 일어서다", "단심(丹心) 보국 어찌 날이 없겠는가", "신주 불멸론", "황국 완승의 길", "생산 유신의 실현", "국체(國體)와 자본주의", "황국체와 대동아"···

라바울(파푸아뉴기니 북단)을 둘러싼 공방전이 치열하게 벌어지고 있었을 때, 신궁황학관(神宮皇學館) 학장 야마다 다카오[山田孝雄]는 〈신국 일본의 사명과 국민의 각오〉라는 소논문을 《중앙공론(中央公論)》에 기고했다.

물론 그것은 ─ 이 전쟁을 끝까지 관철하는 일은 ─ 우리의 사명이 올바르다는 데 있는 것이지만, 그 올바름의 근원은 어디에 있느냐 하면 두말할 것도 없이 천황의 천업(天業)을 널리 퍼뜨리신다는 황공한 말씀에 나타나 있다. ···

신궁황학관이라고 하면 황국사상의 본원지라고 할 만한 곳인데, 그 곳 교수 네 사람이 참석한 '신국 일본'이라는 주제의 좌담회에서도 학장 야마다와 비슷한 의론을 주고받고 있다. 그 가운데 한 사람은 일본은 신국이라는 것을 여러 가지로 설명한 뒤 다음과 같이 결론 짓고 있다.

신국이란 무엇인가 하는 것을 이론적으로 생각하는 것도 하나의 학문 이라고는 생각합니다만…. 오히려 신국이라는 것의 차분한 분위기에 잠 기는 것이 우리들에게 있어 첫째 문제가 아니겠습니까?

다른 교수는 이렇게 말한다.

요즈음 우리나라에만 천우신조가 있고 외국에는 천우신조가 없느냐는 의문이 있는 모양인데…. 이런 질문을 하는 그 자체가 잘못되어 있다. 이 것도 실은 현 언론계의 병폐가 아닌가 하고 생각한다. 우리가 조상 대대 로 천우를 운운하는 것은 이 나라에 대해서다. 이 경우 외국은 우선 생각 지 않아도 된다. 어쨌거나 신이 낳아주신 이 나라를 온 힘을 다하여 수호 해 나가는 것, 천상신의 아드님을 전심전력으로 받들어 모시는 것, 거기 에 신조(神助)가 있다는 신념인 것입니다.

또 한 사람의 교수의 발언은 다음과 같다.

이 나라는 신이 낳으신 나라다. 이 나라는 신께서 통치하시는 나라다. 이 나라는 신이 지키시는 나라다. 신국 일본을 단적으로 나타내는 것은 세계에서도 존귀한 나라라는, 이 존귀하다는 것이 없으면 안 된다. 이것 이 근본입니다.

이런 투는 반드시 신국황학관 교수들의 좌담회라서 그런 것만은 아니다. 전쟁중에 활자가 된 것은 크건 작건 간에 대개 이와 비슷 한 것들뿐이었다고 해도 과언이 아닐 것이다.

메이지, 다이쇼, 쇼와 3대에 걸친 논객 도쿠토미 소호(德富蘇峰)

의 말을 들어보자. 그는 문인을 망라한 '일본 문학보국회'와 논단의 전국 조직인 '대일본 언론보국회'의 회장에다 문화훈장을 받았고(1943), 학사원 회원, 예술원 회원 등 혁혁한 경력을 가진 언론계의 최고위직을 다 누린 인물이다.

다음은 1944년 2월에 발간한 《필승 국민독본》의 한 구절이다.

일본은 천황이 다스리시는 국토이므로 이를 황국이라 부르는 것은 당연하며, 인민은 천황의 신민으로서 선조 이래로 계속해왔으니 황민이라 부르는 것은 당연하다. 동시에 천황은 살아 있는 신(現人神)이시며, 산신이 다스리시는 나라이니 신국이라 해야 하고, 또 신국에 거주하는 우리들은 신민(神民)이라 부르는 것도 결코 불손하지는 않을 것이다.

…일본국을 아는 제일의(第一義)는 일본이 신국임을 아는 것이다… 일본이 신국인 까닭은 천조대신(天照大神)이 기초를 여시고, 신대(神代)를 거쳐 신무천황(神武天皇)이 전통을 이어 만세일계의 황실이 엄연히 일본을 통치하시기 때문이다. 다시 말하여 일본은 신에 의해서 세워진 나라다. 그리하여 현재도 신종(神種) 천손인 천황이 다스리시는 나라다. 그리하여 이 천황은 실로 현인신으로서 국민은 모두 봉사의 충성을 바치고 있다.

일본 역사의 대가는?

신들린 사람들이 쓴 것은 이 정도로 해두고 좀더 정상적인 인물들의 저서를 살펴보기로 하자.

나카무라 고야[中村孝也](도쿄제대 교수)는 다이쇼, 쇼와를 거친 일본사의 학자로서 왕성한 집필 활동을 하였다. 당시 문명이 높았던 그의 저서로 《조국정신(肇國精神)》(1941)이 있다. 이 저서의 머리말은 먼저 '기원 2600년'의 찬양으로 시작된다.

신민인 나
황홀한 빛 속에서
홀로 일어서서
첫 걸음 내딛는
원단(元旦)의 아침

그리고 신들린 학자와 마찬가지로 다음과 같은 자구를 연발하고 있다.

조국(肇國)의 정신을 회고하여
용약하여 신도(臣道) 실천, 의용 봉공의 각오를 새로이 하여
생애를 통해 단 한 번 만날 수 있었던 기념할 만한 해
혹은 글로써 혹은 강연으로써 천황의 지위의 무궁함을 축원해 드리고
국운의 융창을 축복하고
일본 신민(臣民)으로서의 대도를 명징(明徵)하게 하는 데 미력을 다
했습니다.

'황도와 신도(臣道)'라는 대목에서는 조금도 창피한 줄 모르고
'천황은 신이다' 하고 다음과 같이 말한다.

천조(天祖)는 영원한 존재, 불후의 생명, 끝없는 생명이십니다. 그 끝
없는 생명을 승계하시는 역대의 천황이십니다. 그러므로 천조의 신격(神

格)은 그대로 끝없이 계속되고, 역대의 천황은 신격을 가지시기에 옛 사람은 이를 살아 있는 신이라 부른 것입니다. 모습은 사람이시지만, 그 본질은 신이십니다. 그 산 신께서 걸어가시는 길은 곧 황도라고 알아 모시는 터입니다. …

예의 그 팔굉일우(八紘一宇)에 대해서는 "나라를 집으로 삼는 협동 일치의 마음을 널리 펴서 전 세계 전 인류에 미치게 하고, 천하를 집으로 삼을 때 팔굉일우의 생활을 할 수 있는 것입니다"라고 설명하고, 신무(神武)천황은 규슈[九州]의 휴가[日向] 땅에서 멀리 동방을 바라보고, 천조의 인덕(仁德)이 널리 미치지 않은 지방에서 인민이 고생한다는 말을 듣고 동정(東征)을 떠난 것이라고 쓰고 있다.

나카무라 고야[內杖孝也]는 다시 다음과 같이 말한다.

> 오늘날 만일 신무 천황이 멀리 서방의 아시아와 유럽의 대륙을 전망하여 양민이 고통을 받고 있다는 것을 보신다면, 아마도 탄식하시면서 일어나사 일찍이 동방을 향했던 뜻을 이번에는 서방으로 돌려 인덕을 온 세계에 펴기 위해 반드시 행차하셨을 것이다.

요컨대 신무천황은 지난날의 동정 대신 오늘날에는 서정(西征)의 길에 오르리라는 것이다. 여기에는 '천조의 인자(仁慈)＝팔굉일우＝침략전쟁'이라는 도식이 뚜렷이 관련 지어져 있다. 나카무라 고야는 이 전쟁은 침략이 아니라 천황의 성덕(聖德)을 널리 세계에 펴기 위한 것으로서, "천황의 인애(仁愛)는 단지 일본 국내에 한정되지 않고 전 세계, 전 인류, 산천초목, 삼라만상, 모든 것에 미치고 있는 것입니다" 하고 마치 동화 같은 이야기를 전개해 나간다. 아니 동화라기보다 무서운 이야기다. 천황이 전 세계, 전 지구를 지배해야 한다고 주장하고 있으니 말이다.

나카무라의 이야기는 더 나아가서 국민의 실천문제로 향한다.

> 이와 같이 황공하기 짝이 없는 천황이 불면 날아갈 하찮은 우리를 크나큰 보물(천황 치하의 신민, 인민은 천황의 재산이라는 데서 온 말이라고 함)이라 부르고 계십니다. … 우리들 신민은 스스로 자기를 되돌아보고 하다 못 해 아름다운 구슬은 되지 못할망정, 또는 돌, 기와일는지는 모를지라도 같은 돌이되 훌륭한 돌이 되고 싶다는 정도의 마음가짐은 갖고 있지 않으면 안 된다고 생각합니다.

이렇게 나카무라의 서술은 죽어서 군은(君恩)에 보답한다는 진충보국(盡忠報國), 옥쇄정신(玉碎精神)으로 이끌어가고 있다.

일본의 기원이 2000년에 미치지 않는다는 것은 이미 도쿠가와〔德川〕 시대부터 알려져 있고, 메이지의 사학계에서는 상식이 되어 있었다. 2600년이라는 연수는 소학생이었던 우리들조차 이상하게 생각했다. 그것은 소학교의 국사 공부에서는 '신무(神武)', '수정(綏靖)', '안녕(安寧)', … 하고 124대 천황의 이름이 첫 페이지에 열기되어 있었고, 이것을 다투어서 암기하곤 했는데, 첫부분의 천황은 모두 내리 100세 이상 살고 있어서 상식으로는 생각할 수 없는 일이었기 때문이다.

그런데 일본 역사의 대가 나카무라 고야는 창피한 줄도 모르고 '기원 2600년'을 찬양하고 있는데, 하기야 나카무라뿐만 아니라 전쟁 중의 역사학자들은 거의가 그러했다.

메이지 시대에 근대사학을 일본에 도입한 수사관(修史館) 사람들, 구메 구니타케(久米邦武)는 신사(神事)에 빠진 그릇된 설을 배격하고 사학(史學)의 입장에서 공정한 고찰의 필요를 역설하면서, "신도(神道)는 제천(祭天)의 고속(古俗)"이라고 사학회 잡지에 썼다가 도쿄제대 교수직에서 쫓겨났다. 또 시게노 야스히쿠(重野安繹)는 엄격한 자료의 고증으로 남조정통론(南朝正統論)을 비판하고, 유교적 권선징악사론(勸善懲惡史論)을 부인하면서 "사학(史學)은 명교(明敎)를 포기하는 것을 주의로 삼는다"고 단언하여 사료편찬 담당 위원장직에서 면직된 것과 같은 그들의 선배의 모습을, 쇼와의 역사학자들 속에서는 어디서도 찾아볼 수 없다. '명교'란 인류의 명분을 분명히 한다는 뜻으로, 이것을 포기한다는 것은 '사학은 천황 신앙이나 국체론과는 관계 없는 실증적인 학문'이라는 것을 선언한 것이다.

교육 분야 - 황국(皇國)의 길

1941년 4월, 메이지 이래 오랫동안 친근해진 '소학교'라는 명칭이 폐지되고 황국신민을 교육하기 위한 '국민학교'로 바뀌었다. 바뀐 것은 이름뿐 아니라 학교의 이념도 내용도 크게 변혁되었다.

문부성에서는 이에 관해 각지방의 교육 주무과장과 시학관(視學官 : 학사의 시찰을 맡은 교육관으로서 전후에 폐지, 한국에서는 장학관)을 모아놓고, 하시다(橋田) 문부대신도 참석하여 5일 동안 강습회를 열었다. 이 때 하시다 문부상의 뒤를 이어 강단에 선 이는 국민문화연구소 소장 이토 노브키치(伊東延吉) 문학박사였으며, 연제는 '황국의 길'이었다. 그 첫머리를 소개하면 다음과 같다.

국민학교의 근본 정신은 무엇인가 하면 곧 황국의 길입니다. 이 황국
의 길이라는 것을 국민학교 교육 중심으로 가져오게 된 것입니다. 이것
을 현실의 교육에 구체화하여 생각하고, 이것을 날마다 실현해 나가지
않으면 안 된다고 생각하는 것입니다. 아니 국민학교뿐 아니라 새로이
진흥되어야 할 전 교육의 중심에 가져오게 된 데 대해서는 매우 깊은 의
미가 있다는 것은 여러분도 이미 알고 계시는 바입니다.

황국의 길, 즉 '길'이란 무엇인가 하는 것이 그것이기 때문에 금후의
교육의 중심 과제인 것입니다. …

일본 나라가 지금 당면하고 있는 이 중대 시국이라는 것이 무엇이냐,
무엇을 가지고 우리는 그것을 개척해 나가느냐 하면 역시 황국의 길입니
다. 이것은 단지 교육상의 문제만이 아니며, 혹은 신체제라 하고 혹은 신
질서라 하는 것은 모두 황국의 길의 힘에 의하는 것이라고 생각하는 것
입니다. 교육의 칙어에 있는 바와 같이 이 길은 세계적이며 중외 고금을
통하여 어긋나지 않고 그릇되지 않는다고 말씀하신 그대로인 것입니다.
대저 문화 전반에 걸쳐서….

길이라고 하면 여러분이 아시다시피 전일(全一)이자 원만(圓滿)인 것
입니다. 그러나 다만 이와 같이 전일이자 원만이라는 말만 하고 있으면
그것은 관념론이 되어버립니다만, 그러나 그것을 현실의 교육에 구체화
하여 생각하고 이를 날마다 실현해 나가지 않으면 안 된다고 생각하는
것입니다.

그는 강연에서 예를 들고 있기는 해도 '길' 또는 '황국의 길'의
정의는 명확하게 설명이 되어 있지 않다.

세계의 오늘의 상황을 보시면, 이를테면 히틀러 총통이 어떤 정신을
가지고 독일을 지도하고 있는 것일까, 그것은 결코 지식으로 여러 가지

로 해명을 해서 지식으로 납득시켜서 하고 있는 것이 아닙니다. 그 가진 바 깊은 정신의 힘, 신념이라는 것이 국민에 충분한 신뢰감을 주고, 거기서 나오는 예지, 예지에서 나오는 정책이라는 것이 국민을 지도하고 있는 것입니다. 그런 것은 오늘의 독일을 생각하면 금방 알 수 있는 일입니다. 신체제, 신질서의 근본이 되는 것은 믿음, 즉 황국에 대한 믿음인 것입니다.

우리는 폐하의 어의를 중심으로 하여 무슨 일이나 그것에 따라서 나아간다, 그것이 있기에 살고, 그것을 근본으로 하여 활동한다, 그 가르침 그대로 노력한다, 우리들의 정신도 직무도 모두 그것을 받들어 나가는 것뿐이라는 것은 우리들의 영구히 변함 없는 신념인 것입니다. 말하자면 어의에 따라 살고, 죽고, 교육하고, 학문해 나가는 것입니다.

일본의 역사는 그러므로 존귀한 혼(魂)의 역사입니다. 그 역사적인 위대한 정신이 지금 황국의 길로 분명하게 국민학교에 나타나게 된 셈입니다.

이번에는 여러분, 이 곳에 오셔서 좌선을 하시고, 또는 그 밖의 행사도 있으며, 또 일반적으로 목욕 재계 같은 것도 있는 것입니다.

옮겨 적다가도 머리가 이상해질 정도다.

교육 분야 - 황국부익(皇國扶翼)

제6장에서는 이토 노브키치가 소장으로 있는 국민정신문화연구소의 저명한 논객 기헤이 마사요시가, "국체라는 것은 우리의 신념 속에 있는 것이며, 지적으로 정의할 수 있는 것이 아니다. 국체를 논리상으로 정하면, 국체라는 신념은 차츰 깨지게 된다"고 말하고 있는 것을 인용했는데, 전후에도 오랫동안 교직에 있었고, 그 당시

히로시마〔廣島〕 문리과대학(지금의 히로시마대학)의 교육학 조교
수였던 스메라기 시도〔皇至道〕는 '황국의 길'에서 다음과 같이 쓰
고 있다.

　실제로 황국의 길의 본의(本義)는 그 지적인 해명으로 파악되기보다
는 감정과 실천으로 체득되어야 할 것으로 생각한다.

　황도니 국체니 하는 말이 나오면 '일본은 특별한 나라다', '신국
이다', '천황은 황공한 현인신이다'라는 말을 하려 하고 있다는 것
만은 알 수 있으나, 합리적 근대정신을 가진 사람으로서는 거의 이
해가 불가능하다는 것은 누차 말해왔다.

　'국민교육'이라는 말은 '세계인'이 아니라 '일본 국민'의 양성을
의미하고 있었다. 그 증거로 조선이나 대만 통치에서 일본 정부는
황민화(皇民化)를 추진하기 위해 국민교육을 강조했으나, 남양 위
임 통치령의 원주민을 교육하는 '공학교(公學校)' 규칙에는 보통의
지식 기능을 가르친다고만 되어 있을 뿐 국민교육이라는 자구는
보이지 않고 천황 신앙을 강조하지도 않았다.

　그런데 이번 국민학교령은 종래의 편협한 국민교육으로는 그래
도 모자라서 다시 이를 발본적으로 강화하여, 세계 보편적인 인간
과는 전혀 다른 별종의 황국민이라는 특별한 존재를 만들어낸다는
방침을 수립한 것이다. 스메라기 조교수는 그이 '황국의 길'에서
이를 크게 찬양하고 있는 것이다.

　그렇다면 교육 그 자체에 대한 근본적인 전환이란 무엇인가? 그것은
두말할 것도 없이 입신 출세를 목적으로 하는 교육관보다 황운부익(皇運

扶翼 : 황실의 운을 돕는 것)을 목적으로 하는 교육관으로의 전환, 바로 그것이다.

어린이는 어린이대로, 황운을 부익할 충량한 신민으로서 교육되지 않으면 안 된다. 어린이는 내 자식이면서 내 자식이 아닌 것이다. 어린이의 개성은 존중되어야 하지만, 저마다의 국민이 저마다의 처지에서 제멋대로 하고 있으면, 그것이 결국은 국가를 위한 것도 되고 황운부익을 하는 일이기도 하다는 식의 자유주의적 견해는 일소되어야 한다. 물적 자원이 국가의 처지에서 통제되지 않으면 안 되는 동시에 국민적 직능 또한 국가의 처지에서 통제되어야 하는 것이다.

적재적소라는 것은 국가의 대국적 견지에서 규정되는 것이며, 개개인의 자유경쟁이어서는 안 된다. … 적재적소의 원리에 입각한 인재의 교육과 배치는 주도면밀한 국가 조직에 의해서 실행될 필요가 있다. …

어딘지 사회주의 국가의 이야기처럼 되었다. 좌우를 막론하고 독재 국가는 내세우는 것, 받들어 모시는 것은 다르더라도 하는 짓거리는 비슷하다는 하나의 예라고 할 수 있을 것이다.

교육 분야―중세로의 복귀

다음에는 전후의 교육학계에서 중요한 지위를 차지한 도쿄제국대학 교육학부 교수인 가이고 무네토미〔海後宗臣〕(당시 조교수)의 〈교육학에의 과제〉(1943)라는 논문에서 교육개혁의 방향을 검토해본다.

가이고는 근대 교육의 목표를 인민 각개의 완성에서 구하고 있으며, 교육이론도 그와 같은 생각을 탐구의 출발점으로 승인하고 있었고, 인격 완성이나 제 성능의 조화적 발전은 모두 근대 교육이론에 있어서의 중요한 목표 개념이라고 먼저 현상을 설명한 뒤, "그런데 오늘날에는 인민 각개의 완성이라는 생각으로 목적관을 구성하는 것은 용납될 수 없는 교육적 현실이 이미 전개되고 있다"고 주장한다.

그리고 근대 교육은 근세 이래의 교육 구조를 바탕으로 하고 있는 것으로 이제는 그것을 극복해야 하는 것이며, 근대·근세 교육을 극복해 나가는 방향은 가이고에 의하면, 중세 교육이라는 것이다. 그는 다음과 같이 쓰고 있다.

> 지금 여기서 중세 교육의 구조를 결정 짓고 있었던 것으로 생각되는 특질을 들어보면, 그 하나하나가 지금 바야흐로 우리가 확립하고 싶어하는 교육과 그 기본구조에서 부절(符節)을 맞추듯이 결합되어 나타나는 것을 볼 수 있다. 중세에는 무가(武家) 교육의 형태가 근세 교육과 정반대되는 구조를 이루고 있었던 것이 명백해진다.
>
> 무가는 자제를 교육할 때 교육목표를 개인의 완성에 두지 않고, 일족과 같이 군부(君父)의 은혜에 보답하는 생활로 들어가야 한다고 요청하고 있는 것을 알 수 있다. 이것이 교육에 집약력을 주는 것이며, 그 몸을 바쳐 사려고 하는 교육구조를 성립시키고 있는 것이다. 이와 같이 스스로를 보다 높은 목표에 남김없이 바치는 교육은…. 근세 이전의 교육구조는 근대 교육과 정반대가 되는 동시에 현재의 교육이 과제로서 가지고 있는 여러 문제와 기본적으로 일련(一連)의 것임을 알 수 있다.

그는 메이지 이래 수십 년간의 근대 교육 — 개인의 인격 완성을 부정하고, 중세로의 복귀야말로 현하의 교육 요청에 답하는 것이라고 했다. 가문을 위해, 군주를 위해 몸을 바치는 교육이야말로 지금 요구되고 있는 교육이며, 그와 같이 교육구조를 바꾸지 않으면 안된다고 주장하고 있는 것이다.

가이고는 1943년 가을의 이른바 학도 출정에 의해 문과계 학생이 군대에 징집되게 된 것을 군무도 하나의 큰 교육의 장이라 정의하고, 사실상 교육의 중단으로 이어진 학생의 근로 동원도 인간육성의 장, 새로운 교육의 결실이라고 찬양하고 있다.

군에 영합하여 학생의 출정을 긍정한 학자는 적지 않다. 1944년 당시 일본 출판회 보급과의 주사로 있었고, 전후에 미군의 점령 아래서 도쿄제대의 문학부 교육학과가 교육학부로 격상되었을 때 일약 교수가 된 무나카타 세이야[宗像誠也]는 가이고보다 더 적극적으로 학생들이 전선에 나가는 것을 긍정하고 있다.

> 징병 연령의 인하를 보고 체증이 내린 느낌이 드는 동시에 드디어 교육의 전투 배치가 급무라는 것을 생각한다.
> 병(兵)·노(勞)·학(學), 3자는 부득불 완벽한 연관에 놓이게 되었다.

그리고 어떤 이유에서인지 무나카타는 문과계 학생이 출정하고 이과계 학생만 교실에 남은 것을, 황국 본래의 모습이 연마되어 나오고 있다고 확실히 말할 수 있다고 쓰고 있다. 말이 많고 반전적 언사와 비판으로 기울기 쉽고 전력 증강에는 그리 도움이 되지 않는 문과계 학생은 총을 들고 전선에서 싸우게 하는 편이 낫다는 뜻일까?

그러나 무나카타의 기묘한 문장은 이 정도에 그치지 않고 '머리가 이상해진 사람들'에서 쓴 것과 같은 말이 나열되어 있다.

받들어 모시는 길에 전력을 다했다는 만족감은 또 지고(至高)의 명예감이기도 하다. 이 지고의 명예감은 물론…. 알려지지 않아도 좋다. 본분을 다하면서 담담하게 살고 또 죽고, 또 보이지 않지만 천황은 보고 계신다.

오직 천황 폐하에게 귀의할 뿐이다. 시인의 말을 빌리면 "최저이자 최고의 길"이 여기에 있는 것이다. 백성인 나의 자각은 이런 것이라고 나는 믿는다.

황공하옵게도 이 지존(천황)과의 직통감, 이것이 우리 병(兵)으로 하여금 동서고금에 으뜸 가는 것으로 만든 것이다. 우리의 노(勞)로 하여금, 우리의 학(學)으로 하여금 우리의 병과 마찬가지로 세계에 무비(無比)로 만드는 근본 동력은 천황과의 이 직통감 이외에 있을 것 같지 않다.

만일 나 한 개인이 처신하는 각오를 한다면 재야의 미미한 신하로서, 그러나 작더라도 어디까지나 깨끗한 것으로 보이지 않지만 보시는 천황 폐하를 한결같이 받들어 모실 수 있게 되기를 빌 뿐이다. 1억의 백성 또한 이런 각오가 근본에 있으리라는 데는 의심의 여지가 없다.

잡지 《지성》에 거재된 이 내용은 〈 황국 직능관(職能觀)과 교원의 전투 배치 〉라는 소논문에 있는데, 무언가 충성심에 열심히 호소하고 있는 듯하다는 것은 알 수 있으나 문장의 뜻은 잘 알 수가 없다.

무나카타는 전후에 거의 일본교원노동조합의 전속 강사처럼 교육계의 좌익 활동에 전념했는데, 전쟁중에는 국민생활학원이라는 여학교의 교장을 지내기도 했다. 그가 전후에 쓴 것을 보면, 그는 '전쟁 협력'을 주창하고, "천황은 신이다" 하고 강의했다고 한다.

학교 안에 훌륭한 신단(神壇)을 차려 천황의 조서를 읽는 대조 봉대일(大詔奉戴日 : 매월 8일)에는 모닝코트에 흰 장갑을 끼고, 정중하게 선전(宣戰)의 조서를 봉독하기도 했다. "나는 스스로 취한 듯한 기분에 잠기려고 한 것이었다"고 정직하게 실토하고 있다.

그가 전후 도쿄제대의 교육학 교수였으니, '교육학'이라는 것은 그저 적당히 그렇고 그런 학문이구나 하고 사람들이 생각해도 어쩔 수 없을 것이다. 교육학이 아니라 일본의 교육자라고 해야 옳을는지 모른다.

법학자 – 신 그대로의 길

1903~33년인 메이지 36년에서 쇼와 8년까지 도쿄제대 법학부에서 헌법학과 행정법의 강의를 담당한 가케히 요시히코(筧克彦)는, 중일전쟁 후에도 저서와 강연으로 초국가주의의 앙양에 많은 공헌을 했다. 그의 저서에는 본래의 법률학 이외에 《고신도 대의(古神道大義)》, 《신 그대로의 길》과 같은 제목의 책들이 적지 않은데, 특히 《신 그대로의 길》에는 축문(祝文)과 같은 글이 끝없이 이어진다.

앞에서 나는 국민정신문화연구소장 이토 노브키치의 강연이 이해하기도 어렵고 요약도 불가능하다고 썼는데, 논리를 가장 중시해야 할 법학박사 가케히 요시히코의 저서는 그 이상이라 보통의 정신으로는 읽어내기가 어렵다고 할 것이다. 그 괴이함은 700페이지나 되는 《신 그대로의 길》의 마지막이 다음과 같이 끝나고 있는 것만 보아도 그 일단을 짐작할 수 있을 것이다.

천황이 다스리시는 시대는 영원히 무궁토록 조약돌이 바위되어 이끼
가 낄 때까지

〔君が代は千代に千代に彌千代にさざれいしのいははほとなりてこけのむすまで〕

(두 번 절하고 두 번 박수 침)

천하를 통치하시는 천황, 더욱 번창하시기를!

더욱 번창하시기를! 더-욱-번-창-하-시-기-를!

(두 번 박수 치고 한 번 절함)

판권란에는 "기원 2586년 다이쇼 15년 1월 25일(1926) 제1쇄"로 되어 있다.

《신 그대로의 길》은 차치하고, 그의 본래의 전문인 헌법학을 보자. 이른바 메이지 헌법의 정식명칭은 '대일본 헌법'인데, 가케히의 책의 제목은 '황국 헌법'으로 되어 있다. 그 내용을 보면 다음과 같다.

> 천황은 황족 신민 일체를 포용하시는 분이시며, 곧 황국이시다. 이 천황 내부의 본존(本尊)은 개개의 황족 및 신민으로서 저마다 곧 황국이다.
> ...
> 황국의 신민은 자기의 자기가 아니다. 자기를 초월하는 나, 나이면서 천황의 연장인 나, 나이면서 황국 그 자체이다. 따라서 천황의 보물이라 일컬어지는 공민과 그 자신을 불러서 국민이라 칭한다.

본래의 '신민의 권리 의무'에 대한 설명은 좀처럼 나오지 않는데, 간신히 나타난 설명도 무슨 말인지 잘 알아들을 수가 없다.

> 그러므로 권리 의무라는 것은 '깨달음'을 그 본질로 삼는다. 헌법 제2장 '신민의 권리 의무'는 건국법상의 깨달음인 행동을 다시 구체화한 것

이다. 신민은 건국법상 권리가 있고 의무를 진다.

"서양의 근세 이래의 개인주의의 권리 의무와는 다른 것이다" 하고 설명한 뒤 다음과 같이 계속한다.

> 황국에서는 나이면서 내가 아닌 내가 천황의 더욱 번창하심을 도와드리고, 보편적인 나의 더한 번창을 분담하는 규정으로 되어 있는 외국의 개인주의, 개인 본위의 요구를 규정하는 것과는 천양지차가 있다는 것을 생각지 않으면 안 된다.

국민의 권리 의무에 관한 조항의 설명에서조차 이런 투니 그 앞쪽의 그의 천황에 관한 대목의 주장은 대강 상상할 수 있을 것이다. 이를테면 다음과 같다.

> 대일본은… 간단히 말하면 신 그대로가 실현된 나라라는 뜻이다. 우리 나라에서는 천황은 단지 권력자에 그치지 않고, 신앙의 원천인 현인신이시다.…
>
> 생활의 안팎 일체에 걸쳐서 각 방면에 분담하여 항상 천황을 보익해드리는 것이 황국체이며, 권력 관계에서 군주를 통치자로 받드는 외국의 국체와 황국체를 동일시해서는 안 된다.
>
> 황국의 기원은 실증적 사실의 기억의 뜻으로 말하는 역사를 초월하여, 하늘에서 천손(天孫)이 강림한 신앙에 순진(純眞)한 근거를 가진 나라이다.
>
> 우리의 성문법전은 세력, 학설, 이해, 취향, 모의(模擬) 등을 초월하는 신의 제1사실, 제1원리에 입각하여 효력을 갖는 것이다.

신 그대로의 천황을 모시는 인민은 모두 그 신의 백성이다.

일본족은 세계 유일의 순진하신 신을, 구체적으로 힘차게 천황을 통해 우러러 받들어 모시고 있는 것이다.

이런 투가 끊일 줄 모르게 이어지고 있는 것이다. 가케히는 해군대학교에도 출강하였는데, 강의 시간 중 대부분의 학생들이 졸고 있어 그를 격노시켰다고 한다. 해군 사관이라고 하지만 해대 학생쯤 되면 30세가 넘었으니 이런 강의를 진지한 얼굴로 듣고 있을 수는 없었을 것이다.

그러나 이것이 도쿄제국대학의 헌법 강의라고 생각하면 기가 찬다기보다 당시의 도쿄제대 법학부를 경멸하지 않을 수 없을 것이다.

가케히 요시히코는 헌법 강의를 시작할 때 신단(神壇) 앞에서 하듯 손뼉을 짝짝 쳤다고 들었는데, 이 강의 내용을 보면 그랬을 것이라는 생각이 든다. 또 도쿄제대에는 칠생회(七生會)라는 과격 우익 단체가 있었는데, 가케히 교수의 강의를 진지하게 듣고 있으면 그 기묘한 국수주의자가 되는 것도 전혀 이상할 것이 없다.

법학자 - 일본 법리(法理)의 확립

가케히 요시히코는 법학자 중에서도 상당히 특이한 존재였다. 각 전문 분야에서 현행법의 해석학에 시종하는 일이 많은 법학계에서는 가케히처럼 신들린 자는 비교적 적은 것 같다. 그러나 가케히의 뒤를 따르는 자는 모자라지 않았다.

도쿄제국대학 법학부 교수인 오노 세이이치로(小野淸一郞)의 논문으로 〈 헌법 17조와 국가의 윤리 〉가 있다. 성덕태자(聖德太子)

가 만들었다는 이 헌법은 현대에서 말하는 헌법과는 달리 조정을 섬기는 제씨족에 대한 도덕적·종교적 훈계 같은 성질의 것으로서, 그 내용은 유교, 법가(法家), 노장가(老莊家) 등의 고대 중국의 사상, 거기에 불교 등에서 유래하는 관념이 많이 포함되어 있다고 한다.

어쨌거나 그것은 고대사의 연구대상으로서는 의의가 있겠지만, 오노의 손에 걸리면 7세기 초두에 만들어진 이 일본 최초의 성문법은 홀연히 생채를 발하게 된다. 그에 의하면, 헌법 17조의 문화적 완성도는 로마의 12표법(十二表法) 따위는 도저히 비교도 되지 않을 만큼 높아서 연구를 함에 따라 점점 더 경탄을 깊이 할 뿐이라고 했다.

기원전 5세기에 편찬된 12표법은 로마에서 가장 오래 된 법전으로 모든 공법·사법의 원천이며 전 로마법 체계로서 후대의 법률의 기초를 이루었다는 말을 들을 만큼 저명한 존재이다. 그 로마법은 유럽 여러 나라를 비롯하여 전 세계 법률에 다대한 영향을 주고 있다. 오노는 일본의 헌법 17조는 12표법과 비교도 되지 않을 만큼 문화적 완성도가 높다고 말하였다.

그에 의하면, 국가의 개념을 영토·인민·주권으로 이루어진다는 생각으로는 국가의 본질을 해명할 수는 없고, 이들 요소가 어떤 내부적 계기에 의해 국가적으로 통합되어 있느냐가 문제인 것이며, 일본 민족의 경우 그 통일성을 담보하는 것은 유일무이한 천황의 통치다. 말하자면 천황의 지위가 영원토록 계속되는 것이야말로 곧 우리 국가의 영원성과 그 전체성을 표현한다. 이것이 헌법 17조에 있어서의 일본 국가의 철학적 파악이라고 말하고 있다.

그리고 오노는 서구 근대의 평화주의·개인주의·인도주의를 공동체 사상을 찬양하면서, 이것이야말로 민족을 초월하는 세계적 타당성을 갖는 것이라고 말한다. 당시 메이지 이래 열심히 노력하여 서구에서 도입해온 학문을 부정하고, 일본(적) 학문의 확립이 창도되고 있었는데 법학계에서는 오노가 그 선도자였다.

오노는 〈일본 법리의 자각적 전개〉라는 논문에서 다음과 같이 말한다.

> 일본의 윤리, 일본의 정치·경제, 기타 문화 일체의 부문에 걸쳐서 그 학문적 연구는 명백한 국체 관념에 입각하지 않으면 안 된다.… 국체는 국가의 실체로서 일본 문화의 일체를 내포하고 있다. 그러나 그 중에서도 국체는 일본 도의의 문제이자 일본 법리의 문제이다. 국체 명징(明徵)이란 곧 일본 도의, 일본 법리의 자각이어야 하는 것이다.

오노는 이어서 국체는 종래 헌법의 문제로서만 논의되어 왔으나, 헌법학만의 문제가 아니라 모든 법률의 영역에서 근본 이론은 국체의 본의에 의해 결정되어야 한다며 장황하게 국체론을 전개한다.

전후에 도쿄 도립(都立)대학과 와세다(早稻田)대학의 교수로서 좌익적인 언론으로 화려하게 활약한 가이노 미치타카(戒能通孝)도, "어째서 현재의 법제 및 법학이 전체주의적 수정이 필요한가를 깊이 이론적으로 생각하여 그 수정에 필요한 지도원리와 법적 기술을 고안하는 데까지 가 있는 저작은 거의 볼 수가 없다", "대학에서의 법학이 구태의연하게 시운(時運)의 진전에 부응할 혁신의 편린도 보이지 않고 있다는 것은 아무래도 쓸쓸한 느낌을 준다"고 한탄하고 있다.

여기서 가이노가 말하는 '혁신'이란, 종래의 자유주의적 학문과 사고를 버리고 좌익적, 신들린 것처럼 되라는 뜻임은 두말할 것도 없다. 그는 학계 전원이 신들리지 않는 것을 책망하여 다음과 같이 쓰고 있다.

> 무엇이든지 확연히 석연한 것만 합리적이라 생각하고, 그렇지 않은 것
> 은 무턱대고 불합리하다고 보면서도 그 불합리의 세계를 합리적으로 처
> 리할 원리와 기술을 생각하여 내놓지 않았다.

법학 분야는 아니지만 스에히로 이즈타로[末弘嚴太郎]도 시류에 굴복하여 그 세계에서의 일본의 독자성을 강조한 다음과 같은 문장을 남기고 있다.

> (외국과 비교하여)우리나라처럼 모든 전쟁을 천황의 전쟁이라 생각하
> 고, 국민 모두가 강력한 방패가 되어 용약 전선으로 나아가는 것을 국민
> 으로서 당연한, 영광스러운 책무라고 보는 국민과의 사이에는 스스로 근
> 본적인 차이가 없어서는 안 된다.

그리고 앞에 나온 마키노 에이이치[牧野英一]는 1941년 치안유지법의 개정에 의한 천하의 악법 — 예방구금제도에 찬성하고 있으며, 전후에 오노 세이이치로가 교직 추방처분을 당한 뒤 도쿄제대에서 형법학을 강의한 기무라 가메지[木村龜二]도 일본법이론을 주창하면서 1941년 개정 형법의 '보안처분[감호, 노작(勞作), 예방처분 등]'을, "동아 공영권의 지도적 지위를 가지고 세계 신질서 건설을 지향하는 일본의 체면상 필요한 것이 아닐까?" 하고, 무슨 뜻

인지 알 수도 없는 소리를 하고 있다. 그는 형사 절차를 엄격히 하고 변호권을 제한하여 광범하게 준엄한 형벌을 설정한 국가보안법에 대해서도 "나는 강한 찬성의 뜻을 표하고 싶다"는 의견이었다.

또 형법학자로서 마키노는 제6장에서 언급한 치안유지법의 개정 — '사유재산의 부정', '천황제 부인'이 모두 최고 10년형이었던 것을 '천황제 부인'은 사형으로 한 데 대해 치안 유지, 사상 악화에 대한 대책으로서는 부득이하다며, 이 비상시국 아래 사유재산제도에는 상대적인 것이 다분히 포함되어 있지만, 국체는 절대적인 것이기 때문이라고 그 이유를 설명하고 있다. 모두가 법학자라는 이름의 시대 영합자들뿐이다.

이것이 제1급 정치학자

도쿄제대 법학부의 정치학 교수 야베 사다하루〔矢部貞治〕는 추방이 해제된 뒤 다쿠쇼쿠〔拓殖〕대학 총장, 정치평론가 등으로 활약했는데, 전쟁중에는 고노에〔近衛〕의 브레인 노릇을 한 것으로 알려져 있다. 그는 고노에의 대정익찬운동이 바야흐로 본격화되려 하고 있던 1940년 7월, 〈새로운 정치체제란?〉이라는 6,000자쯤 되는 논문을 썼다.

그가 언제부터 고노에의 브레인이 되었는지는 모르지만, 그 소론에는, "공(고노에)의 모처럼의 노력이 진실로 강력하고 올바른 신당(新黨)의 결성에 성공하기를 절실히 바라며, 이에 적극적인 관심을 보이고 필요할 때는 각자의 분에 맞게 이에 협력한다는 마음 가짐을 갖는 것은 현하 국민의 태도로 당연한 일이라고 생각한다"고 했다. 이 글은 고노에에게 자기를 팔아먹기 위해서거나 아니면 본래의 학문은 소홀히 해놓고 고노에의 심부름꾼 노릇을 하고 있는 데 대한 변명 같은 느낌이 든다.

여기에 씌어 있는 것은 다이쇼익찬운동의 홍보 팜플렛을 읽고 있는 거나 같으며, 분석도 통찰도 없고, 교양의 편린조차 느껴지지 않는다. 그 내용을 잠깐 보면 다음과 같다.

> 전 국민이 총력을 다하여 그 자발적·능동적인 참여를 통해 일원적 (一元的)인 국가 의지에 결부되어 협동하고 집중하는 것은 이것이야말로 바로 일군만민(一君万民)의 일본 정치의 근본 원리인 것이며, 우리나라 에서는 원래 국무대신의 보필도 의회의 협찬도 언제나 만민의 보익(輔翼)을 기초로 하여 서로 협동하면서 위대한 분의 뜻에 통합 귀일(歸一) 해야 하는 것이다.
>
> 그러기에 이와 같은 일본의 독특한 국체 정치의 근본 정신이 고양되는 것이 정치체제 강화의 제1 전제인 것이며… 그 지도 의지에 전 국민이 혼으로써 결부되어 있다는 것이다.
>
> 비판은 어디까지나 건설적·협력적이어야 한다. 내각도 의회도 똑같이 천황의 내각, 천황의 의회라는 것을 깊이 자각한다면….

비판 특히 공적 비판, 정치상의 비판이라는 것은 본래 상대편의 최대의 약점, 가장 싫어하는 점을 찌르는 것이며, 건설적·협력적 비판 따위는 비판이라는 이름을 붙일 가치가 없다는 것은 상식일 것이다.

> 모든 경제 생활 부문이 저마다 종(縱)으로 조직화되고, 다시 각종 조직을 횡(橫)으로 연결하여… 문화면에서는 신문, 잡지, 영화, 연극, 라디

오, 예술, 저술 등 제 부문에 대해 같은 조직이 필요한 것이다.

이 글은 모든 언론과 문화를 국가의 통제 아래 두라고 주장하고 있다고밖에 이해할 수 없을 것이다.

> 계급 의식과 자유주의를 청산하고, 공익주의에 의해 모든 국민 활동을 조직화,
> 국민 생활의 구석구석에까지 통해 있지 않으면 안 된다.
> 하의를 상달하고 상의를 하달하며, 국민은 이 조직을 통해….
> 부풀어오르는 국민의 힘을 유도하면서, 더욱이 본질적으로 공적·국가적·민족적인 애국 운동으로 전개되지 않으면 안 된다.

야베 사다하루가 말하고 있는 것은 군인에 대한 훈시와 별로 다를 것이 없다. 이것이 정치학자라는 말을 들으면 정치학이라는 것을 멸시하는 사람이 많이 나와도 할 수 없을 것이다.

정치학자라는 이름이 붙은 자로서 가장 시국 편승적이고 저열한 논고를 남긴 것은 나카무라 사토시[中村哲]가 아닌가 싶다. 그는 전후에 호세이[法政]대학 총장을 지냈고, 논단에서도 진보적 문화인으로서 이름이 알려져 있었으며, 전쟁중에는 타이베이[臺北]제국대학 교수로 있으면서 종합 잡지에도 자주 기고하곤 했다. 모두 비슷비슷한 것뿐이라 하나만 읽으면 충분할 것이므로 요점만 조금 들기로 한다.

1940년의 다이쇼익찬운동을 논한 논문에서는 야베와 마찬가지로 정치학 냄새가 안 나기는 고사하고 보통의 분석조차 없으며, 오로지 다음과 같은 말만 나올 뿐이다.

일군만민(一君万民), 만민 보익의 국가 조직이 우리 국체의 근저가 되지 않으면 안 된다는 것은 새삼 말할 것도 없다.

만민 익찬이 국체적 원리라고 말한다면, 이와 대립하고 이를 배격하는 정치 운동은 우리나라에서는 채택되어서는 안 된다.

모름지기 정치의 최고 이상은 국가와 국민, 치자(治者)와 피치자의 동일성에 있다는 것은 의심할 여지가 없는 것이다. … 이 동일성의 실현이야말로 우리나라 정치의 근본 정신이라고 할 수 있다. …

유럽의 여러 나라처럼 그 변혁과 발전이 아래로부터의 정치운동으로 이루어지는 것이 아니라 위로부터의 정치로써 이루어지는 것은 일본 정치의 독자적인 방식인데, 그것은 첫째 우리나라 국체의 이념에 입각하는 것으로서…

이것이 전후에 진보적 문화인이라 일컬어지며 활약한 학자의 전쟁 때 모습이다.

신진 경제학자의 기막히는 주장

1936년 9월, 《국체의 본의》가 발간되기 8개월 전, 문부성에서는 일본 제학(諸學) 진흥위원회를 발족시켰다. 이 위원회는 간단히 말하면, 메이지 이래 도입해온 서구의 학문을 극복하고 일본적인 것, 일본의 독특한 학문의 수립을 기도한 것으로서 자연과학을 포함한 아홉 개 소전문위원회로 나뉘어 있었다.

일본적인 학문의 수립이라지만 보편적이어야 할 학문에 특정한 전제를 하는 것은 본래 무리한 것인데, 각 방면의 저명한 학자들은 저마다 그럴 듯한 학설을 발표하려고 애썼다. 그런 상황 아래서 나니와다 하루오(難波田春夫)는 신진 경제학자로서 활약하고 있었으

므로 그의 논문 〈 일본 경제의 이론 메모 〉(1941)를 살펴보자. 그
는 당시 도쿄제국대학 경제학부의 조교수였으며, 이 논문도 350페
이지가 넘는 장문이다.

논문은 4장으로 나뉘어 있으며, 앞의 두 장의 약 60페이지는 다
음과 같은 글로 메워져 있다.

> 일본은 예로부터 일관된 역사를 가졌고, 어떤 시대에서나 현재 우리가
> 영위하고 있는 현대 속에도 일본의 고대의 이념이 살아 있는 것이 된다.
> 이리하여 또 우리는 처음 출발점으로서 선택한 곳, 피의 통일이 천황이
> 어야 하는 이유를 발견할 수 있다. 천황은 모든 국민이 받들어 모셔야 하
> 는 마음의 통일의 중심이시기에 실은 또 피의 통일의 중심에 서 계시는
> 것이다. 국민 쪽에서 말한다면…
>
> 이제 분명히 천황의 권위는 힘이나 지(智)나 덕(德)과 같은 상대적인
> 것에 근저(根底)를 두는 상대적인 권위와는 달리 절대적·종교적인 것에
> 입각하는 절대적 권위라는 것을 알 수 있다. 천황의 절대적 권위는 하늘
> 에서 내려오신 천신의 아드님을 천황에서 본다는 종교적·절대적인 영
> 역 속에서 나오는 것이다. 우리들 국민은 천황을 절대적 신성자(神聖者)
> 로 보기 때문에 오로지 천황을 받들어 모시려고, 천황에게 봉사하려고
> 노력하는 것이다. 이리하여 우리나라는 패도(霸道) 국가, 철인(哲人) 국
> 가, 왕도 국가에 대해서 오직 '신의 나라', '신국'이라 부르는 수밖에 달
> 리 적절한 표현을 발견할 수 없는 것이다.

이것이 일본 경제의 이론이라니 저자의 두뇌구조를 의심해야 할
판이다. 나니와다는 단행본으로 《일본적 근로관(勤勞觀)》이라는 책
을 썼는데, 그것은 당시 꽤 유명했으므로 여기서도 그 일부를 인용

하기로 한다.

> 민족은 경제의 밖에서 부가되는 것이 아니라 그 근저의 존재다. 자본
> 가도 노동자도 경제적이기 전에 민족적이다. … 경제적 영역에서의 대립
> 은… 결코 본원적인 것이 될 수는 없다. … 확실히 양자는 대립하기보다
> 근본적으로 결합되어 있다.

이렇게 그는 마르크스주의와 자유주의, 나치스적 경제관, 노동관
을 엄하게 비판한 다음, 일본 고유의 경제관·노동관이 세계에 무
비(無比)함을 강조한다. 그 이유는 우리나라의 경제가 독자적인 민
족구조를 갖고 있기 때문이며, 그 민족구조란 다름 아닌 천황을 중
심으로 하는 혈통적·정신적 통일을 가진 독자적인 국가구조, 즉
국체라는 것이다. 여기서 이야기는 여느 때나 다름없이 신화로 거
슬러올라간다.

> 천황의 본질은 '치천하(治天下 : 천하를 다스림)'이고, 국민의 본연의
> 자세는 '사봉(仕奉 : 받들어 모심)'이며… 황국민이라는 것은 실로 천황
> 을 받들어 모시는 국민을 의미한다. … 우리들 국민이 천황을 받들어 모
> 시는 근거는 천황이 다름 아닌 하늘에서 내려오신 천신의 아드님이시기
> 때문이다. … 우리나라의 노동은 황국민인 노동자가 하는 노동이기 때문
> 에 그 바탕은 받들어 모심을 본연의 자세로 하는 것 이외일 수 없다. …
> 받들어 모심 이외에 황국민은 없으며, 따라서 노동자도 존재하지 않기
> 때문이다.

전체의 논리가 모두 이런 투로 전개된다. 무언가 신관(神官)학교

나 신흥종교의 강화를 듣고 있는 듯한 기분이며, 이것이 당시 신진 학자로서 명성이 높았던 도쿄제대 경제학부 조교수의 논술이라는 말을 들으면 지금 그 진위를 의심하는 사람이 생길 수도 있을 것이다.

사회주의 경제학자의 말

모리토 다쓰오〔森戸辰男〕는 1919년 조교수 때, 〈 크로포트킨의 사회사상 연구 〉라는 논문을 도쿄제대 경제학부의 기관지에 발표하고 신문지법 위반으로 기소되어 대학에서 쫓겨났으나, 전후에는 사회당 국회의원, 문부대신, 히로시마 대학장, 중등교육심의회 회장 등을 역임하는 등 전후의 교육계에 큰 발자취를 남긴 것으로 잘 알려져 있다.

그런데 경제학자 모리토 다쓰오는 앞에 나온 나니와다 하루오의 의미 불명에 가까운 저서에 공감을 표시하여 칭찬하고 있는 것이다. 그것은 《결전하(決戰下)의 사회 제과학(諸科學)》(모리토 다스오 外 3인 공저, 1944.)이라는 책에서인데, 그는 나니와다의 《일본적 근로관》을 사회과학적 처지에서 보아 두드러지게 잘된 노작이라고 쓰고 있다. 그리고는 다른 학자들의 논문과 함께 나니와다의 저서를 길게 인용하고 있는데 마지막 부분을 조금 들어보기로 한다.

> 상기한 몇 편에서 근로는 임금 노동에서 국민의 의무에 이르기까지 매우 다의(多義)하게 풀이되고 있으며, 이것을 보는 처지도 일의적(一義 的)은 아니지만 그것들을 통한 근본적인 특징은 노동을 종교적으로, 국민 종교적으로 보고 있는 점이다. 말하자면 노동은 하늘에서 강림하신 '천신의 아드님'에 대한 황국민의 '받들어 모심'이라고 풀이하고 있다.

이 두 가지 관점에는 적잖은 틈이 발견될지도 모르지만, 그것은 여기서는 문제가 아니다. 어쨌거나 그것은 우리 국민의 불혹의 신앙이며, 따라서 초합리적 이념으로 국민의 신념 앞에 명징(明徵)되어야 할 성질의 것이리라. 그것은 오성(悟性)이나 실증(實證)으로 비로소 그 진리성이 밝혀지는 것이 아니다. 그러기에 황국 근로관은 근본적으로는 과학적 인식이 아니고 이를 초월한 것일 것이다. … 이 같은 국민적 신앙으로서의 근로관이 주로 서양의 그것과의 대조에서 그 절대 우월성이 논증되고 있는 것은, 시국적으로 볼 때는 물론이고 시대적으로 보더라도 극히 이유 있는 일이다.

모리토의 이와 같은 시국 편승적인 발언은 이 책뿐만이 아니다. 그는 1941년 아직 태평양전쟁이 시작되기 전에 발간된 《전쟁과 문화》라는 저서에 다음과 같이 쓰고 있다.

이번 사변의 목적이 동아의 영원한 평화의 확립과, 그것을 통해 세계 평화에 기여하는 데 있음은 조야, 관민, 전선과 후방을 통한 확신이며, 중일전쟁이 성전이라 믿어지고 있는 이유의 하나가 여기에 있다고 하겠다.

모리토는 다시 치안유지법 등으로 검거 또는 처분을 받은 몇천 명의 지식인과 학생이 일본 정부의 국책에 적극적으로 협력하지 않은 데 대해 다음과 같이 말한다.

그 책임의 절반은 물론 그들 쪽에 있었다고는 하나, 주위의 정세가 그들의 순진한 정열과 총명한 이지를 흔들어 깨우는 형태로까지 성숙되지 않은 것도 절반의 이유이다.

전쟁이 긴박해짐에 따라 강력히 그들의 협력을 요청하고 있으며, 반면에 지식 계층의 마음도 부단히 변화하여, "그들은 다시 비자발적이 아니라 자주적으로, 아니 속죄하는 자의 겸허함과 건설하는 자의 감격까지 지니고, 전쟁이 그들에게 부과한 문화적 사명의 수행에 매진하려 하고 있다"고 맺고 있다.

치안유지법 아래의 일본 국가체제에 대해서 양심이 명하는 대로 단호히 저항한 지식인과 학생들은 모리토에 의해 매우 간단히 부정당하고, 속죄를 위해 전쟁에 몸을 바치라는 훈계를 듣고 있는 것이다. 거기에는 자기 논문에 대한 대학 당국의 사죄와 사직의 요구를 거부하고, 유죄 판결을 받아 대학을 쫓겨난 젊은 날의 모리토의 모습은 전혀 찾아볼 수 없다.

형무소와 경찰서에서 가슴속에 은밀한 긍지를 품은 채 석방되면서도 절망적인 기분으로 군대에 징집되어 간 젊은이들이 일찍이 양심의 등불의 하나로서 존경한 모리토 다쓰오의 책을 읽었다면, 아마도 그들은 할 말을 잃었을 것이다.

진리의 탐구자, 철학자들 ①

정치학이나 경제학과는 달리 때와 장소를 초월하여 인생 그 자체, 인간 존재 자체를 끝까지 냉철하게 생각하고 추구하는 철학자들이, 사회과학을 공부하는 자들이 잇따라 시류에 떠내려가고 있을 때 무엇을 생각하고 무슨 말을 했느냐 하는 것은, 50년이 지난 오늘날에도 많은 지식인들의 지극히 중대한 관심사일 것이다. 그들이야말로 전쟁의 열기, 비이성적인 언론의 마지막 보루이기를 사람들은 기대하기 때문이다.

먼저 전후에 일본철학회 회장에도 취임한 적이 있는 도쿄 문리과 대학(쓰쿠바[筑波]대학의 전신) 학장 무다이 마사나리[務台理作]부터 시작하는 것이 적당할 것 같다. 그는 제2차 세계대전 후 교육쇄신위원회의 위원으로서 전후 교육의 개혁의 일단을 짊어졌을 뿐 아니라, 헌법 문제에도 참여하는 등 폭넓은 활약을 했다. 그가 전시에 발표한 논문 한 편의 결론 부분을 전재한다. '민족적 전통과 세계관'이라는 제목이다.

세계에는 여러 국가가 있고 그 국체가 있다. 유형론적으로 보면… 그러나 대결론적(對決論的) 견지에 섬으로써 우리는 우리 국체에 대해 만국에 비할 데 없는 천황 중심의 황도 국가임을 알 수 있다. 우리 국체를 분명하게 하면 많은 것 가운데 하나가 아니라 많은 것에 대한 하나로서 우리 국체의 주체성을 확증할 수 있는 것이다.

천황이야말로 우리의 민족적 세계관에 있어서 국민이 귀의(歸依)하는 절대의 초월자시다. 국체의 의식(意識)은 형이상학적 세계관에 의해서 지지되어 있는 것이 아니고, 우리 국민의 민족적 세계관과 그 전통에 속해 있는 것이다.

그리하여 이 만방에 비할 데 없는 우리 국체는 다시 또 이를 만방의 국시(國是)와 비교함으로써, 그 비교를 초월하는 특수성과 우월감을 분명히 할 수 있을 것이다. 비교에 의해 많은 것 가운데 하나로 떨어지는 것이 아니라 비교를 넘어 많은 것에 대한 하나가 되는 것이다.

난해한 철학 용어와 표현을 쓰고 있지만, 요컨대 일본의 국체에는 외국과 비교가 되지 않는 특수성과 우월성이 있고, 천황은 절대적 초월자라고 말하고 있는 것이며, 군인들이 외치고 있는 것과 똑

같은 내용이다.

전시에 크게 주목을 끈 교토(京都)제대 문학부 철학과 조교수 다카야마 이와오(高山岩男)는 《일본의 과제와 세계사》(1943)라는 저서가 있는데, 그 속에 세계에 관한 것은 7장 가운데 1장뿐이고, 나머지는 거의가 황국 일본에 대한 찬미 일색이다. 먼저 서문에는 다음과 같이 제2차 세계대전의 의의가 강조되어 있다.

> 대동아전쟁은 세계 질서의 전환전(轉換戰)이다. 그것은 근대 세계 내부의 한 전쟁이 아니라, 근대 세계에서 초출(超出)하려는 획기적인 전쟁이다. … 전환전을 담당하고 있는 우리 일본을 중핵으로 하여 동아 제 민족이 저마다 자기 분에 맞는 자리를 얻어 자발적으로 협력하는 그런 질서다. 이 질서의 이상을 우리나라는 팔굉위우(八紘爲宇)의 정신이라고 부른다. …

이 서문만 읽어도 벌써 내용이 시시하고 괴이함을 짐작할 수 있어서 더 읽을 의욕이 사라져버리겠지만, 본문을 최소한으로 인용해두고 싶다.

> 국민은 모두 천황의 자식으로서 동일하며, 그러면서도 조직 속에 상하의 직분이 있으나 직분의 수행에 의한 봉공(奉公)에 피차 차별은 없다. …도의의 근본 원리는 "사람은 태어나면서 자유 평등하다"는 명제가 아니라, "사람은 본래 자기 분에 맞는 제자리를 얻어야 한다"는 명제에 있다. 우리는 사람은 태어나면서 자유 평등한데, 왜 현실의 부자유, 불평등이 생겼느냐고 물어 추상적인 분별 논리에서 꿈 같은 사회 이상을 구상해서는 안 된다. 오히려 반대로 차별과 동일을 가진 인간 사회의 조직성

을 깊이 자각하고, 어떻게 하여 인간은 분에 맞는 제자리를 얻을 수 있는
가를 연구·고안하여 불평등 속에 깊은 평등을 실현하고, 차별 속에 대
동(大同)을 현출할 방법을 창안해야 할 것이다.

대단히 비논리적인 논리인데, 요점은 한편에서는 조상 대대로 빈
둥빈둥 놀고 먹는 자가 있을 때, 전시의 궁핍한 생활 환경 아래서
먹을 것도 제대로 못 먹으면서 열심히 일하지 않으면 안 되는 자,
나아가서는 싸움터에서 생명을 내던지도록 강요되고 있는 청년들
에게 묵묵히 따르라고 설득하고 있는 것일까?

일본 신화의 이 구조를 이끌고 있는 것은 분명히 천손 강림에 의한
일본 국가의 성립과 천손 통치의 사상이다. … 천황은 신의 자손으로서
대권을 승계하고, 국가는 황통(皇統)이 연면히 이어 나가서 영원히 번창
해 가는 것을 이야기하는 것이다.
　　일본은 국가 창조의 조신(祖神)과 그 후예이신 천황이 있어야 비로소
일본 국가가 존재한다. 이와 같이 군민 일체의 친애감과 천황을 산 신으
로 우러러 받드는 초월적 신성감(神聖感)이 모순 없이 융합하는 데 우리
일본 국가의 특질이 있다고 생각할 수 있다.

진리의 탐구자, 철학자들 ②

다카야마 이와오[高山君男]와 더불어 니시타 기타로[西田幾多郎]
문하의 고사카 마사요시[高坂正顯]에 대해서도 조금 언급해두고
싶다. 그는 전후에 교토대학 교수가 되었고, 중앙교육심의회 특별
위원회의 주임연구위원를 지냈으며, 한때 유명했던 '기대되는 인간
상' 등의 자문에도 참가했다. 그가 기대되는 인간상은 어떤 인간이

었을까? 고사카 마사요시의 주된 저술의 하나라는 《민족의 철학》
(1942)을 펼쳐보자.

고사카 마사요시는 어느 날 저녁, 같은 철학을 공부하는 몇몇 친
구들과 만났을 때의 일을 다음과 같이 묘사하고 있다.

> 한 친구는 말했다. "나는 키에르케고르를 읽으면서, 일단 싸움터에 나
> 가면 천황폐하 만세를 부르고 죽을 수 있는 많은 젊은 친구들을 알고 있
> 다. 그러나 그 신념은 아직도 매개 없이 결부되어 있을 뿐일 것이다. 우
> 리의 과제는 그 결합을 명확한 자각적 매개로 가져가는 데 있다."

키에르케고르의 철학이란 인생에 있어서의 불안과 고독과 근심
을 문제로 삼은 것으로 실존주의 철학의 선구라 일컬어진다. 키에
르케고르를 읽는 사람이라는 것은, 천황에 대한 충절이라든가 대동
아 공영권의 건설 등을 소리 높이 외치는 국가 사회와는 관계없이
오로지 인생 그 자체를 깊이 추구하는 것, 싸움터로 나가야 하는
몸으로서 자기 생명을 바쳐야 하는 전쟁의 목적이라든가 천황이라
든가 국가라든가 하는 것에 마음을 정하지 못하고 있는 사람을 말
한다. 한 마디로 말하면, 군국주의 사상에 춤을 추고 있는 자를 제
외한 지식인들을 가리키는 모양이다.

그 고민에 찬 지식인들이 신념으로서 천황폐하 만새를 부르고 죽
을 수 있는 명확한 자각적 매개를 마련해주는 것이 철학자의 과제
라고 주장한 친구의 주장에 대해 고사카 마사요시는 전적으로 찬
동하고 있다. 니시다 기타로 문하의 이른바 교토학파의 면면들이
모두 전쟁을 정당화하는 역사 철학을 전개하여 전후에 교직 추방
령에 걸린 것은 당연한 일이다.

신화는 이상한 성격을 갖는다고 하지 않을 수 없다. 그것은 동화처럼 신적(神的)인 것과 관련되고, 그러한 역사의 밖에 있는 동시에 거꾸로 전설처럼 역사의 안과 관련되는, 즉 단순한 동화가 아니라 역사적 진리로도 생각되기 때문이다. 따라서 신화는 역사의 밖에 있는 동시에 역사의 안에 있고, 역사에 대해 초월적이자 내재적(內在的)이라고 해야 할 것이다…

이리하여 셋으로 나누어진 마지막 장인 '전쟁의 형이상학'은 다음에 인용한 것처럼 모두 전쟁의 정당화로 이루어져 있다.

전쟁은 진리를 — 하나는 역사의 진리를, 그리고 또 하나는 그것을 통해 형이상학(形而上學)의 진리를 — 폭로하는 것이다.

전쟁은 단지 야만이 아니고 동물적이 아니다. 오히려 전쟁을 통해서 인간은 그 동물성·미개성에서 자기를 권위 있는 인간성, 자기 한정성 (限定性)으로까지 끌어올리는 것이다.

전쟁이란 새로운 문화가 생기는 지반을 깊이 깊이 경작하는 것이다.

전쟁은 인간을 그 근원성·원시성을 향해 해방한다. 전쟁은 수성(獸性)만 나타내는 것이 아니라 신성(神性)도 나타낸다. 전쟁은 형이상학적 진리로의 통로일 수 있다.

교토학파의 철학자에 대해서는 후에 다시 한번 언급하기로 한다. 경성제대(京城帝大) 교수, 제1고등학교 교장, 그리고 종전 직후에는 단기간이지만 문부대신도 역임했으며, 그 후는 종생(終生)학습원장직에 있으면서 교육자로도 유명한 철학자 아베 요시시게(安倍能成)에 대해서 잠깐 언급해둔다.

아베는 1941년에 발간된 《시대와 문화》라는 논문집을 냈는데, 그 내용은 '전체와 개체의 윤리', '정치와 도덕', '민족과 신화', '문화 비판과 철학' 등등, 그 내용은 모두 다가오는 대전을 앞두고 언론의 탄압과 황국사상의 강요가 강화되고 있는 시대를 배경으로 생각하면 매우 중요한 논제뿐이다.

자기들이 공부해온 보편적인 학문과 강제되는 초국가사상의 틈바구니에서 고투해온 학생과 지식인은, 이 고명한 자유주의 철학자가 자기들에게 무엇을 교시해줄까 하고 큰 기대를 가지고 이 책을 읽었을 것이 틀림없다. 책의 제호가 바로 그들이 알고 싶은 '시대와 문화'였으니 말이다.

후일의 도쿄제대 총장 하야시 겐타로[林健太郎]는 당시 제1고등학교 교관이었는데, 아베 요시시게가 서울에서 도쿄에 부임했을 때의 일을 다음과 같이 쓰고 있다.

> 이른 아침인데도 불구하고 수백 명의 기숙사 학생들이 도쿄역두에 마중을 나갔다. 새 교장을 에워싸고 〈아, 옥배(玉杯)〉의 노래를 두 번 부른 뒤, "아베 교장 만세"를 삼창한 학생들의 눈은 감격의 눈물로 반짝이고 있었다.

청년들은 아베에게 그만큼 기대를 걸고 있었던 것이다. 그런데 아베 요시시게는 이 책에서 일본의 당면문제에 관해서는 아무 이야기도 하지 않은 것이다. 서구의 학자와 서적 이름이 마구 나와서 그가 박식한 것 같다는 것은 알 수 있었으나, 독자가 당장 알고 싶은 것에 대해서는 언급이 없었다. 메이지 사상계의 조류에 대해서는 씌어 있었어도 쇼와의 사상계까지는 붓이 미치지 않았고, 민족의 신화라는 당장 가장 긴급한 문제의 내용은 읽어보니 나치스 독일의 알프레드 로젠베르크의 '20세기의 신화'에 관한 논술이었다.

이 책이 씌어진 중일전쟁 이래의 일본은 《고사기(古事記)》와 《일본서기(日本書紀)》의 신화가 온 일본을 뒤덮어 그것이 지성도 합리성도 압살하고, 그것이 그대로 대전으로의 길로 통하고 있을 때였다. 적어도 철학자쯤 되는 자가 《시대와 문화》라는 논문에서 민족과 신화를 다룬다며, 일본의 그것에는 한 마디 언급도 없으니 어떻게 된 것일까? 독일을 운운하고 있을 때가 아니잖은가.

지금까지 몇 가지나 예를 들어온 시국 편승의 학자라는 이름의 선동 정치가에 비하면 이래도 아직은 좋은 편이라고 해야 할는지 모르지만, 아베 요시시게라는 인물은 꽤나 보신술(保身術)이 능한 인간이라는 것만은 알 수 있다. 이 책은 일종의 사기에 가까우며, 이것이 진리를 이야기해야 하는 학자인가, 청년을 지도해야 하는 교사인가 싶어 마음이 어두워지지 않을 수 없다.

치안유지법 위반으로 구류되어 있다가 패전 후에 옥사한 미키 기요시(三木清)는 그 깊은 학식으로 당시 청년들에게 커다란 영향을 주었으며, 저널리즘에서 활약한 저명한 문화인으로서는 어용단체인 '대일본언론보국회'에 가담하지 않은 거의 유일한 예외이며,존경할 만한 인물이라고 할 수 있는데, 그런 그도 다음과 같은 글을 남기고 있다. 육군 정보반원으로 징용되어 필리핀에 파견되었다가 귀환 직후에 쓴 〈 필리핀인의 동양적 성격 〉이라는 소논문이다.

… 가장 근대적인 일본 군대를 내면적으로 결합시키고 있는 것은 가족적인 정신이다. 국가 그 자체가 하나의 가족을 이루고 있다. 그뿐 아니

라 일본의 건국이상인 팔굉일우(八紘一宇)의 정신은 가족의 사상을 다시 멀리 미치게 하는 것이며, 동아 공영권 이념의 밑바닥에 있는 것은 이와 같은 가족의 정신이라고 할 수 있다.

쇼와 10년대(1935년 이후)에 본격적으로 전쟁이 찾아옴과 동시에 교양주의의 복권 시대가 왔다고 한다. 전쟁의 격화, 다가오는 죽음의 발자국 소리는 청년들을 사색적으로 만들었기 때문인지도 모른다. 그러나 진리를 갈망하는 그들에게 주어진 것이 이런 책뿐이었으니 그들의 처지는 얼마나 가슴 아픈 것이었던가.

일본 이외에 참된 국가는 없다

대아시아주의를 주창하고 적극적인 실천운동까지 벌인 가나코기 가즈노부[鹿子木員信]는, 게이오[慶應]대학과 규슈[九州]제국대학의 교수를 역임하고, 1939년 국민정신 총동원 중앙연맹 아래 황국학위원회가 설치되자 위원 주임이 되었으며, 이어 1942년 대일본 언론보국회의 결성에 즈음해서는 회장 도쿠토미 소호[德富蘇峰] 아래서 전무이사 겸 사무국장이 되었다.

그는 《황국학 대강(大綱)》이라는 천 페이지가 넘는 두툼한 편저가 있는데, 그가 집필한 제1장은 다음과 같이 끝이 난다.

··· 인류는 ··· 황국의 진리에 의해 일깨워지고 완성하여 ··· 대도(大道)에 나아갈 수 있게 된다.

정(政)은 제(祭)를 예상하고, 제는 교(敎)를 예상한다. 교가 심원하고 명확해야 비로소 제는 그 발랄한 생명을 드러내어 일상의 상대적이고 허(虛)와 가(假)의 생활 위에 신비, 절대, 보편, 진실의 모습을 구현시킬 수

있다. 그리하여 제사, 참된 신에 대한 제사의 본의에 투철하여 비로소 정
(政)은 참으로 정사(政事) 즉 제사의 결실이 구현되고, 국민 생활의 경제
적 안정과 도덕적 문화 향상을 초래하며, 이로써 황국을 장엄하게 하고,
이로써 황국의 신성(神性)을 발양할 수 있다. 이것으로 이를 보건대 황국
교학의 조직적 표현으로서의 황국학의 건설은, 동아 신질서의 건설에 용
약매진하고 있는 현하 일본으로 보아 그야말로 급무 중의 급무라고 하지
않을 수 없을 것이다.

처음부터 끝까지 이런 투라 대체 무슨 소리를 하고 있는지 거의
알 수가 없다. 이것이 유럽 각국에 유학한 문학박사들이라니, 유학
이니 학위니 하는 것이 도대체 무엇인가 하는 의문도 생기며, 한편
전후에 교직에서 추방된 것이 충분히 그럴 만하다는 생각이 든다.
역시 교직 추방을 당했으나 후에 아시아대학 교수, 신궁황학관
(神宮皇學館)대학 학장 등을 역임한 사토 미치쓰구〔佐藤通次〕의
《황도 철학》에 따르면, 일본 민족의 생활원리로서의 황도야말로 인
간적 생명의 최고의 발현이고, 인생의 사행적(事行的) 진리의 일체
는 '천황폐하 만세'면 다 된다고 했다. 이 책을 읽은 청년들은 천황
폐하 만세를 부르도록 강요되어 스무 살 남짓에 죽어갔고, 이 책을
쓴 그는 90세의 천수를 다했다니 이런 모순된 논리가 어디 있는가?
도가이〔東海〕대학의 창설자로서 저명한 공학박사 마쓰마에 시게
요시〔松前重義〕의 《일본 기술론》이라는 저서가 있다. '일본적 과학
기술의 확립', '일본적 생산체제의 확립', '일본적 과학사상의 확
립'과 '소화 유신의 확립' 등의 내용이 있다. 온 일본이 "일본은 세
계에 비할 데도 없는 존귀한 나라다", "일본은 특별하다"는 주장을
하고 있는 동안에 공업기술도 자연과학도 일반 외국과는 다른 일

본 특유의 것이라야 한다는 데까지 도달하고 만 것이다.

전후에는 주간 잡지에서 성기술(性技術)의 스타로 활약한 심리학자이자 의학박사인 스기 세이사부로〔杉靖三郎〕는 '생명의학으로서의 과학'이라는 제목의 강연에서도 다음과 같이 말하고 있다.

> 그들(외국인)은 "불쌍하다는 느낌이 듭니다. 그들의 나라는 나라라고 할 가치가 없는 것입니다. 그와 같은 국가관(외국인의 국가관)으로 우리 일본을 운운하는 것은 모독 불륜이라고 하지 않으면 안 됩니다. 그것은 동물의 생명으로 사람의 생명을 생각하는 것과 같은 무모한 짓입니다. 자기생명과 마찬가지로 우리 일본은 우리들에게는 무엇과도 바꿀 수 없는 것입니다. 이런 의미에서 우리나라 이외는 참된 국가가 없다고 하지 않을 수 없는 것입니다.

전쟁이 좀더 오래 계속되었더라면, "일본인 이외는 참된 인간은 없습니다"라고 말하는 자(학자)가 나타났을지도 모른다고 생각하는 것도, 반드시 황당무계한 상상이 아닐 것이다. '만방무비의 우리 국체'를 논리적으로 파고들면 그렇게 되는 수밖에 없기 때문이다.

전후 좌익의 투사들은?

전후에는 《마르크스 철학의 기본 문제》를 집필하고, 마르크스주의로 전향하는 동시에 '평화운동', '반미 친소 운동'의 지도자로서 빛나는 경력을 가진 야나기타 겐주로〔柳田謙十郎〕가, 1955년 소련 정부의 초청으로 처음 소련을 방문하고 돌아온 직후에 쓴 '새로운 모랄에 접하고'라는 귀국 보고서를 들여다보자.

소련에 들어가서 제일 놀란 것은 학생들의 행복한 모습이었습니다. 일본의 극도로 비참했던 학생들의 생활을 보아 오다가 그 곳에 가니, 다시한 번 어린애로 돌아가서 소년시대에서부터 인생을 새로 살고 싶어지는것이었습니다. … 현재 소련을 일관하고 있는 것은 휴머니즘이라는 것입니다. 참으로 인간을 소중히 합니다. … 그래서 도덕이 진보하지 않을 수없는 것입니다. 그런 점이 소련의 밑바닥에 흐르면서 2억 인구를 일관하여 흔들리지 않게 하고 있는 것입니다. 위에서 아래까지 보기 좋게 휴머니즘이 고루 침투해 있는 것을 느꼈습니다.

노철학자 야나기타 겐주로의 감격과 감동은 계속 길게 이어지는데, 여기서 그가 전시에 쓴 것을 조금 되돌아보기로 한다.

일본은 그 역사적 전통을 통하여 실제적으로도 국민 전체가 일대 가족을 형성하는 가족적 국가인 것이며, 황실은 우리들 전 국민 공동의 조상으로부터 전해지는 지고지순(至高至純)의 종가(宗家)로서….

부모를 위해 경애의 정성을 다하는 가족 도덕이, 동시에 폐하를 위해자기생명을 새털처럼 가볍게 내던지는 충군 애국의 국민 도덕이라는 데에 우리나라의 만방무비인 특질이 가로놓여 있는 것이다. … 서양의 개인주의나 자유주의는 이런 의미에서 우리 국체와 서로 상반되는 절대 모순 적 관계에 서는 것….

…일본 국민은 이제 마땅히 세계에 유례 없는 행복한 국민이라고 하지 않으면 안 된다. …

이와 같은 국가 주권의 절대적 신성성(神聖性)과 도의성에 대한 국민의 신념을, 깊이 그 역사적 전통에 의해 가능케 하는 것이 국체에 있다는것은 새삼 많은 말이 필요 없을 것이다. … 국민을 어여삐 여기심이 마치자식과 같이 일본 국가 주권에 대한 국민의 무한한 신앙으로 하여금 태

양과 같이 백일처럼 빛나게 하라. 도덕적 국가 일본의 세계사적 사명의
실현은 무엇보다도 먼저 군민 일체의 국체적 자각에서 그 첫걸음을 내딛
지 않으면 안 된다. …

"여기에 우리는 신무천황의 건국정신이 처음부터 팔굉일우(八紘一宇)
로서 의의가 부여되어 있었다는 데 무한히 깊은 감동에 잠기지 않을 수
없는 것이다. …

팔굉일우는 한편에서 황실의 위세가 세계 구석구석에 빛나니… 참으
로 일본은 그 건국의 밑바닥에서부터 천지정대(天地正大)의 기(氣) 위에
선 세계적 국가였던 것이다. …

야나기타 겐주로의 소련 예찬은 머리가 돌았다고밖에는 생각되
지 않고, 정반대의 말을 하고 있는 전쟁중의 이 논문도 제정신을
가진 사람으로는 여겨지지 않는다.

그런데 여기 야나기타 겐주로의 제정신의 글이 있다. 그것은 그
가 전후 1958년에 쓴 《진실에 사는 길》이라는 책 속의 '천황관'이
다.

이 책에 씌어 있는 것은 어김없는 진실이고 지당한 말씀인데, 그
는 왜 전쟁 때는 이것과 정반대의 말을 태연한 얼굴로 써대고 있었
을까? 붓을 들면 그렇게 쓰지 않을 수 없었다면, 왜 침묵하지 않았
을까? 침묵한 사람은 결코 드물지 않았는데 말이다. 대체 야나기타
는 '발언의 무게'나 '문필의 책'이나 '치욕', '파렴치'와 같은 말을
모르고 있었단 말일까? 그가 살아 있을 때 꼭 물어보았어야 했다는
생각이 든다.

메이지 이래의 천황 중심주의는 적어도 근대 과학의 교양을 몸에 지

닌 자의 처지에서 말한다면, 그 어떤 과학적 비판에도 전혀 견딜 수 없는 극히 비합리적인 것, 정말 황당무계한 헛소리, 잠꼬대 이외에 아무 것도 될 수가 없는 것입니다. 그것이 근대 과학적 지성의 세계에 사는 국민에 태연히 주입되었던 것입니다. 더욱이 우리는 이에 대해 한 조각의 의문을 갖는 것도 허용되지 않았던 것입니다. …

무엇이 고마운지, 무엇이 존귀한지 합리성을 가지고 생각하는 것은 허용되지 않는 것입니다. 국민은 오로지 "무엇이 계시는지는 모르지만" 하고, 맹목적으로 눈물에 젖는 수밖에 없었던 것입니다.

메이지 이래의 일본국가는 이 허구 위에 서 있었습니다. 그 도덕의 집중적 표현으로서 결정(結晶)된 것이 그 교육칙어입니다. … 국민은 그저 그 앞에 고개를 숙였던 것입니다. '기미가요(일본국가)'를 부르고, 이것을 가슴속에 품어 결코 잊지 않겠다고 맹세하도록 강요되었던 것입니다. 거기에는 한 조각의 민주주의 정신의 번득임도 없습니다. 오히려 그 한줄 한줄이 모두 허위에 차 있는 것입니다. … 칙어 앞에는 누구나 그럴 듯하게 고맙다는 얼굴로 고개를 숙이고, 천황 앞에 나가서는 어떤 사람이나 "황공하옵고 감격스럽고, 몸둘 바를 모른다"니 어쩌니 하면서 물러나는, 이런 세상에 오래 살고 있으면….

야나기타 겐주로뿐 아니라 전쟁중에는 과격한 우익이었다가 전쟁이 끝나자 표변하여 창피도 모르고 좌익적인 언론을 휘둘러, 전시의 일본과 같거나 그 이상의 압제 아래 있는 소련, 중공, 북조선을 극구 칭찬한 파렴치한 인간들은 결코 적지 않았다 — 아니 매우 많다.

그 행동과 심리는 일본인 일반의 문제와 함께 앞으로 더 널리 더 깊게 분석하여 역사의 한 페이지에 기록하지 않으면 안 되겠지만,

이 항에서는 마지막으로 리츠메이칸(立命館)대학 총장 스에카와 히로시(末川博)와 혁신계 효고현(兵庫縣) 지사 사카모토 마사루(阪本勝)가 전시에 쓴 것을 들기로 한다.

1933년 교토제대 다키가와(瀧川) 사건에서 학문의 자유와 대학의 자치를 위해 싸우다가 교수직을 떠난 스에카와 히로시는 존경할 만한 인물이며, 그는 전후에 리츠메이칸 대학 총장으로서 평화와 민주주의의 지도자로서도 명성이 높았다.

그러나 전시의 저서에는 그 명성을 배반하는 것이 있다. 그에게는 1940년에 쓴 《총동원법 체제》라는 편저가 있는데, 총동원법은 제6장에서 말했듯이 일본의 전시 체제의 대본을 정한 법률로, 그 서설에서 그는 다음과 같이 말하고 있다.

> 오늘날과 같이 무력, 정치, 외교, 경제, 사상과 같은 것이 의식적으로 결합되어 이른바 국가 총력전이 전개되는 시대에 있어서는 사람과 사물과 모든 힘은 입체적으로 통합·조정되고 규제되지 않으면 안 된다. …

스에카와는 사상의 규율 통제를 공공연히 인정하고 있는 셈인데, 제정할 때 의회에서 위헌 논쟁까지 벌어졌던, 말하자면 정부에 전권을 부여하는 위임 입법에 대해 스에카와는 이 책에서 아무런 비판도 가하고 있지 않은 것이다. 제6장에 쓴 신문지법 및 출판물법을 한층 강화하는 규정에 관해서도 불과 일곱 줄이 언급되어 있을 뿐이고, 물론 한 마디의 비판적인 말도 보이지 않는다. 그저 전편에서 법률을 해설하고 있을 뿐이다.

그는 오직 인세를 벌기 위해 이 책을 썼다는 생각이 든다. 적어도 책을 쓰면서 중요한 점, 말해야 할 것을 쓰지 않는다는 것은 거짓말을 하는 것과 그 책임이 같다고 해야 할 것이다.

그는 전시에 상당히 많은 논문을 전문지 이외에도 싣고 있는데, 1942년에는 '예방구금' — 죄 없는 자를 그 사상 때문에 몇 해 동안이나 감옥에 가두어 두는 희대의 악법을 참으로 경솔하게 인정하고 있는 것이다.

> …영단(營團) 내지 관리통화(管理通貨)의 제도는 이 같은 기술의 한 적용으로서 고찰되어야 할 것이다. 형사에 있어서의 예방 구금 같은 것도, 이것을 기술적 제도로 이해함으로써 비로소 그 의의가 있는 것이다.

스에카와는 예방구금제도를 영단이나 관리 통화의 문제와 같은 수준에서 논하고 있는 것이며, 이런 인간이 평화와 민주주의의 투사라 일컬어진다는 말을 들으면, 그런 나라 자체가 의심을 받아 마땅하다.

평화와 민주주의의 투사라는 것은 그것을 부르짖는 것이 곧 죽음이나 감옥을 가져올지도 모를 때 외쳐야 비로소 그 이름의 가치가 있는 것이지, 그런 위험이 있을 때는 오로지 그것을 피하고 그것이 사라지고 나서야 그럴 듯한 말을 소리 높이 주장한다는 것은 단순한 시류 편승자이자 글을 파는 매문업자(賣文業者)에 지나지 않을 것이다.

효고현 지사 사카모토 마사루[阪本勝]는 전전에는 일본노농당(勞農黨) 후보로 효고현 의회의원에 당선되었고, 전시중 도조 정권 아래서의 익찬(翼贊)선거에서는 익찬정치회의 공천 후보로 중의원 의원에 당선되었으며, 전후에는 효고현 지사를 거친 뒤 도쿄도 지사에도 혁신 단체의 추천으로 출마했다. 사카모토는 《희곡(戱曲)자본론》,《낙양(洛陽) 굶주리다》 등으로 문명(文名)도 떨쳤는데, 1941년 바로 암흑의 시대에 저술한 《신세계관의 구상》이라는 책의 머리말은 이렇게 시작된다.

참으로 근사한 시대에 태어났구나. …

고대가 망하고 중세가 일어났다. 중세가 죽고 근세가 태어났다. … 300년의 융성을 자랑한 근세 자유주의 세계는 종언을 고한 것이다. 보라! 대학의 가로수에 지는 것은 낡은 진리의 종이 조각이다. 아카데미의 숲 깊숙이 온갖 가치의 망령들이 음산하게 흐느끼고 있다. 메피스토펠레스[1]가 배꼽을 움켜쥐고 웃는 소리를 들어라.

역시 문인 지사로 날리는 인물답게 서정시 같은 문장이지만, 자유의 종언을 기뻐하고 군국주의 시대의 도래를 구가하고 있는 것은 그의 전쟁 전후의 언동과 어떻게 결부되는 것일까? 전편이 이런 투로 계속된 뒤 '직분 윤리의 문제'라는 장에는 다음과 같은 구절이 있다.

직업에서 직분으로! 이 얼마나 근사한 변화인가. 아니, 변화가 아니었던 것이다. 우리들 일본인이 그 본래의 모습으로 돌아간 것이다. 일본국에 목숨을 의지하여 천황을 모시는 몸이 절실히 음미해야 할 것은 오직이 한 마디 — 직분!

여기서도 마지막에는 천황이 등장하여 논리(?)를 맺고 있다.

---

1) 괴테의 《파우스트》에 등장하는 악마.

다이쇼익찬회의 전사(戰士)들

중일전쟁의 장기화에 따라 국내 체제를 강화하기 위해 1940년 고노에 후미마로를 중심으로 하는 '신체제 운동'이 생겼다는 것은 앞에서 이미 썼다. 그 결과 그 해 7월 고노에 내각 발족 후 곧 설립된 것이 다이쇼익찬회다. 광범한 국내 여러 세력을 결집하여 국방 국가 체제의 중심적 정치 세력으로서 자리매김되었는데, 각 방면으로부터 비판을 받아 그 성격이 변모하여 마지막에는 내무관료가 지도하는 국민 동원을 위한 행정보조기관 내지는 정신운동기관이 되었다.

이 운동 참가자의 생각은 여러 가지가 있었겠지만, 거국 일치를 바라는 군의 지지를 배경으로 민주주의, 자유주의를 배격하고, 전 국민을 한 가지 색깔로 칠갑을 한 나치스식 전제적 정치 세력을 목표로 한 것은 틀림없다. 거기에 설치된 중앙협력회의는 국회와는 달리 다수결이 아니라 중의통재(衆議統裁) 방식이라고 했다. 그 뜻은 토의는 시키지만, 마지막에는 총재가 모든 것을 결정한다는 것이다.

나는 당시 중학교 4년생이었는데, 공민(公民)시간에 담당 교사는 '중의 통재'라는 것은 다수결이나 독재와 다른 일본 특유의 참으로 훌륭한 제도라는 것을 자못 자랑스럽게 설명했다. 교사의 설명은 그 무렵 정부와 세상 식자들이 말하고 있던 것을 옮겼을 뿐, 그가 생각한 것도 책임도 아니다. 그러나 중의 통재라는 개념과 부하의 의견을 잘 듣는 독재자와 어디가 다른지, 나는 몇 번 질문해보아도 도무지 알 수가 없었다. 지금도 이해하지 못하고 있다.

10월에 열린 다이쇼익찬회 발족식에서 고노에 수상은, "이 운동의 강령은 다이쇼익찬회의 신도(臣道) 실천이라는 말로 족하다"며, 강령도 선언도 제시하지 않았다는 말은 앞에서도 했지만, 연말이 다가온 12월 14일 '실천요강'이 결정되었다. 뒤에 다이쇼익찬회에 참가한 학자와 문화인의 이름을 들게 되므로 익찬회라는 것이, 또는 그운동이라는 것이 어떤 것이었나를 이해하기 위해 그 실천요강을 살펴보면 다음과 같다.

〈 다이쇼익찬회 실천 요강 〉

이제 세계의 역사적 전환기에 직면하여 팔굉일우의 구현을 국시로 하는 황국은 1억 인구가 한마음이 되어 전 능력을 다하여 천황에 귀일하고, 몸과 마음이 하나같이 국가체제를 확립하며, 이로써 빛나는 세계의 도의적 지도자가 되고자 한다.

이에 본회는 서로 훈계하며 황국 신민된 자각에 투철하여 이로써 고도 국방 국가의 추진력이 되고, 항상 정부와 표리일체의 협력관계에 서서 상의하달, 하정상통(下情上通)을 도모하고, 그로써 고도 국방체제의 실현에 노력한다. 이에 그 실천강령을 제창한다.

1. 신도(臣道)의 실천에 정신(挺身)한다. 즉 무상(無上) 절대 보편적 진리의 발현인 국체를 신앙하고, 역대 천황의 조칙을 받들어 직분봉공의 정성을 다하고, 오로지 신 그대로(惟神)의 대도를 현양한다.

2. 대동아 공영권의 건설에 협력한다. 즉 대동아의 공영(共榮) 체제를 완비하여 그 융성을 도모하는 동시에 나아가 세계 신질서의 확립에 노력한다.

3. 익찬 정치체제의 건설에 협력한다. 즉 문화, 경제, 생활의 익찬 정신에 귀일하고, 강력한 통합적 익찬 정치 체제의 확립에 노력한다.

4. 익찬 경제체제의 건설에 협력한다. 즉 창의와 능력과 과학을 최고

도로 발휘하여, 익찬 정신에 입각한 종합적 경제를 확립하고, 이로써 생산의 비약적 증강을 도모하며, 대동아에 있어서의 자급자족 경제의 완성에 노력한다.

5. 문화 신체제의 건설에 협력한다. 즉 국체 정신에 입각하여 '힘차고 아름답고 그리고 밝은(雄渾, 高雅, 明朗)' 신일본 문화를 육성하여 안으로는 민족 정신을 진흥시키고, 밖으로는 대동아 문화의 앙양에 노력한다.

6. 생활 신체제의 건설에 협력한다. 즉 익찬 이념에 입각하여 새 시대를 추진하는 이상과 기백을 기르고, 충효를 하나로 국민 모두가 한가족의 성원으로서 국가 이상에 결집할 과학성 있는 생활 체제의 확립에 노력한다.

학자, 문화인과 직접 관계가 있는 제5항 '문화 신체제'의 대목에는 특히 "국체 정신에 입각하여"라고 규정하고 있다. 국체에 어긋나는 것 ─ 천황의 신성 불가침, 유원하고 신성한 일본역사, 만방무비의 일본 국가의 특수성, 지금 싸우고 있는 성전 ─ 이런 것을 모독하거나 부정하거나 의혹을 갖게 하는 결과를 가져오는 학문과 언론은 일체 허용되지 않는다는 뜻이다. "힘차고 아름답고 그리고 밝은"이라는 표현은 세계 신질서 건설의 대구상, 즉 전쟁과 군인에 대한 찬미를 말하는 것이고, 말초적인 과제에 지나지 않는 개인적인 생활이나 감정 같은 것은 써서 안 된다는 말일 것이다. "대동아 문화의 앙양"이라는 것은 대만, 조선 등 일본 식민지의 선례로 보아 대동아 각국 문화의 일본화를 목적으로 한 것이다.

그런데 이 다이쇼익찬회의 간부에는 많은 정치가들이 자리를 차지하고 있는 것은 물론이지만 아사누마 이네지로〔淺沼稻次郎〕, 가와카미 조타로〔河上丈太郎〕, 마쓰오카 고마키치〔松岡駒吉〕, 히라노리키조[平野力三], 고노 히소카[河野密] 등 전후 사회당의 간부가 된 사람들의 얼굴이 보인다. 문화부장에는 극작가, 소설가로서 유명한 기시다 구니오[岸田國士]가 취임했다.

그 밖에 다이쇼익찬회에는 앞에 적었듯이 본부에 중앙협력회의 도부현(都府縣)과 군(郡)에도 각각 협력회의라는 것이 설치되고, 그것이 시구정촌(市區町村) 상회(常會) ― 부락회, 정내(町內)상회 ― 인조(隣組 : 반상회)상회로 내려가고 있었다. 의원은 익찬회 총재의 지명과 하부조직의 추천으로 구성되며, 일본 민족의 전통에 입각한 가족국가 특유의 회의체라고 했다. 회의방법은 의원이 문서로 미리 의제를 제출하고 그것을 토론하는 것으로 되어 있으나, 여기서 어떤 결정이 내려지는 것은 아니다. 토론이라고 해야 정부를 비판하거나 정책에 반대하거나 하는 일은 있을 수 없고, 짧은 시간 형식적인 질문과 답변으로 끝나는 것이며, 기껏해야 진정하는 정도가 고작이었을 것이다. 사실 1942년 2월의 제2회 임시 중앙협력회의에서 제4부회 의장 마쓰이 하루오[松井春生]는, 의원들의 신랄한 질문에, "이것은 질문하는 회의가 아니다" 하고 발언을 눌러버렸다.

이 회의의 분위기를 전하기 위해 1940년 12월에 열린 임시 중앙협의회의에서 다카라 도미코[高良富子]가 발언한 첫 부분을 인용하기로 한다.

> 이번에 여기서 역사적으로 뜻깊은 일본의 가족회의가 개최됨에 있어서 저희들 오늘날까지 아무런 도움도 되지 못한 여자까지, 가족 일본의 일원으로 어머니와 아이의 처지에서, 빛나는 천황의 위세에 의해 고도 국방 국가의 건설에 즈음하여, 다이쇼익찬회의 일단을 차지하는 영광을 입게 된 것을 이 무슨 행복, 이 무슨 생의 보람인가 하고 깊이 생각하게

되었습니다.

돌이켜보건대 황국 일본의 빛나는 역사는 그 건국 초부터 그 기초를 분명하게 세우시고, 분명하게 하늘을 비추시는 광대무변한 왕성하신 덕과 꾸준하신 문무, 두 길의 사해융화(四海融和)의 정신을 베푸시고, 역대 천황의 성덕 아래 저희들 아녀자들 또한 이 영광스러운 나라에 이토록 평화로운 생을 얻었다는 것은, 세계 어느 나라에도 비교할 수 없는 일이라 깊이 감사하고 기뻐하고 있는 터입니다. 이 세계 무비의 빛나는 역사를 가진 나라….

아첨과 아부도 이쯤 되면 쓴웃음을 짓는 단계를 넘어 무언가 속이 메스꺼워질 정도다. 그리고 다이쇼익찬회와 직접 관계는 없지만, 지식인, 문화인의 통제와 조직화를 위해 '일본 문학보국회', '대일본 언론보국회'가 1942년에 설립되었다. 문학보국회에는 거의 대부분의 작가가 참가하여 그 수가 3,000명에 이르렀으며, '대동아 문학대회'를 개최하기도 하고, '국민 좌우명', '애국 백인일수(百人一首)의 시(詩)'를 선정하기도 했다.

언론보국회는 총회원 900여 명, 두 회가 다 국민에 대한 직접적인 영향보다는 회원에 대한 통제라는 뜻에서 큰 구실을 했다고 할 수 있을 것 같다.

언로보국회의 목적은 정관에 다음과 같이 정해져 있으며, 이 회의 '사상전(思想戰) 대책위원회'에는 이치카와 후사에(市川房枝)의 이름도 보인다.

국체의 본의(本義)에 입각하여 성전 완수를 위해 회원 서로의 수련을 도모하고, 일본 세계관을 확립하여 동아 신질서 건설의 원리와 구상을 천명 대성하며, 나아가서 황국 내외의 사상전에 정신(挺身)하는 것.

마지막으로 다이쇼익찬회의 최대 하부조직인 익찬장년단(翼贊壯年團)의 제도익장단(帝都翼壯團) 총무로 활동한 호즈미 시치로[穗積七郞]의 연설을 들어 두고 싶다. 그는 전후에는 사회당의 중의원 의원이 되어 눈에 띄게 좌경 언동을 하였으나, 전쟁중에는 우경 투사였다. 여기에 싣는 그의 논문 〈국난과 국민의 감격〉은 국민의 전의(戰意) 앙양을 위해 그가 지방을 돌아다니며 연설한 원고의 정수를 수록한 것이라고 하는데, "어떻게 총검으로 전차에 이길 수 있다고 믿었던가?"라는 의문에 명료하게 대답해주고 있다는 뜻에서 읽어볼 만할 것이다.

결론부터 먼저 말씀 드리면, 대동아전쟁 승패의 열쇠라는 것은 적국인 미국과 영국의 생산력과 일본의 생산력, 또는 적 미·영의 군비의 양과 우리의 군비의 양과의 비교라는 상대적 조건 속에 있는 것이 아니라, 우리들 자신이 세계 최강의 무기로서 또는 일본 국민의 유일한 힘으로서 가지고 있는 일본혼(日本魂)이 절대적으로 발현되느냐 안 되느냐 하는 절대적 조건 속에 나는 이 전쟁의 승부의 열쇠가 걸려 있다고 확신하고 있는 것입니다. … 대동아전쟁의 사상적 목적이라는 것은 항공하옵게도 큰 조칙(詔勅)을 받드는 팔굉위우(八紘爲宇)의 천황 정치의 어의(御意)를 세계에 널리 펴는 일입니다. …

"전쟁은 어떻게 될까요? 일본의 경제는 이래도 괜찮을까요? 국민 생활은 이것으로 견딜 수 있을까요?" 하고 묻는 사람이 있습니다. 나는 "시시한 소리 마라" 하고 말하는 것입니다.

오늘날 이 때에 이르러 국민 운동의 지도자라는 사람들이 "어떻게 될

까요?"가 어디 있는가. 우리는 '어떻게 한다'는 것밖에 없는 것입니다. 천황과 나와의 대좌, 즉 천황의 백성으로서의 반성에서 이 눈앞의 곤란을 어떻게 하겠다는 순국의 결의로부터 재출발을 하지 않으면 안 되는 것입니다. 우선 이 곤란을 위해 죽는다는 기쁨과 자랑이 있습니다. 우리들 일본 국민은 바로 이 때를 위해 살아 있었던 것입니다.(박수) 이 국난에 죽을 수 있는 일본 국민으로서 남자의 본래의 희망, 이에 더한 것은 없다고 나는 믿는 바입니다.(박수)

씩씩하다고 할까, 무교양이 그대로 드러난다고 할까, 무언가에 신들린 듯한 이 말을 웃기는 쉬워도 이것이 일본 지도자들이 우리 국민들을 설득하고 있던 말인 것이다. 무언가에 신들렸다는 표현은 모호하며, 앞에서도 썼듯이 '만방무비의 국체 — 천황 신앙에 신들렸다'고 정확하게 써야 옳을 것 같다. 그리고 이것이 청년들을 싸움터로 내몬 때로는 스스로 죽음을 택하게 한 논리였던 것이다.

문단의 대가 ①

나는 전쟁중의 문학을 제대로 읽지 않았으므로 전시 문학으로서는 이시카와 다쓰조[石川達三]의 《살아 있는 군인》과 다니자키 준이치로[谷崎潤一郎]의 《세설(細雪)》을 두 기준으로 드는 것이 적당할 것 같은 생각이 든다.

《살아 있는 군인》은 남경(南京) 공략 작전에 종군한 이시카와 다쓰조가 직접 견문한 것을 기초로 쓴 소설인데, 나오자마자 판매금지처분을 받았고, 그와 관계자들은 처벌되었다는 말을 제6장에서 했다. 판매금지처분이 내린 것은 1938년 2월이었으며, 중일전쟁이 시작된 지 반년 정도밖에 지나지 않았을 때였다.

이 소설은 상당히 리얼하게 일본군의 잔학행위를 묘사하고 있는데, 그것이 죄라면 전쟁의 실상을 쓸 수 없게 된다. 사실 전쟁중에 발간된 전쟁 문학은 다소 정도의 차는 있어도, 일본 군대는 언제나 용맹무쌍하고 멸사봉공의 정신이 넘치는 정의의 군대이며, 반대로 적은 어리석고 사악한 인간의 집단으로 묘사되어 있다.

문학이란 인간을 묘사하고 또 인간을 추구하는 것일 것이다. 가혹하고 치열한 싸움터에서 흘리는 한 방울의 눈물도, 가족을 그리워하는 망향의 정도, 마음을 스치는 인간으로서의 미망도, 그리고 때로 저지르는 우열과 악덕을 다 문장으로 해서는 안 된다면 소년을 위한 읽을 거리 같은 무용담 따위밖에 쓸 수가 없을 것이다. 그것은 그것대로 일반 국민의 전의 앙양이라는 목적에는 도움이 되겠지만, 문학이라는 이름에 걸맞지 않는 것은 틀림이 없다.

다니자키 준이치로의 《세설》은 긴박한 전시에 어울리지 않는 연약하고 개인주의적인 소설이라고 해서 중앙 공론에 연재되다가 두 달 만에 중지당했다. 전쟁과 직접 관계가 없는 일상생활에서의 인간에 대해서 쓰려고 하면 거기에는 당연히 남녀문제도 있을 것이고, 야심, 의혹, 해학, 불만, 권태, 고뇌, 절망 등 셀 수 없이 많은 소극적이고 부정적인 것과, 마이너스의 감정이나 사실이 나타나기 마련일 것이다.

그런데 이런 것들이 후방의 국민 생활에 불건전한 것이라 하여 허용되지 않는다면, 이 또한 '명랑 활달한' 소년 상대의 소설 같은 것이나, 오로지 활자만 늘어놓은 무의미한 문장이 되지 않을 수 없을 것이다. 실제로 《원씨 이야기(源氏物語)》의 현대판과 같은 무난한 고전물을 제외하고는, 전쟁중의 문학이 거의 다 그렇게 되어버렸다 — 하기야 이것조차 일부는 삭제되었다고 하지만.

평론가 가와카미 데쓰타로〔河上徹太郎〕는 '양서 선택에 대하여'라는 제목으로 잡지 《부인공론》에 실은 글에서, 당시의 문학의 빈곤을 스스로 인정하여 다음과 같이 쓰고 있다.

솔직히 말해서 지금 독서를 좋아하는 젊은 여성은, 옛날로 말하면 문학 소녀가 될 처지의 사람들이 현대의 우리 문단 소설에 희망과 신뢰를 잃어가고 있는 것을 느낀다. 이것은 우리들 문단인의 매우 큰 반성거리인 동시에, 결국 그녀들의 건강과 성장의 조짐으로서 경하해도 좋다고 생각하는 것이다. 그렇다면 그녀들은 무엇을 찾고 있느냐 하면, 적어도 명치 문학이나 해외 문학에 무언가 감동을 느낄 만한 것이 있지 않을까 하는 것이다. …

문학에 대해서 말하면, 개전 이래 문학자의 표현력 희박이라는 것이 많은 논란이 되고 있었다. 징용 작가가 나오고부터는 그들의 글이 재미가 없다든가, 말레이 작전의 참모가 쓴 명문에 이길 문학이 나타나지 않는다든가 하는 식이다. 그것은 틀림없이 그렇다고 솔직히 나도 인정한다. …

1971~72년에 매일 신문이 발간한 7권짜리 《전쟁 문학 전집》에는, 이번 대전중에 씌어진 것은 단 한 권밖에 없는 것을 보더라도 민족의 그 최대의 비극 아래서 문학이 얼마나 빈곤했는지 알 수 있을 것이다. 후세에 남길 만한 작품은 거의 존재하지 않았던 것이다.

작품 문제와 직접 관계는 없지만, 많은 문단인이 군에 징용되어 각 방면의 전선에 보내졌다. 싸움터와 점령지의 상황에 대해서 신문 기자와는 또 다른 눈으로 후방의 국민에게 알리는 것이 목적이다. 물론 실상을 쓴다는 것은 불가능했으며, 두어 사람이 현지의 풍물 등에 서술을 한정하는 최저의 양심을 보인 것 이외는 대부분의 사람들이 군의 의향대로 ― 현실과는 동떨어진 수기나 소설을 써서 국민을 고무·격려한 것은 두말할 것도 없다.

파견된 지역에 따라서도 차이가 있고 전투에 휘말려서 고생한 사람도 있지만, 그들은 중견 장교의 대우였으므로 장검을 왼쪽 허리에 차고, 말자하면 목에 힘을 주어 당번 병사들을 마구 부려먹으면서 우쭐댔다고 한다. "지위가 인간을 이렇게도 변화시키는 것인가?" 하고 탄식한 사람도 있었다.

물론 국내에서도 문학보국회의 간부로서 또는 군과의 특별한 관계를 배경으로 동업자에게 으스댄 자도 적지 않다. 전후에 진보적 문화인으로서 알려지는 나카노 요시오〔中野好夫〕, 나카지마 겐조〔中島健藏〕 등은 전시에도 군의 고용 학자로서 전후와 마찬가지로 큰 활약을 했다고 한다.

마지막으로 지성파 작가로서 정평이 나 있는 아베 도모지〔阿部知二〕의 글을 하나 싣기로 한다.

　　어둠을 쫓는 광명의 싸움
　　오늘의 세계의 끝없는 분란에 대해서 세계 평화를 외칠 수 있을 만한 것이 어디에 있는가. … 그것은 참으로 힘과 덕을 갖춘 것이어야 한다면, 항공하옵기는 하지만 우리의 천황 이외는 없다. 그 어의를 받들어 우리가 그렇게 하는 수밖에 없다. 이것은 몽상이 아니라 절실한 임무다.
　　　　　　　　　　　　　　　　　　　― 자바섬 ○○○○에서 ―

문단의 대가 ②

문단인의 파렴치한 문필 활동에 대해서 쓰자면, 학자의 경우와 마찬가지로 또는 그 이상으로 아마 한이 없을 것이다. 학자의 경우는 집필 내용을 현실 사회와 떨어진 순학문의 분야에 국한할 수도 있을 것이고, 교직에서 일정한 수입을 확보하고 있던 사람도 많았겠지만, 작가나 평론가 등 완전한 자유업의 처지에 있는 사람들은 세상을 향해 무언가를 쓰지 않으면 안 되기 때문이다.

도쿄제국대학 문학부 불문과를 졸업하고, 소설가·평론가로서 알려진 곤 히데미〔今日出海〕에 관해 구체적으로 적음으로써 끝맺을까 한다. 그는 전후에 초대 문화청 장관과 국제교류기금의 이사장도 오래 하여 사교적인 교양인으로 알려져 있다. 그리고 그는 전쟁 중 두 번이나 징용되어 필리핀 전선에 종군했다.

그에게는 《일본의 가족제도》(1942)라는 저서가 있다. 이 책의 편집 후기에 불문과 동료인 와타나베 가즈오〔渡邊一夫〕(도쿄제대 교수)가 적은 것을 보면 곤 히데미는 천황의 명을 받아 여행을 떠났다(필리핀 종군을 말하는 모양이다). 그런데 이 책을 미완성으로 남겨 놓고 갔으므로 친구 일동이 친구의 정신적 발전의 귀한 기록을 한 권의 책으로 종합하여, 그 장래의 결과를 기대하자는 생각으로 출판하기로 했다고 한다.

그런데 그 《일본의 가족제도》라는 책은 한 마디로 평한다면 내용이 시시할 뿐 아니라 매우 반동적·봉건적 색채가 짙은 저술이다. 이 말은 이 책이 출판된 1942년, 한창 전쟁을 치르고 있던 정세와 군의 의향에 빈틈없이 적합하다는 말이다.

그는, "일본의 가족이 적어도 질서와 미(美)를 가지고 있던 시대는 봉건 시대일 것이다" 하고 중세의 '집의 질서'를 찬양하고, 무사 계급 속의 종적인 질서, 나아가서는 서민 계급을 서민 계급답게 만드는 구속력이 강한 도덕을 찬양한다. 그리고 이것은 지배 계급의 압박과 금지령에 의해서 만들어진 것이 아니라 서민 계급의 자연적 의무의 요청에 입각하는 것이라고 단정하고 있다. 이 글에 의하면, 그는 가정 안에서의 여자의 예속적 지위나 사농공상(士農工商)의 신분차가 지속되는 것이 바람직스럽다고 주장하고 있는 것처럼 여겨진다.

요컨대 그는 근대 시민 사회를 부정하고 있는 것이다. 이것이 프랑스에 유학하여 프랑스 문학을 전공하고, 근대 사회와 직접 접촉해온 인간의 저작인지 의심하고 싶어진다. 게다가 문화 국가, 민주주의 국가를 표방하는 일본의 문화청 장관이라니 고개가 갸우뚱거려지는 것도 당연하다 할 것이다.

그의 '봉건 도덕의 권장'은 다음과 같이 역시 천황을 지향하고 있다.

사회학자가 말하듯이 사회적 구속력으로서의 도덕도 있기는 하지만, 이들의 기초에는 아니 이 도덕을 일관하는 일본인의 도쿄(아스피라시옹)은 황실의 가족제도의 조그만 일환이 되는 것이다. 일본 가족의 순수하고도 완벽한 전형은 황실에서 볼 수 있다. '군신(君臣)간에 의(義)가 있도다'라는 질서는 유자(儒者)가 거론한 것이므로 그 밑바닥에 피의 신앙이 흐르고 있음을 잊어서는 안 된다. 국가가 이와 같이 하나의 가정 형태를 취하고 그 단위로서 개개의 가족이 있다면, 서양풍의 사회라는 관념에 대립하는 것은 우리나라에서는 가족이지 않으면 안 된다.

마치 교육칙어의 해설이라도 듣고 있는 느낌이 드는 문장이다. 오야 소이치[大宅莊一]가 1952년 강화조약 직후 출판한 《실록 천황기(實錄天皇記)》에서, "이런 면에 관한 발언이 다시 상실되기 전에" 하고 곤 히데미가 쓴 것이 얼마나 잘못되었는가 하는 것을 보여주는 예를 조금 들기로 한다.

　　황실에는 골육의 싸움이 끊임없이 계속되어 황통(皇統)은 자주 위기에 처했다. 5대나 6대나 앞의 황족을 어디선가 찾아와서 황위에 앉히려고 한 적이 몇 번이나 있었으며, 그렇게 맞이하러 온 사자가 와도 대개는 달아나 숨어버리고 응하지 않았다. 무심코 황위에 앉았다가는 목숨이 위험하기 때문에 경원한 것이다.
　　황실의 계보를 보면 '생모 불상(不詳)'이라는 것이 도처에 나온다. "(여자의)배는 빌리는 것"이라는 남계 중심의 사회에서는 흔히 이렇게 되는데…(옛 이야기는 별도로 치더라도) 서기 781년에 즉위한 제58대 환무(桓武)천황은 황후, 부인, 후궁, 시첩이 모두 25명이나 되었고, 35명의 자식이 태어났다. 55대의 문덕(文德)천황은 최저 15명, 아이는 30명, 58대 광효(光孝)천황은 시첩의 수는 밝혀지지 않았으나 아이가 45명….

오야 소이치도 지적하고 있듯이 황제제도라는 것의 가장 큰 사명은 황실 그 자체를 존속시키는 일이다. 따라서 다음 대에 그 '피'를 전하기 위한 그릇으로서의 여자를 많이 거느려 그 가능성을 확보하려고 하는 것은 어느 나라 황제나 마찬가지이며, 중국의 후궁의 가려(佳麗) 3,000명이라든가 술탄(이슬람교의 왕)의 할렘에 있는 수백 명의 여성에 비하면 일본의 천황은 오히려 적을 정도다. 그는, "천황 가운데는 몇 명인가 미친 사람도 있었다. 바로 최근에도 있었다는 것을 일본이면 누구나 다 알고 있다"고도 쓰고 있다.

오야 소이치의 책만큼 자세하지는 않지만, 천황가의 소동과 난맥은 초대 신무(神武)천황이 죽은 뒤에 벌써 형제끼리 황위를 다투어 아우가 형을 죽인 데서 비롯되었고, 임신(壬申)의 난[천지(天智)천황 뒤의 숙질간 황위 싸움]에서 남북조의 상극 등 꼬리를 문 피로써 피를 씻는 상속 싸움은 학교에서도 배우고, 메이지 천황의 비(妃) 16명 같은 이야기는 재치 있는 인간이라면 소학생도 알고 있었다. 남녀 관계에 흥미를 갖는 중학생쯤 되면 장모와 결혼했거나[개화(開化)천황], 숙모를 황후로 삼았거나[이조(二條)천황], 계수를 빼앗은[천지(天智)천황] 이야기 등을 어디선가 입수해와서 자랑스레 들려주는 숙성한 친구도 많았다. 어쨌거나 이런 이야기는 온 세계의 옛 왕조의 어디서나 볼 수 있는 일이며, 일본이 각별히 기묘했던 것은 아니다.

게다가 황실에서는 아이를 태어날 때부터 귀인으로서 많은 사람이 시중을 든다. 예외는 있겠지만 '금이야, 옥이야' 하고 키워진 아이가 훌륭한 인간이 되지 못하는 확률이 높은 것은 상식일 것이다.

이런 가정의 황실이 곧 히데미의 말처럼 일본 가족제도의 순수하고도 완벽한 전형일까? 곤 히데미가 황실은 일본 가족제도의 순수하고도 완벽한 전형이라고 잠꼬대에 가까운 말을 지껄이고 있으니, 이를 반박하기 위해서 최소한의 것을 쓰지 않을 수 없게 된 것이다. 그는 프랑스에 유학했다는데도 '자유'도 '근대'도 전혀 배우지 않고 봉건 시대, 봉건 도덕을 찬양하고 있다. 일본의 지식인이라면서 일본의 역사나 천황에 대해서도 무지하다고밖에 할 수가 없을 것이다. 이 저서를 곤 히데미가 천황의 명을 받아 여행을 떠나 있는 동안에, 친구의 정신적 발전의 귀한 기록이라고 생각하여 친우들이 모여서 출판했다는 도쿄제대 교수 와카나베 가즈오 등도 곤 히데미의 동류요 같은 수준이 되는 셈이다. 마지막으로 곤 히데미는 이렇게 말한다.

> 그리하여 사유(思惟)하는 자, 행위하는 자는 공간의 임의의 한 점을 차지하고 있는 것이 아니라 가족적(또는 사회적) 질서에 의해서 정해진 한 점에 있다는 것을 알지 않으면 안 된다. 이 위치를 나는 신도(臣道)의 궤적에서 깨닫는 것이다.

이것이 문화인이란 말인가? 문화청 장관은 문화인 속에서 임명해야 하는데, 일본에서는 이따위 '비문화인', '무지몽매한 도배' 밖에 고르지 못했던가? 이것은 단순한 반어(反語)나 강조가 아니다. 사실 이 세대의 문화인은 경력을 따져보면 거의가 진흙투성이다.

종교가

일본의 불교는 6세기에 전래되었을 때부터 호국의 사상으로서 국가 권력의 비호 아래 성장해왔기 때문에 국가 권력과 대립한다는 사상은 본래 가질 수 없었다. 정토진종(淨土眞宗)과 같은 예외가 없는 것은 아니지만, 국가를 초월한 보편적 개념을 구성하지는 못했다. 따라서 일억일심이 외쳐지고 있는 비상시의 국가 체제에서, 불교가 얌전하게 순종한 것은 당연한 일일 것이다.

신흥 종교에 대해서 말하면, 전통적인 가족으로서의 불교도에서 개인으로서 의식적으로 새로운 종교를 믿는 사람은 그만큼 신앙심이나 사상성이 강한 셈이며, 따라서 천황 신앙을 무의식적으로 인

정하는 경향은 보통의 불교도보다 적었던 것이다. 그러기에 거대해
진 그들 교단은 거의가 탄압되었다는 것은 이미 썼다. 남은 것은
기독교뿐이다.

메이지 20년대(1880년 후반에서 1890년 전반까지)에 기독교의 국
가 권력에 대한 반항은 매우 두드러진 것이었다. 마침 교육칙어와
헌법이 공포되고, 메이지 당초의 개화사상이 반동화의 시대를 맞이
했을 무렵이다. 메이지, 다이쇼 시대의 기독교 선교의 제1인자인 우
에무라 마사히사[植村正久]는, 일본에서의 기독교 선교의 실권을
외국인한테서 일본인의 손으로 다시 빼앗는 동시에 천황교에 대해
서 심하게 저항했다.

그는 공개장을 발표하여 "천황은 신이다, 이를 향해 종교적인 예
배를 해야 한다고 말한다면 나는 죽음으로 이에 대항하지 않을 수
없다"며, 천황의 사진이나 교육칙어에 대한 예배에 정면으로 도전
했다. 가시와기 기엔[柏木義圓]도 《동지사(同志社) 문학》에, "이제
사상의 자유를 방해하는 것은 충효라는 이름이다. 사람의 이성(理
性)을 억누르는 것은 충효라는 이름이다" 하고, 군주의 권위를 학
문상·윤리상에 미치게 하는 것을, 언론과 사상의 자유라는 처지에
서 준엄하게 비난했다. 《동지사 문학》은 교육칙어를 사정없이 비판
하고, "… 폐하는 학술계의 대왕이 아니다. 종교계의 교황이 아니
다"라고도 논파했다.

우에무라 마사히사는 천황의 사진을 예배하라는 강요에 대해서,
"사람의 영상에 절을 해야 하는 도리가 어디에 있는가. … 왜 금상
폐하의 칙어만 예배해야 하는가?", "영상에 경례하고 칙어를 배례
한다는 것은 어린애 장난 같은 일이라고 아니할 수 없다"며, 날카

롭게 '천황 신성(神聖)의 바보 같은 행위'를 공격했다. 또 제1고등학교의 촉탁 교원이었던 우치무라 간조(內村鑑三) 등이 교육칙어의 봉독에 대해 머리가 땅에 닿도록 절하는 것을 거부하여 퇴직을 강요당한 것은 잘 알려진 일일 것이다.

제6장의 종교 탄압에서 약간 언급했지만, 역사를 초월하여 존재하는 보편자인 유일 절대의 신에 대한 신앙은 현세의 권위에 대한 신앙으로부터 인간을 해방시키는 작용을 갖는다. 이에 대해 절대 불가침의 현인 신으로서의 천황제는, 현세의 국가의 주도권을 신격화함으로써 국가 권력이 명하는 것을 윤리 도덕에까지 이르는 지상 명령으로 하는 기능을 갖고 있다. 이 양자의 권위는 본래 절대로 양립되지 않는 것이다.

전쟁의 진전과 더불어 일본 정부는 외래 문화인 기독교의 탄압을 차츰 강화해 나갔다. 특히 개신교 각파는 적성 국가인 미·영으로부터 원조를 받고 있었으므로 — 중일전쟁 중 — 적대시(敵對視)되어 선교사와 목사가 스파이 혐의로 체포된 일도 드물지 않았다.

쇼와 초기에는 기독교 각파도 여전히 그 양심을 지키려고 노력했다. 이를테면, 1930년 만주사변이 일어나기 전 해에 일본 기독교 연맹은 '신사(神社)의 의미 명확화'에 관해 5개항의 진언을 정부에 보냈다. 기독교계 학교의 학생과 생도에 대한 신사 참배의 강요에 대한 작은 저항이었다.

1932년에는 시국에 대한 진언으로서 수상에게 '국제연맹 규약, 부전(不戰) 조약, 9개국 조약의 존중' 등을 요망하는 국제성 있는 양식을 보였고, 카톨릭계인 상지(上智)대학의 학생 일부는 야스쿠니(靖國) 신사의 참배를 거부하는 양심적인 행동으로도 나갔다.

그러나 기독교도 제6장에서 말했듯이 등대사(燈臺社)의 일파를 주로 하는 일부 신자를 제외하고는 이윽고 시국의 큰 파도 속으로 휘말려 들어갔다. 중일전쟁이 일어난 1937년 가을에 벌써 YMCA 간사 사이토 소이치(齊藤惣一)는 미국에 건너가 중일 분쟁에 관한 미국 여론의 계몽에 나섰고, 기독교회의 지도자 45명은 연명으로 '세계 각국에 있는 기독교 지도자에게 보내는 공개장'을 발표하여, 일본이 부득이 총을 들었다는 것을 호소했다. 1943년에는 일본 기독교단이 '대동아 공영권에 있는 기독교도에게 보내는 서한'을 아시아 각국의 기독교도에게 보내어 대동아전쟁에 대한 협력도 호소하고 있다.

국내적으로는 1933년에 벌써 제11회 일본 기독교연맹총회에서의 '비상 시국에 대한 성명'에서는, "··· 기독교의 사상 신앙은 우리 황실의 존영(尊榮), 국운의 기초를 천명하는 데 최선의 공헌을 하는 것이라고 우리는 믿는다"고 했고, 1940년의 그 2600년 기념에서는 '황기(皇紀) 2600년 봉축 전국 기독교 신도대회'를 개최했다.

대미 전쟁이 시작되자 사태는 점점 더 진척되어, 1942년의 일본 기독교단 전시 포교지침의 실천 요지에는 다음과 같이 씌어 있다.

충군 애국 정신의 함양에 노력하고, 신도로 하여금 멸사봉공의 실천자
가 되게 할 것.

여기까지 오면 이제 문부성의 훈시와 별로 다를 것이 없어진다. 1942년 1월 일본 기독단의 통리(統理) 도미다 미쓰루(富田滿)는 이세(伊勢)신궁에 참배하여 공손히 손뼉을 치고 예배했다. 이듬해 2

월에는 일본 기독교회를 대표하는 존재인 가가와 도요히코[賀川豊彦]가 국제조직인 WRI(전쟁반대자동맹) 회장에게 편지를 보내어, "나는 여러 해 갖고 있던 평화론을 태평양상에 버렸다"며 이에서 탈퇴했다.

전쟁이 종말에 가까워진 1944년 9월, 신도(神道), 불교, 기독교의 30만 종교인에 의해 '대일본 전시종교 보국회'가 결성되었다. 인간의 마지막 의지이자 영혼의 보루인 종교도 천황제의 포학함 앞에는 굴욕적 참패를 당하는 수밖에 없었던 것이다.

그리고 '헌신(獻身)'은 기독교가 가르치는 덕목인바, 기독교도는 전투에 즈음하여 일반 수준을 넘는 헌신을 보였다는 기록이 보이고, 고급 군인 — 특히 해군 — 중에도 기독교 신도가 적지 않았다.

언론의 책임

나는 최근에 철학자 다카야마 이와오[高山岩男]의 《일본의 과제와 세계사》라는 고서를 다시 읽어보았다. 책의 내용은 앞에서도 인용한 것처럼 어이없는 것이었는데, 간신히 다 읽고 나니 말미에 붉은 연필로 다음과 같이 적혀 있었다.

쇼와 18년(1943) 10월 15일
입대 한 달 전 독료(讀了), 다미오[民雄]

쇼와 18년(1943) 10월이면, 그 해 2월 문과계 학생의 징병 유예가 전면적으로 폐지되고, 12월 1일에는 제1회 학도병이 입대하기 조금 전이다. 이 '다미오'라는 학생은 입대를 눈앞에 두고 철학자 다카야마 이와오의 책을 읽음으로써 자기가 싸움터에 나아가는 의의를 추구한 모양이다. '쇼와 18년 10월 15일 입대 한 달 전 독료'라고 붉은 글씨로 크게 써놓은 것을 보면, 그는 이 책을 읽음으로써 그것을 납득하려 했는지도 모른다. 아니, 억지로 자기를 이해시켰는지도 모른다.

다카야마 이와오와 함께 교토학파의 저명한 철학자인, 앞에 나온 고사카 마사요시(高坂正顯)의 《민족의 철학》도 40여 년 전 고서점에서 구입한 것을 이번에 이 책을 쓰면서 정독해보았다. 이 《민족의 철학》을 먼저 사서 읽은 사람은 특히 열심히 읽은 모양으로, 여기 저기 줄을 그어 놓았고 여백에 무엇을 적어 넣은 곳도 많았다. 서표를 꽂아 놓은 페이지도 있었다. 그 부분의 문장은 다음과 같다 (밑줄은 원 독자가 그은 것).

만일 그 증거를 들라면, 전쟁에서의 죽음의 각오가 특히 웅변해줄 것이다. 일상적인 삶에서는 우리가 생명을 갖는 것이 아니라 생명이 우리를 갖는 것이다. 우리가 생명의 주인이 아니라, 우리들 사람이 생명의 노예일 것이다.

그러나 전쟁에서 한번 죽음을 각오했을 때는 어떨까? 그 때 이 순서는 역전되는 것이다. 그리고 일상성(日常性)은 형이상성(形而上性)으로 끌어 올려진다. 우리는 생명을 내던짐으로써 다시 생명이 주어지는 것이다. 나의 생명은 국가의 생명으로서 재생한다. 그것은 거의 종교적 기적과 같을 것이다. 만일 우리의 역사적 현실 속에 불사(不死)의 신념이 있다면, 그것은 국가를 통해서다. 우리는 국가 속에 죽음으로써 국가 속에 사는 것이다. 우리는 죽음을 각오함으로써 비로소 생의 주체가 된다. 생을 내던질 수 있었기에 생을 지배할 수 있었다. 더욱이 중요한 것은 나라를 위해서 죽을 때, 죽음은 자연이 우리에게 던져 준 불가지(不可知)하고 무의미한 현상이 아니라 죽음 그 자체가 수단이 되고 의미가 부여된다는 것이다. 그리하여 우리는 생사의 주체가 된다. 그리고 참된 용기의 덕을 몸에 갖추게 되는 것이다. 원래 죽음을 향해 각오하는 것은 이미 소크라테스, 플라톤이 철학의 진의(眞義)로써 가르친 바일 것이다.

죽으러 떠나는 가미카제 특공대원에게 대장이 하는 훈시 속에 반드시 나오는 다음과 같은 말이 있다.

> 한번 죽어 군은(君恩)에 보답하고, 유구한 대의(大義)에 살아라.

고사카가 말하고 있는 것은 이와 완전히 똑같지 않은가? 무언가 철학적인(?), 얼핏 보기에 어려운 듯한 논리를 주물럭거리고 있지만, 요컨대 고사카는 자기 책을 읽는 청년들에게 명분 없는 전쟁에서 천황을 위해 죽으라고 말하고 있는 것이다.

싸움에 즈음하여 또는 죽음을 앞에 놓고 사람은 누구나 열심히 그 싸움의 의의를 묻고, 오로지 자기 죽음의 의미를 알고 싶어하는 법이다. 이 책을 사서 읽은 청년은 밑줄을 긋고 감상을 적어 넣고, 그리하여 이 페이지에 이르러 앞의 '다미오'라는 사람과 마찬가지로, 마침내 그는 죽음의 의의를 깨달은 모양이다. 아니 깨달은 듯한 기분이 들었을 것이다. 깨달았거나 깨닫지 않았거나 죽음이 필연인 한 사람은 깨달았다고 스스로를 이해시키는 수밖에 없는 것이다. 고사카 마사요시라는 저명한 철학자가 쓴 것에는 심원한 사상과 학리가 있을 것이 틀림없다고 그는 믿었다 ─ 믿고 싶다고 열망한 것이 틀림없다.

나는 50년 전에 이 페이지에 끼워졌을 누르스름한 종이조각을 손에 들고, 뜻하지 않게 흐르는 눈물을 멈출 수가 없었다.

길게 전시(戰時)의 언론을 인용해왔는데, 지금 그들의 저서를 다시 읽어보면서, 이런 글을 말짱한 정신으로 쓴 학자, 논객은 대체 무엇인가 하고 진지하게 생각하지 않을 수 없다. 여기에 씌어진 것은 그야말로 미치광이의 잠꼬대라고밖에 달리 할 말이 없는 것이다.

인간은 어디까지 바보가 될 수 있는가, 그 지위와 살아가기 위해 사람은 어디까지 어리석어지고 비열해지는가 생각하면 무서워진다. 일본인이라는 것이 싫어진다.

'그런 내용으로 쓰라는 부탁을 출판사로부터 받았기 때문에', '이렇게 쓰지 않으면 검열을 통과할 수 없으니까' 따위의 변명은 성립되지 않는다. 그 책을 믿고 그 책을 안고 죽음의 땅으로 향하지 않을 수 없었던 청년들에게 그런 변명이 허용되겠는가?

더욱이 전후에 자기들이 전시에 한 언론에 어떤 형태로든 책임을 진 자가 몇 사람이나 있었던가? 그들 거의 전원이 태연히 평화를 주창하고, 민주주의를 구가한 패거리들이 아닌가?

전후의 논단에서 진보적 문화인의 대표적인 존재로 이름을 날린 시미즈 이쿠타로(淸水幾太郎)가 전쟁중인 1940년의 시점에서 다음과 같은 수필을 썼다.

　… 무언가 공평한 기준을 가지고 국민 전체의 능력 또는 인물을 평가 측정한다면, 거의 모든 문화인이 하위에 설 것은 분명하다. …

　자기 비판의 능력을 상실할 때 비평가와 문화인은 말살되어야 할 유해한 존재가 된다.

역시 시미즈 이쿠타로답게 제법 좋은 말을 하고 있다. 그는 전후에도 좌파로 우익으로 크게 요동하면서 '매문업(賣文業)'에 열을 올렸으니, 바로 그 자신이 '말살'의 제1호가 되었어야 했다.

철학자 와쓰지 데쓰로도 전시에 훌륭한 행동을 했다고는 할 수 없으나, 그가 전전에 마르크스주의자의 전향(轉向)에 대해 다음과 같이 쓰고 있는 것은 지당한 말로 여겨진다. 이 원칙은 전후에 황국사관(皇國史觀)에서 민주주의로 전향한 자에게는, 전전의 전향 마르크스주의자의 몇 배나 큰 강도로 요구되어야 할 것이다. 전전의 전향은 강제에 의한 부득이한 행동이었는 데 반해, 전후에는 완전히 자유로운 환경 속에서 자기 의지로 전향했기 때문이다.

> 고래로 종교의 입장에서 전향에 자세한 고해(告解)가 따랐듯이, 사상의 입장에서의 전향에도 세상을 향해 철저하게 고하지 않으면 안 된다. 만일 그것을 해내지 못한다면 세상에서 은퇴하여 침묵해야 할 것이다.

이 장에서 독자가 귀찮아할 것임에도 불구하고 길게 읽기 어려운 해묵은 책을 인용해온 목적은, 이상과 같이 모든 분야에 걸친 치매적(癡呆的) 언론의 공통점은 무엇인가 하는 것을 밝히기 위해서다.

그것은 신성 불가침이라는 천황제의 망상이다. 그리고 이것이야말로 일본이 침략전쟁을 벌인 목적이자 원인이며, 언론을 말살하고, 국민을 질타·격려하고, 청년을 싸움터로 몰아낸 근원인 것이다.

모멸과 분노

내가 중학교 1학년 때 중일전쟁이 시작되었다. 그리고 5학년인 1941년 12월에 태평양전쟁으로 발전한다. 1학년 9월에는 앞에서 말한 《국체의 본의》가 발간되고, 1941년 3월, 5학년에 올라가기 직전 《신민의 길》이 간행되었다. 그 기묘하고 난해한 문장은 고교 입시에도 나왔으므로 싫어도 숙독하지 않을 수 없었다. 그 동안 전국(戰局)의 진전에 따라 군국주의적 풍조는 가속화되고, 학교 안팎을 막론하여 신들린 훈시며 의식(儀式)이 강화되어왔다.

중학교 4, 5학년인 16, 7세는 사춘기라 처음 겪는 세계라든가 국가라든가 사회 같은 것에 눈을 뜨기 시작하는 나이다. 세계관, 인생관과 같은 기본적인 사상과 개념이 형성되는 나이이기도 하다. 그리고 나의 세계관, 인생관의 형성 앞에 가로막고 선 것이 '일본의 국체＝천황제'의 존재였다.

지금까지 독자들에게는 미안할 정도로 되풀이해온 말인 '만방무비의 우리 국체', '천황에 봉사하고, 천황의 어의를 받드는 것이 국민 모두의 도덕의 근원', '천황을 위해서 살고 천황을 위해서 죽는 것이 일본 국민의 그만둘 수 없는 자연의 마음' 등등의 훈시를 1년 내내 들어 왔다.

그러나 일본은 세계에 비할 데 없는 존귀한 나라이고, 우리들 신민은 서양 여러 나라의 이른바 인민과 전혀 그 본성을 달리하고 있는 것이며, 일본은 다른 나라와 근본적으로 다르다는 이론은 나로서는 아무리 해도 이해할 수 없었다. 그런 이론을 추구해 들어가면, 지구상에는 일반 인류와 일본인이라는 인류, 이 두 종류의 인류가 존재하는 것이 된다. 그런 일이 있을 수 없다는 것은 너무나도 분명하다.

그리고 또 하나 "천황은 일본 국민을 내 자식처럼 어여삐 여기시고", "신민은 천황을 부모처럼 생각하며 충절을 다해 왔다"는 '교육칙어'나 《국체의 본의》의 내용은 중학생, 소학생 수준의 일본사 지식으로도 사실과 전혀 다르며, 무엇보다도 본 적도 없는 사람으로부터 내 자식처럼 어여삐 여김을 받는다거나 만난 적도 없는 사람을 부모처럼 사모한다는 것은 동화의 세계에나 있는 일이다. 그리고 나아가서 근본적으로 천황은 산 신이며 우리와는 전혀 다른 존재라는 것을 믿으라는 것은 무리다.

우리와 마찬가지로 밥을 먹고 배변하고 그리고 아이를 낳고 있는 것을 어떻게 황공하고 존귀하기 짝이 없는 존재라고 할 수 있는가? 그것이 어째서 신인가? 그런데 학교에서는 날마다 날마다 그런 것을 배워야 하고, '기미가요(일본 국가)'를 불러야 하고, 천황의 사진에 몸을 90도까지 꺾는 절을 해야 하고, 교육 칙어를 공손히 고개 숙여 배청하고, 경어를 난발하고…. 나는 내마음 속의 의혹과 현실의 강제를 견디다 못해 학교 행사에는 일체 나가지 않았으며, 이윽고 병을 핑계로 하여 휴학을 했다. 이상한 것은 얼마 안 있어 정말로 병이 나버렸다.

내 주위에는 나의 의문에 대답해줄 만한 것은 아무 것도 없었다. 반세대나 4반 세대 전의 사람들의 경우와는 달리 당시 책방에는 공산주의나 사회주의는 말할 것도 없고, 자유나 민주주의 같은 제목이 붙은 책도 전혀 없었다. 높은 사람들이 쓴 것은 지금까지 말한 것처럼 그런 신들린 책뿐이었다.

주변의 어른들은 모두 그런 일에는 전혀 관심이 없어 보였으므로 그들에게 물어볼 수도 없었다. 원래 중일전쟁 전 나의 소학생 시절에도 천황에 대해서 따지고 묻는다는 것은 부모에게조차 망설여지는 분위기가 있었다. 나의 인생관 형성에 영향을 준 책은 마침 집에 있던 가이조(改造)사 판의 《메이지·다이쇼 문학전집》과 약간의 이와나미(岩波) 문고였는데, 거기에 씌어 있는 것은 대부분 날마다 나를 에워싸는 항공하옵는 천황폐하나 신국 일본과는 아무 관계도 없었지만, 반면에 그 어느 것도 직접 나의 의문에 대답해주는 것이 아니었으며, 미약한 일개 소년인 나는 혼자서 고독과 싸우지 않으면 안 되었다.

그런 때 우연히 《천문학 입문》이라는 책을 읽은 것이다. 저자도 출판사도 잊어버렸으므로 이번에 국회 도서관 같은 데서 찾아보았으나 그 책은 찾을 수 없었다. 이삼백 페이지쯤 되는 책이었던 것 같다. 당시 중학교에서는 천문학에 대해서는 별로 배우지 않았으므로 대강의 것밖에 알지 못했는데, 이 책을 다 읽고 난 나는 홀연히 해묵은 고민에 대한 해답을 얻었다.

이제는 천문학이 더욱 발전했겠지만, 그 책에 의하면 은하 우주는 길이가 5만 광년(光年), 폭이 3만 광년쯤 되는 편평한 모양을 하고 있으며, 그 한쪽 구석에 태양계가 있다고 했다. 그 태양계의 다시 한쪽 구석에 지구가 있는데, 대우주에는 은하우주 이외에 몇억 광년 저편에 소우주가 몇 개나 존재한다는 것이었다. 이와 같이 끝이 없는 대우주의 구석의 또 구석에 있는 지구, 그 몇십억 년의 기나긴 역사로 보아 최근의 불과 몇십만 년인가 전에 나타난 인류,그리고 황국사관…. 사람들이 말하듯이 일본 역사가 2,600년이라고 하더라도 이 또한 인류의 역사에서 본다면 하찮은 세월밖에 되지 않은 일본, 거기에 존귀하다든가 황공하다든가 하는 따위의 것이 있을 턱이 없다. 지구에 살고 있는 많은 동물 중에 하나인 인류의 일종인 일본인을 특별한 민족이니 그 수장인 천황을 현인신이니

하고 으스대는 것은 우스꽝스러울 뿐이다.

나는 이 같은 결론에 이르러 인간이라는 존재에 깊은 절망을 느꼈지만, 그것은 중대한 문제로서 해결을 하지 못했지만, 적어도 그 광기 어린 천황제의 주술로부터 완전히 해방될 수 있었다. 천황 신앙 따위는 완전히 무시하고 인생관·세계관을 연구할 수 있게 된 것이다.

그로부터 나는 지구 위에 동물 중의 하나인 황실에 경의를 표하는 모든 언동을 확신을 가지고 집어치웠다. 다만 군대에 있을 때는 예외였다. 뭇매를 맞고, 또는 육군 형무소에 들어갈 위험이 있는 일을 감히 할 만큼 유감스럽지만 나는 용기가 없었던 것이다. 그리고 병역 거부자, 천황제 부정론자가 이 세상에 존재하며, 투옥되어 있다는 것을 전혀 모르고 있었던 것이다.

나와 같은 소년의 무교양, 불철저함은 일단 제쳐놓고라도 이렇게 단순한 일을, 중학생도 아는 일을 천하의 학자, 지식인, 문화인이라 일컬어지는 자들이 부끄러운 줄도 모르는 채 지껄이고 쓰고 있는 데 대해 나는 진정으로 모멸과 분노를 느끼지 않을 수 없었다. 아니 지금도 그것은 꺼질 줄 모르고 내 가슴속에 타고 있는 것이다.

제10장

책임의 종착점

10

전쟁 책임의 추궁

　《과달카날전(戰) 시집》은 전시에 발간된 것 치고는 보기 드문 염전(厭戰)·반전(反戰)적인 명시집이다. 이 섬에서는 상륙 병력의 3분의 2나 되는 2만여 명이 전사(많은 수의 굶어 죽은 자를 포함)하는 처참한 싸움이 반년에 걸쳐서 계속되었는데, 이 전투에 종군한 작가 요시다 가시치[吉田嘉七]는 1961년 지난날의 전우들의 유골을 수습하기 위해 이 섬에 갔을 때 다음 시를 읊었다.

유골 수습단을 보내며

삽으로 파낼 만큼 있단다
트럭으로 몇백 대 분이나 된단다

함께 도마뱀의 꼬리를 씹으며
구두 가죽을 핥아 먹던 친구들이여

나라를 위한 일인 줄만 믿고

밀림의 낙엽 밑에서

밥도 얻어먹지 못하고 죽어가던
지지리도 못나게 죽어간 친구들이여

멀고 먼 구름 너머
다발로 버려진 청춘이여

아직도 바다를 방황하는 넋이여
우리들의 영원히 아물지 않는 상처…

전쟁이란 무엇이었던가…

전쟁이 끝난 지 16년이나 지났는데도 그는 아직 정말로 하고 싶은 말을 억누르고 있는 것이다. '전쟁이란 무엇이었던가'라는 그의 말을 그런 추상적인 표현이 아니라 더 구체적인 진실의 외침으로 바꾼다면, '이 전쟁의 책임은 어디에 있는가? 누가 대체 이 바보 같은 전쟁을 일으켰는가?'라는 것이 틀림없다.

제2차 세계대전에서 치른 일본 국민의 희생은 싸움터에서 쓰러진 240만 청년들만이 아니다. 수십만의 신체 장애자도 전쟁 때문에 생겼다. 남편을 잃은 100만 명의 젊은 아내들, 아버지를 잃은 수백만 어린이들, 자식을 바친 수백만의 늙은 부모들은 슬픔의 밑바닥에 내던져졌다. 헛되이 늙은 100만의 노처녀들은 전쟁 때문에 고난의 길을 걸어야 했다. 80만의 무고한 사람들이 나라 안팎에서 적탄에 또는 폭격으로 살해되었고, 350만 해외동포들이 집에서 쫓겨나 전 재산을 배낭 하나에 담아 철수하지 않으면 안 되었다. 1,000만이 넘는 사람들이 집이 불타서 길거리를 헤매야 했다. 예를 들면 한이 없지만, 그들은 모두 일본이 일으킨 전쟁 때문에 목숨을 잃고 생활을 빼앗기고 도탄의 고통을 겪어야 했던 것이다.

이들 참담한 희생의 책임은 대체 어디에 있는가? 패전 직후 히가시쿠 니노미야[東久邇宮] 수상이 "1억이 총 참회"니 어쩌니 하면서 전쟁의 책임을 은폐하는 듯한 말을 하고부터 전쟁 책임의 추궁은 어느새 퇴색하고 말았다. 일본 국가의 일원으로서 국민이 대외적 책임의 일단을 져야 하는 것은 물론이지만, 국내적으로는 가해자와 피해자, 결정적으로 책임을 져야 되는 자와 무지(無知)라는 책임밖에 없는 자의 차이는 명백한 것이며, 이 양자가 "함께 참회하자"니 그런 어처구니없는 말이 어디에 있는가?

일본에서의 전쟁 책임론은 고작해야 모든 것이 이미 없어져서 반론을 할 수 없는 일본군에 전가하여 "전쟁을 시작한 것은 군이 나쁘다"는 통속적인 견해가 일반적이다. 그리고 진짜 전쟁 책임자를 추구하는 것은 일종의 금기로까지 되어 있다고 할 수 있을 것이다. 일본에서의 최대의 금기가 천황 또는 천황제에 대한 비판인 것을 생각하면, 전쟁 책임의 추궁을 모호하게 만들고 금기시하고 있는 것 자체가 전쟁 책임이 어디에 있는가를 명시하는 것이다.

일본 항복 당시 중국·영국·소련을 비롯, 미국내 여론을 포함하여 연합국 사이에는 천황의 전쟁 책임을 추궁하고 천황제를 폐지하라는 요구가 강했는데도 점령군 총사령관 맥아더가 천황의 존재를 점령지 통치에 이용한 것은 주지의 사실이지만, 전쟁의 최대 책임자인 천황에 대한 추궁의 소리가 일본인들 사이에 적은 것은 어떤 이유에서일까?

첫째는, 지금까지 몇 번이나 말해왔지만, 전시와 마찬가지로 일본인이라는 것의 봉건적 성격, 노예근성, 미개의 단계에 있는 데 유래

하는 무사상성·비합리성에서 오는 것일 것이다. 그리고 이것을 비판해야 할 논객들 가운데 많은 자들이 비판과 비난을 삼가고 있는 것은, 제9장에 쓴 것처럼 그럴 자격이 있는 논객이 일본에는 거의 존재하지 않기 때문일 것이다. 섣불리 천황을 비판했다가는, "당신은 전쟁중에 무엇을 했으며, 무슨 말을 했는가?" 하고 즉각 반격을 받을 우려가 있기 때문이기도 할 것이다.

물론 천황의 전쟁 책임을 규탄하고 천황제를 비판하는 사람도 없는 것은 아니다. 그러나 그런 사람들의 대부분은, "자유와 평화의 보루, 소련 동맹! 스탈린 만세", "모택동 사상을 배워라", "한국은 지옥, 김일성의 북조선은 천국" 등을 외치고, 천황제와 동질이거나 또는 그 이상의 전근대적 압제국가, 도그마와 폭력이 난무하는 나라의 숭앙자들이며, 스탈린상이나 레닌상을 받고 좋아한 인간들이다. 이래서야 일반 민중이 그들의 천황제 비판에 동조하기를 주저한 것도 무리가 아니다.

일본 보수당의 장기 집권을 떠받들어 주고, 그 부패의 항구화, 즉 일본이 참된 자유주의 국가, 민주주의 국가가 되는 것을 막아온 큰 요인의 하나가 혁신이라고 부르는 보수당의 반대파가 가장 비민주주의적인 국가들의 이론과 현실을 찬미해 마지 않았기 때문에 아무리 보수당에 실망한 민중도 그대로 투표하는 수밖에 없었던 것과 동일한 구조다.

일본인은 스스로의 역사를 해명할 용기조차 갖고 있지 않고, 그것을 어물어물 묻어버리려 하고 있다. 그런 우유부단한 국민이 자유주의, 민주주의 그리고 세계 평화를 말할 자격이 있을까?

현재의 학자와 언론인도 그들 자신 또는 그들의 선배가 전쟁중에

"신이다", "신국이다" 하고 우러러 받들던 천황제에 대해 이번에는 침묵함으로써 전쟁중과 똑같은 과오 — 라기보다는 똑같은 비열한 행동을 취하고 있는 것이다.

'단독강화 반대', '기지(基地)반대 투쟁', '안보반대', '베트남 전쟁 반대', '원폭실험 반대'(미국에 대해서만), '자위대 반대' 또는 추상적인 평화를 외치는 것보다 일본 국민이 저지른 전쟁 책임의 소재를 철저하게 규명하는 편이 우선 그리고 훨씬 중요하지 않은가. 그들의 언동은 그럴 듯한 말을 하고 있는 것처럼 보임으로써 가장 중요한 점에 대한 언급을 피하고 있다고밖에 생각할 수 없다.

전시의 언론인과 마찬가지로 그들은 자기들의 지위와 살아남기 위해 천황제의 책임 추궁을 게을리하고 있는 것이다.

너무나 당연한 일

전쟁 체험기 가운데는, 특히 제1선에서 싸우고 있던 군인들의 수기에는 패전 소식을 들었을 때, "천황은 어떻게 되지?" 하는 의문이 솟았다고 쓰고 있는 것이 드물지 않다. 그날 그날을 살아 가는 것만으로도 벅차서 다른 일을 생각할 겨를이 없었던 군인들도 패전과 천황의 존재가 양립할 수 없다는 것이 당장 마음을 스친 모양이다.

패전과 천황의 관계에 훨씬 명확한 의견을 가진 예도 있다.

브라질의 이민 사회에서는, 전후 10년이 넘는 오랜 기간에 걸쳐서 이른바 전쟁에서 일본이 이겼다는 '승리 주장파 소동'이 있었다는 것은 잘 알려진 일이다. 황국 불멸의 신앙 아래 교육을 받고 브라질로 건너간 사람들이 외국인에 둘러싸여 생활하고 있다는 긴장이 이어지는 환경 아래서 그 신념은 더욱 강화되고, 정보가 단절되어 패전 직후에 일본이 이겼다고 믿는 승리 주장파에 속하는 사람들이 일본 이민의 80~90%에 달했다.

대부분의 사람들은 차츰 현실을 인식하게 되었지만 일본에 돌아와서도 여전히 '승리 주장파 사상'을 고치지 않는 자도 있었다. 그들은 말했다.

> 일본이 이겼다는 증거로 천황은 살아 있고, 궁성도 야스쿠니(靖國)신
> 사도 그대로 있다. 일본 국기도 국가도 금지 되지 않았다. …

이 사람들이 주장하고 있는 것은, 요컨대 천황이 살아 있는데 어째서 전쟁에 졌다고 할 수 있는가라는 것이다. 다시 말해서 그 전쟁의 총지휘관이고, 피를 흘리며 싸운 자들의 정신적 기반이고, 전쟁의 상징이라 할 수 있는 천황이 아무 일 없이 살아 있는데, 전쟁에 졌다니 어떻게 믿을 수 있느냐는 것이다.

바꾸어 말하면 전전의 신성한 천황이라는 교육이 그대로 화석처럼 굳은 재외 일본인 서민들에게는 전쟁의 수괴라고 해야 할 천황은, 만일 전쟁에 진 것이라면 단연 살해되었거나 자살했거나 적어도 은퇴하여 어딘가에서 소리 없이 살고 있어야 한다는 것이 당연한 상식이었을 것이다.

아니, 전쟁과 천황의 관계를 이와 같이 생각하는 것은 오래 외국에 살고 있던 서민의 감각이라고 한정해버리는 것은 잘못이며, 그들은 단지 정직·솔직하게 그 기분을 이야기한 데 지나지 않으며, 일본에 있던 일본인의 심리 상태도 마찬가지였을 것이다. "'천황

폐하가 처형될지도 모른다'는 소문이 마을 안에 퍼졌다"고 쓴 사람도 있고, 메이지·다이쇼·쇼와 3대를 의원으로서 일관하여 권력을 두려워하지 않았던 오자키 유키오[尾崎行雄]도 다음과 같은 시구를 남기고 있다(《쇼와 만엽집(万葉集)》, 권5, 講談社).

> 패배를 하면 히씨[1]와 무씨[2]는 자살하겠지
> 우리의 천황은 어떻게 하실건가

패전 직후에는 천황 퇴위론이 드물지 않았다. 천황의 '고굉(股肱)의 중신'이었던 도조 대장 이하의 I급 전범에 대한 판결이 내려질 때는 천황도 물러앉겠지 하는 식으로 무슨 기회가 있을 때마다 이런 소문이 수군거려졌다.

도쿄제대 총장으로 전후 한때 귀족원 의원이었던 난바라 시게루[南原繁]는, 귀족원에서 말은 정중하지만 상당히 솔직히 천황에게 퇴위를 촉구했다.

> 그 분의 대에 우리나라 유사 이래의 큰일이 일어난 데 대해 위로 황실의 조상에 대해서, 아래로 국민에 대해서 가장 강하게 정신적·도덕적 책임을 느끼시는 것은 폐하일 것으로 짐작한다. … 조국 재건의 정신적 초석은 국민의 상징인 천황의 진퇴에 달려 있다. …

도쿄제대 교수, 후일의 최고 재판소장 요코다 기사부로[横田喜三

註 ─────────────────

1) 히틀러
2) 무솔리니

郎)도 《요미우리〔讀賣〕신문》에, '천황 퇴위론'이라는 제목의 소론을
발표하여(1948년 8월 26일), 천황의 전쟁 책임을 문제로 삼았다. 그
는 법률상으로나 실제에 있어서나 전쟁의 최고 책임자였던 천황이,
민주주의를 내걸고 재출발하는 신일본 국가의 상징이어서는 안 된
다고 주장한 것이다. 이어서 출판한 《천황제》라는 저서에서도 천황
과 천황제를 엄하게 비판하고 있다.

전 도쿄제대 교수, 오하라〔大原〕사회문제연구소장, 전후에는 일
본 방송협회장도 지낸 다카노 이와사부로〔高野岩三郎〕는 패전 후
얼마 안 되어 신헌법 논의가 한창 일어났을 때, 천황제를 폐지하고
공화제 헌법을 만들라고 주장했다. 요코타는 만주사변에서는 육군
을 비판했고, 난바라나 다카노와 마찬가지로 그도 전쟁중 군이나
황국 사상에 아첨하지 않고 침묵을 지킨 것이 전후에 그들로 하여
금 정론을 토할 수 있게 만든 것이다.

소리 없는 부르짖음

학자나 지식인이 아니라 한 서민의 소리 없는 부르짖음을 하나만
인용해두고 싶다.

도쿄제대 이학부(理學部) 지리학과의 학생으로 징집을 받아 1944
년 필리핀 방면으로 향한 후 그대로 행방불명이 된 나카무라 도쿠
로〔中村德郎〕군의 아버지 나카무라 요시모토〔中村美素〕는, 소학교
장의 아들로 태어나 개업의가 되었는데 생전에 좌익적인 책을 읽
은 적도 없고 사상적 신조에 대해서 이야기한 적도 없었다.

그리고 중년 이후에는 여러 가지 취미에 몰두한 지극히 평범한
서민이다. 그는 1971년에 사망했는데, 생전에 써서 남긴 한 편의 글

이 벽장 속에서 발견되었다. 별로 일관된 논문도 아니고, 끝에 가서는 잘 매듭짓지 못한 채 중절되어 있었다.

그러나 거기에는 아들을 전쟁에서 잃은 한 아버지의 통절한 부르짖음이 새겨져 있었다. 여기에 씌어 있는 것을 말하고 싶었던 사람, 큰소리로 외치고 싶었던 사람은 매우 많았을 것이 틀림없다.

…나는 일본국 천황에게 말하고 싶다. 당신은 왜 책임을 지지 않는가? 지려고 하지 않는가? 당신이 뇌병(腦病)을 앓던 아버지를 대신한 섭정(攝政) 시대부터 수십 년 동안 모든 일본 정치가 완전히 무지 맹목 속에서 이루어졌단 말인가?

당신도 군복을 입고 있던 일본 군대에서, "상관의 명령은 짐의 명령으로 알라"는 한 마디 때문에 얼마나 많은 무리한 탄압이 있었던가? 그것들을 죄다 모르겠다, 알지 못한다, 책임이 전혀 없다는 말인가? 만일 그렇다면 이 세상의 일체의 도덕도 책임도 모두 거품과 같은 것이 아니겠는가?

다른 나라의 일은 몰라도 적어도 일본에서 천황, 당신의 무책임, 파렴치가 전후 일본 국민의 무질서, 퇴폐에 기여하고 있는 것이 절대적이라고, 메이지 태생인 나는 확신하고 있다. 여러 가지 견해는 있을 것이다. 그러나 천황, 당신보다 열 살 이상이나 위고, 메이지·다이쇼 시대의 도덕 교육을 받아온 나로서는 당신의 무법, 부도덕의 태도는 용서할 수가 없다. …

나로서는 신 또는 신에 가까운 존재였던 대일본 제국 천황이 어린애 조끼를 입은 — 사람이 하라는 대로 재주를 부리는 — 원숭이였다고는 생각되지 않고, 생각하고 싶지도 않다. 아무 하는 일도 없이 그 7, 8세의 어린이에게조차 미치지 못하는 졸렬한 '히로히토(裕仁)'라는 글자를 서

명하고, 완전히 자기 의지에 반하여 도장을 찍었다고는 생각되지 않는다. 또 생각하고 싶지도 않은 것이다. 그런 박지약행(薄志弱行), 무력무의미(無力無意味)의 존재였다고는 생각하고 싶지 않다. 훨씬 더 훌륭한 인간이었다고 생각하고 싶은 것이다.

ABCD(미국, 영국, 중국, 네덜란드)를 쳐야 한다, 대동아 공영권도 좋다, 천황이 정말로 자기 의지로 그렇게 확신하고 선전포고를 쓰고 도장을 찍었다 믿고 싶은 것이다.

나는 반대였다. 반대였지만 구조적으로 어쩔 수 없었다. … 이래서야 몇백만인지 수를 알 수 없는 희생자는 눈을 감을 수 없지 않겠는가. …

나도 사랑하는 아들을 하나 당신에게 바쳤다. 그런 당신에게 묻고 싶다. 당신은 왜 가장 중요한 일에 대해서 말하지 않는가? 일본 전국 각지를 돌아다니면서, "당신은 뭐하지요?", "아 그래요" 이래 가지고는 바보, 저능아라는 소리를 들어도 할 수 없지 않은가? 나는 당신 편이다. 결코 적이 아니다. … 그 증거로 나는 가장 사랑하는 아들의 목숨을 당신에게 바치고도 후회를 하지 않으니까.

… 국내법이니 국제법이니 하는 것으로 다스릴 일이 아니다. 그런 개똥 같은 것보다 인간이면 누구나 갖고 있는 도덕심이라는 것이 있다. 그 내심으로부터 비추어 되돌아보고, 사과하고 또 사과한 뒤 스스로의 목숨을 끊었어야 했던 것이다.

… 천황은 오늘의 일본의 도덕적 퇴폐의 상징, 근원이라는 말을 들어도 하는 수 없을 줄 안다. 그래서는 유감이다. 나 같은 노인은 메이지에 태어나 다이쇼에 자라나고 쇼와를 살아온 사람으로서는 어디까지나 천황을 적으로 삼고 싶지 않은 것이다. 심정적으로 천황을 편들고 싶은 것이다.

그러나 젊은 사람이 아무리 무궤도한 짓을 하더라도, 일천만승(一千万乘)의 천자가 몸소 수범하지 않는다면, 엉터리, 협잡, 무책임, 파렴치, 잔

꾀, 온갖 욕지거리를 다 들어도 할말이 없지 않은가. …

이 글이 세상에 소개된 것은 1978년이므로 쇼와 천황은 이것을 읽을 수 있는 처지였지만, 물론 궁내청 관리들은 이런 책을 천황에게 보이지는 않았을 것이다. 그리고 그는 국민에게 한 마디 사죄도 하지 않고 유유히 노후를 즐기다가 죽어갔고, 그 뒤를 이은 자도 태연한데 대체 그들은 전쟁의 희생자를, 천황의 이름으로 시작한 전쟁의 책임을 어떻게 알고 있는지, 제9장에 거론한 사람들의 전중, 전후의 파렴치한 생활방식과 더불어 꼭 들어보고 싶다.

근본적인 이유

역사학자 가운데 쇼와 천황이 이렇게 말했다 저렇게 말했다, 그래서 쇼와 천황에게 전쟁 책임이 있느니 없느니 하고 논하는 사람도 있기는 있는 모양이다. 그것은 그것대로 의미는 있겠지만, 문제는 그 시대의 천황이 히로히토건 누구건 별로 관계가 없는 것이며, 책임을 물어야 하는 것은 천황제, 엄밀히 말하면 메이지 때 창설된 근대 천황제 그 자체인 것이다.

근대 천황제는 한 마디로 말하면, 천황은 '살아 있는 신(現人神)'이라는 것, 적어도 일반 국민과는 그 씨가 다른 황공한 존재라는 한 가지면 된다. 메이지 초기의 단기간을 제외하고, 민주주의의 꽃이 피었다는 다이쇼 시대도, 자유주의가 아직도 건재했다는 쇼와 초기에도 일본인은 이에 관해서 한 번도 제대로 논의한 적이 없다.

천황의 신성이라는, 갓난아이조차 믿을 수 없는 미신에 대해서 모든 자유주의자, 모든 지식인은 비판한 적이 없는 것이다. 여기에 천황을 업은 군(軍)과 우익의 신앙이랄까 신념이랄까, 어이없는 광신 앞에 소화의 자유주의가 속절없이 붕괴한 이유가 있다.

'천황 현인신'론에 대한 비판을 한번 주저하면, 그 황공하옵는 천황이 친히 거느리는 육해군을 철저하게 비판할 수 없게 된다. 건국의 정신, 팔굉일우(八紘一宇)의 발현인 '성전'에 반대할 수 없게 된다. 만세일계, 만방무비의 신성한 천황의 전쟁이 진다는 것은 있을 수 없다는 원칙론을 반격할 수 없게 된다.

그리하여 1억 국민은 모두 입을 다물고, 생각하는 것을 그만두고, 또는 일종의 발광 상태가 되어 전쟁에 돌입하여 파괴에 이르기까지 이를 계속하는 수밖에 없게 된 것이다.

르네상스 시대의 철학자 J. 브루노는 베네치아에서 체포되어 로마의 이단 심문소에 인도되었다. 그는 8년간의 감옥생활과 고문을 겪으면서 단호히 로마 교황의 권위에 반항함으로써 기독교의 도그마를 부정하여 화형에 처해졌다. 브루노는 다음과 같이 유명한 말을 남겼다.

윗도리의 첫 단추를 잘못 끼우면 나머지 단추도 모두 잘못 끼워지게 되는 법이다.

천황은 신성하다는 첫 단추에 대한 철저한 비판을 게을리했기 때문에 일본은 잇달아 단추를 잘못 끼우는 수밖에 없었고, 최종적 파국으로 전락해갔던 것이다. 그 후 둘째 단추 이하는 그럭저럭 정상에 가깝도록 고쳐졌으나, 첫 단추는 약간 모양만 바뀌었을 뿐 잘못 끼워진 채 그대로 남아 있는 것이다.

이제야말로 잘못 끼웠기 때문에, 또는 잘못 끼운 데 대한 지적을 두려워했기 때문에 그 참화를 초래한 '첫 단추'를 비롯하여 모든 단추를 풀어서 다시 한번 처음부터 잘 끼우지 않으면 안 된다.

다시 말해서 천황제를 폐지하고 일본 국가, 일본 민족의 현재와 장래에 대해서 ― 참된 언론의 비판 아래 ― 근본적인 재설정을 하지 않으면 안 되는 것이다.

일본의 재생

천황제의 폐지는 단순히 과거의 청산에 그치지 않는다. 그것은 참된 민주주의 국가 일본이 탄생하는 계기가 될 것이 틀림없다.

왕제(王制)가 본래 고대적·중세적 유물이라는 것은 재론할 것도 없을 것이다. 예를 들어 에티오피아는 멀리 솔로몬과 시바의 여왕의 신화로 거슬러올라가는 4,000년의 역사를 자랑하는 황제의 나라였다. 그런데 이 아프리카 유일의 제왕국은 1년의 1인당 소득이 불과 100달러 미만으로 아프리카에 하나밖에 없는 극빈국이며 교육에 관한 통계조차 없다.

황제가 있기 때문에 민도가 낮다고 할 수 있겠지만, 한편 민도가 낮기 때문에 황제가 군림하는 반대의 면도 있다. 이를테면 1821년 그리스가 터키에서 독립하기 위해 한창 전쟁을 치르고 있을 때 제정된 헌법은 공화제였으나, 그리스인들은 이것을 유효하게 운용하지 못했다. 따라서 1832년 런던에 모인 영국·러시아·프랑스의 3국 대표들은, 그리스는 오랫동안 노예 생활을 한 결과 자치능력이 없다는 결론에 이르러 그리스인들에게 군주제를 주었던 것이다. 비근한 예로는 신해혁명(辛亥革命) 후, 원세개(袁世凱)가 황제에 취임하려고 각국을 상대로 양해 공작을 폈을 때, 자유와 민주주의의 나라 미국은 재빨리 이를 양해했다. 그 이유는 원세개의 미국인 고문의 건의에 의한 것으로, 중국 인민의 문명도는 공화제를 실시할 수준에 이르지 않았으며 군주제가 타당하다는 데 있었다고 한다.

이와 같이 군주제라는 것은 민도가 낮다는 것을 나타내는 것이며, 바꾸어 말하면 민도의 진전에 따라 왕제가 민주제로 이행하는 것은 인류 역사의 공리(公理)이며, 그런 의미에서 일본은 개발도상국이라 불리는 나라보다 훨씬 뒤떨어진 후진국이다. 볼테르가 말한, "사람은 출생에 의해 차별되지 않는다"는 18세기의 명제마저 아직도 실현되지 않고 있는 나라인 것이다.

몇 번이나 말했듯이 일본처럼 금기가 있는 나라가, 또는 특권 계급이 있는 나라가 민주주의 국가라고 자칭하는 것은, 언론과 사상의 자유가 존재하지 않는 중국과 북한이 인민민주공화국이라고 자칭하는 것과 마찬가지로 우스꽝스럽다.

현재 일본의 각 분야에서 볼 수 있는 봉건적인 잔재는 차마 눈뜨고 볼 수가 없다. 정치가의 30%는 2대째, 3대째라고 하는데, 이번 선거법 개정으로 소선거구제가 되면 그것은 더해질 것이라고 한다. 막대한 개인 수입이 따르는 사익(私益)단체가 공익단체로 인정되고, 그 최고 권력자의 지위는 예사로 세습되고 있으며, 더욱이 사회의 규탄을 받는 일도 거의 없다. 일본이라는 나라는 이렇게 뒤쳐진 나라인 것이다. 세습제야말로 봉건제도 그 자체이며, "문벌제도는 부모의 원수올시다" 하고 후쿠자와 유키치(福澤諭吉)가 이미 100여 년이나 전에 한 말이 일본에서는 오히려 역행하고 있는 것이다.

천황제 폐지와 더불어 동일 선거구에서의 세습 국회의원의 입후보 금지, 공적 단체는 물론 사적인 사업이라도 공적인 존재라고 할 만한 규모의 기업의 임원도 세습이 제한되지 않으면 안 된다. 그 밖에 일본의 모든 부문에 남아 있는 봉건적인 것을 천황제의 폐지와 함께 철저히 일소하고, 항시 기회 균등을 확보하여 재생산하는 사회를 실현시킨다면, 천황제 폐지는 새 일본의 새로운 출발이 될 것이다.

미국의 철학자이자 교육학자로서 세계적 권위가 있는 J. 듀이는, 1919년과 1921년에 단기간이지만 일본을 방문했다. 그는 일본은 과학과 산업기술, 제도 등을 서구에서 배웠으나 그 기본이 되는 정신은 배우지 않았다고 말했는데, 이것은 독일인 고용 교사 베르츠가 일본에 온 지 25주년을 기념하는 축전에서 연설한 말과 완전히 일치하는 취지의 말이다.

쓰루미 가즈코[鶴見和子]의 〈일본에서의 듀이〉에 의하면, 듀이는 "천황제는 메이지 정부가 의식적으로 만든 것이며, 이것이 일본에서의 자유주의에 대한 최대의 장애다"라는 명언을 했다고 한다. 그리고 듀이는, "일본의 천황 숭배는 16, 7세기 유럽에서의 신권군주론(神權君主論)보다 훨씬 절대주의적이며, 역사적 원형을 찾는다면 로마 황제까지 거슬러올라가야 한다"고 말한다.

그러나 쓰루미에 의하면, 듀이는 제도로서의 천황제보다는 일본인의 사상과 감정에 이 이상 나가서는 안 된다는 한계선을 그어 일본인의 일상 생활태도에 '테'를 끼운 것으로써 주목하고, 천황 숭배가 일본인의 비합리주의의 근거라고 논하고 있다. 듀이는 또 이렇게도 쓰고 있다.

　　도덕적 판단은 아무리 그것이 지적인 것일지라도 행동에 영향을 주려면 적어도 감정으로 채색되지 않으면 안 된다.

이것을 받아서 쓰루미는 이렇게 결론 짓고 있다.

> 듀이의 테제가 옳다면, 우리의 감정상에서의 천황제를 그대로 두는 한 민주주의는 우리들의 행동의 원리가 될 수는 없다.

불과 몇 달 동안의 일본에 체재하면서, 매우 정확하게 진실을 꿰뚫어본 날카로운 관찰력에는 감탄하게 된다. 그리고 쓰루미 가즈코의 결론에도 완전히 찬성이다. 그러나 듀이를 기다리지 않더라도 아주 보통의 냉정한 지식인이라면, 외국인은 물론 일본인이라도 이 정도는 금방 알 수 있는 단순한 일이라고도 할 수 있다.

듀이가 일본에 온 것은 다이쇼 민주주의가 가장 성한 때였다. 일본에서는 다이쇼 민주주의를 과대 평가하는 경향이 있지만, 그 후의 쇼와 시대가 너무나 가혹했기 때문에 영광스러운 민주주의의 시대로 착각되는 것뿐이라는 생각이 든다. 듀이로서는 천황제 비판이 없는 곳에서 자유나 민주주의를 조금도 발견할 수 없었다는 말일 것이다.

지금의 일본에서 천황제에 대한 비판이 투옥이나 사형을 초래할 우려가 없는 것은 말할 것도 없다. 그러나 천황 숭배라는 동화나 다름없는 일에 관한 비판이나 비난이 공공연히 이루어지지 않고 있는 것도 주지의 사실이고, 언론 기관이나 언론인이 이 일에 관한 언급을 회피하는 것도 의심할 것이 없다. 듀이가 지적한 일본 사회의 성격은 지금도 여전히 다이쇼 시대와 기본적으로는 변하지 않고 있는 것이다.

일본에 뭐가 뭔지도 알 수 없는 신흥종교가 만연하고 있는 사회 현상도 천황제를 존속시키고 있는 국민의 문명 정도에서 오는 것으로 여겨진다. 왜냐하면 살아 있는 보통의 인간을 존귀하다느니 특별한 존재니 하고 생각하는 민중은, 신흥종교의 교조(敎祖)에게는 최상의 토양이기 때문이다.

천황제가 폐지되는 날이야말로 일본에 처음으로 참된 자유와 민주주의가 찾아오고, 합리적인 정신이 일본 국민 속에 확립되는 때일 것이다.

잃는 것은 아무 것도 없다

"천황제는 일본 민족의 문화이자 전통이라서"라는 천황제 옹호론도 있는 것 같다. 그러나 문화이고 전통이기 때문에 지켜야 한다면, 젊은 처녀를 희생으로 바치는 것이 그 민족의 문화인 일도 있었다. 사람의 고기를 먹는 것이 전통인 종족도 있었다. 그런 것들도 전통이니까 문화니까 지켜야 한다는 말인가? 전통이니까 문화니까라는 옹호론은 의미가 없으며, 보편적인 가치, 객관적인 논리를 가지고 하지 않으면 주의나 주장이 되지 않는 것이다.

'전통'이라고 하면, 천황제가 일본의 전통 문화를 유지하는 데 도움이 되어온 것은 역사적 사실이지만, 국민의 정부가 확립된 이상 그런 일은 문부성이라든가 적당한 관청에서 담당하면 되는 일이고, 그 때문에 천황제를 유지할 필요는 전혀 없다. 오히려 천황제의 존재는 고분의 발굴을 금지하고 있는 한 가지만 보아도 일본의 학문 발달에 장애가 되고 있는 것을 알 수 있다.

'황실 외교'라는 것의 유용성을 논하는 자도 있는 모양이다. 그러나 전 세계에 왕실은 이제 얼마 남아 있지도 않고, 하물며 일본처럼 요란스런 왕실은 타이나 중동의 이슬람권에라도 가지 않으면 구경할 수도 없다. 세계의 압도적 다수를 차지하는 공화국에서는 말할 것도 없고, 상식적인 왕실에서는 일본에서 오는 그런 종류의 사람을 맞이해봐야 정치에 관해서 이야기할 수도 없고, 국제 관계에 대해서 논하는 것도 삼가야 하며, 그들이 좋아하는 익살도 농담도 할 수 없으니, 이런 따분한 손님을 상대하기란 참으로 견디기 어려울 것이다.

　게다가 일본의 황실 사람을 맞이하는 나라의 관계자로서는, 보통 사람 아닌 귀인(貴人)이라 부르는 사람을 장중하게 취급해야 하는 것도, 모든 인간은 평등이라는 대전제에 서 있다고 보는 그들에게는 지극히 귀찮고 성가신 일일 것이고, 일본 황실의 수행원들이 굽신굽신 쩔쩔 매며 행동하는 것도 외국인이 보기에 우스꽝스럽기만 할 것이다. 궁성에 외국 손님을 초대했을 때도 마찬가지일 것이다.

　피가로는 아니지만, 태어나는 것 이외에 고생을 한 적이 없는 자에게 공손히 머리를 조아리는 것 따위는 비문명의 상징으로밖에 비치지 않을 것이 확실하다. 일본에서의 근대 산업의 발달과, 문명 이전의 정신 상태의 이 같은 대조도 '일본 이질론', '일본인 이해의 곤란성'의 한 원인이 되고 있는 것이다.

　어쨌거나 황실 외교니 어쩌니 하여 일본의 황실 관계 사람들이 볼일도 없는데 온 세계를 빈둥거리고 돌아다니는 것은, 예산의 낭비뿐 아니라 미개 야만이라는, 또는 이상한 나라 일본이라는 마이너스 이미지를 온 세계에 뿌리고 다니는거나 다름이 없다.

황실 제도라는 것은, 몇십 년에 걸쳐 연극을 계속해야 하는 당사자들도 참으로 가엾다고 할 수 있다. 메이지 시대에 기독교 사회주의자로서 저명한 기노시타 나오에(木下尚江)가 터키 황제를 '비단옷을 입은 죄수'라 부르고, 일본 황실에 대해서는 "황문(皇門)을 개방하라. 제왕과 그 가족을 구출하라. 그리하여 그들에게 평민의 자유를 주라"(기노시타 나오에, 《혁명의 서막》, 創造社)고 외친 것은, 이제 일본에도 일반 사회의 자유화가 진척되고 있는 만큼 오늘날에는 보다 더 '심각하고 애정 있는 말'로 받아들여질 수 있을 것이다.

그리고 나는 외국인 특히 미국인과 이야기할 때는 기회 있을 때마다 "I am a republican(나는 공화주의자다)"라고 말하기로 하고 있다. 그러면 상대편과의 관계가 갑자기 친해진다. 일본인한테는 천황에 관한 말을 하는 것은 좋지 않다고 늘 신경을 쓰고 있는 그들은, 나의 이 말을 듣고 곧 마음이 편해지는 것이다. 두 사람을 갈라놓는 아무런 장벽도 없어지고 인류라는 공통성밖에 남지 않기 때문이다.

"오랜 역사를 가진 천황제는 일본 국민의 통합의 상징으로서 의의가 있지 않은가"라는 주장도 있는 모양이나, 가령 천황가의 계보가 오래 계속되어온 것이 사실이라 하더라도 그런 가계는 별로 진기할 것도 없고, 장기간 계속되었다는 데 각별한 가치가 있는 것도 아니다. 그것은 앞에서 말한 에티오피아의 예로도 잘 알 수 있다. 일본 민족이 2,000년 가까이 이른바 천황제 아래서 충절을 다해왔다는 것은 완전한 허구이며, 천황제는 메이지의 신흥종교에 지나지 않는다는 것은 이미 설명하였다. 그러나 설령 일본의 역사나 전통에서 이를 주장하는 자들이 말하는 것처럼 천황제가 중대한 구실을 해온 것이 사실이라 하더라도, 그런 오래 된 왕조 국가의 체질을 개혁하는 것이야말로 근대화일 것이다.

추장이 없으면 부족이 붕괴할 위험이 있는 것은 확실하겠지만, 천황제가 없으면 일본 민족은 통합할 수 없을 만큼 일본인은 야만의 국민인가? 다른 나라는 황제 없이도 잘도 해 나가고 있는데, 그것을 하지 못한다고 할 만큼 일본은 결정적인 후진국이라고 자인한단 말인가?

확실히 메이지 시대에 민족의식도 희박하고 지식 수준도 낮았던 일본 국민을 재빨리 통합하여, 제국주의가 가장 격렬한 시대의 국제 사회에 대응하기 위해 천황제가 필요했다 하더라도, 아직도 그것이 필요하다는 것은 다이쇼 이후 천황제가 일본 국민, 나아가서는 외국 국민에게 가한 포학한 역사에서 전혀 배우지 않는 짓이며, 또 거듭 되풀이하지만 일본 국민을 모욕하는 짓이다. 제도라는 것은 민도에 따라 유용해지기도 하고, 무가치 또는 유해한 것이 되는 것은 당연한 일이다.

"선진국 영국에도 여왕이 있다"는 반론도 있지만, 영국과 일본은 민주주의의 햇수가 다르다는 것을 상기해야 한다. 민주주의 발상의 땅 그리스 문명의 흐름을 따른 서구 문명권에 속하고, 근대 권리 사상의 탄생지인 영국과 일본을 같이 논할 수는 없다. 영국은 13세기의 대헌장(마그나 카르타)까지 거슬러올라가지 않더라도, 그들이 청교도 혁명으로 찰스 1세를 처형하고, 민주주의의 첫걸음을 내디딘 지 350년이나 지났다. 이에 대해 일본의 현행 민주주의 헌법은 미국 점령군에 강요되어 하는 수 없이 채용한 것에 지나지 않는다는 것은 모든 《헌법 성립사》가 명시하고 있는 일이다. 영국과 유럽에 얼마간 남아 있는 왕실과 일본을 비교한다는 것은, 유럽이 자유와 민권을 획득하기 위해 얼마나 많은 피를 흘려 왔는가 하는, 서양사에 대한 무지를 스스로 폭로하는 것밖에 안 된다.

도대체가 불과 50년 전까지 보통 인간을 신이라고 받들어 모신 일본과 근대 민주 정치의 선구자인 영국을 비교한다는 것은, 장거리 경주에서 두 바퀴, 세 바퀴나 뒤처진 선수가 선두 선수와 나란히 달리고 있는 듯한 착각을 일으키는 것과 비슷하다고나 할까.

현실적으로도 영국에서의 왕실에 대한 비판은 스캔들뿐 아니라 재정에서나 세제에서나 또는 왕실 사람들의 언행에 대해서나 추호도 사정이 없다. 반면에 일본에서는 아직도 황실은 황공하옵는 존재이며, 양자의 성격은 결정적으로 다르다. 그리고 영국 왕실제도의 운명은 앞으로 몇십 년밖에 안 된다는 의견이 많은 것도 주지하는 바와 같다.

국민 속에 적지 않은 폐지론자

일본 국민 중에는 천황제에 반대하는 사람이 생각보다 꽤 많은 것으로 여겨진다. 그것은 각 신문사, 통신사가 실시하고 있는 '천황에 관한 여론 조사'를 보면 잘 알 수 있다.

〈표 9〉의 앙케이트 결과를 보면, 천황에 대해 '반감', '무관심', '모르겠음' 그리고 '무회답' 등 반대적 경향이 각각 27%, 32.8%, 36.4%, 35.4%나 된다.

이 앙케이트는 회답자를 면접하여 실시한 것인데, 지금의 일본에서는 낯선 질문자에게 천황에게 반감을 갖고 있다고 대답한다는 것은 웬만큼 강한 의지가 없으면 할 수 없는 일일 것이다. 색다른 인간 또는 위험한 인물로 간주될지도 모르기 때문이다. 따라서 반 감을 가진 사람도 무관심이라든가 모른다고 얼버무리거나 또는 무 회답이 많을 수밖에 없을 것이다.

원래 앙케이트라는 것은 반드시 진실을 말해야 하는 것도 아니

<표 9> 천황에 대한 여론 조사

【설 문 : 당신은 천황에 대해 어떤 느낌을 갖고 있는가?】

마이니치신문사(1990)

(단위 : %)

	천황	황후	황태자
외경(尊敬)	6	3	2
존 경	22	16	10
친 근 감	22	30	24
호 감	25	27	32
반 감	2	1	2
특히 느끼지 않음	16	13	19
무 관 심	7	7	9
기 타	0	1	0
무 회 답	2	2	2
※ 반대적 경향 합계	▶ 27	24	32

요미우리신문사(1990)

(단위 : %)

황 공	2.4
존 경	15.3
친 근 감	49.5
반 감	1.5
무 관 심	26.9
무 회 답	4.4
※ 반대적 경향 합계	▶ 32.8

지지통신사

(단위 : %)

	1991년	1992년
존　경	25.4	24.7
친 근 감	38.1	42.3
존경이나 친근감 없음	18.2	13.6
무 관 심	15.4	17.4
모르겠음	2.8	1.9
※ 반대적 경향 합계	▶ 36.4	32.9

N.H.K.(1992)

(단위 : %)

존　경	17.5
호　감	47.1
특히 아무 느낌도 없음	32.7
반　감	1.3
무 회 답	1.4
※ 반대적 경향 합계	▶ 35.4

※ 출전 : 내각 총리대신 관방 공보실 편, 《전국 여론조사의 현황》, 1992.
반올림 때문에 총계가 100이 안 되는 것도 있다.

고, 자기의 이해와 직접 관계가 있는 것도 아니다. 따라서 회답자는 질문자의 마음에 들도록, 또는 마찰이 일어나지 않도록 적당히 대답해두는 경우가 많기 때문에 지금의 일본에서는 상식인 듯한, 천황에 대한 존경, 호감, 친근 등으로 대답하는 것이 제일 무난한 선이 되는 셈이다. 이렇게 생각하면 천황에 대한 긍정적인 대답 속에도 본래는 부정과 반감의 의사가 숨어 있는 것이 상당히 있을 것으로 짐작된다.

긍정적인 회답 가운데는 외경, 존경보다는 친근감을 느낀다거나 친근감을 가진다는 것이 어느 앙케이트에서나 큰 비중을 차지하고 있다. 천황과 직접 만난 적도 없는 사람이 친근감을 느낀다는 것은 좀 우스운 일이다. 아마도 천황제에 대한 부정적인 대답은 감히 할 수 없지만, 외경이니 존경이니 하고 대답하는 데 저항을 느낀 사람이 간신히 선택한 항목이 이 친근감이라는 '기묘한 회답'이 되었는지도 모른다.

　이 추정을 뒷받침하는 여론조사도 있다. 그것은 1990년 《요미우리 신문》이 즉위(卽位)의 예에 관해서 조사한 결과인데, 무관심과 무회답이 조사대상자의 거의 절반에 이르고 있었다. 즉위식은 천황제에 있어 최대의 행사다. 그 행사에 대해 천황제에 호감을 가진 자가 전혀 관심이 없다고 대답하거나 대답을 하지 않을 턱이 없는 것이다.

　그리고 연령별 앙케이트에서는 어느 조사에서나 나이가 높아질수록 천황제 지지자가 많은 경향이 있는데, 이것은 진실과는 먼 또는 오히려 그 반대가 아닐까 하는 생각이 든다. 나이를 먹으면 누구나 저마다의 사회적 지위에 걸맞게, 굳이 이의를 내걸지 않고 무난하게 지내자는 것이 처세의 원칙이 되는 듯 천황제에 관한 앙케이트의 회답에도 그것이 반영된 데 지나지 않을 성싶은 것이다.

　다이쇼 12년(1923)에 태어난 비토 마사히데(尾藤正英)는, "다이쇼 연간에 태어난 우리들 세대 사람이 학력의 유무를 막론하고 전쟁을 추억할 때, 천황에게 책임이 있는 것은 당연한 일로써 서로간에 무조건 그렇게 양해하는 것이 보통이다"라고 쓰고 있는데, 나의 경험에 비추어도 이 말에는 전적으로 동감이다. 오히려 한 마디가 부족하다고 해야 할 것이며, 피를 흘려야 했고 청춘을 헛되이 보내야 했던 전쟁 세대의 친한 사이에서는 천황에 대한 분노와 멸시가

화제에 오르는 것은 조금도 드물지 않은 정경이다. 물론 좌익 사상의 소유자 등과는 전혀 관계가 없다.

명예로운 일본국의 재건

전후 반세기나 지났는데도 일본은 여전히 일본의 침략 전쟁으로 피해를 입은 나라들로부터 교과서의 내용에까지 간섭을 받고, 자위대의 해외 파견에도 신경을 써야 하며, 무슨 계기만 있으면 사죄하라는 요구를 받는가 하면 보상하라는 소리를 듣는다. 원한은 아시아 제국뿐이 아니며, 쇼와 천황이 유럽 여러 나라를 여행했을 때는 각국마다 신문에 험한 사설을 싣거나 또는 묵살했으며, 민중은 욕설을 퍼부으며 병을 던진 사실은 그것을 모은 기록만도 좋이 한 권의 책이 되어 있을 정도의 양이다. 쇼와 천황이 죽었을 때의 해외의 보도도 신랄하기는 마찬가지였다. 나치스를 철저하게 규탄하고 일소한 독일에서는 이제 그런 일은 전혀 일어나고 있지 않는 것과 대조적인데, 하물며 독일과 일본이 한 짓을 비교해보면 독일이 훨씬 잔학했는데도 말이다.

매스컴은 일본의 전쟁 책임으로 일어나는 사건을 자주 보도하지만, 그 근본 이유가 어디에 있는지를 규명하려고는 하지 않는 것 같다. '전후 처리'라는 말은 자주 듣지만, 천황제의 문제를 도외시하고 전후 처리를 운운한다는 것은 속임수 이외에 아무 것도 아니다.

일본은 전쟁의 최고 책임자인 천황을 그대로 재위시켜왔고, 전쟁을 추진해온 천황제 기구를 형태만 바꾸어 잔존시키고 있다. "천황은(전쟁에 대해서) 알지 못했다"는 따위의 변명은 국가론·조직론

위에서 성립할 수 없고, 비논리적인 일본인은 그것으로 이해가 되는 듯한 기분이 들겠지만, 외국인이 이해할 수는 없는 것이다. 천황에게 책임이 없다는 논리가 통용된다면, 모든 조직에 책임이라는 것은 존재하지 않게 될 것이다.

일본의 현상은, 전쟁 피해국의 국민이 본다면, 히틀러의 아들이 권력은 없더라도 국민의 상징 같은 지위에 머물러 있고, 국민의 존경을 받고 있는 듯한 인상일 것이다. 그러니 그들이 일본은 전쟁에 대해서 조금도 반성하지 않고 있다고 생각하는 것은 당연한 일이다.

일본인은 자기가 한 일도 당한 일도 금방 잊어버리는 건망증이 센 국민이다. 이를테면, 일·소 중립조약을 공공연히 침범하고, 국제법을 위반하여 일본군 포로 60만 명에게 전후 수년 동안, 길게는 11년에 걸쳐 노예 노동을 강요했으며, 나아가서는 만주, 북한 등에서 백 수십만의 일반 재류민을 살해, 폭행, 약탈, 아사, 부녀 폭행 등의 지옥에 몰아넣고, 20여만 명을 죽음에 이르게 한 나라를, 일본의 진보적 문화인이라는 자들은 인도와 평화의 보루라며 몇십 년 동안 찬양을 계속해왔는데, 그것을 잠자코 듣고 있을 만큼 일본인이라는 것은 사람 좋은 또는 얼빠진 국민인 것이다.

그러나 다른 나라 국민도 일본인처럼 잘 잊어버린다고 생각해서는 안 된다. 이스라엘을 에워싼 문제에서는 700년에서 900년이나 옛날의 일인 십자군의 원한이 등장하고, 유대교도와 로마 교황청이 정식으로 화해한 것은 실로 그리스도가 살해된 지 2,000년 가까이나 지난 1994년의 일인 것이다. 일본이 천황제를 그대로 유지한다면, 피해를 입은 각국의 원한은 앞으로 적어도 몇백 년은 지속될 것이다. 경우에 따라서는 개발도상국이 이제 일본의 원조가 필요 없어지면, 다시 말해서 일본의 비위를 맞출 이유가 소멸되면 그것은 더욱더 심해질지도 모른다. 또는 이들 나라들이 경제적으로 뿐만 아니라 정치적으로나 사회적으로 성숙해진 뒤에는, 추장제(酋長制)나 다름없는 왕제라는 낡은 체질을 계속 지키고 있는 일본은 그것만으로도 그들의 경멸의 대상이 될 것이다.

'소리 없는 부르짖음'의 항에서 말한 일본 국민에 대한 천황의 사죄와 속죄는, 일본이 침략한 피해국에 대해서도 신속히 이루어지지 않으면 안 된다. 그것은 천황제를 폐지하는 것이다. 천황제 폐지는 일본의 침략 피해국에 진실로 사죄한 것을 의미하는 것이며, 전쟁의 책임을 확실히 졌다는 말이 되는 것이다. 미미한 보상금 따위와는 차원이 다른 근본적인 문제인 것이다. 그것으로 일본은 비로소 국제 사회에서 명예로운 지위를 차지할 수 있게 될 것이다.

만일 지금의 천황이 현명하다면 스스로 천황제의 폐지를 주도하여 늦게나마 천황제의 대미(大尾)를 장식해야 할 것이며, 충절의 신(臣)인가 하는 자가 천황의 측근에 존재한다면 자기의 실직을 두려워하지 말고 매일같이 그것을 천황에게 건의해야 할 것이다. 적어도 일본국에 관한 것, 일본 민족의 장래를 생각하는 자는 소리 높여 천황제의 폐지를 외치지 않으면 안 된다. 일본 국민의 지식의 향상, 일본 사회의 근대화에 따라 조만간에 천황제가 사라져 없어질 것은 의심할 것도 없다. 온 세계에서 소멸해온 제도, 또는 소실되어 가고 있는 것이 일본에만 남는다고 생각하는 것은 전쟁중의 황국사관, 일본만은 특별하다는 생각과 같은 미망에 지나지 않는다.

일본은 큰 혼란이 오기 전에, 또 외국의 강압을 받기 전에 그리고 국제 사회의 웃음거리가 되기 전에, 또는 반대로 그러는 것이 국제 사회에서의 일본의 명예 회복에 기여할 수 있을 때, 내외 정세가 비교적 안정되어 있는 지금 천황제의 폐지를 하루빨리 실현해야 할 것이다. 이 실현의 과정은, 그 결과와 더불어 바로 일본의 근대화, 국가의 재생 그리고 이상 추구의 도약대가 될 것을 믿어 의심치 않는다.

역자 후기

"고바야가와(小早川), 고시니(小西), 가토(加藤)가
지금 살아 있다면
오늘밤 저 달을 어떻게 보았을까?"

위 시는 1910년 8월 22일 한일합병 강제조약을 맺고 초대 조선통감 데라우치 마사타케(寺內正毅)가 메이지 초기 정한론으로 시작된 조선 침공을 임진왜란에서 이루지 못한 조선 정복을 완수한 듯한 기분에 사로잡혀 읊은 시라 한다.

19세기 중반 삿쵸항(薩長藩)을 중심으로 한 소위 근왕(勤王) 세력은 300년 가까이 일본을 통치해온 도쿠가와 바쿠후(幕府) 정권을 타도하고 우리나라와 중국보다 한발 앞서 근대화한다. 일본의 메이지 신정부를 구성한 이들 중심세력은 천황을 업고 군벌화·국수주의화하여 아시아 대륙에 대한 군사적인 모험, 그리고 경제적인 야욕을 실현하기 위한 침략팽창주의의 길을 걷는다. 이렇게 시작된 일본 제국의 팽창은 안으로 천황제 국가에 대한 절대지상의 충성을 강요하면서 이웃 — 우리나라 — 을 흡수하고 그 권익을 보호하기 위해 만주를 정복, 완충지대를 만들고 또 만주의 이익을 보호하기 위하여 중국을 침공하고 세계를 향하여 전쟁을 일으켰다. 이런 일본의 제국주의적 팽창주의 속에는 무엇이 있었고 어떤 것들이 작용하였을까?

이 책은 제2차 세계대전을 겪은 일본의 마지막 세대가 허구와 포악에 찼던 전쟁을, 온 일본을 전쟁의 소용돌이에 몰아 넣은 군국주의의 광기와 포악을 증언하는 것이다.

저자는 일본군이 천황을 업고 천황의 이름으로 무모한 전쟁을 일으키고 정신력만 내세워 천황을 위하여 죽으라는 정신주의의 모순을 파헤쳤다. 만주사변은 일본의 중국 침략전쟁의 원인이 되었고, 중일전쟁은 태평양전쟁의 원인이고 그 계속이 되었다. 우익세력의 옹호를 받으며 천황의 그늘 아래서 천황의 이름으로 무소불위의 힘을 행사하면서 미쳐 날뛰고, 내각이 간섭할 수 없던, 천황만이 통수권을 행사할 수 있었던, 군국주의의 배경, 행태를 설명·분석하고, 일본의 전쟁목적이 다름 아닌 천황의 자비한 통치를 널리 팔방에 펴기 위함이라는 이른바 대동아 공영권 건설이라는 데 있음을 그리고 있다.

일본 제국주의가 아시아 대륙에 대한 침략을 감행할 때 당시의 언론은 무엇을 했으며, 국민은 왜 이런 명분 없는 전쟁을 반대하지 못했고, 그 유능하다던 관료는 무엇을 하였으며, 정치가는 무엇을 하였는가? 학계의 대가들은 무엇을 어떻게 말하였는가를 각 장에서 다루고 있다. 얼마나 많은 정치가와 학자가 터무니없는 황국이론을 개발하여 군국주의의 들러리를 섰으며 국민을 전쟁터로 내몰았는가를 증언한다.

결론에서 그는 모든 이러한 침략에 있어 천황은 전쟁의 총지휘관이었으며, 피흘려 싸운 사람들의 정신적 기반이라 했다. 궁극적인 책임은 천황에게 있으나 일본이 항복하면서 오직 천황제의 존속을 간구하고, 이것이 존속됨으로써 전쟁이 누구에게 책임이 있는지 규명되지 않고 있다는 것이다. 즉 천황제가 온존해 있기 때문이라 한다. 따라서 천황제를 폐지하여야 근대화의 첫단추를 잘못 끼운 일본이 거듭날 수 있고, 아시아의 다른 나라들과도 신뢰를 회복할 수 있을 것이라고 저자는 용기 있는 결론을 맺고 있다.

우리로서는 일본의 천황제가 폐지되건 존속되건 관여할 바가 아니다. 다만 우리의 관심사는 일본의 그 팽창주의의 피해자로서 지금도 천황을 업고 천황을 숭앙하는, 천황을 신으로 정신적인 구심점으로 받드는 건재한 우익의 행적과 향방이다. 때가 될 때마다 일본의 전쟁 책임자들이 잠들어 있는 야스쿠니 신사를 참배하고, 과거의 침략전쟁을 사과할 필요가 없으며, 전쟁을 포기한 헌법을 뜯어 고치자고 고개를 드는 극우세력이다. 이 책에서 얻을 것은 군국주의의 정체와 이를 발전시키고 옹호한 세력이 누구인가, 이를 변명하는 사람들은 누구인가 알아낼 일이다.

한편 우리의 지난 50년간의 궤적을 떠올릴 때, 대한민국에 들어와서도 권위주의 하에 얼마나 많은 일제의 흉한 전통을 알게 모르게 여과 없이 답습했던가를 새삼 느끼게 하는 바가 있다.

원저는 상·하권 560페이지에 달하는 역저이며, 여러 가지 사료와 사례를 많이 들고 있다. 한국어판에서는 내용상 중복된다고 여겨지는 부분을 다소 간추려서 편집하였음을 밝혀둔다.

이 책을 옮김에 있어 원고를 읽고 도와주신 오정환 선배님, 그리고 출판해주신 허만일 사장님과 편집을 맡아 수고한 출판사 직원들에게 심심한 감사를 드린다.

1996년 8월

김 광 식(金光植)

일본 군국주의를 벗긴다

原題 : 日本の戰爭責任

ⓒ 若槻泰雄, 1995

1996년 8월 30일 초판 1쇄 발행

지은이 와카쓰키 야스오
옮긴이 김 광 식
펴낸이 허 만 일
펴낸곳 화산문화
출판등록 1994년 12월 19일 제2-1880호
주 소 서울시 성동구 마장동 791-1
       동화빌딩 901호
전 화 299-2466~8 / 팩 스 299-2469
인 쇄 삼영칼라

값 9,400원

株式會社 原書房과의 계약에 의하여
Translation Copyright ⓒ 화산문화, 1996
ISBN 89-86277-09-3